阿拉伯古籍中的中国

（文史卷）

葛铁鹰 / 辑译

商务印书馆
创于1897 The Commercial Press

图书在版编目(CIP)数据

阿拉伯古籍中的中国. 文史卷/葛铁鹰辑译. —北京：商务印书馆，2024
ISBN 978-7-100-23197-8

Ⅰ. ①阿… Ⅱ. ①葛… Ⅲ. ①中外关系-文化交流-文化史-史料-阿拉伯国家 Ⅳ. ①K203 ②K370.0

中国国家版本馆CIP数据核字（2023）第213108号

阿拉伯古籍中的中国
（文史卷）
葛铁鹰　辑译

商务印书馆出版
（北京王府井大街36号　邮政编码 100710）
商务印书馆发行
三河市尚艺印装有限公司印刷
ISBN 978-7-100-23197-8

2024年3月第1版　　开本 710×1000　1/16
2024年3月第1次印刷　　印张 29 3/4

定价：158.00 元

目　录

第二辑　历史类

纪事本末体

编年体

纪传体

地方志

第三辑　文学类

序 言

我关注“阿拉伯古籍中的中国”专题，最初的原因十分偶然。多年前，我在读一位日本学者写的《中东战争全史》时，发现书中多次提及“中国农场”这样一个地名。此地发生的激战，成为第四次中东战争的转折点。引发我兴趣的不是此役的军事意义，而是这个“中国农场”究竟是个新地名还是老地名，阿拉伯文献尤其是古籍中究竟是如何记载中国和中国人的？20 世纪初叶以来，我国学者从英语、法语和阿拉伯语翻译发表过一些阿拉伯古籍中关于中国的记载，但数量不多且偏重于地理方面。于是我便萌发了从更富人文内涵的史学和文学典籍入手，较为系统地辑译阿拉伯古籍中关于中国记载的念头。当时的这个想法，得到了上海外国语大学朱威烈教授的肯定和支持。朱教授欣然应允在其主持的刊物《阿拉伯世界》上连载。总共连载 15 期，形成这一专题研究的基础。后来又围绕该专题撰写了博士论文及获准国家社科基金立项。其间，我陆陆续续完成了 60 余部文史类阿拉伯古籍中有关中国记载的译注工作。我对于这些所谓的成果，总感觉不够成熟、不够满意，有待进一步考证完善，所以拖宕至今一直没有正式出版。

光阴荏苒，转眼我就要退休，到了感叹世事蹉跎成白首的年纪。加之我个人有个非常不好的毛病，一件学术工作一旦搁置，很难再捡起来，甚至宁愿另起炉灶，也不愿再做原来的事情。当初想把阿拉伯著名古籍一网打尽于辑译之中的构想，已在自己的懈怠与虚度中渐行渐远。如今我也只能将已经完成、尚欠完善的文字拿出来出版。此刻想说的“敬请专家学者批评指正，不吝赐教”，绝非一句套话，而是真正发自内心的。

今天人们所说的阿拉伯古籍，实际上处于两种形态。一为抄本，据阿拉伯学者统计，在整个中世纪的阿拉伯伊斯兰抄本数量多达500万种，经过一千多年的历史涤荡与自然侵蚀，流传至今的约有20万种；二为经后世学者根据流传下来的抄本校勘印刷出版的古籍，数以千百计。本书辑译所据版本即为后者。将如此浩繁的阿拉伯古籍中关于中国的记载翻译出来，它的意义我想主要体现在三个方面。

其一，2013年，习近平主席提出了举世关注的“一带一路”倡议，精旨之一即为“民心相通”和“人类文明交流互鉴”。世界四大文化体系中，中国和阿拉伯地区占有二席。纵观历史，中华文明与阿拉伯文明都曾为世界文明做出举足轻重的贡献。出版《阿拉伯古籍中的中国（文史卷）》，可以让我们知晓、了解自古以来阿拉伯人的整体中国观，对于深化中国和阿拉伯国家间的相互理解、情感交流和心灵沟通，强化中阿文明的互学互鉴，细化“和而不同，美美与共”的理念，无疑具有重要的现实意义。

其二，中国和阿拉伯地区都是世界文明的重要发祥地，四大文明古国中有三个在这里诞生。中世纪的阿拉伯人，经过一个复杂的文化交融、整合、积淀的过程，形成了多元结构的阿拉伯—伊斯兰文明。中华民族与阿拉伯民族的交往源远流长，阿拉伯地区是中国历史上与外族交往最频繁、最重要的地区之一。因此，发掘、整理和考证阿拉伯古籍中关于中国的记载，探寻、分析和研究阿拉伯原始文献中的中国文化魅力与资源，在中阿关系史、中外关系史、中外文化交流史以及我国史学界相关研究领域中，具有一定的学术意义与参考价值。

其三，阿拉伯古代文史类古籍特别是史学著作中关于中国的记载，是中阿和中外关系史研究领域的重要史料。中国和阿拉伯国家间的长期交往，必然在各自文本中有所反映，较之游记等地理学著作，史学著作显然更具可靠性。阿拉伯史学著作中关于中国的某些记载，填补了中国史籍中的空白。比如黄巢攻入广州后的一些记述，阿拉伯历史学家笔下或许有夸张失实之处，但对整个事件的记述确实为中国古籍中所未见，因而引起中外学者的极大关注。此类记载在阿拉伯古籍中显然不是仅此一例。而有些中阿关系交往史上的重大事件，虽然中国载籍中多有记述，但长期以来未得到阿拉伯载籍中相关记述的印证。典型的例子是郑和下西洋，郑和船队到过阿拉伯地区已是不争的史实，但以往人们并未见到阿拉伯典籍中有所提及。通过本次辑译我们可以得知拜尔迪（1409—1469年）在其历史名著《埃及国王中的耀眼星辰》中有重要的相关记载。阿拉伯史学著作中与此类似的关于怛罗斯之战和伊嗣俟向唐求援未果等记载，对于我国史学相关领域研究的资料源也形成一定补充。

通过本次辑译，可以看出阿拉伯古籍中关于中国的记载大致具有以下几个特点。

第一，阿拉伯古籍中对于中国记载的总基调是正面的，对于中国总体形象的描绘是美好的。“中国和阿拉伯世界的交往盛世虽然始自第8世纪，但是两者往来的开端可以追溯到7世纪伊斯兰教兴起之前。阿拉伯世界地处欧、亚、非三大洲的联结部位，这一优越的地理位置决定了它在古代交通往来中一直起着重要作用。”①

自从张骞凿空西域后，中阿两大民族通过陆地丝绸之路开始较为频繁的交往，这种交往在海上丝绸之路开辟后达到高潮，尤其以经商、传教等为目的来华的阿拉伯人的数量迅速增加。阿拉伯人在中国的所见所闻必然反馈到他们的历史、文学和地理等方面的著作之中，特别是古代阿拉伯著作家通常都很热衷于对异国形象的记述与描绘。阿拉伯人自古以来崇尚东方和位于东方的中国，甚至将其理想化。生活在公元10世纪的伊本·西那，就曾经向人们灌输这样的观念：“他们只有一条路——向东走，那是一条永纯的、精神的道路，而西行则是趋向物质和罪恶。”②

古代阿拉伯人的概念中，中国是东方最远、最大、最富有的国家，是东方的代表。因此在其著作家笔下，中国是地大物博的，文明是繁荣昌盛的，君主

① 张广达：《西域史地丛稿初编》，上海：上海古籍出版社，1995年，第419页。

② 伊本·图斐利：《哈义·本·叶格赞的故事》，王复、陆孝修译，北京：商务印书馆，1999年，第147—148页。

是公正开明的，人民是安居乐业的。这些历史记载证明，从人民的往来、文化的影响或者商业的关系来看，中阿两大民族之间都有悠久的相互友好的传统，这是值得我们进一步发扬传承的。

第二，作为一个友好的“文化他者”，在阿拉伯古籍中记载的中国，具有一贯性、稳定性和延续性。从本次辑译所能见到的阿拉伯人最早关于中国的文字记载——哈利勒·本·艾哈迈德（约718—786年）的《艾因书》，到辑译的最后一部阿拉伯史学著作——杰拜里提（1754—1822年）的《史迹奇观》，人们不难发现其中关于中国的记载是一脉相承的，经过十多个世纪，渐次趋向于套语并形成一种文化程式。虽然一千多年间中国和阿拉伯社会发展过程中各自均发生了非常重大的变化，但是阿拉伯人对于中国的记述基本上没有出现断裂和变异。这与西方的中国形象观形成鲜明对照。“1250年是西方世界经济体系与世界知识体系的起点，也是西方的中国形象的起点。”[①] 以马可波罗为代表的西方人笔下的中国几乎可以说是一个人间天堂，但几百年后他们又将中国描绘成人间地狱，目的是为其殖民扩张和野蛮入侵寻找借口。相对而言，友好与亲善却始终是同属东方的中国和阿拉伯国家间交往的基调，这在阿拉伯古籍关于中国的记载中体现得十分清楚。

第三，尽管中阿两大民族历史上交往频繁，阿拉伯古籍中关于中国的记载在数量上远超过中国古籍对阿拉伯的记载，但是这些记载，也充斥着相当数量的新消息与旧传说、知识与想象、真实与虚构相混杂的文字。在中国形象从阿拉伯人的地理视野进入哲学视野，从物质欲望进入文化向往的过程中，将一些子虚乌有的描述，以及将诸如波斯或印度等其他民族社会状况与中国社会状况混为一谈的情形时有出现。此外，“在阿拉伯各国，一切思想体系都是建立在宗教文化的基础之上的”[②]，出于宗教信仰等原因对所谓异教活动状态的刻意贬损亦常常见到。因此，阿拉伯古籍关于中国的记载，其中不确和失实部分是需要我们进行具体分析和对证的。

① 周宁：《西方的中国形象史：问题与领域》，《东南学术》2005年第1期，第101页。

② 朱威烈主编：《国际文化战略研究》，上海：上海外语教育出版社，2002年，第184页。

最后，谨向商务印书馆参与本书策划和编辑的同志表示衷心感谢，没有他们的鼓励、支持和宽容，本书的出版真不知要到何年何日了。

葛铁鹰

2023 年于北京

例　言

一、本次辑译采录关键词为“中国”及该词派生关联词，属于中国的匈奴、突厥、契丹、吐蕃等信息均为旁及，未专门收罗。阿拉伯语“中国”一词为الصين，发音近汉语拼音suìne，其为波斯语转入阿拉伯语之音译外来词几成定论。波斯语源自汉语何字，有秦、隋、丝、瓷等多说，目前学界无定论。为在翻译中表述方便，须有阿拉伯语“中国”一词及其相关词的汉语对音字词，本书使用以下汉语对音字词：

1. 隋尼——الصين。名词：中国；亦指阿拉伯地区与此同名之地名，现已知阿拉伯古籍所载至少在埃及和伊拉克等地有五处同音地名，其与中国是否存在渊源，阙疑，故而不宜一律译为中国。

2. 隋尼依——صيني。阳性形容词：中国的；名词：中国人（男）。古代阿拉伯人中有不少以“隋尼依”作为自己的附名（置于名字后面，多表示祖籍或职业的称谓），其中既有出生、居留、传教、经商和游访于中国者，或认为中国对其具有特殊意义者；亦有与阿拉伯地区以隋尼为名之地存在关联者，后者应与中国无关。

3. 隋尼娅——صينية。阴性形容词：中国的；名词：中国人（女）；专有名词：阿拉伯地区与此同音之地名，其与中国是否存在渊源，待考；名词：瓷器、瓷盘、盘子等，该词源自“中国”毋庸置疑。

4. 隋尼娅特——صينيات。名词：中国女人（复数）；名词：瓷器、瓷盘（复数）；诗集名称《中国集》。

5. 中国（隋尼）斯坦——صينستان。古阿拉伯人笔下位置有三：中国本土，中国以远，今中国边界以西河外地区①一带。有学者认为该词源出梵语，即我国史称之“震旦”。

6. 隋尼隋尼——صين الصين。直译为：中国之中国。多数中外学者考证为广州，也有学者认为指南京或扬州。古阿拉伯人笔下多指南部中国或中国以南包括中国南海甚或更远的地区。国内也有学者根据法语或英语文本，将其译为“小中国”。

7. 隋尼克兰——صين كلان。有学者认为源自波斯语，意为“大中国”。阿拉伯古籍中多指其与隋尼隋尼为同一位置，即刺桐（al-Zaytūn，指泉州）下方重要港口——汉府（Khānfū，通指今广州）。

8. 玛隋尼——ماصين。法国学者费琅认为其源自梵语 Mahacinao，即摩诃支那，意为“大中国”。古阿拉伯人笔下的玛隋尼，或指中国中原，或指契丹，后世多数学者认为其所指为中国南部或中国以南地区。阿拉伯古籍中有时出现“隋尼和玛隋尼”连用情况，所指不一，有统称中国者，有指中国西域者，有代称中国南部者。

9. 阿隋尼——آصين。据当代阿拉伯学者考证，阿隋尼要么与玛隋尼同指一个地区，要么特指今苏门答腊岛最北端之亚齐（Achin）。

10. 上隋尼和下隋尼——الصين الأعلى والصين الأسفل。古今阿拉伯学者一致认为这是位于库法和巴士拉之间凯斯凯尔地区的两个村庄，似与中国无关联——阿拉伯语“中国”为阴性名词，而该地名的“上和下”皆为阳性形容词。

11. 隋尼娅哈瓦尼特——صينية الحوانيت。直译为：中国店铺，有时简称隋尼娅，位于伊拉克，一说在巴格达，一说在瓦西特，一说两地皆有此地名。店铺为复数，有似今人所谓“中国商品一条街”，可视为世界最早唐人街之一。

二、辑译所参照的阿拉伯古籍，后世学者校勘时，有些编有索引，得以比较容易地找到有关中国的记载，尽管索引本身亦有遗漏。但也有些古籍未编索引，只能通过“快速阅读”以肉眼搜索，难免多有脱漏。

---

① 阿拉伯古籍中的“河外地区”，原文直译为“河后地区”（Mā Warā' al-Nahr），指中亚阿姆河（乌浒河）以东地区。西方将阿姆河以东、锡尔河以西地区称为河中地区。

三、经再三斟酌，书名上加了“文史卷”，除避免读者误以为所言古籍包罗万象，也想给今后的“阿拉伯古籍中的中国”专题辑译预设一个三部曲框架，即文史卷、地理卷、综合卷（包括哲学、医学、药学、化学、农学等）。有意从事专题辑译的同行，可先侧重后两卷内容，因为当下填补空白的初译比之精益求精的复译，其迫切性与重要性要大得多。

四、本卷所辑阿拉伯古籍，史学著作包括纪事本末体 6 部，编年体 10 部，纪传体 4 部，地方志 3 部；文学类作品共计 24 部；另有辞书 8 部。所辑古籍按照问世早晚排序，时间跨度为公元 8 世纪至 19 世纪初。由于主客观原因，尽管根据知名度和权威性对所辑古籍进行了梳选，但挂一漏万仍在所难免。

五、根据传统学术规范，此次辑译的原文素材尽可能采用纸质版正式出版物，并在突出位置加以注明，仅少量著作使用了电子版。今后此类辑译，似可与时俱进重视电子版的使用。新科技带来的便利，可以大大简化关键词的搜索过程，从而节省大量精力和时间。

六、体例上还须说明的几点是：

1. 为便于读者对所辑古籍背景有所了解，每部著作均有“作者与作品简介”。

2. 译文“注释”，形式上未采用通常的脚注或尾注，而是夹译夹注；性质上亦难企中国传统古籍注释之道，仅可视为一个阿拉伯语翻译工作者尽力完成的“杂注”。

3. 译文中译者所加的一些不适宜作为“注释”的说明性、解释性文字及省略号，采用仿宋字体，置于六角括号内，以与译文做出区分。

4. 所谓“译按”，为译者针对某一比较重要问题的有感而发，鉴于学术水平有限，可商榷之处定然不乏。

5. 重要阿拉伯语词汇转写，循通例采用拉丁字母。参照依据为《阿拉伯语汉语翻译教程》(刘开古编著，朱威烈主审，上海：上海外语教育出版社，1991 年）之附录二“阿拉伯语字母与拉丁字母拼写法对照表”。

6. 针对部分重要人名、地名和物产，编制了“索引”，以备有需求者查检。

由于本次辑译拖宕时日过长，加之有些内容曾经发表，有些未曾发表，最后编排时顺序几经腾挪，故难免出现一些差误。还请读者见谅、指正。

第一辑

辞书类

《艾因书》

Kitāb al-ʻAyn

作者与作品简介

哈利勒·本·艾哈迈德（al-Khalīl bn ʼAḥmad，约718—786年），阿拉伯历史上最著名的语言学家之一，巴士拉语言学派创始人之一。生于阿曼，后移居伊拉克学术文化名城巴士拉。他在学术讲坛十分活跃，广交著名学者共同研讨圣训学和语言学。与同时代的著名翻译家、《卡里来和笛木乃》的编译者伊本·穆加发（约724—759年）过从甚密，从他那里学习了亚里士多德的逻辑学和古希腊乐理学等。后半生以教书为生，同时潜心于语言学研究和著述。其对阿拉伯语语法学的最大贡献，是拟定了"阿拉伯语语法学大纲"初稿，改进了阿拉伯文字标点的元音符号，创造了静符、长音符、叠音符等符号。由于他为阿拉伯语语法学奠定了坚实的基础，所以被后世学者称为"阿拉伯语语法学鼻祖"。他还著有《诗律学》一书，书稿已失佚，仅有若干例句散见于他人著作中。786年（一说791年）卒于巴士拉。

《艾因书》是阿拉伯历史上第一部语言辞典。约合中文500万字。全书未完成。因为它是按字母发音部位排列先后次序，以喉音字母"艾因"为首，故有此名。这个字母在8世纪巴士拉语言学派认定的29个阿拉伯语字母中排序第四，在今天使用的由28个字母组成的字母表中排序第十八。作者创立的"字母换位排列组合法"，对后世影响很大，以致他之后300年间，很多阿拉伯著名辞典编纂家都纷纷模仿此法。同时由于这种方法十分复杂，不适合一般读者查索，12世纪前后逐渐被淘汰。但是，鉴于该辞典成书年代早，且记存了大量当年阿拉伯和其他民族历史文化等方面的信息，所以一直被后世学者视为珍贵而重要的阿拉伯历史文献，被列为最高级别的阿拉伯载籍之一。

版本 埃及新月书局，1988 年，精装 16 开，8 卷本。

◎**译文**

§1. 第 7 卷，第 160—161 页：

隋尼（al-Ṣīn）：肉桂〔1〕，出自中国。

隋尼，原是位于纳杰夫和卡迪西亚〔2〕之间的一个河谷。泰勒哈·本·欧拜杜拉〔3〕买下了它，把它当作自己在麦地那的庄园一样。他开发了那里，并在那里栽花种树。它也叫作泰勒哈的庄园〔4〕。

中国斯坦〔5〕比中国远，正如人们所说的叙利斯坦〔6〕。

〔1〕肉桂（al-Dārṣīnī），直译为中国树或中国木，也指肉桂树的皮，即桂皮（al-Dārṣīnī）。这是一个组合词，也就是说两者间不是形容词和被形容词的关系。al-Dār 为波斯语，意为：树或木。

〔2〕纳杰夫（al-Najaf）和卡迪西亚（al-Qādisiyyah），伊拉克南部的两个地名。纳杰夫位于库法以南，卡迪西亚位于纳杰夫以西。

〔3〕泰勒哈（Ṭalḥah）·本·欧拜杜拉（595—656 年），先知穆罕默德的门弟子。出身于古莱氏部落的富有家庭，因乐善好施并以资财支持先知传教，故有"豪爽的泰勒哈"和"慷慨的泰勒哈"等美称，成为先知以天园相许诺的十大弟子之一。先知逝世后，常去库法经商。656 年，在著名的"骆驼战役"中阵亡。

〔4〕庄园，原文为：Nashāstaq，应是波斯语，疑为庄园之意。中世纪阿拉伯著名地理学家雅古特在其《地名辞典》中说："奈沙斯台克是位于库法的一个庄园或一条河，属于泰勒哈。此庄园收益颇丰。泰勒哈从住在希贾兹的库法人手中买下后，经过开发收益更佳。"雅古特未提及"隋尼"。

〔5〕中国斯坦（Ṣinistān），在阿拉伯古籍中出现的频率并不高。但需要

特别指出的是，本辞典编纂者不是将中国斯坦代指中国，而是指中国附近一个区域。根据本书中其他阿拉伯古籍的记载，应是今中国版图以西位置。这与中外学者在探讨中国名称由来时每每认为梵语Cinisthāna即为中国古时之别称是不同的。此梵语词在《新唐书·天竺国传》中被译作“摩诃震旦”。近现代也有人根据英语、法语或其他语种音义兼备地译作“震旦”，美其名曰：东方属震，是旦生之地，故云震旦。

〔6〕叙利斯坦（Surastān），《地名辞典》的标音为苏莱斯坦，因与叙利亚相关，故译作叙利斯坦。雅古特认为：“该地即为古叙利亚人（al-Suryāniyūna）生活的沙姆（al-Shām）地区，尽管有人认为它是指伊拉克或胡齐斯坦（Khuzistā，又译胡泽斯坦）的某个地方。”18世纪叙利亚人穆希比所编《阿拉伯语外来语词典》中，认为“苏莱斯坦，源自古叙利亚语，来自操古叙利亚语的奈伯特人，指伊拉克，或伊拉克和沙姆地区，或胡齐斯坦某地”。

【译按】

《艾因书》中记载“隋尼”的文字不多，但却十分重要。我们从中清楚地了解到，阿拉伯古籍中的“隋尼”，不可一律译为中国，因为阿拉伯地区存在与中国同音的地名。这些地名是否与中国有关，抑或有的有关有的无关，均待考证。根据目前个人心得，阿拉伯语“隋尼”一词，作为普通名词本身具有“被（真主）保护者”之意，引申为“虔诚的穆斯林”，因此作为地名应经考证后区别对待。

同时，我们也应特别注意，本书作者的生活年代，不仅比费琅所编《阿拉伯波斯突厥人东方文献辑注》中排在首位也就是时间最早的《道里邦国志》作者伊本·胡尔达兹比赫的生活年代（820或825—912年）至少要早100年，而且比被认为是中世纪阿拉伯人所著最早关于中国和印度的游记《中国印度见闻录》的成书时间（851—880 年）也要早得多。需要说明的是，《艾因书》也是本书——《阿拉伯古籍中的中国（文史卷）》——中提及中国最早的一部著作。

此外，《艾因书》中提到的“中国斯坦”，是第一次出现于迄今人们见到的阿拉伯古籍中。尽管其所指方位仍显模糊，但作者的贡献是证明了阿拉伯人当时对中国与中国斯坦属于两个不同的地理概念的认知十分清晰。再有，本段记载中对伊拉克地区那个叫作“隋尼”的地方所圈定的位置，也比我们在其他阿拉伯古籍中所见到的更明确一些。

《疑难国名地名辞典》

Mu'jam mā 'Ustu'jam min 'Asmā' al-Bilād wa al-Mawāḍi'

作者与作品简介

编纂者艾布·欧拜德·巴克利（Abū 'Ubayd al-Bakrī，1040—1094年），阿拉伯著名历史和地理学家，兼事文学创作，是最早为后人留下著作的安达卢西亚地理学家。名作尚有《道路与王国》，又译《道里邦国志》，阿拉伯古籍中与此同名的著作不下20种。

本辞典为阿拉伯最著名的地理辞书之一。所收地名是从大量阿拉伯诗歌中采录搜集的。原作共4卷，约合中文100万字。

版本 贝鲁特学术书籍出版社，1998年，精装16开，3卷合订本。

◎译文

§1. 第2卷，第5页：

加尔[1]：位于麦地那附近海岸，与该城平行。是一个宫殿林立、人口稠密的小城。它的一半是海中的一个岛，一半在海岸上。来自埃及、哈拜什[2]、巴林[3]和中国的船只，在这里停靠。

〔1〕加尔（al-Jār），古代红海东岸（今沙特阿拉伯境内）的一个港口。随着时间的推移，其海运业务逐渐被另一沿海城市延布（Yanbu'）所取代。

〔2〕哈拜什，原文为：al-Ḥabashah，亦作al-Ḥabash，旧译阿比西尼亚，指今埃塞俄比亚一带。值得注意的是，古代阿拉伯著作家有时用哈拜什（al-Ḥabash），有时用哈拜沙（al-Ḥabashah），有时用哈拜希（al-Ḥabashī），通常应理解为同一概念，但在他们的表述中，有时所指方

位有异。确切所指，尚需具体考证。

〔3〕巴林（al-Baḥrayn），在阿拉伯语中的意思为“两个海”。阿拉伯古籍中的巴林与现在的阿拉伯国家之一——巴林王国，不是一个概念，其地域包括今天环波斯湾地区和远至呼罗珊及印度洋沿岸之一部分的广大地区。

§2. 第 2 卷，第 110 页（节译）：

希拉[1]：众所周知的伊拉克城市。那里空气清新，气候宜人，土壤肥沃，水质极佳。周围到处是农庄、花园和大型市场，因为它紧邻来自中国和印度等国的海船停泊的港口。

〔1〕希拉（al-Ḥīrah），伊拉克历史名城，位于纳杰夫和库法之间，原为古代阿拉伯部族之一莱赫米人（al-Lakhmī）王城，居民信奉基督教。633 年被穆斯林军队攻占。后渐次衰落。希拉原意为：困惑、迷路，传说中也门土伯尔（Tubba‘，古代也门国王的称号）率兵前去攻打中国，走到此地迷失方向，故此得名。

§3. 第 3 卷，第 124 页：

隋尼：太阳升起之地众所周知的一个国家。与此同音的有：位于凯斯凯尔[1]的一个小城[2]。实际上它是两个小城，人称：上隋尼和下隋尼[3]。

〔1〕凯斯凯尔（Kaskar），伊拉克最古老的基督教城市。萨珊王朝（224—651 年）初期曾发挥重要作用。后为阿尔达希尔一世（224—241 年）所毁。位于底格里斯河畔。伍麦叶王朝的伊拉克总督哈加吉，在库法和巴士拉之间所建的瓦西特城，便与该城隔河相望。

〔2〕小城，原文为波斯语鲁斯塔克（Rustāq）。雅古特在其《地名辞典》的导言中有专门解释：“在波斯凡是若干庄园和村落集中在一起的地方都叫鲁斯塔克，从不把它用作像巴士拉和巴格达那等城市的称谓。”

如此，我们似应译作“镇”。但他又举例说，波斯的行政区划为四级，依次为：依斯坦（连读时为斯坦）、鲁斯塔克、突苏吉、盖利叶（村）。如此，似又应译作“县”。笔者未及考证，故译为小城。

〔3〕上隋尼（al-Ṣīn al-'A'lā）和下隋尼（al-Ṣīn al-'Asfal），是在阿拉伯人古代辞书提及“隋尼”时经常出现的地名。值得注意的是，其中“上”和“下”均为阳性形容词，而我们知道“中国”在古今阿拉伯语中一直是被作为阴性名词使用的，只有在极个别古籍中被当作阳性，还不能排除属于语法错误。

《地名辞典》

Mu'jam al-Buldān

作者与作品简介

编纂者雅古特（Yāqūt，1179—1229 年），全名希哈布丁·艾布·阿卜杜拉·雅古特·本·阿卜杜拉·哈马维·罗米·巴格达迪。中世纪阿拉伯最伟大的地理学家之一，著名辞书编纂家，同时也是历史学家和文学史家。祖籍东罗马帝国，卒于阿勒颇。雅古特一生经历极为坎坷，幼年被一个阿拉伯人买回当奴隶，好心的主人让他接受了良好教育，终于成才。38 岁时因对某宗教派别持不同看法，被人追杀。后又遭逢战祸，流落他乡，大部分著述是在颠沛流离中完成的。《地名辞典》定稿一年后便撒手人寰。传世之作《地名辞典》和《文学家辞典》在阿拉伯古籍中占有极为重要的地位。

《地名辞典》"集当时地理学之大成"，记述了从新几内亚到大西洋的山川、河流及各国的主要城市、商道和名胜等，被认为是"名副其实的百科全书"。全书约合中文 450 万字。书前有序言（约合中文 1 万字）和导言（共 5 章，约合中文 3.5 万字）。原书为作者亲笔缮写。全书最初分为 28 册，每册根据地名第一和第二个字母分为 28 章。后世抄本和印刷出版卷数各异。

《地名辞典》似不可单纯地看作是地理学典籍，它同时具有鲜明浓重的文学元素。雅古特在收录某一地名时，特别注重采集与当地有关的著名文人学士的生平经历及其主要著作的资料信息，而对于诗歌的采录尤为尽力，篇幅甚大，估计占全书五分之一左右。其中不少诗歌是靠《地名辞典》单传于后世的，其文学史料价值不言而喻。此外，本文所依据的《地名辞典》阿拉伯语版本中，没有"印度"这一重要词条——此条下估计应该有一些关于中国的记载。其原因不知是作者或后世校勘者的疏漏，还是如同纳忠先生在评价雅古特时所说："后来蒙古人东侵，攻占巴格达，穆斯林各地图书馆藏书全遭焚毁。书籍余烬，被投入底格里斯河，河水为之堵塞。遭此浩劫后，阿拉伯文和波斯文典籍，大部遭到毁灭。今日所存者，不过其灰烬而已。雅古特的《地名辞典》虽能幸存，也并非全貌，而且他所根据的古籍也大部被焚。尽管如此，雅古特的《地名辞典》，仍然是阿拉伯历史、地理、文学的无价之宝。”〔见纳忠：《阿拉伯通史》（下卷），北京：商务印书馆，1999 年，第 376 页〕

版本 贝鲁特萨迪尔（Ṣādir）书局，1995 年，套色第 2 版，精装 16 开，7 卷本。

◎译文

§1. 第 1 卷，第 18 页：

他们的学者说：“想象中，倘若从地球表面的一点挖下去，将挖到地球的另一面。比如说，如果从福珊吉〔1〕钻下去，将穿透到中国大地。”

〔1〕福珊吉（Fūshanj），雅古特在本辞典中说，此地是距呼罗珊赫拉特城（今阿富汗境内）10 波斯里的一个小城，位于一个林木茂密、果树繁多的河谷之中。

§2. 第 1 卷，第 18—19 页：

杜里努斯（Dūrīnūs）说：“大地是 25,000 波斯里〔1〕。其中中国及所属突厥（al-Turk）12,000 波斯里，罗姆〔2〕5000 波斯里，巴比伦（Bābil）1000 波斯里。”

〔1〕波斯里，原文为：Farsakh，一般认为是波斯语，亦有人音译为法尔萨赫。既是长度单位又是时间单位，确切长度众说纷纭。《阿拉伯语汉语词典》（北京大学东方语言系阿拉伯语教研室编，北京：商务印书馆，1966 年）注明为 6.24 千米。《蒙吉德》（al-Munjid）解释为：“等于 3 哈希姆里，据说等于 12,000 腕尺。它大概相当于 8 千米。”雅古特本人在《地名辞典》导言中对此词有专门论述，援引了前人认为其为阿拉伯语的论据，未下定论。他基本认为等于 3 古里（Mīl），并

说："有人说等于 7000 步。"笔者参考其他学者的译法，将其译作"波斯里"，将"Mīl"译作"古里"。

〔2〕罗姆（al-Rūm）是阿拉伯古籍中频繁出现的一个词语，也是概念比较模糊、比较难译的一个词语。《阿拉伯语汉语词典》对它的注解是拜占庭的希腊人；形容词的注解既是罗马人，也是希腊人，还是拜占庭人。目前人们一般认为罗姆国是指东罗马帝国即拜占庭帝国，该帝国自然包括罗马人和希腊人，此外还有小亚细亚一带的人。雅古特也在《地名辞典》"罗姆"条下说："在有关罗姆国记述中，有些名字我实在无法清楚地说出其所以然，特向本书读者表示歉意。如果有谁有资质讲清楚、有能力提供准确的信息，我愿洗耳恭听，并付酬金给他。"

译者在本次对阿拉伯古籍进行辑译时使用"罗姆"二字，以便与单纯的"罗马"有所区别。至于拜占庭，阿拉伯语中是有专门对应词的。

§3. 第 1 卷，第 19 页：

据说，大地的北半部有 4000 座城市。北半部也分为两个部分，这两个部分是有人烟的。西北部分，从伊拉克到杰济拉[1]、沙姆、埃及、罗姆、法兰克、罗马（Rumiyyah）、苏斯[2]和塞阿达特岛[3]；东北部分，从伊拉克到阿瓦士、吉巴勒[4]、呼罗珊，再到中国，再到瓦格瓦格（al-Wāqwāq）。

〔1〕杰济拉（al-Jazīrah），原意为岛屿、河洲。古代阿拉伯地理学家指两河流域北部地区，即今叙利亚北部地区。

〔2〕苏斯，阿拉伯地区叫苏斯的地方很多。此处指位于马格里布（史称摩邻）靠近大西洋的苏斯城。

〔3〕塞阿达特（al-Saʻādāt）岛，亦称幸福群岛或永恒群岛，指今加纳利群岛。

〔4〕吉巴勒（al-Jibāl），阿拉伯语“山”的复数。指伊斯法罕、加兹温、哈马丹等今伊朗境内的广大地区。亦称杰拜勒（“山”的单数）。

§4. 第1卷，第20页：

杜里努斯认为开化的地区，即从位于马格里布的开化岛屿〔1〕，至绿海〔2〕，再至中国最远的开化地区。如果太阳从我们称之为杰扎伊尔〔3〕的地方升起，便会在中国落下；如果在这个地方落下，便会在中国升起。

〔1〕开化岛屿，此处可能是指位于突尼斯与苏赛之间的谢里克岛。

〔2〕绿海（al-Baḥr al-'Akhḍar），亦称环海（al-Baḥr al-Muḥīṭ）或大洋。根据雅古特对此海的记述，阿拉伯人沿袭着古代希腊地理学家的认知：环海像月晕环绕月亮一样环绕着地球。因此有些阿拉伯古籍对环海的记述，时而似指今大西洋，时而又似指今印度洋。

〔3〕杰扎伊尔，原意为群岛。此处指今北非阿尔及利亚或其首都阿尔及尔一带。

§5. 第1卷，第21页：

至于从中国大地最远地区以外的东方，环海则同样无海路通行。自环海分支出的每个海湾，都以与那个海域相邻的地方而得名。第一个便是中国海（Baḥr al-Ṣīn）。

§6. 第1卷，第22页：

〔此页有一地球平面图，中国被标明于左上方。〕

§7. 第1卷，第26页：

这是人们口头经常说的，即他们将每个包括几个城市或几个村落的地方，统统称之为“伊格利姆”〔'Iqlīm，区〕。比如中国、呼罗珊、伊拉克、沙姆、埃及和阿非利加等。

§8. 第1卷，第27页：

〔此页有一地球“七区”平面图。中国两次被标明于左方偏上位置。值得注意的是，此图与下一页的另一示意图，均有“方向标”，即上南下北左东右西。14世纪以后，阿拉伯人开始采用以北为上的绘图原则。〕

§9. 第1卷，第28—30页：

〔第一区条下〕它始于东方中国最遥远的地方，接下来是中国南部地区。然后是赛兰迪布[1]岛，再沿信德南部海岸越海至阿拉伯和也门〔……〕。它包括众多开化的城市，其中有中国皇城〔……〕。

〔第二区条下〕它自东方始，通过中国，印度〔……〕。它包括中国、印度、信德等国的诸多城市。

〔第三区条下〕它自东方始，通过中国北方，然后是印度、信德、喀布尔〔……〕它的中部包括中国以外的一些城市。

〔第四区条下〕它始自中国〔唐朝〕、吐蕃和呼檀〔al-Khuttan，今和田一带〕以及后两者之间的一些城市。

〔1〕赛兰迪布（Sarandīb），旧译细轮叠。有中外学者认为此地即为锡兰（今斯里兰卡）。但雅古特在“印度海”“赛兰迪布”和“锡兰”等词条中，均指明两者为不同的地理概念。他认为，赛兰迪布（岛）包括在锡兰（岛）之中。

§10. 第1卷，第33—34页：

〔此处为各国分别属于12个星座（al-Burūj）的记述。中国归于天秤座和摩羯座。〕

§11. **第 1 卷，第 47—48 页：**

排次上，印度国王之后是中国国王。他是体恤臣民、治国有方和工艺精湛之王。世界上没有哪个国王比中国国王更注重体察民情和善待兵士与臣属的了。他英勇无比，掌握生杀予夺之权，有时刻整装待发的军队、无数的牛羊和兵器。他军队的军饷、待遇和巴比伦国王军队的一样。中国的突厥王，他是贵霜（Kūshān）城之主和九姓乌古斯（Tughzghuz）之主。被称为猛兽之王和马队之王。

§12. **第 1 卷，第 54 页（亚细亚条下）：**

亚细亚的东部是中国极远之地。〔……〕小亚细亚包括伊拉克、波斯、吉巴勒和呼罗珊；大亚细亚包括印度、中国及其突厥。

§13. **第 1 卷，第 77—78 页（俄波拉条下）：**

传说，有一次伯克尔·本·尼塔赫·哈奈菲，以一首诗赞美艾布·杜莱夫·依杰利[1]，为此得到后者一万银币的赏金。他用这笔钱在俄波拉（al-'Ublah）买下一处庄园。没过多久，他又来到艾布·杜莱夫处，并吟诵了下面的诗句：

> 靠您我买下俄波拉河畔的庄园，
> 内有一座大理石建造的小宫殿。
> 庄园侧旁它的妹妹正待价而沽，
> 我想您早已备妥了赏赐的金钱。

艾布·杜莱夫听后哭笑不得，问："这另一个庄园什么价？""一万银币。"于是他命手下照这个数目给了他赏钱。在后者接钱的时候，他说道："伯克尔，你听着，这世界上每个庄园旁边都有另一个庄园，可以一直排到中国，排到没有尽头的地方。你明天来我这儿，要是敢说这个庄园旁边还有个庄园，那可不行。这种事是没完没了的。”

〔1〕艾布·杜莱夫·依杰利，阿拔斯王朝著名将领、诗人和著作家，卒于840年。著有《治国策》和《猎鹰与狩猎》等。

§14. 第1卷，第179页（艾斯非加布条下）：

接下来是伊历616年发生的、自从有天有地以来从未发生过的事件，这就是从中国大地来的鞑靼人（al-Tatar）的入侵。愿真主消灭他们。他们将坚持留在那里的人斩尽杀绝。

§15. 第1卷，第182页（亚历山大条下）：

传记作家们说："亚历山大·本·菲利浦·罗米〔亚历山大大帝〕，战胜并杀死了很多国王。他征服并踏上各国领土，直到中国最远的地方，并修建了雅朱者和马朱者[1]壁垒。"他做了许许多多的事情，而死时仅32岁零7个月。看来他活着时，一刻也不曾休息。〔接下来雅古特从时间上，对亚历山大远征经历表示质疑。从略。〕然而，这样的事情竟发生在我们今天生活的年代，即伊历617和618年。从中国来的鞑靼人，如果继续下去的话，将在短短几年里占领整个世界。他们从中国大地的前端出发，一直打到诸门之门[2]以外地区，几乎占领并摧毁了伊斯兰帝国的一半，〔……〕这一切的发生还不到两年时间。

〔1〕雅朱者和马朱者，《古兰经》中提到的两个古代民族。相传是在中亚地区作恶的两个野蛮民族。

〔2〕诸门之门，亦称达尔班德（Darband）。

§16. 第1卷，第289页（伊朗沙赫尔条下）：

伊朗沙赫尔的意思是伊朗国，包括伊拉克、吉巴勒、呼罗珊和波斯。科斯鲁[1]们是艾弗利敦的子嗣。他让陀吉，一说突吉（Ṭūj），也有说陀斯，统治东方，所以中国的臣民也是他的子嗣。

〔1〕科斯鲁（Kasrā），古代波斯国王徽号。

§17. 第1卷，第305页（诸门之门条下）：

巴希利部族的诗人阿卜杜·拉赫曼·伊本·朱马纳对本部族的两位英雄——赛勒曼·本·莱比阿（Salmān bn Rabī'ah）和古太白·本·穆斯林[1]——感到非常自豪，吟道：

我们部族只有两座坟茔非同一般，
一座在拜兰杰尔一座在中国斯坦[2]。
在中国的这位其征服已大功告成，
另一位能让人们祈求的甘霖出现。

突厥地区的人，在将莱比阿及其部下杀死后，每夜都看到一道明亮的光照在他们的殉难之地。于是据说他们把其他人统统埋掉，单将莱比阿装进一口棺材，运到他们祭祀的寺庙里。之后但凡遇到干旱饥荒之日，便把棺材抬出来，搬出其尸体，举行祈雨仪式，每每显灵。

〔1〕古太白·本·穆斯林（Qutaybah bn Muslim，715年卒），史称孤特拔、屈底波，伍麦叶王朝后期重要军事将领，为阿拉伯帝国对外扩张立下汗马功劳。曾率兵攻至中国喀什附近，有关他"征服"中国一事，在阿拉伯史籍中屡见不鲜，实多传说成分。详见本书第159—161页《历代民族与帝王史》§17。

〔2〕中国斯坦，原文为：Ṣīni'astān，与《艾因书》中的中国斯坦（Ṣīnistān）在写法上略有不同，读音则一样。此诗中将中国与中国斯坦视为统一概念，与《艾因书》的相关记述有异。古太白是在部下内讧中被杀，地点是拔汗那（Farghānah，今译费尔干纳，史称大宛）。

§18. 第 1 卷，第 344 页（环海条下）：

环海也有人称为绿海。它像月晕环绕月亮一样环绕着世界。它有两个分支，一个在西方（al-Maghrib），一个在东方（al-Mashriq）。在东方的这个，即印度、中国、波斯、也门、僧祇之海。这我们前面已经讲过。西方的一个，则从赛拉[1]而出，经过马格里布柏柏尔人的国家和安达卢西亚岛[2]之间的祖加克[3]，至阿非利加、埃及、沙姆、君士坦丁堡。

〔1〕赛拉，马格里布大西洋沿岸一港口，后并入拉巴特。

〔2〕安达卢西亚岛（Jazīrah al-'Andalus），古代阿拉伯人对安达卢西亚本土的别称，反映出当时人们对该地的地理认知和对“岛”的理解。雅古特在该词条下引录其他阿拉伯著名地理学家的话说：“安达卢西亚，是一个非常大的岛屿，有的地方有人居住，有的地方则没有。……安达卢西亚是一个像三角形一样的、三面临海的岛屿，围绕它的是两海——环海（al-Muḥīṭ，大西洋）和中海（al-Mutawassiṭ，地中海）。”

〔3〕祖加克（Zuqqāq），阿拉伯语原意为：窄路、胡同。此处指今直布罗陀海峡。

§19. 第 1 卷，第 345—346 页（印度海条下）：

那里是印度最边缘地带。然后是中国，其第一个地区是爪哇（al-Jāwah），到这里要渡过一个航程艰难、险象环生的大海。然后再前往中国本土[1]。

〔1〕本土，原文为：Ṣrīḥ，在现代阿拉伯语中为形容词，意思是：明白的，明显的，纯粹的，纯种的。尽管此词与中国连用在阿拉伯古籍里并不多见，但它说明雅古特生活的年代，阿拉伯人对于当时中国“范围”之广阔的认知。雅古特于本段文字中说爪哇是中国的“第一个地区”，也体现出这一点。

§20. 第 1 卷，第 456 页（巴格达条下）：

据说，巴格达先前是一个众多中国商人前去从事各种交易的市场。他们获利颇丰。由于中国国王的称谓是“巴格”，所以每当他们回国的时候，他们便说：“巴格—达德。”意思是：我们所赚得的利润，都是国王的恩赐。

【译按】

巴格达德是巴格达德的阿拉伯语正规发音。现通译之巴格达可能是早年从英语译出时，将 Baghdad 最后一个字母“d”轻化略去了。

此为雅古特记述巴格达名称近十种来源中的一种，使巴格达名称起源带上了中国色彩，值得我们重视。虽然“巴格”一词是波斯人对中国皇帝的称谓，“达德”也是波斯语的“恩赐或给予”，但他的记述至少说明，当年在巴格达的中国商人之多，且具有相当影响。

§21. 第 1 卷，第 458 页（同上）：

〔当年哈里发曼苏尔在巴格达建都前，曾向巴格达村的村长咨询。〕村长说：“穆民的领袖，您如果在巴格达村的位置建都，将左右逢源，既可得塞拉特[1]河和底格里斯河之利，就近运送粮草，又可得幼发拉底河之利，使往来于此地和沙姆、杰济拉和埃及等其他国家间的运输变得十分方便。得天独厚的地理位置，还能将来自印度、信德和中国，以及巴士拉和底格里斯河畔瓦西特城的奇珍异宝，运到您这儿。即便您调运亚美尼亚（’Arminiyah）和阿塞拜疆等地的粮食，也不成问题。”

〔1〕塞拉特（al-Ṣarāt），巴格达附近两条河的统称，即大塞拉特河与小塞拉特河。雅古特说：“塞拉特指巴格达的两条河，即大塞拉特河与小塞拉特河。我只知道其中一条是伊撒（‘Īsā）河的支流。……有学者说大塞拉特河是萨珊人在消灭奈伯特人后挖凿的。”

§22. 第 1 卷，第 490 页（拜兰杰尔条下）：

〔本段内容与第 17 页《地名辞典》§17 大致相同，从略。〕

§23. 第 1 卷，第 491 页（巴伦西亚条下）：

祖籍为此地的学者很多，遍及各类学科。其中有萨德·海依尔·本·穆罕默德·本·赛赫勒·本·萨德·艾布·哈桑·安萨利·巴伦西。他是优秀的伊斯兰教法学家，成果丰硕的圣训学家。他曾到各地游历，甚至到过中国，因此他给自己加上“隋尼依”〔al-Ṣīnī，中国的〕的附名。后返回巴格达居住。伊历 541 年 1 月，卒于巴格达。

§24. 第 1 卷，第 519 页（贝特艾拉尼斯条下）：

哈菲兹·本·加西姆在其《大马士革志》[1] 中说：“穆罕默德·本·麦阿麦尔是居住在姑塔村落之一贝特艾拉尼斯的人。他谈起过穆罕默德·本·伊斯哈格·本·叶齐德·隋尼依。”

〔1〕此书并非那部非常著名的、作者为伊本·阿萨基尔的《大马士革志》。

§25. 第 2 卷，第 10 页（吐蕃条下）：

我在一本书中读到，吐蕃是与中国〔唐朝〕毗邻的一个地区，在一个方向它与印度领土交界，东面是海亚提莱[1]，西面是突厥地区。〔……〕有关的传说是这样的：土伯尔艾格兰从也门出发渡过锡尔河，征服布哈拉〔安国〕后来到当时还是片荒凉之地的撒马尔罕〔康国〕。他兴建了这座城市，并住了下来。然后他向中国进发，走了一个月，来到一个幅员辽阔、水丰草茂的国度。他在那里修建了一座很大的城市，并让他三万部下住在此城。他给这个城市起名叫吐蕃。迪阿比勒·本·阿里·胡扎依[2] 对此颇感自豪，在一首模仿库麦伊特[3] 的诗中说：

正是他们踏进了木鹿[4]之门，
进入中国之门[5]的也是他们。
撒马尔罕之名由他们而来，
又让那里从此有了吐蕃人。

〔……〕吐蕃麝羚〔今通称麝或麝鹿〕和中国内地麝羚生长的地方，是一块紧邻的大地。吐蕃麝香在两点上优于中国内地麝香：一是吐蕃麝羚吃雄刈萱一类的鲜草和各种香草类植物，而中国内地麝羚则吃干枯的草类；二是吐蕃人不从腺囊取麝香，而中国人则这样做，致使麝香掺入血或其他杂质。此外，中国内地麝香须经过海上长途运输，因受潮而变质。而没有杂质的吐蕃麝香则是装在口被封得严严实实的玻璃瓶里，然后经波斯、阿曼运到伊斯兰国家。这是质量最佳的麝香。〔……〕在中国，人们用绊索、圈套和罗网捕捉麝羚。

〔1〕海亚提莱（Hayāṭibh），亦称海伊泰莱（单数形式），为古代阿拉伯人对匈奴的一种称谓。

〔2〕迪阿比勒·本·阿里·胡扎依（765—871 年），阿拔斯王朝著名诗人，祖籍库法。因嘲弄杰济拉艾米尔而被杀。

〔3〕库麦伊特·阿萨迪（680—744 年），伍麦叶王朝著名诗人，精通阿拉伯人的各种语言及文学、宗谱学等，著有诗集《哈希米雅特》。

〔4〕木鹿（Marwu），位于中亚的历史名城，通指今土库曼斯坦马雷一带。

〔5〕中国之门，在阿拉伯史地古籍中指两个不同的地方，多指“涨海”，即中国南海某处的一个海峡，有时也指西域某地（阿拉伯人概念中）进入中国的一个山门。此处似指后者。

【译按】

《阿拉伯语汉语词典》注明：Tibat 为西藏，Tubbat 为“〔史〕吐蕃（西藏）”。吐蕃是中国西藏历史上历时200年（公元7—9世纪）左右的一个王朝的称谓。唐代汉文史籍将青藏高原这一藏族王朝写作“吐蕃”，康熙二年（1663年）起开始总称“西藏”。如今中国人在使用这两个称谓时，概念清晰。但在阿拉伯语中，这两个词如果不标读音符号，字母形式是一样的，均为：التبت。

古代阿拉伯史地学家一般都津津乐道于吐蕃是也门土伯尔发现或开辟的。比如麦斯欧迪说：“土伯尔艾格兰，执政163年；迈勒基凯里卜·本·土伯尔，执政120年，他率兵进入东部许多地区，如呼罗珊、吐蕃、中国（唐朝）中原、锡斯坦……”（见麦斯欧迪：《黄金草原》，耿昇译，西宁：青海人民出版社，1998年，第551页）实际上，这只能看作含糊不清、相互矛盾的也门早期历史记载中的一个传说而已。比如阿拉伯人认为，在公元前8世纪至公元535年的1000多年中，也门先后建立过赛伯邑和希木叶尔两个王朝，但在记述此期间几十个国王和土伯尔时，又说他们各自在位时间差不多都在100—400年之间。时间概念上的出入大得离奇。而在我们的观念中，能活400年的“人”恐怕也只是出现在神话里。阿拉伯古文献中的类似记载，尽管与我们的历史记载完全不同，但中国读者也不妨对此有一了解。值得一提的是，雅古特本人在此类传说的后面，一般也都写上一句“这些都是我从前人的记载中照录下来的，真实与否，我不知道，只有真主知道”。

§26. 第2卷，第23页（突厥条下）：

突厥的领地包括：九姓乌古斯、吐蕃、葛逻禄（al-Kharlukh）、寄蔑（al-Kimāk）、古斯（al-Ghuzz）、杰夫拉（al-Jafra）、白加纳克（al-Bajnk）、突骑施（Buzkish）、艾兹克斯（Adhkus）、黑夫沙格（Khifshāq）、黠嘎斯（Khirkhīz），从我们的方向第一个与之交界的是法拉布（Fārāb）。

泰米姆·本·拜赫尔·穆泰瓦伊说：“这个城市，人非常多，十分拥挤。这里市场林立，贸易兴隆。该城大多数人是不信神的。人们估计从此城到中国有 300 波斯里的路程。我觉得比这个距离要远。”

§27. 第 2 卷，第 52 页（提尼斯条下）：

了解提尼斯〔埃及的一个岛〕历史的人说：“在提尼斯，有个季节，来的鸟禽种类比其他任何地方都多，据说达 130 余种，其中有：〔……〕中国鸭〔……〕”

§28. 第 2 卷，第 57 页（突兰条下）：

所有河外地区的国家统称此名〔突兰，Tūrān〕。据说它的国王称为突兰沙。一本有关波斯历史传说的书中说：“艾弗利敦[1]当年分配大地时，将罗姆诸国及其毗邻的马格里布，给了长子赛莱姆（Salam）；次子突吉得到中国、雅朱者和马朱者及其邻近地区。”

〔1〕艾弗利敦，又名艾弗利宗（’Afrīdhūn），波斯语人名。源自伊朗第一个统治阶级——菲什达德的一位君王的名字（弗利敦）。传说此人即为《圣经》中的诺亚，另有传说他是双角王，即亚历山大大帝。

§29. 第 2 卷，第 92 页（加尔条下）：

位于古勒祖姆海[1]海岸的一个城市，距麦地那有一天一夜的路程。〔……〕它是一个港口，来自阿比西尼亚、埃及、亚丁、中国和其他印度诸国的船只在此停靠。

〔1〕古勒祖姆海（Baḥr al-Qulzum），阿拉伯人以前对红海的称谓。该名一说源自法老时期红海北部叫作古勒祖姆的港口，一说源自苏伊士附近的古城古莱宰麦（Qulayzamah）。

§30. 第 2 卷，第 378 页（赤道条下）：

赤道是星相家们所依之据。艾布·莱哈尼[1]说：“它始自中国和印度海南部的东方，穿过海中若干岛屿，越过大陆上的金僧祇[2]，再经过箇罗（Kalah）岛，这里是位于中国与阿曼正中间的一个港口。”

〔1〕艾布·莱哈尼，即比鲁尼（al-Bīrūnī，约973—1048年），著名波斯裔阿拉伯大学问家。精通数学、天文学、医学和历史学等。与伊本·西那关系密切。主要著作有《过往世纪的剩存遗迹》和《印度志》等。

〔2〕金僧祇，原文为：al-Zanj al-Dhahabiyah，直译应作“金子的僧祇”，也有人译作“金子国僧祇”。阿拉伯古籍中罕见此地名，常见的是僧祇。

§31. 第2卷，第482页（杜鲁拉西比条下）：

某国王遗留的大批金银财宝和稀世珍品中有：〔……〕14箱中国瓷器[1]和精致豪华的玻璃器皿等。

〔1〕中国瓷器，作者此处使用的是“al-Ghaḍā’ir al-Ṣīnī”。按照语法，形容词应为“al-Ṣīniyyah”，因为被形容词是复数名词。《新阿拉伯语汉语大词典》（王培文主编，北京：商务印书馆，2003年）中解释为：“陶土和大瓷盘。”《蒙吉德》解释为：“一种为免遭毒眼而携带的绿色瓷器。”看来这可能是源自中国瓷器的一种辟邪之物，因为阿拉伯人迷信毒眼（凶眼、恶眼）能使人害病。

§32. 第3卷，第124页（扎比吉条下）：

扎比吉[1]是中国边界地区海尔坎德〔Harkand，一译哈尔干〕海后面印度国极远之地的一个岛屿。也有人说它就是僧祇国。那里有外貌像人一样的居民，但他们的品性更接近野兽。那里还有野人[2]，他们有像蝙蝠一样的翅膀。

〔1〕扎比吉（al-Zābij），费琅《阿拉伯波斯突厥人东方文献辑注》中译者译为：阇婆格；《道里邦国志》中译者译为：三佛齐。

〔2〕野人（Nasnās），《阿拉伯语汉语词典》注解为：“独脚侏儒（童话里

的独脚妖怪），矮子，侏儒”；在开罗方言中意思是长尾猴。费琅在《阿拉伯波斯突厥人东方文献辑注》中为此词加注云：“《〈印度珍异记〉述要》一书中说：‘纳斯纳斯人乃人体之一半，独手独脚，跳跃前进，跑得极快。过去也门曾发现这种人，在非阿拉伯国家亦见到过。阿拉伯人驱赶这种人，并食其肉。’”（见费琅：《阿拉伯波斯突厥人东方文献辑注》，耿昇、穆根来译，北京：中华书局，2001年，第224页）此处暂译为野人。

§33. 第3卷，第247页（撒马尔罕条下）：

穆法加[1]在其《也门诸王历史中的信仰救星》[2]一书中提到：

舍米尔·本·伊非利基斯·本·艾卜莱赫继承王位后，调集了50万兵马进攻伊拉克。伊拉克国王叶什塔西夫知道他兵多将广，势力强大，不得不臣服于他。于是舍米尔又从伊拉克启程，一路势如破竹，向中国进发。当他的大军来到粟特（al-Ṣughd）时，该国军民奋起阻击，并退入撒马尔罕城死守。他下令将该城团团围住，令守城者惶恐不安。破城后他杀人无算，并将城市摧毁。因此这个地方便被叫作“舍米尔罕”（Shamirkant），意思是舍米尔毁灭了它。阿拉伯人将此地名变为阿拉伯语时，读作了“撒马尔罕”（Samarqand）。

舍米尔又率大军开拔，目的地是中国。但他和他的部下在途中因干渴而全军覆没，连一个报信儿的人都没能回来。撒马尔罕自此变成一片废墟。后来土伯尔艾格兰一心要为死在中国的祖父舍米尔报仇，遂再次征调大批人马准备远征。他率兵来到伊拉克，拜赫曼·本·伊斯凡德亚尔出城投降。收取地租（al-Kharāj）后，他继续向前来到撒马尔罕，发现此地荒无人烟。于是他驻扎下来，并下令重建该城，直到将它恢复到先前最好的景象。然后他继续前进，来到一个幅员辽阔的国度。之后他攻入中国，烧杀抢掠，俘获甚多。至于他返回也门的故事，则说来话长。

〔1〕穆法加，本名穆罕默德·本·艾哈迈德（932年卒），阿拉伯古代诗人和文学家。与伊本·杜莱德长期不和，相互漫骂攻讦。他的著作《也门诸王历史中的信仰救星》是模仿这位对手的《语病》一书而作。

〔2〕《也门诸王历史中的信仰救星》，此书名由阿拉伯人惯用的押韵结构组成。由于其中"信仰"一词也具有"确信"之意，所以书名似也可理解为"也门诸王历史实录"。

§34. 第3卷，第265页（散达比勒条下）：

中国的一个城市。中国词条里已描述过它的情况。[1]

〔1〕此处雅古特可能记忆有误，因为专门讲"中国"的词条尚未出现（也可能后人重新排列过词条），而此前内容中，并未出现有关此地的记载。散达比勒（Sandābil），有时标音为Sandābul，具体位置众说不一。《伊本·白图泰游记》所述给人感觉"散达布尔"是一岛屿，或是在临海的地方（参阅伊本·白图泰：《伊本·白图泰游记》，马金鹏译，银川：宁夏人民出版社，1985年，第496—498页）。而《伊本·杜莱夫游记》所述又给人感觉在中国西北部，并说它是"中国京都"。

§35. 第3卷，第298页（锡兰条下）：

锡兰是一个周长达800波斯里的巨大岛屿。它包括赛兰迪布。岛上有几位互不臣服的国王。它周边的海叫作舍拉希特[1]。锡兰位于印度和中国之间。岛上有很多其他地方没有的药用植物，包括肉桂、白菖蒲（Zahrah）和苏木（Baqqam）。据说岛上的宝石矿藏相当丰富。可能是拉米[2]部族的人给它起的这个名字。

〔1〕舍拉希特（Shalāhiṭ），印度洋中从东面与哈尔坎德海连接的一个大海。

雅古特在《地名辞典》中说："哈尔坎德（Harkand）海是位于中国和印度之间的、离印度最远的一个海。"

〔2〕拉米（Rāmī），雅古特在《地名辞典》中说："它是位于印度最远的舍拉希特海中的一个大岛。人们说它的周长有800波斯里，岛上有几位互不臣服的国王。它可能就是人称锡兰的那个岛屿，因为人们说到锡兰时也是这样描述的。"

§36. 第3卷，第393—394页（苏哈尔条下）：

拜沙利说："苏哈尔是阿曼的首都，在中国海中没有比它更宏伟的城市。〔……〕它是中国的走廊，东方和伊拉克的仓库，也门的救援站。"

§37. 第3卷，第431页（占婆条下）：

占婆（Ṣanf）是印度或中国的一个地方。那里出产可供熏香用的占婆沉香（al-'Uwd），是沉香中质量最差的一种，与一般的木头相差无几。

§38. 第3卷，第440—448页（中国条下）：

中国是位于东海偏南的一个国家。

伊本·凯勒比[1]在提及东方人（al-Sharqī）时说："中国（al-Ṣīn）之所以叫作隋尼（Ṣīn），是因为隋尼和八盖尔（Baghar）同为拜格拜尔·本·凯马德·本·雅菲思的儿子。关于八盖尔，民间有这样一个〔意为不识之无的〕谚语：他分不清八盖尔和十盖尔（Shaghar）。隋尼和八盖尔都在东方。"

艾布·加西姆·祖加吉说："中国称谓之由来，缘自隋尼·拜格拜尔·本·凯马德，他是第一个到达那里并居住下来的人。这里我们将提到他们的情况。中国属于第一区，其由西开始的长度为164度30分（164 Darajah, 30 Daqīqah）。"

哈济米说："萨德·海依尔·安达卢西，为自己加了一个附名'隋尼依'，因为他曾经去过中国。”

伊姆拉尼说：“隋尼是库法的一个地方，也是亚历山大附近的一个地方。”

穆法加在其《也门诸王历史中的信仰救星》——这是模仿伊本·杜莱德《语病》的一本书——中说：“隋尼是两个地方，即上隋尼和下隋尼。在瓦西特下方有一著名小城，名叫隋尼娅（Ṣīniyyah），也叫隋尼娅哈瓦尼特〔Ṣīniyyah al-Ḥawānīt，中国店铺〕。有些人的附名‘隋尼依’，便是归属于此地。[2]其中包括：哈桑·本·艾哈迈德·伊本·马汉·艾布·阿里·隋尼依，他向艾哈迈德·本·欧拜德·瓦西提传述过圣训，艾布·伯克尔·海提布也听他传述过圣训，并说他是那个小城的推事和教义演说家。而伊卜拉欣·本·伊斯哈格·隋尼依，则是库法人氏，曾到中国经商，因而有此附名。”

艾布·萨德说：“附名源自中国的人中有艾布·哈桑·萨德·海依尔·本·穆罕默德·本·赛赫勒·本·萨德·安萨利·安达卢西，他为自己写上这个附名，因为他曾从马格里布出发到过中国。他是位德才兼备的教法学家，而且非常富有。他听艾布·海塔布和艾布·阿卜杜拉等人传述过圣训。卒于伊历541年。”艾布·萨德在谈及自己的导师时提到过他。艾布·萨德还说：“还有一个叫‘隋尼依’的人，我只知道这是他的附名，其他一无所知。他就是侯迈德·本·穆罕默德·本·阿里·艾布·阿木鲁·谢巴尼，以侯迈德·隋尼依〔中国的侯迈德〕而闻名。他听希利·本·海齐迈及其同样身份的人传述过圣训，也向艾布·赛义德等人传述过圣训。”

以上是有关极远中国的一些记载，我按在资料中所见到的照录下来。我不能保证其准确性。如果它是真实的，你便可以如愿以偿；如果它是虚假的，你也知道关于中国人们都说了什么。那是一个幅员辽阔的国度，我们未曾见过去过那里并深入其内地的人。商人们去过的只是其边缘地区，即位于海岸线上、很像印度、叫作爪哇的国家，输出沉香、樟脑、亚香茅、丁香、肉豆蔻、草药和中国瓷器。至于国王之国[3]，我们没有见到一个真正去过那里的人。

我在一本古书里读到过关于中国情状的描述。艾布·杜莱夫·米萨尔·穆海勒海勒为我们写过一本书，其中讲述了他在中国和印度所见到的情况。

〔1〕阿拉伯历史上有两位父子学者都以附名凯勒比（al-Kalbī）闻名于世。父亲穆罕默德，库法人氏，卒于763年，为著名谱系学家、圣训学家、语言学家和历史学家。儿子希沙姆·本·穆罕默德，卒于819年，为阿拉伯古代著名历史学家和谱系学权威，并以研究贾希利叶时期阿拉伯人风俗见长。主要著作有《谱系大全》《谱系集成》《偶像书》和《贾希利叶和伊斯兰初创时期名马谱系》等。此处的凯勒比指后者。

〔2〕雅古特此段话中，有一个词十分重要，就是“同样”。它说明阿拉伯人中以“隋尼依”作为附名者，不一定都去过中国或者与中国有非常密切的联系。换言之，如果某个阿拉伯人，在阿拉伯地区某个叫作“隋尼”或者“隋尼娅”的地方，或出生成长，或求学经商，或做出某种成就，或担任某种官职，或有过某种值得怀念的经历等，那么他同样可以把自己称为“隋尼依”。

〔3〕国王之国（بلاد الملك，Bilād al-Malik），此处应指中国内地或帝都。

【译按】

雅古特在“中国”词条中以下所述内容，合中文一万余字，全部抄录于《艾布·杜莱夫游记》——原名《各国奇闻录》（*'Ajā'ib al-Buldān*）。鉴于艾布·杜莱夫（'Abu Dulaf，卒于1000年）在阿拉伯历史上作为诗人、文学家和旅行家（其绰号便是“大游侠”）的重要地位，尤其是传说中他曾陪同中国使团返回中国，他的这部名著无疑将成为《阿拉伯古籍中的中国（地理卷）》的必选书目。为避免重复，此段内容将在今后辑译《各国奇闻录》时一并译出。

§39. 第3卷，第448页（隋尼娅条下）：

隋尼娅看上去好像是前面所述隋尼的一种阴性形式。与之有渊源的人，同样称为隋尼依。它是位于瓦西特下方的一个小城，出了一些学者。其中有哈桑·伊本·穆罕默德·本·马汉·隋尼依。他向艾哈迈德·本·欧拜德·瓦西提传述过圣训。艾布·伯克尔·海提布也听他传述过圣训，并说他是那个小城的推事和教义演说家。

§40. 第 4 卷，第 49 页（图斯条下）：

米萨尔·本·穆海勒海勒说："图斯（Tūs）有四城，大小各二。城中有极其雄伟的伊斯兰建筑古迹，〔……〕在一个花园里有哈伦·拉希德的墓地。该城与尼沙普尔之间有一座宏大而森严的宫殿，我从未见过如此高的墙，如此牢固的建筑。宫中有很多庭院，拱门穹顶满目皆是，道道门廊连接各处，另有不少女眷专用的私室和储藏物品的仓廪。我向人打听此事，当地百姓众口一词地告诉我，说这是某个土伯尔建造的。当年他前往中国，行至此地，觉得应该将女眷、宝物和辎重留在一个他认为安全的地方，以便轻装前进。于是他修建了这座宫殿。为此他还专门开挖了一条大河，河的故道至今可见。他将宝物、辎重和女眷安顿好之后，便向中国进发。他到了他想去的地方，回程中将存放宫内的东西带走，但仍留下一些钱财和辎重。他将其藏在宫中某些地方，绘制了藏宝秘图随身携带。年复一年，无数驼队和路人经过此地，进过宫殿，但无人知道这个秘密。直到我们这个时代，凯赫兰[1]的君主艾斯阿德·本·艾布·雅夫兹，发现了这个秘密并找到了宝藏。因为藏宝图已经落入他的手中。他派人挖出宝物并运回也门。"

〔1〕凯赫兰（Kaḥlān），雅古特在《地名辞典》中说："它是古代也门最著名的省区之一，距萨那 24 波斯里。该地有两座奇伟的宫殿。"

§41. 第 4 卷，第 94 页（伊拉克条下）：

麦达依尼说："伊拉克的辖区从希特[1]至中国、信德、印度、赖伊[2]、呼罗珊、锡吉斯坦〔又译锡斯坦〕和泰伯里斯坦，再至代伊莱姆和吉巴勒。"

〔1〕希特（Hīt），古代伊拉克一集镇，位于靠巴格达一侧的幼发拉底河岸。

〔2〕赖伊（al-Rayyī），现译雷伊，位于今伊朗首都德黑兰南郊。

§42. 第4卷，第98页（阿拉白条下）：

阿拉白（'Arabah），从根源上说是阿拉伯（'Arab）国家的一个名称。〔……〕明白无误的是，每个居住在阿拉伯半岛并讲当地语言的人，便是阿拉伯人。希沙姆·本·穆罕默德·本·萨依布说："阿拉伯半岛被称作阿拉白。〔……〕不论是古老的还是现在的，整体上的阿拉伯语是由六种语言构成的。而这六种语言全部起源于这块土地，它就是阿拉白。从未听说过阿拉伯半岛[1]上的任何一个居民，不讲真主赐使他讲的当地语言而被称为阿拉伯人的。难道你没有看到，以色列的后裔在希贾兹〔旧译汉志〕居住过，但他们不能归属于阿拉伯人，因为他们不曾在那里讲他们先前所不讲的阿拉伯语言？〔……〕同样，任何一个国家的人，不可称为波斯人，亦不可称为罗姆人、印度人、中国人、柏柏尔人，除非他们讲真主赐使他们讲的、先前所不讲的居住国本土语言。难道你没有看到，在波斯国的希拉人和在罗姆国的安巴尔人等，他们均不归属于这些国家？"

〔1〕古代阿拉伯人没有"半岛"一词，他们认为三面环水即可称为"岛"，因此，其笔下的阿拉伯岛即为今日所指的阿拉伯半岛。

§43. 第4卷，第160页（阿纳格条下）：

狞獀是比中国狗（al-Kalb al-Ṣīnī）略高的一种动物，像豹一样捕获猎物，食肉，属于猛兽。

【译按】

雅古特此处提到狞獀，是因为它的名称中有"阿纳格"一词。一般的中文词典中查不到关于这种动物的解释，只有《汉语大词典》提到猨——“似狸，狼属”，“大如狗”。阿拉伯人所指的“中国狗”，与前文提到的“中国鸭”一样，其确切含义我们并不清楚。它是指中国的一种狗，还是指另外一种动物，有待考证。

§44. 第4卷，第210页（古木丹条下）：

关于古木丹[1]和也门诸王，迪阿比勒·本·阿里·胡扎依有诗赞曰：

他们横扫千军无往而不胜，
每过一村必写下占领协定。
从中国之门转战木鹿之门，
再到印度之门和粟特名城——
诸王皆被迫签署城下之盟。

〔1〕古木丹（Ghumdān），又译雾木丹、乌木丹、霍姆丹。萨那城郊古宫，被称为世界上第一座摩天大楼。古代与金字塔和亚历山大灯塔齐名。建于公元前1世纪。据说毁于6世纪（一说7世纪）。

§45. 第4卷，第352页（克什米尔条下）：

米萨尔·本·穆海勒海勒，在我们于中国条下提到的那封信里说：“我们离开加朱利，来到一个人称克什米尔（Qashmīr）的非常大的城市。那里有十分牢固的城墙和堑壕。该城差不多有中国城市散达比勒一半那么大。”

§46. 第4卷，第389页（盖勒阿条下）：

诗人米萨尔·本·穆海勒海勒，在其中国游记里谈到自己的经历时说：“然后我从中国返回，来到箇罗。从中国方向来说，它是印度国最先与之接壤的地区。〔……〕它与中国城市散达比勒之间有 300 波斯里。”

§47. 第 4 卷，第 478 页（箇罗条下）：

箇罗是印度海中的一个港口，在阿曼通往中国之路半途位置，位于赤道线上。

§48. 第 4 卷，第 498 页（开义玛克条下）：

开义玛克（Kaymāk）是中国边境上一个宽阔的省区。居民为住帐篷、逐水草而居的突厥人。

§49. 第 5 卷，第 311 页（努舍疆条下）：

努舍疆[1]是波斯一城市。据赛姆阿尼说，伊本·法基赫说："河外地区锡尔河旁的突厥地区有一个叫作塔拉兹[2]的城市，它与下努舍疆之间的距离是 3 波斯里；与上努舍疆之间，如果驼队沿牧场而行需走 17 天，而突厥驿骑只需 3 日。上努舍疆分四大城四小城，那里是中国边界。从这里到九姓乌古斯的可汗城需 3 月路程，途中要经过若干水丰草肥的大村落，居民是突厥人。他们之中有袄教徒，也有摩尼教徒。国王在一个有 12 座铁城门的大城市里，居民为不信神的人。其左侧为开义玛克，前方为相距 300 波斯里的中国。九姓乌古斯国王在一个宫殿的最高处设有黄金大帐，可纳百人，人们在 5 波斯里之外都能看到它。"

〔1〕努舍疆（Nūshajān），《道里邦国志》（伊本·胡尔达兹比赫著，宋岘译注，北京：中华书局，2001 年）第 32 页注⑤说："努舍疆，应译作拔塞干或八儿思罕。"

〔2〕塔拉兹（Ṭarāz）或提拉兹（Ṭirāz），雅古特说它是"位于突厥地区离艾斯非加布很近的一个国家"。这不是历史上唐朝与大食交战之

地——怛罗斯（Ṭalās）。

§50. 第 5 卷，第 348 页（瓦西特条下）：

艾斯麦依〔1〕说："哈加吉〔2〕派一些风水先生〔3〕为他选一个地点兴建新城。他们为此从艾因泰木尔〔4〕一直走到海边，转遍了伊拉克，回来后禀报说：'我们未能找到比您现在所处的位置风水更理想的地方。'其实哈加吉在选定瓦西特之前，本来看中的是凯斯凯尔的隋尼镇。他在那里还开挖了隋尼河。他为此调集了大批劳工。听了风水先生的话后他改变了主意，在瓦西特兴建了新城。此后他还开挖了两条运河，一条取名尼罗，另一条取名扎卜〔5〕。他之所以给后者起名'扎卜'，因为它也是自古就非常有名的河流。他使这两条运河的河岸两侧大地重新恢复了生机。再后来他还兴建了尼罗河城。"

〔1〕艾斯麦依（约 740—828 年），阿拉伯著名语言学家、文集编纂家，巴士拉语言学派著名学者。曾被哈里发哈伦·拉希德召入宫中，从事讲学与研究，并掌管宫廷图书馆，颇为受宠。著作有《马书》《骆驼书》《反义词》《艾斯麦依诗文集》等。后世学者认为，若非他，阿拉伯人的很多诗集和诗歌早已散佚。

〔2〕哈加吉·本·优素福（al-Ḥajjāj bn Yūsuf，661—714 年），伍麦叶王朝著名军事将领，阿拉伯历史上重要人物。生于希贾兹的塔伊夫，原为教师，后投笔从戎。因镇压各地叛乱有功，遂逐渐掌控军权。649 年被哈里发委派为伊拉克总督。任职 20 年内，除开拓疆域外，还对其辖地进行治理，开凿运河，发展灌溉，实行新财政税收政策，统一货币制度和度量标准，鼓励文学和科学的发展，庇护学者文人。由于他在平息各地叛乱中大量残杀不忠顺者，故后世阿拉伯史学家称其为"残暴的尼罗"（尼罗为罗马帝国暴君）。卒于伊拉克的瓦西特。值得一提的是，在他兴建瓦西特作为伊拉克新首府时，曾在城市四周开凿运河，其中一条的名字叫"隋尼河"，该名称是否与"中国"相关，待考。

〔3〕风水先生，此处原文为“医生”（Ṭabīb）的复数，《蒙吉德》将此词解释为：“精通某种学问者。”可能当时的医生除精通医理外，也兼通其他，所以被找来看风水。一般说来，古代阿拉伯多由星相家来做这类事情。

〔4〕艾因泰木尔，意为椰枣之泉。位于库法以西安巴尔附近的一个镇子，为输往其他国家的干鲜椰枣集散地。

〔5〕扎卜（Zāb），此处为大扎卜或上扎卜与小扎卜或下扎卜两条河的统称。前者发源于土耳其，后者发源于伊朗，均注入底格里斯河。

【译按】

雅古特的这段话中，有两点值得注意：

第一，我们明确了，在702年哈加吉兴建瓦西特城之前，位于凯斯凯尔叫作“隋尼”的村落或镇子已经存在，尽管尚不知当时是否已分为上隋尼和下隋尼两个地方。根据哈加吉最初设想在隋尼建城并开挖了隋尼河，以及随后开挖取名为尼罗和扎卜等运河的事实，我们不排除此处的隋尼是与中国有关的，进而可以将其看作“中国村”或“中国镇”甚或“中国城”。理由是他开挖运河所选择的河名都是具有“国际知名度”的。

第二，译者两次使用了“风水”一词，都是意译。“风水先生”，注释中已经讲过，其后“风水更理想的地方”一句，原文直译应是：“在风的轻重缓急和沙漠中未经放牧的草场方面更理想的地方。”如此看来，比较中国人和阿拉伯人在看风水上的异同，可以成为一个既有意义又有意思的题目。比如两者都看重“风”和“水”，但中国人除地脉山水的方向外，更侧重风水经过时所处的位置，所谓要占“上风上水”；阿拉伯人则注重风的轻重缓急，对于水的要求也更高，除了要有水草丰盛的牧场，还要有甘甜的水源，必要时尚须开挖运河水渠，后者除用于灌溉目的外也有风水因素在内。

§51. 第 5 卷，第 381 页（瓦格瓦格条下）：

有一个词是“瓦格瓦盖”（al-Waqwāqah），意思是犬吠。瓦格瓦格，说法很多，其中之一是中国上方的一个国家。神话传说中常常提到此地。

【译按】

费琅将阿拉伯语原文“它是中国上方的一个国家”翻译并解释为：“这里指的是位于中国南部的一个国家。”国内有学者将“瓦格瓦盖”或“瓦格瓦格”考译为倭国，指日本，恐有不妥，阿拉伯古籍中所提到的这一地区，多比较明确地指向今东南亚一带的群岛。

§52. 第 5 卷，第 397 页（赫拉特条下）：

鲁赫尼说：“赫拉特[1]城是亚历山大所建。当年他进军东方，向中国开拔时路经此地。他有个惯例，即每到一国，便责使当地居民修建一座御敌之城，由他本人来规划设计。当他被告知赫拉特人难以驾驭、很少听从外人命令时，他要了个花招。他下令让他们修建城市，打好地基，而且给他们设计了城市的长度和宽度，以及墙的厚度、城楼和城门的数量，然后答应他们在他从中国回来之后，给予他们工钱和赔偿。然而，当他从中国回来后，他对人们所建之城吹毛求疵，百般挑剔，显出十分不满的样子，并说：‘谁让你们建成这个样子！’结果他什么也没有支付。”

〔1〕赫拉特（Harāt），位于阿富汗西部的历史古城。

§53. 第 5 卷，第 399 页（哈尔坎德条下）：

哈尔坎德是印度与中国之间距印度最远处的一个海。海中有赛兰迪布岛。一些人说，此岛位于印度半岛的末端。

《文学家辞典》

Mu'jam al-'Udabā'

作家与作品简介

作者雅古特。《文学家辞典》(又译《文豪列传》),最初的书名为《机智者的指引》(*'Irshād al-'Arīb*),后以现书名闻名于世。该书为雅古特所编著的、与《地名辞典》齐名的又一部扛鼎之作,在阿拉伯古代文学史上具有十分重要的意义,被认为是阿拉伯第一部有关文学家传记的辞典,在后人相关著述中引用率极高。作者收录了7—13世纪初约1100位阿拉伯文学家的传略和主要作品介绍,运用大量第一手史料,是研究阿拉伯文学史和人物传记的宝贵资料和最重要的参考书之一。原作18卷,约合中文350万字。

版本 黎巴嫩思想(al-Fikr)印书局,1980年,第3版,精装16开,10卷合订本(原作2卷合订1卷,末卷为索引,以下第×卷为原作卷序)。

◎译文

§1. 第5卷,第166页(艾哈迈德·本·优素福条下):

一大早他们来到艾哈迈德·本·优素福的宅院,他已完全做好了准备。阿卜杜拉的儿子见到眼前精美的靠枕、坐垫、围屏以及男女仆人,大为惊奇。艾哈迈德摆了300张餐桌,300名女仆各就各位,每张桌子上的各式金银盘碟和中国汤碗[1]里有300种菜肴。

〔1〕中国汤碗(Mathārid al-Ṣīn),应是一种特殊的中国瓷制器皿('Awānī Ṣīnī)或餐具。阿拉伯古籍中除泛泛所指的中国瓷器、中国瓷盘外,

很少提到具体中国瓷制餐具。Mathārid 是动词 Tharada（意为：把面包或面饼泡在肉汤里）的派生名词，要么指与之相关的地点，要么指与之相关的用具。《阿拉伯语汉语词典》将其另一派生词 Tharīd 注解为："肉汤泡馍。"这是阿拉伯人很喜欢吃的一种饭食，贾希兹在《吝人列传》中曾多次提到。联想到我国西安名吃"羊肉泡馍"，这种专用餐具应当是碗，或者是比较深的盘子。

§2. 第 15 卷，第 90 页（阿里・本・麦赫迪条下）：

苏里说，阿卜杜拉・本・穆阿泰兹给阿里・本・麦赫迪[1]写道：

假如一个人身在遥远的中国，
那飞禽也难到其最近的居所。
绝望彻底抹去每一次的念想，
难以想象心还有灵感的触摸。

苏里说，阿里・本・麦赫迪回信对道：

即便说中国是我最近的居所，
我也是如同出席者的缺席者。
我对你们的赞扬和真诚情谊，
会将及时雨最初的几滴催落。

〔1〕阿里・本・麦赫迪，附名基斯莱威・伊斯法罕尼，生卒年月不详，本书作者雅古特提到他在伊历 283 年被任命为伊斯法罕行政长官。雅古特说他是圣训传述家、哈菲兹（能够背诵《古兰经》全文者）、文学家和学者，此外还特别提到他是一位非常风趣的诗人，尤擅对句联句，

经常将对方诗句中的经典词语引入自家诗句中，并赋予其新的旨意，使诗句更添情趣。一次几位文人墨客聚在一起，一位诗人出了上句：

你好比一位完人无可挑剔，
缺点只是太多人将你妒忌。

阿里·本·麦赫迪脱口对道：

你好比一场甘霖无可挑剔，
缺点只是水太清雨量充裕。

§3. 第15卷，第122—124页（阿里·本·希拉勒条下）：

阿里·本·希拉勒[1]叙述：

当年我可以在设拉子（Shīrāz）拜哈·道莱[2]的书库内随心所欲地翻看各种书籍。有一天，我看见有一堆书散乱地放在那里，仔细翻过，原来是一套30卷的、由最著名的书法家之一艾布·阿里·本·穆格莱亲笔抄写的《古兰经》。我感到非常惊奇，便单独拿出来一卷一卷地翻阅，最后发现只有29卷。我又费了很大工夫在书库里找来找去，最终也没能找到缺失的那一卷。于是我知道这部《古兰经》并非全本。我带着它去见拜哈·道莱，对他说：

“主公，现在有个人想求大臣艾布·阿里·穆法格帮忙，解决他和一个仇人之间的争端。他送来一件非常珍贵的礼物，我看它最适合归您所有。”

“这是件什么东西？”

“一部艾布·阿里亲笔抄写的《古兰经》。”

“那你得给我拿来，他怎么能在我之前得到它呢。”

我把书递上去，他拿起一卷看了看说：

“我记得书库里有一套这样的书，后来找不着了。”

“这本来就是您的《古兰经》。”我说，“但艾布·阿里誊写的《古兰经》怎么能就这样残缺不全地随便乱放呢。”

“那你就给我把它补全了。”他说。

“遵命。可我有个条件，就是如果您到时看不出哪卷是修补过的，您得赏我一身官袍（Khil‘ah）和100金币。”

“好吧，我答应你。”

于是我从他面前将书拿回到自己的住处。之后我把书库里留存的，与那部《古兰经》所用纸张相似的老纸翻了个遍，其中有各种撒马尔罕和中国麻纸[3]。这些老纸都十分别致、奇特。我挑了一些自己认为合适的纸，抄写了一卷，描上金，再把描过的金做旧，然后从其他每一卷上割下一小块皮子，再把这些皮子粘缝在一起做成封面，最后把封面也做得像旧的一样。拜哈·道莱把此事忘在脑后约莫有一年时间，直到有一天又提到艾布·阿里时，他才问我：

“那书你抄好了没有？”

“早已抄好。”我回答。

“那你还不给我拿来。”

我把全套《古兰经》给他拿来，他一卷接一卷地仔细翻检，看我抄写的那一卷时并没有停下来。之后他问我：

“哪卷是你亲笔抄写的？”

“您过目之后如果看不出来，这就是一部由艾布·阿里亲笔抄写的全套《古兰经》了。我们保守这个秘密怎么样？”我问他。

“我看可以。”他答道。

过后他把它放在睡觉时离头很近的地方，没有再放回书库。我要求赏我官袍和金币，他一直拖延着，说给又没给。有一天我对他说：

“主公，书库里有一些放了很久的‘中国白’[4]，还能用。您就赏一些给我，算顶了官袍和金币吧。”

“那好，你自己拿去吧。”

于是我将书库里的所有这种纸全都拿走，一直用了好几年。

〔1〕阿里·本·希拉勒，字艾布·哈桑，卒于伊历413年。本书作者介绍说，他是一位著名书法家，技艺超绝的“描金”（al-'Idhhāb）大师。

〔2〕拜哈·道莱（Bahā' al-Dawlah，意为：国家的光辉，卒于1002年），布韦希王朝（945—1055年）素丹。布韦希人属于伊朗高原北部山区戴伊莱姆部族，又称“山居人”。他们崛起后建立了自己的王朝，开始了波斯人第二次当权的时代，使阿拉伯帝国出现了“国中之国”的局面。

〔3〕此处提到的撒马尔罕麻纸（al-Kāghid al-Samarqandī），实际上是用中国唐代造纸技术制成的。751年怛罗斯战役后，在撒马尔罕出现了由中国人指导的造纸厂，造出的纸开始可能还叫作“中国麻纸”（al-Kāghid al-Ṣīnī），而后由于规模扩大、质量提高，名气也越来越大，本文中“撒马尔罕麻纸”虽与“中国麻纸”（al-Kāghid al-Ṣīnī）并列但已排名在前，随着时间的推移，“撒马尔罕麻纸”反倒成为了享誉世界的“名牌”。以至于“869年朱海斯（Juhith）说：‘西方有埃及莎草片，东方有撒马尔罕纸。’”（见潘吉星：《中国造纸史话》，济南：山东教育出版社，1991年，第108页）

〔4〕中国白（Bayāḍ Ṣīnī），当是一种产自中国的高级用纸。其中Bayāḍ，《阿拉伯语汉语词典》注解为：“白，白色，素白，洁白”；与蛋组合为“蛋白”；与眼组合为“眼白”；与墙组合为“（涂墙壁等的）石灰水或白粉胶泥水”。根据上下文，此处除“白纸”外，似无其他解释。本段记述告诉我们，“中国白”为王室书库所藏的“御用纸”，且叙述者要用其顶替“官袍和金币”，其珍贵程度不言而喻。

阿拉伯古籍中出现“中国白”特指一种中国的纸，截至目前只见此一次。以往我们所见的“中国麻纸”和“中国纸”（al-Waraq al-Ṣīnī），不论二者在古代阿拉伯人的表述中有无区别，都是笼统地说

"纸"，而且人们无法分清阿拉伯人在提到它们时，究竟是指从中国进口的纸还是引进中国技术在当地造的纸。而"中国白"依其珍贵程度，原产地为中国应无疑问。

§4. 第18卷，第42页（穆罕默德·本·杰里尔·泰伯里条下）：

据说穆罕默德·本·杰里尔[1]在伊拉克住了40年，每天写40张纸。教法学家艾布·哈米德·伊斯法拉伊尼说过："倘若一个人到中国去寻找穆罕默德·本·杰里尔的《〈古兰经〉经注》，其所获也不会很多。"

〔1〕穆罕默德·本·杰里尔，即《历代民族与帝王史》的作者泰伯里。

《阿拉伯语大辞典》

Lisān al-'Arab

作者与作品简介

伊本·曼祖尔（Ibn Manẓūr，1232—1311年），阿拉伯著名语言学家和文学家，出生于埃及，曾在的黎波里做过法官。

本辞典直译应为《阿拉伯人之舌》，是公认最大最全的阿拉伯语辞典。原作与其前后时代其他著名阿拉伯语辞书一样，是从每个词的最后一个字母向前查，当年这种编法，主要是从查找诗歌韵脚韵律考虑的——古代阿拉伯诗歌创作之兴盛，由此可见一斑。近现代，人们从实用的角度出发，将《阿拉伯语大辞典》这部超大型语言工具书，按照通行体例重新编排，使其恢复了生命力，成为阿拉伯语学习与研究最重要的参考书之一。原作分为20卷，合中文字数较难准确估算，大概至少在2000万字以上。

版本 贝鲁特萨迪尔书局，1997年，精装16开，7卷本。

◎译文

§1. 第5卷，第95页：

隋尼：中国是众所周知的一个国家。萨瓦尼〔al-Ṣawānī，"隋尼娅"的复数〕：出自该国的瓷器。肉桂或桂皮出自该国。隋奈依尼〔1〕：一种众所周知的草药。

〔1〕隋奈依尼（al-Ṣinayni）："隋尼"的一种双数形式（宾格或属格），原义为两个"隋尼"。19世纪阿拉伯大学问家阿卜杜拉·布斯塔尼所编语言词典《花园》中，隋奈依尼被解释为："一种飞禽。"

《辞洋》

al-Qāmūs al-Muḥīṭ

作者与作品简介

编纂者菲鲁扎巴迪（al-Fīrūzābādī，1329—1414 年），波斯裔著名语言学家、辞典编纂家。通晓经训、教法、阿拉伯语言学、修辞学、语法学和文学。一度担任也门地区首席教法官。曾游历西亚和埃及，进行学术访问。据说游学期间，书不离身，十几驮书一直伴随着他。其著作达 40 余种，最有名的是《阿拉伯语辞典》，约 60 卷，惜原书已佚。

《辞洋》为中世纪后期最重要的阿拉伯语辞书之一。约合中文 400 万字。在当时这是一部既简洁实用又无所不包的语言工具书，故冠以"穆希特"之名，即大洋之意，与中国人的《辞海》有异曲同工之妙。辞典问世后，注家蜂起。

版本　贝鲁特学术书籍出版社，1995 年，4 卷本。

◎译文

§1. 第 4 卷，第 238 页：

隋尼：位于库法的一个地方；位于亚历山大的一个地方；凯斯凯尔有两个地方叫此名。东方的一个王国，出产瓷器。隋尼娅：伊拉克瓦西特城下方[1]的一个城镇。

〔1〕古代阿拉伯人所言某地"下方"，一般指某地以北，与中国人现在的方位概念相反。

《辞典珍宝中的新娘花冠》

Tāj al-'Arūs min Jawāhir al-Qāmūs

作者与作品简介

编纂者穆尔台达·扎比迪（al-Murtaḍā al-Zabīdī，1732—1790年），阿拉伯著名语言学家，圣训学家。祖籍也门，生活于埃及。著述颇丰。本辞典中国也有人简译为《新娘王冠》，为最著名的阿拉伯语辞典之一。特点为集前人辞书之大成，以《阿拉伯语大辞典》为基础，对《辞洋》做出更为详尽的释解。全书合中文2000余万字。

版本 贝鲁特生活书店，出版年月不详，10卷本。

◎译文

§1. 第9卷，第262页：

隋尼：库法的一个地方，还有亚历山大的一个地方和凯斯凯尔的两个地方。同样，它是位于世界南部的一个东方王国。

这是个很有名的国家，幅员辽阔，物华天宝，有大量的水果和农作物以及金银财宝。有一条以生命之门也就是生命之水而闻名的大河从国中穿流而过。它也叫作财富河[1]。它从这个国家的中部起，流了6个月的时间，才到了隋尼克兰〔Ṣīnklān，通指今广东或广州一带〕。它像埃及的尼罗河一样，两岸到处是村落和农庄。

这个国家出产瓷器。它是用那里山上的土制成的。它被像煤一样置于火中，再放置一些人们自己专用的石头，烧制三天之后向上洒水，使其变得像土坯一样。然后人们将它闷盖〔原文为遮盖或发酵〕一些时日。上品要闷一个月，次之的15天，但最少不能少于10天。接下来这些瓷器便从这个国家运往其他国家和地区了。

荜拨[2]、肉桂和中国鸡[3]出自那里。

中国每个城市里都有穆斯林的社区，他们单独生活在一起，有自己的小清真寺、学校和大清真寺。他们受到当地官员的尊重。

中国出产丝绸。他们在搞喜庆活动时使用金银器皿。他们交易时使用纸币。中国人是各民族中最精于工艺和绘画的。有句关于人的三个身体部位的名言：希腊人的头脑，阿拉伯人的舌头，中国人的手。

圣训中说："你们去求知吧，哪怕知识远在中国。"

隋尼娅是伊拉克瓦西特下方的一个集镇，也以隋尼娅·哈瓦尼特而闻名。艾布·阿里·哈桑·本·艾哈迈德·本·马汉·隋尼依，是那里的推事和教义演说家。艾布·伯克尔·海提布在其著述中提到过此人。

〔1〕财富河，原文"al-Yusr"，意为：财富，富裕，兴隆，繁荣。有关此河，中外学者说法不一，认为是长江，黄河，珠江，西江（珠江主流水系）的皆有之。

〔2〕荜拨（al-Kabābah al-Ṣīniyyah），多年生藤本植物，叶卵状心形，花小，雌雄花序，浆果卵形。中医用干燥果穗入药。al-Kabābah单独的意思，《阿拉伯语汉语词典》注解为："〔植〕荜澄茄。"

〔3〕中国鸡，详见《伊本·白图泰游记》（伊本·白图泰著，马金鹏译，银川：宁夏人民出版社，1985年）第546页有关"中国鸡"的内容。鉴于阿拉伯语中"印度鸡""埃塞俄比亚鸡"和"罗马鸡"指火鸡，"苏丹鸡"指珠鸡，所以"中国鸡"也应专有所指（《伊本·白图泰游记》中说它像鸵鸟一样大），确义待考。

§2. 同上页：（以下疑为校勘者或修订者所加）

在瓦西特还有一个叫隋尼的村庄。它不是本辞典编者说的那一个。

隋奈依尼是一种众所周知的草药。

《赛穆阿尼人名辞典》

al-'Ansāb

作者与作品简介

编纂者赛穆阿尼（al-Sam'ānī，1167年卒），著名历史学家，旅行家，圣训学家，最知名的谱系学家之一，属于沙斐仪教法学派。其出生与逝世均在木鹿。本书原名《安萨布》，意为“谱系”，被认为是中世纪阿拉伯最著名的人名及家系族系辞典之一。特点是根据某人的附名或别号查索。所谓附名，是正式名字之后的一个形容词，多表示籍贯、职业和某种特殊关系。比如阿拉伯人附名为隋尼侬，说明他要么与中国有关，要么与叫隋尼的地名有关。全书约合中文350万字。

版本 黎巴嫩文化书籍出版机构，1998年，精装16开，6卷本。

◎译文

§1. 第3卷，第577—578页：

〔相关人物较多较长，故此处为节译，下列序号为译者所加。〕

隋尼侬：此附名的渊源归于两个地方。其中之一是中国——位于东方大地以美好富足和制造业精良而闻名于世的地区。

1. 艾布·阿穆尔·哈米德·本·阿里·谢巴尼，以哈米德·隋尼侬〔中国的哈米德〕著称。我以为，他之所以取此附名，要么因为他的祖籍是中国，要么因为他曾经去过那里。

2. 伊卜拉欣·本·伊斯哈格·隋尼侬，是库法人，曾从事海上贸易，去过中国。它是东方国家中的一个。

3. 我们的教长，艾布·哈桑·萨德·海依尔·本·穆罕默德·本·赛赫勒·本·安萨利·安达卢西，他给自己写上“隋尼依”的附名，因为他曾经游历从西方到东方的诸多国家，包括东方最远的国家，也就是中国。安达卢西亚东部城市巴伦西亚人。他是一位德才兼备的教法学家，且非常富有。伊历 541 年 1 月卒于巴格达，葬于哈尔布门。

4. 艾布·阿里·哈桑·本·艾哈迈德·本·马汉·隋尼依，他的附名来自“中国店铺”。这是伊拉克位于瓦西特和塞利夫之间的一个城市。艾布·伯克尔·海提布·哈菲兹·巴格达迪曾讲到过他，说：“他是他的小城市的推事和教义演说家。我们写过关于他的事。他为人还不错。我问过他何时出生，他说是伊历 369 年。”

5. 艾布·阿卜杜拉·本·伊斯哈格·本·叶齐德，以隋尼依闻名，巴格达人。阿卜杜·拉赫曼·本·艾布·哈提姆·拉齐说：“我在麦加写过关于他的事。我向他询问艾布·奥恩·本·阿穆尔·本·奥恩，他说：‘他是个说谎者。’于是我便不再和他交谈了。”

6. 艾布·哈桑·穆罕默德·本·阿卜杜拉·本·伊卜拉欣·拉齐，以伊本·隋尼依〔中国人之子〕著称。祖籍腊季〔今德黑兰附近〕，住在沙姆门。他是一位正直的人，虔诚的穆斯林。卒于伊历 410 年 5 月。

【译按】

赛穆阿尼在他的这部著作中，除了为我们中国人较为全面地记录下古代阿拉伯人中与中国有某种关系的六位人物，还传递了一些比较重要的信息。首先，他强调了“隋尼依”的来源有两个，尽管他未能明确地指出第二个地方为何处，而只是让人猜测可能是库法附近的“隋尼”。其次，他指出第一位的祖籍可能是中国，这为我们今后探讨在阿拉伯地区的一些中国早期移民，是否融入了当地主流社会埋下伏笔。因为被他收录的人应当都是具有一定知名度和社会地位的。再次，他更为具体地指出了“中国店铺”的位置，可以说找到塞利夫就找到了它的位置。而且他对此地还明确使用了“城市”一词，说明具有相当规模。最后，他提到的第六位，即“中国人之子”，为我们留下悬念——他是谁的儿子？特别是当我们知道，当年“有个中国人在阿拉伯著名医学家拉齐（865—925年）家中住了一年，学了五个月阿拉伯语就能流利地讲本地话，熟练地写本地语……”（见江淳、郭应德：《中阿关系史》，北京：经济日报出版社，2001年，第37页）祖籍相同的两个拉齐，虽然从全名看没有家系渊源，但围绕两人会不会有什么与中国人相关的故事或传奇，值得我们继续探索发掘。

第二辑

历史类

纪事本末体

《各地的征服》

Futūḥ al-Buldān

作者与作品简介

作者拜拉祖里（al-Balādhurī，约820—892年），又译白拉左里、贝勒祖里。全名艾哈迈德·本·叶海亚·本·贾比尔·拜拉祖里。祖籍波斯，生于巴格达，为阿拔斯王朝哈里发家族穆尔塔兹之子。自幼受正规宗教和文化教育，精通伊斯兰教教义学、历史学、地理学和文学。他与第十代和第十二代两代哈里发过从甚密，并结识了许多学者，曾在巴格达和叙利亚等地投师访学，并从事伊斯兰教军事史的研究和著述。除本书外其最为知名的著作是《贵族谱系》。拜拉祖里的各部著作皆被认为是研究早期伊斯兰教史的珍贵资料。

拜拉祖里作为作者的附名有些来历。拜拉祖尔（al-Balādhur）是一种植物的名称。本书校勘者认为，这种植物只在印度生长，其果核中含有去除体内杂质和强身健脑的物质，可以直接食用也可以做成饮料，并说中国人很早就会从中提炼出一种油脂（可能为松脂）。马祖巴尼（al-Marzubānī，909—994年）说："拜拉祖里晚年患有偏执狂症，是由于他饮用拜拉祖尔，所以把脑子搞坏了。"而穆罕默德·本·伊斯哈格·纳迪姆则说："他不知底细地大量饮用拜拉祖尔，引起不良后果，最终因此死去。所以他被人们叫作拜拉祖里。"

拜拉祖里在阿拉伯伊斯兰史学史上的一个具体贡献，在于他首先使用了"法特哈"（Fatḥ是单数，Futūḥ是复数，基本意思为：打开）一词来表述阿拉伯人的"征服"，替代了包括伊本·希沙姆（828年卒）在内的、最早期的伊斯兰史学家们习惯使用的"盖兹沃"（Ghazw，基本意思为：袭击，侵略）一词，并使"法特哈"的概念为后人所接受而广泛用之。

《各地的征服》是作者的代表作，记述了四大哈里发和伍麦叶王朝阿拉伯人征服各地的军事活动，对第一任哈里发艾布·伯克尔命令穆斯林军出征叙利亚情况的记述尤其详尽，并对哈里发国家早期的社会、经济和文化均有涉及，尤其是关于税收政策的研究和印鉴、货币方面的记载在同类著作中极为少见。书中还简述了各省的历史。由于该著作成书较早，记述具有一定权威性，因而受到后世史家和学者的高度重视。

版本 黎巴嫩知识出版机构，1987年，精装16开，1卷本。

◎**译文**

§1. 第407页（伊拉克的瓦西特条下）：

一位瓦西特的教长对我说，他听他们那里的教长讲，哈加吉把瓦西特的事情办妥后，给阿卜杜·麦立克·本·麦尔旺〔1〕去信说："我在两城〔2〕与凯比尔山〔3〕之间、一块肚子（Kirsh）状的土地上建起了一座城市。我给它起名叫瓦西特〔4〕，所以瓦西特的居民也被叫作大肚子（Kirshiyyīna）。"哈加吉在瓦西特建城之前，本想在凯斯凯尔的隋尼建城。他开挖了隋尼河，并为此调集大批劳工，还下令对他们严加管制，以免出现任何差池。后来他改变主意，在瓦西特建了新城。

〔1〕阿卜杜·麦立克·本·麦尔旺（646—705年），伍麦叶王朝第五任哈里发。在位时正值该王朝强盛时期。他健全国家行政制度，加强中央集权，大力发展通讯邮政局（兼情报机构）。下令实行文字和货币的统一，确立阿拉伯语为官方通用语言，建立国家铸币局，铸造统一规格和价值的金币（第纳尔）和银币（迪拉姆）。691年拨巨款在耶路撒冷建筑了著名的萨赫莱清真寺，又称岩石清真寺、金顶清真寺。

〔2〕两城，原文为：al-Miṣrāni，特指巴士拉和库法。

〔3〕此处意译为"大山"，具体位置不详。

〔4〕瓦西特（Wāsiṭ），人们一般认为该城的命名是因为它介于巴士拉和库法两城之间，加之它同时又介于幼发拉底河和底格里斯河两河之间，因此我国学者也将其类比于中国人说的“河间府”。

§2. 第 470 页（久尔疆和泰伯里斯坦及周边地区条下）：

阿里·本·穆罕默德·麦达依尼[1]对我讲述，叶齐德·本·穆海莱布[2]在呼罗珊过了一个冬天，然后进攻久尔疆[3]。当时那里有一道砖砌的长墙，用以防备外族人的攻击，墙的一头一直延伸到海里。后来外族人占领了该墙。叶齐德说：“愿真主惩治古太白——他竟然把阿拉伯人的囊中之物拱手让给外族人，而想去攻打中国，或者照他所说已经攻入了中国。”

〔1〕阿里·本·穆罕默德·麦达依尼（al-Madā'inī，752—839 年），中世纪阿拉伯著名历史学家和文学家。生于巴士拉，长期居住在麦达茵（al-Madā'in，即泰西封），故得此附名，后移居巴格达。著述颇丰，多是关于先知传记、哈里发历史和伊斯兰教早期征服史方面的著作，泰伯里和本书作者等都从其著作中引录大量记述。

〔2〕叶齐德·本·穆海莱布（Yazīd bn al-Muhallab，674—721 年），伍麦叶王朝著名人物，其父穆海莱布为该王朝重要军事将领、呼罗珊总督。父亲战死后，继任父职。曾攻占泰伯里斯坦，后因企图自立为哈里发而被杀。

〔3〕久尔疆（Jurjān），位于今伊朗境内的马赞德兰省戈尔甘一带。雅古特在提到这个地名时说，它分为久尔疆地区和久尔疆城两个概念。后者是呼罗珊和泰伯里斯坦之间一座非常著名的大城，据说由叶齐德·本·穆海莱布兴建。

§3. 第 477 页（征服底格里斯河地区条下）：

人们说，欧特拜·本·盖兹旺攻打了俄波拉，经过一场激战将其占领。他给欧麦尔写信告之说：“俄波拉是通往巴林、阿曼、印度和中国的港口。”

§4. 第 599 页（呼罗珊条下）：

欧麦尔·本·阿卜杜·阿齐兹[1]继任哈里发时，致函河外地区诸王，呼吁他们皈依伊斯兰教。其中一些国王听从了。当时欧麦尔派驻呼罗珊的总督是杰拉赫·本·阿卜杜拉·哈凯米。后者将叶齐德和他的儿子抓住并监禁起来。杰拉赫委派阿卜杜拉·本·穆阿麦尔·叶什库里前往河外地区。后者深入敌人腹地，并试图进入中国，后被围困，致使一部分人捐躯。他本人则逃往沙什[2]。欧麦尔免除了呼罗珊地区归信伊斯兰教者的地租。

〔1〕欧麦尔·本·阿卜杜·阿齐兹，指欧麦尔二世（681—720 年），伍麦叶王朝第八任哈里发（717—720 年在位）。因公正廉洁，广施仁政，在政治和宗教上实行宽容政策，并进行了有利于伊斯兰教发展的改革，被称为该王朝最开明的哈里发。病逝于大马士革，年仅 38 岁。

〔2〕沙什（al-Shāsh），我国古籍称之为石国（今哈萨克斯坦塔什干一带），亦作柘支，柘折，赭时等。中亚古国，昭武诸国之一。怛罗斯之战后，石国臣属大食。

《漫长的记事》

al-'Akhbār al-Ṭiwāl

作者与作品简介

作者艾布·哈尼法·迪奈沃利（'Abū Ḥanīfah al-Dīnawarī，895年卒），本名艾哈迈德·本·达乌德·本·沃南德。中世纪阿拉伯著名学者、历史学家、阿拉伯植物学奠基人。同时代学术界出类拔萃者，学识渊博，涉猎极广，被后世学者誉为"集哲学家的睿智和阿拉伯人的修辞之大成者"，堪称名副其实的百科全书式人物。其道德文章，后世学者皆交口称赞。除本书外，他的主要著作有：《果核》《植物》《代数》《印度算学研究》、13卷的《〈古兰经〉经注》《诗与诗人》《民曲民调》《诸国志》《逻辑的改良》和《雄辩》等。《漫长的记事》是他的代表作，也是他作为史学家的扛鼎之作，被认为是阿拉伯史籍中"简史"类著作中的上乘作品。全书约合中文35万字。

版本 http://www.alwaraq.com，访问时间：2004年10月4日。

◎译文

§1. 第8页（国王苏莱曼条下）：

苏莱曼[1]从伊拉克前往木鹿，然后向巴勒赫（Balkh）进发，再从巴勒赫到达中国，然后沿海岸从太阳升起之地右侧一路前行，直至抵达坎大哈（al-Qandahār）。他从那里回返，先到凯斯凯尔，再到沙姆，最后到台德木尔[2]，那里是他的故乡。

〔1〕苏莱曼（Sulaymān），此处指《古兰经》中提到的古代先知之一苏莱曼，古代先知达乌德之子。其与赛伯邑女王的传说故事广为流传。

〔2〕台德木尔（Tadmur），一译泰德穆尔，位于大马士革东北220千米的沙漠中，古代曾是宰努比娅的都城和盛极一时的东西方贸易中转站，今已成为蜚声世界的旅游胜地，有沙漠新娘的美称。欧洲人称此地为帕尔米拉（Palmyra）。

§2. 第9页（波斯和也门国王条下）：

那时，也门君主亚西尔·亚阿姆已经故世，继位的是舍米尔·本·伊夫里基斯，他就是人们所说曾到达中国并摧毁撒马尔罕城的人。人们还说，当时中国君主[1]的一个大臣给舍米尔设了一个圈套，说自己曾被国王下令施以劓刑[2]，并遭放逐。这个被割了鼻子的人来到舍米尔处对他说，他曾力劝他的君主也就是中国国王，要他搭好帐篷迎接舍米尔，归顺他并交纳赋税，国王一怒之下割了他的鼻子。他还说他愿带路直取中国君主要害之地，以报复他的所作所为。舍米尔不知其中有诈，便问他如何行事。他说："你与他之间是一片荒漠，需走三日，之后离他的大营就很近了。你带上三天的水，尽管往前走。等我带你突然在他面前出现时，他的国家就成了你的囊中之物，你兵不血刃便可收服他的臣民，得到他的钱财。"舍米尔照他说的做了。他们走进一个一望无际的沙漠，三天后断了水，却看不到一点儿走出去的迹象，也找不到任何水源。于是他们问他："你说的那些在哪儿呢？"这时他告诉舍米尔，他中了计，还说他愿用自己的性命换取家人躲过一劫。他知道自己反正也是一死，便对舍米尔说："你已是死路一条，要杀要剐随你便吧。你和你的手下要想活命是没指望了。"舍米尔把盔甲脱下垫在脑袋下面，将车的铁轮子放在脑袋上面以遮蔽烈日的毒晒。

人们说星象家曾给舍米尔算过命，说他会丧命于两座铁山之间。所以他最后就在自己的铁甲和铁轮之间干渴而死了。他的将士也都被活活晒死，无一幸免。这样的传说，我们在其他人的故事中也听说过。

〔1〕阿拉伯古籍中有时用"中国君主"（Ṣāḥib al-Ṣīn，直译为中国的主人），

更多的是用“中国国王”(Malik al-Ṣīn)，尚未见到我们所说的“帝”。译者的原则是直译，并随原文的变换而变换。

〔2〕劓刑，《阿拉伯语汉语词典》注释：“该动词如宾语是鼻子，意思是劓(音义)，即割鼻之酷刑；如宾语是四肢，意思是断手足。”原文无宾语，故取前者。

§3. 第10页(也门国王条下)：

人们说，当也门人获知舍米尔和他的部下在中国全部死亡后，聚集起来拥戴他的儿子艾布·马立克('Abū Malik)为王。

§4. 第11页(土伯尔艾布·马立克条下)：

当他登上王位，就想进攻中国为父亲和祖父报仇。他出发了，来到撒马尔罕，见那里已是一片废墟，遂下令重建。建好后，他穿过沙漠最终到达吐蕃。他看到一块非常宽阔的、水肥草美的土地，便在那里兴建了一座城市，并让手下的三万男人定居下来。他们是追随者[1]。直到今天，他们的穿戴和阿拉伯人的一样，他们的相貌也和阿拉伯人差不多。

〔1〕追随者，原文为：al-Taba'iyūna，不知其确切含义，可能指从也门一直追随他的人，也可能是指半路上的追随者。另外，此词在无读音符号情况下，也可读作Tubba'iyūna(土伯尔的人)，但尚未见过这种用法。有关古代也门人进入吐蕃的传说，可参阅本书第21—22页《地名辞典》§25之译按。

§5. 第13页(亚历山大在马格里布条下)：

人们说，大地总共有24,000波斯里，海宰尔[1]占3000波斯里，中国占2000波斯里，印度、信德、阿比西尼亚和其他黑人地区[2]占6000波斯里，罗姆占3000波斯里，斯拉夫人(al-Ṣaqālibah)地区占3000波斯里，迦南

（Kan‘ān）也就是埃及及其后面的地区如阿非利加、丹吉尔（Ṭanjah）、法兰克（Faranjah）和安达卢西亚占 3000 波斯里，阿拉伯岛[3]及其附近地区占 1000 波斯里。

〔1〕海寗尔（al-Khazar），又译哈扎尔、可萨，指公元 6—11 世纪出现在欧亚大草原西部的一个汗国。

〔2〕阿拉伯语"黑人"一词的复数形式（al-Sūdān），与今阿拉伯国家之一苏丹的字形和读音完全一样。阿拉伯古籍中所说的"黑人地区"（Bilād al-Sūdān）应包括今苏丹及努比亚一带，但似乎不宜直接译为苏丹。

〔3〕阿拉伯岛（Jazīrah al-‘Arab），有阿拉伯学者认为，"阿拉伯岛其实是一个半岛，北部没有临水，但是古代阿拉伯地理学家夸张地称其为岛"；也有阿拉伯学者认为，"今天的阿拉伯半岛，其北部古时有一条河将它与陆地隔开，因四面临水，故称其为岛"。古时阿拉伯语中没有今天的地理术语——半岛（Shibh al-Jazīrah），所以都用"岛"统而称之。

§6. 第 14 页（亚历山大在远东诸国条下）：

亚历山大决意穿越东方大地。于是他的臣僚们对他说：

"您怎么能从这个方向穿过太阳升起的地方呢，那前面可有绿海啊。在这个海里，您连船都无法使用，因为它的水跟脓一样，散发出的臭气任谁也受不了。"

"一定要前进。"他说，"哪怕就是我孤身一人也要去！"

"那您到哪儿，我们都和您在一起。"众人道。

他出发越过罗姆，向着太阳升起的地方前进；越过斯拉夫人地区，他们归服了；越过海寗尔人地区，他们归顺了；最后他到达中国附近的那片沙漠。他进入沙漠继续向前，直到临近中国的地带。〔……〕[1] 中国国王让那个叫作菲那乌斯的大臣坐下，命他报上名来。他说他叫菲那乌斯。国王凑到他近前问道：

“你是何人？”

“我乃统领大地诸王的亚历山大的使者。”

“他的大军现在何处？”

“就在你国家的边界。”

“你被派来是何使命？”

“他派我来，是要我带你去见他。若你同意，他将让你在自己的土地上继续为王；若你拒绝，他将把你杀死，摧毁你的国家。你要是不信我说的话，那就去问问伊朗沙赫尔[2]的国王达拉·本·达拉〔Dārā bn Dārā，即大流士〕。让他告诉你，大地还有比他更伟大的、将士更多的、王权更大的国王。让他告诉你，吾王是如何强行进入他的国土，强行褫夺他的王权，强行掠获他的财产的。你还可以去问问印度国王福乌尔（Fu’ur），他那里发生什么事情。”

“菲那乌斯，”中国国王说，“有关此人战无不胜的消息我早已知道。我本想派出一使团前去与他讲和，希望通过调解得以免战。你回去告诉他吧，我对他唯命是从，并将每年交纳赋税，他不需要进入我的领土。”

后来他派人给亚历山大送去王冠，同时送去他国家的珍宝作为礼物，其中有：黑貂（al-Sammūr）皮、白鼬（al-Qāqam）皮、丝毛混纺织物（al-Khazz）、中国丝绸（al-Ḥarīr al-Ṣīnī）、印度宝剑、中国鞍韂（al-Surūj al-Ṣīniyyah）、麝香、龙涎香、金盘银盘（Ṣiḥāf al-Dhahab wa al-Fiḍḍah），以及铠甲（al-Durū‘）、臂甲（al-Sawā‘id）、盔甲（al-Biyaḍ）。亚历山大全部收下。

〔1〕此处掉了几行字，要么为原文缺失，要么为网站输入疏漏。阿拉伯古籍中有关中国国王与亚历山大“晤面”的不同情节的传说，可参阅第190—192页《历史大全》§5。

〔2〕伊朗沙赫尔（’Īrān Shahr），雅古特在《地名辞典》该词条下列举了多位波斯和阿拉伯学者对该地名的解释，说法不尽相同。该地区大致应在古时所说伊朗的中部，所指面积非常之大。今伊朗最南部的锡斯

坦－俾路支斯坦省，有一城市叫伊朗沙赫尔。“伊朗”在古波斯语中，意思是：光明；“沙赫尔”按古代学者的解释，意思是：国。

§7. 第14页（雅朱者和马朱者条下）：

亚历山大返回军营，掉头离开中国，朝真主提到过的那个民族进发。真主说：“他们说：‘左勒盖尔奈英啊！雅朱者和马朱者，的确在地方捣乱，〔……〕。’”〔1〕（18：94）

〔1〕此处使用省略号，是因为原文只引录至此。句中“左勒盖尔奈英”的意思是：双角王。一些伊斯兰教经注家认为，历史上的“双角王”有两个，《古兰经》中提到的这个，要比我们一般认为的亚历山大大帝早得多。也许因为此，中译者采用音译。本书中《古兰经》译文，全部引用《〈古兰经〉译注》〔《马坚著译文集》（第3卷），北京：商务印书馆，2019年〕。

§8. 第15页（亚历山大的结局条下）：

亚历山大建造了12座城市：埃及的亚历山大城，阿拉伯人土地上的奈季兰城〔1〕，呼罗珊的木鹿城，伊斯法罕的杰依城〔2〕，在海岸上建的城市叫赛伊杜达（Ṣaydūdā），在印度建的叫杰尔威（Jarwayn），在中国建的叫盖尔奈依〔3〕，其他城市都建在罗姆地区。

〔1〕奈季兰城（Najrān），位于今也门北部，古代阿拉伯重要城市和地区，雅古特曾在《地名辞典》中用约6000字左右的篇幅介绍该地。历史上曾多次被罗马帝国和拜占庭的基督教势力占领。今存著名遗迹供人参观凭吊。

〔2〕杰依城（Jayy），雅古特在《地名辞典》中说：“此名原指老伊斯法罕附近的一座城市，现已是一片孤零零的废墟。现在波斯人称此地为沙赫尔斯坦（Shahrastān），距伊斯法罕约2古里。”

〔3〕盖尔奈依（Qarnayh），意思应是：双角。所指位置不详，也许只是传说中的地名。《地名辞典》中有 al-Qarnayni（双角）之地名，指麦地那附近因位于两座小山之间而得名的一个村庄。

§9. 第 17 页（土伯尔王条下）：

继承他王位的是土伯尔·本·麦立克·叶克莱布，他是最后一个土伯尔。土伯尔只有三个：第一个是攻入中国、摧毁撒马尔罕的舍米尔或叫凯莱布，第二个是为天房宰牲祭奠并为其装挂上金门的土伯尔·艾斯阿德（'As'ad），[1] 第三个是土伯尔·本·麦立克·叶克莱布。除此三人也门诸王中没有称为“土伯尔”[2] 的。

〔1〕此处应是指历史上也门国王曾企图捣毁天房（克尔白）的故事。“也门国王便前往麦加去捣毁克尔白，但慑于古老克尔白的神圣性，他中途改变了主意，反而为克尔白披上了幔帐。历史学家们在解释这位也门国王改变主意的原因时说，是由于一场狂风，飞沙去石，吹走了也门军队的营帐，这位国王认为那是上天谴怒于他的一种兆头，他怕有不测的后果。并且反过来认为那些怂恿他去捣毁克尔白的胡再勒人应受惩罚，于是就将他们杀了。

“也门国王是第一个为克尔白覆盖幔帐的人。欧麦里叙述道：‘他在梦中看到他为克尔白披上了幔帐。他为了实现在梦中所见，便用也门出产的条纹布制成的大单子给克尔白做了幔帐。他（人）还为克尔白造了一座门，并用波斯出产的门闩将其关闭。’”（见阿里·海尔布塔里：《天房史话》，李光斌、李沁兰译，北京：世界知识出版社，1987 年，第 32—33 页）

〔2〕阿拉伯古籍中的“土伯尔”一词，多指古代也门国王的徽号，有时作为人名中的一部分出现。

《亚古比历史》

Tārīkh al-Ya'qūbī

作者与作品简介

作者艾哈迈德·本·瓦迪哈（'Aḥmad bn Wāḍiḥ，897 年卒），以附名亚古比（al-Ya'qūbī）著称于世。出身于阿拔斯王朝哈里发王室家族。阿拉伯著名历史学家和地理学家。曾长期生活在亚美尼亚和呼罗珊地区，并前往中亚、印度、西亚和北非等地游历，沿途考察记载山川道路、大城小镇和当地风土人情，终于用阿拉伯语著成《列国志》(*Kitāb al-Buldān*）一书，名扬天下。该书被认为是阿拉伯地理学的开山之作，备受后世学者重视。作者本人也被认为是阿拉伯历史上第一位地理学家。

作为历史学家，他的杰作是《历史》，即我们这里辑译的被后人称为《亚古比历史》一书。此书有时也被称作《阿拔斯人史》，但毫无疑问它是一部通史性著作。该书属纪事本末体，语言简洁精炼。值得一提的是，这部著作问世后，在相当长的时间里都没有什么名气。该书没有任何有关作者传记的介绍，也没有前言后记。书中常有掉页或字母“缺点儿”现象，致使有些字句读者只能自己揣摩。1860 年该书首次在莱顿刊印后，引起学者们极大关注，认为其重要性之一，在于这是一位什叶派人士撰写的最早的历史著作，且作者使用了大量第一手材料。全书两卷，约合中文 60 万字。

版本 贝鲁特萨迪尔书局，1992 年，精装 16 开，2 卷本。

◎译文

§1. 第 1 卷，第 20 页（法里厄·本·阿比尔条下）：

他对他们说：“一块大地是容纳不下你们讲这么多种语言的人的。”他们便说："那您就将大地给我们分割了吧。"于是他便分给雅菲思·本·努哈的儿子：中国、印度、信德、海宰尔、保加尔、戴依莱姆和呼罗珊一带。

§2. 第1卷，第85页（印度诸王条下）：

第七区是中国，其西部是雅朱者和马朱者，东部是海，然后是印度，然后是克什米尔，然后是呼罗珊，然后是巴勒赫河。

§3. 第1卷，第180—184页（中国诸王条下）：

中国诸王。

以下的记述出自这些人：传述者和学者以及到过中国并在那里居住了很长时期，以至明白他们的事情、读过他们的书、了解他们先人的记述、在书中见过关于他们的记载、听说过关于他们的传闻、看到他们城门上和崇拜偶像的庙宇中所写的东西和石头上刻的金字的人。他们讲述：

第一个统治中国的人是萨因·本·巴欧尔·本·叶尔吉·本·阿穆尔·本·雅菲思·本·努哈·本·莱麦克（Lamak）。他在被称为努哈的天地中继续开发，和他的儿子与家人上船渡海，来到一处他认为非常好的地方，便居住下来。于是此地因他的名字萨因（Ṣāyin）而得名：隋尼〔Ṣīn，中国〕。他们在这里生息繁衍，人丁遂兴旺起来。他的子嗣信奉他的民族的宗教。他为王的时间达300年。

他的儿子中有个叫阿隆（'Arūn）的，正是他建造了屋宇，掌握了工艺，并修了一座描金的供堂（al-Haykal）。然后他制作了一幅父亲的画像，将它置放在供堂中央，每次进来都毕恭毕敬地在父亲的画像前跪拜。当年萨因还有一个名字，用阿拉伯语解释，意思是：天子（Ibn al-Samā'）。所以自那时起，中国就开始崇拜偶像。阿隆做了140年的王。

接下来继位的是阿依尔（'Ayr），正是他纵横走遍中国，兴建了很多大的城市，用朱紫蓝[1]和铜建造了镏金的圆形大屋顶。他用镶嵌珠宝、铅和亮铜的金子，制作了父亲的像。于是他王国中所有人都在自己的城郡中，用同样材质造了他父亲的像。他们说："黎民百姓理应为替天行道的国王造像。"阿依尔的统治维持了 130 年。

然后是阿依南（'Aynān），正是他使自己王国的人们遭受苦难、受尽折磨。他把他们逐放到一些海岛上去。他们将那些岛屿改造成可以生长果实的地方，以便用其充饥果腹。在那里他们发现了很多野兽，并与这些野兽友好地生活在一起。由于他们与野兽交媾，也可能是野兽与他们的女人交媾，所以他们的容貌开始变得丑陋。年复一年，一个世纪一个世纪就这样过去，他们丧失了自己先前的语言，讲的话谁也听不懂了。于是在这些可以穿过它前往中国大地的海岛上，出现了很多民族，势力也逐渐强大起来。阿依南还有一个名字，用阿拉伯语解释就是：恶劣的品性（al-Khulq al-Sharr）。

再往后是海拉巴特（Kharābāt），他继位时年纪很轻，随着年龄的增长经验也丰富起来，遂成为治国理政的明君。他派遣使团前往巴比伦，并同与之毗邻的罗姆国建立了联系，了解了当地的学理和工艺。他们也把中国的工艺带到那些地方，比如丝绸制衣工艺等。他们也从那些国家带回机具等东西。他命令他们带回巴比伦和罗姆的所有工艺和有意思的物品，同时让他们了解当地民族的宗教律法。这是中国的物产第一次进入伊拉克和与之相邻的地区。商人们渡过中国海从事贸易，因为国王们对来自中国的物产和商品特别感兴趣。他们造了船，通过它进行贸易。这是商人们第一次进入中国。海拉巴特当了 60 年的国王。

再接下来是突塔勒（Tūtāl）。中国人说，他们在城门上写着：如此明君，前所未有。他们对他满意的程度是空前的。正是他为他们制定了宗教、行止、工艺、律法、条令等每一方面的规矩。他在位 78 年，死后人们哭泣了很长时间。他们把他的遗体放在一张金床上，再把金床放在一辆银车上，然后在他身边熏起沉香、龙涎香和檀香等各种香料，最后点上火，将他置入火中。皇亲国戚为了悼念他或是表示对他的忠诚，纷纷自己投入火中。后来这成了他们的一条律法。他们把他的头像铸在他们的金币（Dīnār）上，他们称金币为“孔”（al-Kūnḥ）。他们家家户户的门上都有他的头像。

中国是个幅员辽阔的国度。凡是想到中国去的人必须要过七个海。每个海的颜色和鱼类以及风力大小都与相邻的海截然不同。

第一海是波斯海（Baḥr Fāris），人们从那里的西拉夫[2]上船，它的尽头是朱木哈角[3]，那里是潜水采珍珠的地点。

第二海从朱木哈角开始，叫作拉尔威〔Lārwī，一译啰啰海〕，它是个非常大的海，其中有瓦格瓦格人和僧祇人居住的群岛。这些岛屿上都有国王。在这个海上，只能根据星座位置航行。海中有巨大的鱼，以及各种各样的奇珍异宝，那里的事情简直无法描述。

第三海被称作海尔坎德，其中有赛兰迪布岛。此海盛产各种宝石特别是一种透明的硬宝石。各岛均有小王，归一个大王统辖。这个海的岛屿上还生长藤本植物（al-Khayzurān）和白茅（al-Qanā）一类的植物。

第四海被叫作开莱哈巴尔〔Kalāhbār，一译箇罗海〕，是个水很少的海。海中有巨蟒，它可能是乘风而来的，常将过往船只打断。此海中有些岛屿生长着樟树（Shajarah al-Kāfūr）。

第五海人称赛拉希特[4]，是一个非常大的海，有很多奇珍异宝。

第六海人称开尔丹吉[5]，是个多雨的海。

第七海人称桑吉海[6]，也有人称作坎吉利（Kanjlī）。这是中国海。只有刮南风时船只才能航行，一直到达淡海[7]，两岸有兵营和其他建筑，最终到达汉府。

想从陆路去中国的人要走巴勒赫河，经过粟特、拔汗那、沙什，然后到达那里。国王住在一个单独的城堡内，巡捕首领是他的侍仆，税务官是他的侍仆，禁卫军首领是他的侍仆，书记官也是他的侍仆，总之其绝大部分助手都是他的侍仆。他非常信任他们。他们的人丁税（al-Jizyah）按男丁人头算，每个成年男人必须交纳，因为他们不允许任何男人没有手艺。如果他们因病或因年迈而无法继续工作，他们的费用从国王的金库中支取。

他们对死者异常尊重，往往要悲伤很长时间。他们最常见的惩罚是死刑，行骗者杀，偷盗者杀，通奸者杀，但达官贵人或名门望族除外。如果他们有人控告某个工匠，而控告是对的，那个工匠将被杀，反之，如果属于诬告，则诬告者将被杀。

中国的边界，陆地有三个方向，临海一个方向。

临海的边界就是穆斯林们来的方向，即我们前面讲的那几个海。

他们的信仰是崇拜偶像、太阳和月亮。他们对崇拜的偶像，有自己的节日。最大的节日在每年初一，叫作扎拉尔（al-Zārār）。届时他们聚集一起，准备食物饮品，然后带来一个先前与那尊大偶像关在一起的男子。此人痛痛快快地吃喝，想做什么就做什么。过一会儿，他向偶像前走几步，用手指蘸上点易燃的东西，然后就点火烧自己的手指，一边烧一边在偶像前往身上浇油，直到周身都燃烧起来，最后倒下被火烧死。人们一拥而上，将他扯成一段一段的，谁要是抢到他身上的残余物或是他衣服的碎片，谁就算获胜。之后，他们带来另一个自愿与偶像关在一起直到来年的男人。他站在突出的位置，穿上专门的衣服，人们则围着他敲镲（al-Ṣūnūj）欢呼。过后他们分散开，大吃大喝，住上一个星期后，各自离去。

过这个节日的月份，他们叫作节那赫（Janāḥ），这是哈齐朗月〔Ḥazīrān，阿拉伯人所说的阳历6月〕的第一天。中国也有计算方法。他们将月份按照自己的方法，起了只有他们能懂的名称。依次是〔以下字词中有的阿拉伯语字母没有“点儿”，所以只能“揣译”它们的意思，供读者参考〕：Janāḥ〔翅膀〕，Radāḥ〔肥沃的土地〕[8]，Rābiḥ〔赢利者〕，Māliḥ〔咸的〕，Kasrān〔被打碎的〕，Bārid〔冷的〕，Nimrūd[9]，Kan‘ān〔收缩的、胆小的〕，Zāgh〔爱吃地里谷种的唐鸦〕，Hirāt〔枣椰树根的幼苗〕，Harhar〔羊叫〕，Bāhir〔耀眼的、辉煌的〕。

〔1〕朱紫蓝（al-Juzlān），不知何物。《阿拉伯语汉语词典》注释为：“（埃及方言）钱袋，钱包。”也许指铜钱。

〔2〕西拉夫（Sīrāf），我国史称尸罗夫，为当年海上丝绸之路上的重要港口城市，大食商人一般在这里集结，等待季风，乘大的海船前往东方。雅古特在《地名辞典》中说“该地距巴士拉七日路程”。977 年发生的地震使其遭到严重破坏。位置大致在波斯湾沿岸今伊朗境内法尔斯省的奈班德和加乌班迪一带。

〔3〕朱木哈角（Ra's al-Jumḥah），在其他一些阿拉伯古籍中有时也写作骷髅角（Ra's al-Jumjumah）。据阿拉伯学者考证此地即为今阿联酋境内的哈伊马角（Ra's al-Khaymah）。

〔4〕赛拉希特（Salāhiṭ），在雅古特《地名辞典》中也写作舍拉希特（Shalāhiṭ），中国学者考译为：砀海。

〔5〕开尔丹吉（Kardanj），中国学者考译为：军突弄海。

〔6〕桑吉海（Ṣanjī），中国学者考译为：涨海。

〔7〕淡海（Baḥr 'Adhb），直译为甜海。此处似指河口一带。阿拉伯人所说的“甜水”，即为我们所说的区别于海水的淡水。

〔8〕Radāḥ，阿拉伯语中典型的多义词。《阿拉伯语汉语词典》注释为：“载重的（骆驼），肥胖的（妇女），肥沃的（土地），严重的（暴乱），大碗。”笔者只是在其中选择一个，没有什么根据。

〔9〕Nimrūd，人名，库什·本·哈姆·本·努哈的儿子。也可读作 Namrūd，伊拉克一地名，古称卡拉赫（Kalakh）——亚述王朝的第二个首都。

【译按】

亚古比关于中国的专章介绍，可以说是 9 世纪阿拉伯史地学家有关中国最长最细的记载之一，早于极受后世学者注意的麦斯欧迪（956 年卒）的记述半个多世纪。其中内容我们在几个世纪后的、包括《伊本·白图泰游记》在内的阿拉伯古籍当中都能找到痕迹，可见对后世影响之大。特别是文中出现了有关中国人在大年初一过所谓扎拉尔节的记载等内容，都是其他古籍中不多见的。据说作者曾在中国附近地区游历，他因此掌握比别人更多的信息是完全有可能的，但据阿拉伯学者考证，他的这部《历史》掺入了不少从古希腊学者著作中翻译的内容，所以也未必都是第一手资料——其中有些记载与中国的实际情况大有出入，也就在所难免。比如"中国的月历"，看上去很显然不是中国的，而是波斯或中亚其他地区的。

§4. 第 1 卷，第 196 页（也门诸王条下）：

然后土伯尔艾格兰·本·舍米尔·本·阿米德继位，他征服了印度，并企图攻打中国。他在位 163 年。

§5. 第 2 卷，第 289 页（瓦立德·本·阿卜杜·麦立克时代条下）：

加西姆征服了戴布勒[1]这个他们的最大城市后，各国的人纷纷臣服于他。他从这里前往奈伊隆人（al-Nayrūn）地区，与他们媾和。他给哈加吉写信要求继续前进。后者回信说："前进吧，在你征服的地方你就是统帅。"接着哈加吉又给呼罗珊总督古太白去信说："你们二人谁先到中国谁就是那里的总督。"

〔1〕戴布勒（al-Daybul），一译台布尔，雅古特在《地名辞典》中说："该地是印度海沿岸著名城市，也是一个港口。"位于今巴基斯坦境内。712 年曾被阿拉伯大将穆罕默德·本·加西姆占领。后被信德地区的一次大洪水所冲毁。

§6. 第 2 卷，第 397—398 页（麦赫迪时代条下）：

哈里发麦赫迪派使者去见各地国王，要他们归顺。他们大多数都表示归顺。其中有：喀布尔国王沙赫（Shāh），人称罕海勒（Ḥanḥal）；泰伯里斯坦国王伊斯拜赫拜兹（'Iṣbahbadh）；粟特国王伊赫希德（al-'Ikhshīd）；吐火罗斯坦[1]国王沙尔温（Sharwayn）；拔汗那国王法兰朗〔Faranrān，原文字母缺

“点儿”〕；艾斯鲁沙那[2]国王艾夫欣（'Afshīn）；葛逻禄（al-Kharlukhiyyah）国王吉古亚（Jīghūyah）；锡吉斯坦国王鲁泰比勒（Rutabīl）；信德国王拉伊（al-Ra'y）；中国国王拜格布尔[3]；印度国王伊拉赫（Yīrāḥ）；九姓乌古斯国王汗甘（Khānqān）。

〔1〕吐火罗斯坦（Ṭakhāristān），《蒙吉德》注解为："古代地名，位于上阿姆河右岸，今阿富汗境内，首府巴勒赫。雅古特曾提到此地，并将其分为上吐火罗斯坦和下吐火罗斯坦。"

〔2〕艾斯鲁沙那（'Asrūshanah），古代位于撒马尔罕一带的王国。

〔3〕拜格布尔（Baghbūr），学者们考证为波斯语，意思是"天子"，专指中国国王。中国史籍中从未见有所谓"归顺"之记载，这里可能是当年阿拉伯人将某种传说载入其史籍。

《黄金草原与珠玑宝藏》

Murūj al-Dhahab wa Ma'ādin al-Jawhar

作者与作品简介

作者麦斯欧迪（al-Mas'ūdī，956年卒），旧译麻素提，本名阿里·本·侯赛因，字艾布·哈桑。中世纪阿拉伯最著名的历史学家和旅行家之一。生于巴格达。自青年时期起开始游历求学，通晓波斯、希腊、罗马、古叙利亚等语言。先在阿拉伯半岛和波斯等地游学，912年起，周游中亚、印度和锡兰等地，并到过桑给巴尔等东非国家。关于他是否到过中国或中国沿海地区，后世学者有争议。后返回巴勒斯坦，最后在埃及定居，潜心研究和著述。卒于开罗。他通过对各地历史、地理、宗教、风土人情的考察，结合前人留下的史料，写出30余部十分重要的著作，为后人留下了珍贵的文献资料。他"不囿于一派之见，不袒护一家之言"的客观公允的治史原则，使其成为阿拉伯史学家的楷模。他是阿拉伯帝国采用纪事本末体编撰历史的开先河者，被后世欧洲史学家称为"阿拉伯的希罗多德"。所著内容以历史为主，兼及天文、地理和伊斯兰教教义、教法、教派及道德修养等诸多方面。主要著作有：《提醒与监督》、历史巨著《时光记述》（30卷，仅第1卷抄本存世）、《前人留下的知识财宝》和《生活的秘密》等。

《黄金草原与珠玑宝藏》是其代表作，约成书于948年，一般简称为《黄金草原》（又作《金草原》《金牧场》等）。后世阿拉伯人也经常习惯性地将此书称作《麦斯欧迪历史》。作者主要依据自己游历亚非各国40年间所记录的第一手资料，写就这部堪称10世纪最重要的百科全书式的历史地理著作。后世学者普遍认为该书是一部不朽的历史名著，为了解和研究世界通史提供了丰富的资料，因而广受赞誉。同时西方一些学者也指出，该书存在"抄袭"现象，比如部分关于中国的记述与《中国印度见闻录》（《苏莱曼东游记》）中的内容雷同。但我们也知道，阿拉伯史学家包括其他民族史学家的著述，不可能完全建立在亲知的第一手资料，有时需要加入耳闻或读到的第二三手资料。它既是本人的记述，又是对前人记述的记述，只是在引录较为重要资料时不点明出处的做法确乎有些欠妥。

需要特别一提的是，人们今天看到的《黄金草原》一书，只是流传下来的原作中第二部的摘要。据说原书为30册，又名《历代编年史》，但从传世这部分看，为比较典型的纪事本末体。后人一般将这一部分辑为4卷，共130章，约合中文120万字。

版本 贝鲁特时代（al-‘Aṣriyyah）书局，1988年，精装16开，4卷本。

◎**译文**

§1. 第1卷，第20页（作者自编目录中）：

关于中国诸王以及阿穆尔（‘Āmūr）苗裔离散的记载，关于中国及其国王们的传记和治国方略的记闻。

【译按】

作者在正文开始前有一段类似“前言”的文字，其中作者将自己要记述的情况和事件按前后顺序进行了编排，从创世到作者完成此书年代即伊历336年5月，共计130章。这个时间大约为公元948年，与一些介绍中说该书成书于公元943年有些差别。“目录”中提及中国仅一次，排在第13章。

§2. 第1卷，第80页（关于印度的记述）：

巴赫布德（Bāhbūd）之后扎曼（Zāmān）继承王位，后者在位约150年。关于扎曼的传记记载和他与波斯、中国诸王作战的传闻记述很多，我们在以前的一些书中曾经讲到过。

§3. 第1卷，第82页（同上）：

印度的疆域不论在陆地、海洋、山区都非常辽阔，一直延伸至扎比吉[1]。那里是岛国之王麦赫拉吉[2]的国都。这个王国将印度和中国分开。

〔1〕扎比吉（Zābij），参阅第24页《地名辞典》§32注〔1〕。有学者认为此处"扎比吉"为抄误，应作"莱奈吉（al-Ranaj）"，后者指印度和中国之间的地区。

〔2〕麦赫拉吉（al-Mahrāj），伊本·胡尔达兹比赫在《道里邦国志》中说："东海（东印度洋）诸岛的君主叫麦赫拉吉。"（见伊本·胡尔达兹比赫：《道里邦国志》，宋岘译注，北京：中华书局，2001年，第17页）此词在阿拉伯古籍中有时也用作地名。

§4. 第1卷，第86页（关于大地海洋等的记述）：

学者们将大地分为东、西、北、南四个方向，并将它分为两类：有人居住的和无人居住的、开化的和未开化的。他们说大地是圆的，其中心在天体（al-Falak）中央，四周皆为环绕的空气，在星座天体间只是一个小点。他们认为大地开化地区从西乌基亚努斯海[1]中由六个开化部分组成的永恒群岛[2]开始，直到中国开化地区极远之地。他们认为两者间〔的距离〕为12度[3]。他们知道太阳如果在中国极远之地落下，便会在上述那个位于西乌基亚努斯海中开化的群岛升起，反之亦然。他们认为这是大地圆周的一半，也是开化地区的总长度，即他们提到的已经计算出的13,500古里。这个数字是根据他们测算出的大地面积而得出的。然后他们研究了〔大地的〕宽度，发现开化地区自赤道向北至位于布里塔尼亚[4]的图利岛[5]结束，那里最长的白昼达20小时。他们还提到，大地赤道东西分界线是在印度与南方阿比西尼亚之间的一个岛屿上，南北之间的分界线是开化的永恒群岛与中国开化地区最远端之间的正中位置。那里是我们前面已经提及的、已知大地的穹顶。

〔1〕西乌基亚努斯海（Baḥr 'Ūqiyānūs al-Gharbī），这里显然是指今天的大

西洋。其中 'Ūqiyānūs 在现代阿拉伯语中作“大洋”解，在古代阿拉伯语中“洋”的概念不甚清晰，一般统称作“海”。西乌基亚努斯海如果意译出来当作“西洋海”。

〔2〕永恒群岛（al-Jazā'ir al-Khālidāt），这是古代阿拉伯人对今加纳利群岛的称谓，有时他们也称其为：幸福群岛。古希腊和阿拉伯地理学家以该地作为计算地球“度”的起点。也有中译者译作：福琼群岛。

〔3〕度，原文为：Sā'ah，现代阿拉伯语中一般译为“小时”。因此也有中译者将此句译作：“（他们）发现了相当于太阳每天运行 12 个时辰的一片地域。”

〔4〕布里塔尼亚（Buriṭāniyah），与我们今天译作“不列颠”的原文基本相同，因此有中译者即将其译作“大不列颠”。考虑到作者接下来所说的“图利岛”与北极相关，故未取“不列颠”之译，尽管阿拉伯人当时所知的北极与我们今天的概念或有不同。

〔5〕图利岛（Jazīrah Tūlī），雅古特在《地名辞典》中未提到这个岛屿，但在“图利亚”（Tūliyah）条下说：“它是一个其部分面积在北极（al-Quṭb al-Shimālī）之内的大湖，附近有一叫图利亚的城市，该城之后再无人烟。”麦斯欧迪提到的图利岛与雅古特所说的图利亚之间可能有关系，因为两个地方都是在大地的最北端。

§5. 第 1 卷，第 87 页（同上）：

第七区是戴布勒和中国，其星座为天秤，在七星中的标志为太阳。

§6. 第 1 卷，第 102 页（关于海的移动和大河的记述）：

坚杰斯河[1]同样是印度的一条大河，河水来自印度极远之地的一座山，源头在九姓乌古斯方向的中国。

〔1〕坚杰斯（Janjas）河，即恒河。现代阿拉伯语作 al-Ghānj，英语作

Ganges。

§7. 第 1 卷，第 103 页（同上）：

原先幼发拉底河有 100 多波斯里长的支流流向希拉国，这条河的河道现在仍清晰可见，被叫作“阿提格”〔al-‘Atīq，意为：老河〕。当年穆斯林与鲁斯图姆[1]正是在这里展开激战，也就是卡迪西亚战役。幼发拉底河注入阿比西尼亚海，当时这个海在如今叫作纳杰夫的位置。早年中国和印度的船舶就是先来到这里，然后商人们再去见希拉国王。我们讲的这些，艾布·伯克尔·本·艾布·盖哈法时代的阿卜杜·麦西赫·本·阿慕鲁·本·拜基莱·盖萨尼，在与哈立德·本·沃利德交谈时也提到过。当被问到“你记起了什么？”时，他说：“我想起了这些城堡后面的中国船舶（Sufun al-Ṣīn）。当入海口那个位置断流的时候，海就变成了陆地，于是形成了今天希拉与海之间要走很多天的距离。谁到纳杰夫好好看一看，谁就会明白我们说的事情。”

〔1〕鲁斯图姆（Rustum），一作鲁斯泰姆（Rustam），萨珊王朝末代国王叶兹戴杰尔德（伊嗣俟三世）手下大将，635 年被阿拉伯军队大败于卡迪西亚。

§8. 第 1 卷，第 107 页（关于阿比西尼亚海的综述）：

他们测算出的印度海即阿比西尼亚海自西至东的长度，也就是自阿比西尼亚最远处至印度和中国的最远处，为 8000 古里，宽度为 7000 古里。

§9. 第 1 卷，第 108 页（同上）：

我曾在好几个海航行过，比如中国海、罗姆海〔地中海〕、海宰尔海[1]、古勒祖姆海和也门海[2]。航行中我所遇到的危险多到无法计数，但最可怕的是在我们前面提到过的僧祇海上的经历。

〔1〕海宰尔海，指里海。古代阿拉伯人对里海的称谓尚有泰伯里斯坦海、

久尔疆（戈尔甘）海、阿比斯库（'Ābiskūn）海、加兹温（Qazwayn）海等。今天阿拉伯人沿用的是"加兹温海"。

〔2〕也门海（Baḥr al-Yaman），顾名思义，应该是指邻近古代也门、今亚丁湾和阿拉伯海一带的海域。

【译按】

从本段文字开始，作者在后文中记述的关于中国的内容，其中不少与《中国印度见闻录》中的记述有所雷同。这引起后世学者特别是西方学者的注意乃至批评，他们指责麦斯欧迪引录前人记述不注明出处，有抄袭之嫌。中国学者一般愿意相信这位阿拉伯大学者和大旅行家到过中国或至少到过中国沿海一带。至于雷同之说，则有日本著名学者桑原骘藏博士的一个论点为其开脱，即认为麦斯欧迪与《中国印度见闻录》的作者见过面，相互间进行过切磋或曰"交换情报"。实际上"引录"并不是过错，阿拉伯古籍的一大特色就是不断地"引"、不断地"录"，不注明出处也是常有的事，更有著作家编辑或缩编前人著作时，为避免烦琐累赘或担心读者厌烦故意删去出处。关键在于引录量的多少，过多则其自身史料价值和学术价值便会降低。

§10. 第 1 卷，第 110 页（同上）：

然后是信德海岸，这里有米赫兰河[1]的入海口，此处正是戴布勒城所在。接着沿印度海岸与布鲁德（Burūḍ）国相连，这里出产布鲁德茅竿。陆地则与中国领土衔接，成为连成一线的海岸。

〔1〕米赫兰河（Nahr Mihrān），即今印度河。雅古特说"米赫兰是信德河上的一个地方"，可见信德河可能也是古代阿拉伯人对印度河的一个称谓。雅古特还在"米赫兰"条下说："这是一条如同底格里斯河一样的大河，河上船来舶往，河水可以浇灌许多国家和地区。"他还转引另一阿拉伯大地理学家伊斯塔赫利的话说："米赫兰在木

尔坦附近。”

§11. 第1卷，第111页（同上）：

此海沿岸有中国、印度、波斯、阿曼、巴士拉、巴林地区、也门、阿比西尼亚、希贾兹、古勒祖姆、僧祇和信德。谁在其岛屿上，谁就置身于只有真主才能知道有多少、也只有真主才能形容的诸多民族之中。每个地方各有各的名称，水域却是连成一片、互不隔离的。

§12. 第1卷，第112页（同上）：

在这个统称为阿比西尼亚海的范围内，每个地方都可以以“海”命名，而每个海的风都各不相同，比如我们说：波斯海、也门海、古勒祖姆海、哈拜什海、僧祇海、信德海、印度海、开莱特[1]海、扎比吉海和中国海。

〔1〕开莱特（Kalat），应是开莱哈（Kalah或Kalaḥ）之误。学者们考证为我国史称之箇罗。

§13. 第1卷，第116页（人们关于潮汐的分歧）：

经常在这个海上航行的、与海中各个岛屿及周围地区的人们有过接触的西拉夫和阿曼航海者[1]们——他们同时也是船主，都认为涨潮和落潮在这个海的大部一年只有两次。一次在夏季，时间六个月，方向为东北，届时水在大地东部和中国[2]及其以远海域涨起，在该海西部的中国落下。另一次在冬季，时间也是六个月，方向为西南，届时水在该海西部涨起，在中国落下。

〔1〕航海者，原文为：Nawākhidhah。有西方学者考证此词为波斯语，意思是船长或舵手。

〔2〕此处原文为：بالصين بالصين（bi al-Ṣīn bi al-Ṣīn），显然是不必要的重复，不知为原抄本之误还是本版本排印之误。阿拉伯古籍中的“隋尼隋尼”

也不是此写法。

【译按】

本段文字中可能存在较多抄误，除以上一处外还有将冬季写为夏季（译文已纠正）。作者原意其实很明确，即“他们”认为该海一年两次涨落潮，夏冬各一，夏季东涨西落，冬季西涨东落。由于加入“中国”代指东方且出现抄误，这段文字在条理上显得有点混乱。

§14. 第 1 卷，第 123—124 页（关于里海的记述）：

还有一个传闻说，那个负责监管海洋的天王（al-Malak），如果将自己的脚后跟踩在中国海最远之处，海水便因此涌起，于是发生涨潮。而当他把脚抬起，海水便会复原回归海底，于是发生落潮。人们为此举例说：一个装了一半水的容器，当人把手或脚放入其中，水就会满溢；当他抽出手或脚，水便回到原先的位置。他们当中也有人说，那个天王仅把右手大拇指放在海中就会出现涨潮，抬起它便会出现落潮。

§15. 第 1 卷，第 128—129 页（同上）：

我发现，那些来自西拉夫和阿曼的，往来于中国海、印度海、信德海、僧祇海、也门海、古勒祖姆海和阿比西尼亚海的航海者们，他们对于阿比西尼亚海尺度方圆的讲述，与哲学家们和其他学者为我们讲述的，在绝大部分事情上不尽一致。

§16. 第 1 卷，第 130 页（同上）：

至此我们已经综述了关于各个大海及其他方面的情况。接下来让我们进入有关中国等地的国王及其居民的内容。

§17. 第1卷，第131—146页（关于中国及其突厥的相关记述）：

〔以下有关中国的记述相当长，历来受到中外学者高度重视，但实际上作者从《中国印度见闻录》和《亚古比历史》等更早期阿拉伯史地典籍中，引用了大量资料，他本人的“贡献”并不多。由于各种原始抄本存在差异、作者抄录时可能出现误差、本书印刷时可能存在排版差错等原因，人们会发现该文中许多人名、地名与其他版本中的不尽相同，而且数量不少。译者翻译过程中将按该版本如实音译，除个别重要名称外，不再一一对照其他版本或专门纠正。鉴于本段文字篇幅很长，译者将效仿中国古籍的一种“译注”方法，即夹译夹注，并请读者注意：原文是连贯没有间隔的。这种方法，在本书中仅此一例。〕

关于中国人的谱系和起源，人们众说纷纭甚至相互抵牾。其中很多人的看法是这样的：

在法里格·本·阿比尔·本·伊尔法赫沙兹·本·萨姆·本·努哈将大地分给努哈的子孙时，阿布尔·本·苏必勒·本·雅菲思·本·努哈的后裔朝着东方偏左方向走去。他们当中属于艾尔殴（'Ar'ū）后裔的一个部族则一直走向北方。他们在那块土地上生息繁衍，后来形成多个王国：戴伊莱姆[1]、吉勒[2]、泰伊莱珊[3]、拔汗那、盖卜格山[4]莱克兹（al-Lakz）各部族、莱恩[5]、海宰尔、安加德（al-'Anjād）、塞利尔[6]、库什克（Kushk）以及那一地区分布各处的诸多民族，然后是泰瓦拜利达（Ṭawābarīdah）国，一直到亚速海和黑海[7]、里海与保加尔[8]地区及其周边各民族。

阿布尔的后裔渡过巴勒赫河〔阿姆河〕，其中大多数去了中国。后一部分人又在那里分散开各自形成许多王国并在当地生息繁衍，他们所在的地方有：吉兰[9]人居住的吉勒、乌斯鲁舍那[10]、布哈拉和撒马尔罕之间的粟特，以及拔汗那、沙什、伊斯提加布〔多作伊斯比加布，史称白水城〕和法拉布。这些人建设了城市和村庄。其中有一部分人分支出来住在沙漠里，他们是突厥人、葛逻禄人和九姓乌古斯人。他们中的一些人占据了库珊城，该地是呼罗珊与中国之间的一个王国。没有比该地人更加勇敢、更为凶猛和更能开疆拓土的人，他们的首领称作艾尔汗[11]。他们信仰的是摩尼教[12]，其领地有开依马克部（al-Kaymākiyyah）、布尔苏汗部（al-Bursukhāniyyah）、拜德部（al-Baddiyyah）和杰阿尔部（al-Ja'riyyah），其中最勇猛的是古兹部（al-Ghuzziyyah）。面容最美的是葛逻禄人，他们是拔汗那和沙什及其邻近地区的居民。他们的领地非常广阔，大可汗[13]产生于他们之中，各领地皆为他一人之天下。那些可汗中有一位叫法拉西亚布（Farāsiyāb），正是他征服了波斯。他们中有一些善于治理者。[14]自从那个以欧马特（'Umāt）闻名的城市被破坏后，所有领地全归这位可汗统治。阿马特位于撒马尔罕沙漠中，我们在那部名为《中书》[15]的著作中，已经讲到过王都迁离该城的来龙去脉。

阿布尔的后裔中有一支来到印度边陲，他们深受当地的影响，于是出现异化，以至肤色都不再像突厥人而像印度人了。他们分为定居者和游牧者，其中一些人居住在吐蕃。一个隶属于可汗大王（Malik Khāqān）的首领统治着他们。当我们前面提到的可汗大王的王权消失后，吐蕃人也管自己的首领叫"可汗"（Khāqān），以效仿大可汗。

〔1〕戴伊莱姆（al-Daylam），古代加兹温（今伊朗境内）以北山区。其部分居民于913年皈依伊斯兰教。

〔2〕吉勒（al-Jīl），雅古特认为该地即为吉兰（见本节注〔9〕）人居住之地。而本书作者在下段文字中使用"吉兰人居住的吉勒"之表达，是为区别于巴格达附近叫作吉勒的另一个地方。

〔3〕泰伊莱珊（al-Ṭaylasān），戴伊莱姆和海宰尔附近、面积辽阔人口众多的一个地区。约656年阿拉伯人瓦立德·本·欧格拜（680年卒）曾征服此地。

〔4〕盖卜格山（Jabal al-Qabq），此处应是指高加索山。雅古特在该词条下说："盖卜格为外来语。它是连接'诸门之门'与莱恩之间的山，是亚美尼亚最远的边地。伊本·法基赫说：'盖卜格山有72种语言，当地人不借助翻译听不懂友邦的语言。'据说该山长500波斯里，延伸

至海宰尔和莱恩边界，与罗姆国接壤。”

〔5〕莱恩（al-Lān），居住在大高加索山脉西北、达尔班德（Darband，今俄罗斯境内、里海西岸城市杰尔宾特）以西的一个民族。

〔6〕塞利尔（al-Sarīr），古代位于莱恩和达尔班德之间一个王国，由群山中的18个村镇组成。只有两条路通往外界，一条通海宰尔，一条通亚美尼亚。现在这一带称作达吉斯坦（Dāghistān）。

〔7〕亚速海和黑海，原文为：Baḥr Mānitsh wa Nīṭsh，有时也写作Baḥr Mānīṭsh wa Nīṭsh。阿拉伯古籍中这两个海的名称经常连在一起出现。

〔8〕保加尔（al-Burghar），雅古特在《地名辞典》中说：“保尔加尔人是一个异常剽悍的大民族，周边其他民族多归其所属。他们的居住地与君士坦丁堡之间只有几道城墙相隔，周围其他国家也是如此。他们国家的夜晚在夏季时极为短暂，甚至一个人还没做完晚饭天就亮了。我个人认为：这些特点，全部是布勒加尔（Bulghār）人的特点。我认为这两种称谓只是两种语言的不同说法，意思是一个。”保加尔是指黑海沿岸今保加利亚一带。

〔9〕吉兰（Jīlān），指里海沿岸今伊朗吉兰省一带。雅古特在该词条下说：“这是对泰伯里斯坦一带很多国家的一个统称。那里没有一个大城市，只有大山之间草原上的村庄。”对于吉兰与吉勒的区别，他说：“以此为附名的人很多，有的叫作（出自吉兰的）‘吉兰尼’，有的叫作（出自吉勒的）‘吉利’。人们是这样加以区别的，附名源自国家（祖籍）的称作吉兰尼，源自人（祖先）的称作吉利。”

〔10〕乌斯鲁舍那（al-’Usrūshanah），即唐代昭武九姓的东曹国。

〔11〕艾尔汗（’Arkhān），亦有中译者将此译为：回鹘汗（Uyghurkhān）。

〔12〕摩尼教（al-Māniyyah，亦作al-Mānawiyyah），因创始人摩尼（216—276年）而得名。主张善恶二元论，称宇宙间有善神（光明之神）和恶神（黑暗之神），世界原由善神所造，但已被恶神腐蚀。摩尼曾往

东方各地旅行，据说到过中国西部。今天学者们认为该教于6—7世纪传入我国新疆地区。

〔13〕大可汗（Khāqān al-Khawāqīn），直译为：可汗中的可汗。

〔14〕此句文字有缺漏，难辨原文，现为揣摩之译。

〔15〕《中书》（*al-Kitāb al-'Awsaṭ*），指作者麦斯欧迪的另一著作《历史的中间》（*al-'Awsaṭ fī al-Tārīkh*）。该书为作者历史巨著《时光记述》（*'Akhbār al-Zamān*）之简编。

阿布尔后裔中大部分人沿海岸行进，一直走到中国海岸的尽头。于是他们在那里分散居住下来，并建立了国家和大大小小的城市村镇。他们的京都是一座非常大的城市，人们称它为安姆瓦[1]，它与阿比西尼亚海也就是中国海的海岸之间相隔三个月的路程，其间有众多城市和村镇相连。

在该地也就是安姆瓦，统治他们的第一个国王叫奈斯泰尔塔斯·本·巴欧尔·本·麦德太吉·本·阿布尔·本·雅菲思·本·努哈，在位300余年。他命令自己的属民分散到全国各地，开河挖渠，灭杀野兽，植树造林，培育果树。

他死后，他的一个叫阿翁（'Awūn）的儿子继承王位。儿子为寄托哀思和表示敬重，将父王的遗体保存在一个人形金棺中，再把金棺放置在一张镶嵌宝石的红金床榻上，然后把自己的王座放在床榻对面。每天早晚两次，他和臣民都对着躺在金棺里的父王跪拜。他活了250年后死去。

之后他的儿子阿伊塞敦（'Aythadūn）继位。儿子也把父王的遗体保存在一个人形金棺里，放在金榻上祖父金棺靠下的位置。他和臣民每次跪拜时都是先拜祖父后拜父亲。他治国有方，善待百姓，公平合理地处置他们所有的事情。一时间天下清明，人畜两旺，五谷丰登。他执政约200年后死去。

之后他的儿子阿伊塞南（'Aythanān）继位。他也把父王遗体放在金棺中，做法与其先祖一样。他统治的时间很长，活了400年。在位期间，他非常注重发展各种各样精致物品的制作工艺。

之后他的儿子哈拉坦（Ḥarātān）继位。他开始造船，并命人将中国的珍奇货物装上船运往信德、印度、巴比伦地区以及远近各国。他给各地国王送去奇珍异宝的同时，要求他的人从各国带回异物珍玩，包括各种美食佳酿、奇装异服和稀罕的床座铺饰用品。此外他要求他们了解所到之国国王们的治国方略和当地各民族遵守的条法戒律，还要求他们尽可能收集带回各地的各种珠宝、香料和机具。命令一下，全国船只分头驶向远方，抵达很多国家。所到之地，没有一个王国的人民，不对他们感到惊奇不已，不对他们带来的货物啧啧称奇。于是沿海各国国王纷纷开始造船，并命令船只驶往他们那里，带去他们没有的东西。他们致函中国国王表示感谢，同时给他送去礼物作为收到他的礼物的回礼。中国因此繁荣起来，国王的所有事业也随之兴旺发达。他的寿命大约200年，死后国民悲伤至极，足足为他哭了一个月。

之后人们把希望寄托于他的长子，拥戴他为国王。他仿效先人将父王遗体放入金棺，所作所为与父辈如出一辙。这个国王的名字叫图塔勒（Tūtāl），继位后国势依旧昌盛。他还制定了令人称道的各项律条——这是他之前的任何一个国王都未做过的事。他宣称：君失道则不立，道乃主之天平；公道行于天下，善举勤劳俱增；正义行于社稷，国运牢固兴盛。他还将人们分为各种等级，使之各司其事、各得其所。后来他外出寻找一个可以建造寺院的地方，终于找到一块宝地，但见此处树木繁茂，百花盛开，水源充足。于是他在这里画出寺院地基，随后运来五颜六色的彩石。寺院竣工，他命人在最高处建一穹顶，穹顶中各个方位设有平行对称的通风口，同时建造了一些专门房间供人单独祈祷膜拜。这些事情做完后，他又命人将装有自己先祖遗体的金棺置于穹顶最高的地方，并下令要对其格外敬重。他把国中达官贵人召集来，告诉他们说：

“朕以为，应让所有人信奉一种能够使他们团结在一起、能够使他们在法度面前人人平等的宗教。因为一旦君王逾越宗教律条，便无法保证他的胡作非为和腐败昏庸受到制约。”

于是他给人们制定了治国律法和精神义务，并使其成为制约他们的准绳。他制定了对于心灵与肢体的惩戒条例。他还制定了允许女人婚配的合法形式，以及此类婚生子女的正确谱系，并将其细分为不同等级。他所制定的律法中，有些是必须执行不得逃避的强制规定，有些则是可以灵活掌握的、希望人们自觉遵守的额外规定。他要求臣民为接近自己虔敬的主宰而对其做各种礼拜，包括在夜晚和白天一般时间内的、既不鞠躬也不磕头的礼拜，以及在每年每月既定时间内的、既要鞠躬也要磕头的礼拜。他还为他们规定了各种节庆。对于通奸者，他采取惩罚措施加以限制。对于希望以卖淫为业的女人，他规定征收强制税，而妓女一旦从良，此税即被免除。妓女除个别情况外一律不得结婚，她们生下的男孩，必须做国王的奴隶或者从军，生下的女孩则由母亲带养，并可继续从事她们的营生。他还命令人们为寺院提供祭祀之物，并为日月星辰烧香敬拜。他对什么时间敬拜哪一个星辰、敬拜每个星辰焚烧何种香料和草药都一一做出规定。总之事无巨细，皆有一定之规。由此他在位的时代，人丁兴旺，百业昌盛。

他活了150年后死去。人们为他的去世悲痛欲绝。他们把他放入镶嵌各种宝石的金棺，并为他专建了一座巨大的庙宇，庙的天顶上用七种颜色的宝石，组成与七大行星即双辉星〔al-Nayyirayni，即太阳和月亮〕和其他五星颜色形状相同的图案。他们将他去世的那一天定为礼拜和纪念之日，届时人们便齐聚此庙以示缅怀。他们还把他的形象画在各座城门上，铸在金银铜币上，甚至印在衣服上。他们那里流通最广的是铜钱——用黄铜和红铜[2]制造。

〔1〕安姆瓦（'Anmwā），这个地名曾引起中外学者广泛争论。在其他阿拉伯古籍中，它有时也写作：'Anṣū，于是不少学者认为此乃 Yanṣū 之讹误，而 Yanṣū 即是指扬州。这一观点虽非定论，但在人们遇到一个“稀奇古怪”的地名时，提出一种看法显然有助于以此为基点的进一步探讨。不过，值得注意的是，麦斯欧迪记述的这段文字，糅合了前人记载和他本人当时听到的一些关于中国的传闻，总体上给人感觉所述

年代相当悠远，而几位寿命在150—400年之间的国王，恐怕只有神话故事中才会出现。那个虚无缥缈的年代扬州是否存在还是个问号。

〔2〕黄铜（al-Ṣufr）和红铜（al-Nuḥās），其中al-Ṣufr的本意即为“黄色”，应指黄铜无疑；al-Nuḥās在现代阿拉伯语中则泛指“铜”，一般无颜色之分。《阿拉伯语汉语词典》中：al-Nuḥās + 黄色的 = 黄铜，al-Nuḥās + 红色的 = 紫铜。也许在古代阿拉伯人的概念里，单用al-Nuḥās即是指红铜或紫铜，以区别于黄铜，尤其是两词同时出现时。另外，上文中金棺的“金”字，本版本中无任何颜色定语，而在其他版本中多写明为“红金”。

这座城市，也就是安姆瓦，一直是中国国王的京城。正如我们前面提到的，它与大海之间有三个月路程或者更多一些。他们还有一座非常大的城市，位于其领地太阳西下之处，人称“木德”〔1〕。该城与吐蕃相接，当地人与吐蕃人之间战争频仍。

这个国王之后的国王们皆井井有条地治国理政，故世道清明，家国两兴，公正普惠天下，暴虐国所不容。律法上他们遵守前文已述的先人祖制。他们与敌人常相交战，边关皆有重兵驻守，军饷十分充足。万国商贾携各色货物通过海陆不同路线纷至沓来。

他们的宗教信仰与其先人的一脉相承，属于一种叫作素姆那（al-Sumniyyah）的教派。拜神方式与伊斯兰教创立前古莱氏部落的拜神方式相差无几：崇拜图像并向其礼拜，教徒内心想以礼拜的方式接近造物主，将自己崇拜的偶像和图像做成雕像竖立起来，并把它作为朝拜方向。其中愚昧无知者更将多个偶像当作造物神来敬拜，把偶像和造物神都认作神灵，以为崇拜偶像便能接近真神并得到他的好感。尽管他们知道这种敬神方式有损于造物主的尊严、伟大和神威，但他们还是想以这样的偶像崇拜来表达对真神的敬从，同时把它当作通向真神的途径。

这种宗教最先是在他们当中来自印度的上层人士中出现的，因为他们与印度是邻国。实际上它所反映的，是印度人——不论是有识之士还是愚昧之人——的观念。如前所述，中国人原本是有一些产生于二神论（al-Thanawiyyah）和承袭于先祖的观念和信条的，后来情况发生了变化，于是他们开始探究和思辨。不过，他们所有的律法裁决依然是以先祖的例规为准则的。

由于他们的王国包括前面提到的九姓乌古斯，所以他们也受到该地盛行的摩尼教某些观念的影响，比如光明黑暗之二元说。从前该地居民愚昧无知，突厥人信仰什么他们就信仰什么，直到摩尼教的一个魔鬼（Shayṭān）来到他们中间。他的花言巧语使他们相信这个世界上所有事物都是相反和对立的：生与死、健康与疾病、光明与黑暗、富有与贫穷、聚与散、连与分、日升与日落、存在与不存在、夜与昼，以及诸如此类的现象。他为他们讲了屠杀生灵——不论是有理智的人还是无理智的牲畜——所带来的种种痛苦，以及儿童、白痴、疯子遭受的苦难，声称至高无上的造物主是不愿让他们受苦的，但世间却存在着与造物主恩惠下的善行完全相悖的事情。他的这些说法以及其他含混暧昧的言论，让他们觉得很有道理，进而接纳了他的传道。后来，每当中国国王信奉“杀生论”（Madhhab Dhabḥ al-Ḥaywān）时，他与突厥首领艾尔汗之间就会发生战争；每当中国国王摒弃这一信条时，两者间便相安无事。中国的国王们有自己的观念和信条，尽管他们的宗教各种各样，但在举荐法官和擢用官吏，以及一视同仁地督导显贵和平民安分守己诸方面，始终不曾逾越理性和真理的限度。

中国人分为很多部族和部落。这些部落类似阿拉伯人的部落和由部落血缘关系产生的旁系与分支。他们特别注重这种关系，并将其作为家谱记录下来，乃至一个人可以从自己的父亲上推50代，直到差不多追溯至与阿布尔的关系。同一个旁系部落的男女不得通婚，好比木达尔部落的男人只能娶莱比阿〔2〕部落的女人为妻或者反过来，再好比凯赫兰〔3〕的男人只能娶希木叶尔〔Ḥimyar，古代也门部族〕的女人为妻或者反过来。他们认为这样做有利于后代身体的健康与强壮，也更有利于生存与长寿。他们认为的理由大致就是我们讲的这些。

〔1〕木德（Mud），在其他阿拉伯古籍中有时也写作"木兹"（Mudh）。由于在阿拉伯著作家的记述中该地是靠近吐蕃的"大城市"，因而不少学者将其考证为成都。

〔2〕木达尔（Muḍar）和莱比阿（Rabī'ah），同为阿拉伯半岛北部早期部落，历史上被认为是北部阿拉伯人的祖先。古代阿拉伯著名的阿德南部族分支出麦阿德部落，后者分支出尼扎尔部落，后者又分支出我们这里所说的木达尔部落和莱比阿部落。

〔3〕凯赫兰（Kahlān），古代阿拉伯半岛南部著名部落。

由于统治者像其历代先王一样公正地治理国家，因此中国的情形一直是十分稳定的，直到伊历264年，这种情形才出现了变化。这一年，中国发生了一个导致国家秩序、条令和法律均荡然无存的重大事件。同时，这一事件也使得吉哈德〔1〕直到现在即伊历332年都被禁阻。〔2〕具体情况是这样的：

在中国某座城市里，出了一个非王族出身的、很有本事的人，名叫黄巢〔3〕。他是个品性恶劣的人。他想组织叛乱〔4〕，于是各路流氓地痞聚集在他周围。起初国王和各级官吏忽视了他，因为他原本无声无臭，根本不值得关注。孰料他日渐坐大，声名大噪，更有各地乌合之众远道前来投奔于他，而他本人也变得愈发骄横。他组织一支大军，从起事之地出发，一路破城拔寨，直至打到汉古瓦〔5〕。

这是一座非常大的城市，位于一条比底格里斯河还要大、最终注入中国海的大河岸边。该城与大海之间有六七日路程。来自巴士拉、西拉夫、阿曼、印度各地、扎比吉各岛和散夫〔al-Ṣanf，我国史称占婆〕等国家地区的商船，皆由此河上溯至汉古瓦城。城中居住着各色人等，除中国人外尚有外国穆斯林、基督教徒、犹太教徒和拜火教徒。

这个叛贼兵临城下，将其包围，国王发兵驰援也被他打败，同时他的军队更加壮大。最终他以武力强行攻入汉古瓦城，蹂躏了城中的一切，被他屠杀的当地居民多到无法计数。但有人统计出，死亡的穆斯林、基督教徒、犹太教徒和拜火教徒多达20万之众，包括直接死于刀剑之下的和因害怕遭刀剑之祸而跳水溺毙的。而我们说到的这个数字之所以能够被统计出来，是因为中国历代国王都对本国人口以及相邻民族的人口进行统计，然后登记造册。他们委派诸多书记官专门负责此事，以便全面掌握所有隶属于自己王权下的居民之情况。

这个叛贼还大肆砍伐汉古瓦城周围的桑树（Shajar al-Tūt）林。人们种植这种树，是因为它的叶子可以用来喂产丝的蚕。桑树的丧失，导致中国丝绸及其制品向伊斯兰国家输出中断。

黄巢率领大军开拔，座座城池接二连三地被他攻克。其间又有很多人加入叛军，包括一贯为非作歹的恶棍和担心自身难保的人。他一直打到安姆瓦〔6〕城下，这是国王的都城。国王率包括贵族高官在内的约10万兵马出城迎战黄巢。双方交战月余，仍僵持不下，难分胜负。最后国王命运不济，弃城败逃，叛军则穷追不舍。国王一直逃到一座边疆城市才算躲过一劫。这样，叛贼占领了京畿重地，并将王宫洗劫一空，包括几代国王为防备灾荒而储备的东西。他继续向其他地区发动进攻，占领了许多城市。他知道自己不具备称王的条件，因为他不是王族成员，于是他便大肆破坏国家，掠夺钱财，滥杀生灵。中国国王逃到前面提到过的城市木德之后，即修书给突厥首领伊本·汗甘。他在信中向他求援，告诉他自己的遭际，并说他们之间如同兄弟，一方有难，另一方理当前往相救，这是义务和责任。伊本·汗甘遂派自己的儿子率领包括骑兵在内的约40万兵马前去增援。对黄巢来说，局势变得异常严重。两军均倾巢出动展开大会战，战争持续了将近一年时间，双方死伤大量人马。叛军终被击溃，黄巢则下落不明，有人说被杀死了，也有人说被烧死了。〔7〕他的儿子和他的一些下属被俘。

中国国王回到京城，权力又重新掌握在他的手中。为了表达对他的尊崇，人们称他为“亚布尔”〔Ya‘būr，其他版本作Baghbūr〕，意思是天子。这是对中国国王们的专称。但人们与国王交谈时不当面称他亚布尔，而是称他“杰汗”(Jaḥān)。在他统治的领土上，各地方长官的权力迅速膨胀，颇有点像那些在波斯自立为王的人——这是在亚历山大·本·菲利浦·马其顿尼〔亚历山大大帝〕杀了波斯国王达拉·本·达拉之后，也有点像我们当前即伊历332年的情况。中国国王只好满足于他们表面上的顺从和在奏折中称他为王，但他已经不能到自己国土上的这些地区去巡视，也不能对那些独霸一方的各路诸侯进行讨伐了。他只能满足于这些，对不再向他交钱纳贡的人，除了听之任之好生相待，他别无良策。于是每个割据势力都凭借自己的军力和实力攻击与之相邻的地区。先王们在世时国家那种稳定的秩序和兴盛的局面，已不复存在。他们历朝历代的国王们，无不按照理性所要求的一定之规，约束自己的行为、治理自己的国家，并把公正作为自己的治国之道。

〔1〕吉哈德(al-Jihād)，阿拉伯语音译，意为“尽力”“奋斗”，引申为“为真主之道而奋斗”。伊斯兰教法学家将穆斯林履行吉哈德义务的方式分为四种：用心、用舌、用手(笔)，用剑。

〔2〕这句话在我们今天见到的中译本或相关摘译中是没有的，估计是版本不同所致。这句话的出现，至少可以让我们了解到阿拉伯古代著作家提及黄巢的义愤，不仅是因为他所造成的“社会动乱”阻碍了中阿贸易往来，同时还阻碍了大食穆斯林前来中国履行他们的“吉哈德”义务，而后一点对他们来说也许更为重要。

〔3〕黄巢，本版本中作Yānshū，其他版本中亦作Bāsir。《中国印度见闻录》中则作Bāshū或Bānshū。虽然这些名字的发音离Huang Chao(黄巢)相去甚远，但后世中外学者几乎一致认定此为黄巢无疑。

〔4〕叛乱，原文为：Fitnah，《阿拉伯语汉语词典》注解为：“起义，叛乱，民变，暴动，骚乱。”其中既有褒义的也有贬义的。从本书作者的角度理解，译文应取贬义，尽管我们现在认为黄巢组织的是一次反抗统治阶级的“农民起义”。

〔5〕汉古瓦(Khānquwā)，应是Khānfū——汉府之误，后者通指广州。

〔6〕安姆瓦，如前所述，学者们一般考证为扬州，为京城。但《中国印度见闻录》中此处写为胡姆丹（Khumdān），这个地名也是一个经常被阿拉伯古代著作家认为是中国京城的地方。另外，在本书其他版本中，此句有“率30万人”一句。

〔7〕关于黄巢之死，本书其他版本也有写作“投河被淹死”的，《中国印度见闻录》中则作“也有人说他是老死的”。中国史籍和民间传说中有关黄巢之死，同样众说纷纭。

相传，有个呼罗珊国撒马尔罕城的商人，带了很多货物外出经商，行至伊拉克又进了不少货，然后向下走来到巴士拉。[1]他上船从海路前往阿曼，然后再到箇罗。这里差不多正是中国之路[2]的一半。时下，来自西拉夫和阿曼等伊斯兰教地区的船只即将此地作为终点站，商人们在这里与乘船由中国而来的人相会交易。但早先并非如此，那时中国船可直接来到阿曼、西拉夫、法尔斯海岸、巴林海岸、俄波拉和巴士拉。同样阿拉伯船也不是就行进到我们提到的地方为止。正是由于我们前面已经讲过的中国发生的事变，以及那里不再存在公正和善意，两地的所有商人才不得不在这个中间地带互市。

然后这个商人乘中国人[3]的船，从开莱特来到汉古瓦城。前面我们已经讲过，这是个港口。中国国王得到装有各种商货的船只到来的消息，便差一个自己十分信任的大太监前去办货。这是因为中国人常派遣太监去承担收税和其他类似的差使和任务。在他们那里有人以把儿子阉割送去当太监，作为升官发财的途径。大太监来至汉古瓦城后，将商人们统统叫了来，其中就有那个呼罗珊商人。商人们把货物拿来给他看，他选了一些他认为需要或合适的东西。之后他要看呼罗珊商人的货，后者自然照办。两人开始讨价还价，最后还是谈不下来。于是大太监命人将这个呼罗珊人抓了起来，并且对其进行虐待。这是因为呼罗珊人始终不肯让步，相信国王一定是公道的。他当下就去了京都安姆瓦城，站进告状者的队伍里。在那里，来自远近各地的告状者都要穿上一种红绸子做的上衣，站在一个专给告状者划定的地方。国王专门任命一位郡王[4]负责监管告御状者。他也站在那个地方，然后将告状者带往一个通过驿道也要走一个月的地点先行审问。

呼罗珊商人也被如此处理。他站在我们讲到过的、专负此责的那个地方长官面前，后者上前说道："知道吗，你做的是一件天大的事！你要自己想清楚，你必须如实禀诉，否则我们将治你的罪，并将你押解回你来的地方。"他对所有告状者都是这样说。如果他发现告状者说话时神色慌张、支支吾吾，便命人打他 100 大板（Khashabah），然后遣送原籍；如果告状者神色自然、无异常行为，便会被带到国王那里。呼罗珊人站在他面前，听他讲完后神情自若地诉说了自己的冤情和要求。郡王见他说话时既不支支吾吾也不结结巴巴，便把他带去见国王。

他站在国王面前，向他陈诉了自己的事情。当通事（al-Turjumān）将他所言翻译给国王后，国王明白了他的遭遇，遂命人将他带到一个地方好生款待。然后国王召来宰相和右使、中使、左使。[5]他们都是在国家遭遇灾祸和战争时担此要职的，各自都知道身上的责任和义务。他命他们每人向出事地区自己的下属写信询查此事——他们在每一地区都有自己的代办（al-Khalīfah）。于是他们遵命行事，立即向各自在汉古瓦的代办写了信，命他们马上回信禀报关于商人与太监之事。同时，国王也向自己在该地区的代办写了信。如此，商人和太监的事变得严重了，一时间闹得沸沸扬扬。回信通过驿骡（Bighāl al-Barīd）火速传了回来，证实商人所言属实。信之所以来得这样快，是因为中国各地郡王在其辖区的各条干道上都备有驿骡。这些骡子都上好鞍子、钉好蹄掌、戴好器具，随时为传送情报和地图而上路疾驰。

国王命人将太监带来，见面后下旨褫夺其享受的一切待遇，并对他说："你蓄意坑害一位商人，而他来自遥远的国度，一路长途跋涉，到过陆地和海中无数王国，从未有此遭遇。如今他出于对我为王公正的信任来到我国，你竟敢如此胡作非为，致使他一旦离开我国，有可能借此事损我一世英名。若非念你为老臣，令我们不忍下手，否则本当将你处斩。但我将以另一种方式惩罚你，你若是明白，就会知道这是比斩首更重的刑罚——逐你去给先王们看墓，因为你已不配管理活人的事务，不配去办理我交代的任何事情！”

国王好好款待了商人一番，同意他返回汉古瓦，并对他说：“若你本人确实愿意把我们选中的货物卖给我们，我们将以高于市场的价格收购；若你不愿意那样做，你可以随意处理你的货物。总之只要你愿意，想住下来就住下来，想怎么卖货就怎么卖货，想去哪里就去哪里。”

过后国王果真差那个太监去看管国王陵墓去了。

〔1〕此句作者所说的路线值得注意。撒马尔罕本是著名的陆地丝绸之路上的重要城市，但这位商人却舍近求远绕道伊拉克到中国进行贸易，说明自从阿拉伯至中国的海上航线开通后，陆地丝路由于路途艰险和难以携带大量货物等原因已不再是第一选择。或许这也是我们今天见到的阿拉伯古籍中有关海上丝路的记述较多而有关陆地丝路的记述较少的原因之一。

〔2〕鉴于“丝绸之路”为后世人们对古代中西交通要道的称谓，所以我们在阿拉伯古籍中至今未见过类似表达。但他们说的“中国之路”（طريق الصين，Ṭarīq al-Ṣīn），也许指的就是这条交通要道，有的阿拉伯古籍中曾提到一条陆地“中国之路”，而此处所指则是今人所说的海上丝路，即香料之路。

〔3〕此处“中国人”的阿拉伯语原文是：الصينيين（al-Ṣīniyīna），为阿拉伯语语法中“完整阳性复数”形式（属格）。这种形式在阿拉伯古籍尤其是早期古籍中极为少见。古代阿拉伯著作家一般都是在“中国”一词前加 'Ahl（人，家属，亲戚）、Sukkān（人，居民，居住者）、Banū（人，族人，苗裔）等词，组成词组来表达“中国人”这一概念。

〔4〕郡王，原文为：Mulūk al-Nawāḥī，为复数形式，直译作“地方之王”。郡为中国古代行政区划之一，秦汉以后，郡比县大。此处原文之“地

方”，似指“省”一级，其行政长官有点类似清代之巡抚、总督一类。译作郡王并加以注释，主要是想强调阿拉伯语中不论单数的 Malik 还是复数的 Mulūk，除了我们通常理解的“国王”外，还可指不同级别的第一行政长官。这对我们进一步理解阿拉伯古籍中常有出现的“中国王”将有所裨益，比如“中国王的外甥”“中国王的女婿”或者曾向阿拉伯人纳贡的“中国王”等。这些“中国王”究竟是指中国当朝皇帝还是其他地方长官，是我们在翻译过程中应该注意的一个问题。

〔5〕右使，直译应作：右部的主人（Ṣāḥib）。中使的“中”字原文为“心”，引申为中心。

关于中国国王们的记述中还有这样一个趣闻：

有个古莱氏部落的人，是海巴尔·本·艾斯沃德（Habbār bn al-'Aswad）的后裔，他受当年在巴士拉非常著名的黑人首领〔1〕的委派，从西拉夫出发了。此公乃一既有远见卓识，家境又十分富有的人，一直过着优哉游哉的生活。他从那里先是上了印度国的一条船，然后不断换乘船只，走过一国又一国，穿越很多印度的王国后，终于来到中国。他先是到了汉古瓦城，但他一直有个想法，就是要到中国国王的宫殿去看看。当时的都城是胡姆丹〔Khumdān，通指长安〕。那是他们最大、最好的城市之一。他在王宫门外住了很长时间，不断地向宫里呈递折子，说自己是阿拉伯先知家族的亲属。经过一段时日后，国王终于同意先把他安置在宫内一间房内住下，并命人帮他解决所有困难，满足他的所有需求。同时国王写信给自己驻汉古瓦的郡王，命他调查此人并向商人们询问此人自称阿拉伯先知亲属一事是否属实。汉古瓦郡王回信禀告此人所说谱系是真的。于是国王允许他觐见，还赏赐给他很多钱，最后送他回了伊拉克。

此公是位见多识广的长者。后来他给别人讲述了自己见到中国国王的情景：

当我见到中国国王时，国王向我询问阿拉伯人的情况，以及他们如何打败波斯国王的经历。于是我对他说：

"这全靠伟大的真主。另外一个原因是波斯人崇拜火，向日月下跪祈祷，但却不敬奉真主。"

国王听后说：

"阿拉伯人战胜了很多王国，而且都是最显赫、最高贵、最著名、最富有，以及收益最丰富和国民最聪明的王国。"接着他问道："在你们那里，如何给其他国王排位？"

"对此我一无所知。"我回答。

"你跟他讲，"国王对通事说，"我们认为天下国王前五位的排名是这样的：权势最大的当属占有伊拉克的君主，因为他在世界的正中，其他国王都环绕着他，我们认为他的称谓应是'众王之王'(Malik al-Mulūk)。他之后是我们的国王，我们这里将其看作为'平民之王'(Malik al-Nās)，因为没有任何一个国王能比我们的国王更有效地治理国家，更能使国家秩序井然，更能使百姓心悦诚服，所以我们是平民之王。接下来是'野兽之王'(Malik al-Sibā')，他就是原先的突厥国王，他们是人类中的野兽。然后是'大象之王'(Malik al-Fīlah)，也就是印度国王，我们把他看作是'智慧之王'(Malik al-Ḥikmah)，因为智慧的源泉在他们那里。最后是罗马国王，我们视其为'男人之王'(Malik al-Rijāl)，因为大地上没有哪儿的男人比那里的男人更完美、更英俊。这五国的国王堪称最显赫的国王，其余国王皆等而下之。"然后他又对通事说："你问问他，若见到他的主人即真主的使者，他能认出来吗？"

"我怎么能见到他呢，他在真主那里。"我说。

"我不是指这个意思，"国王解释道，"而是说他的画像。"

"那是可以的。"

国王派人取来一个匣子放在我面前，然后拿出一幅卷轴，对通事说：

"你让他看看自己的主人吧。"

当我看到画上有几位先知的图像时，马上翕动嘴唇小声向他们祝祷，他们并不知道我认出了这几位先知。国王对通事说：

"你问问他，他嘴唇一张一合的在干什么？"

听到通事问我，我便回答说：

"我在为他们祈祷。"

"你怎么会认识他们呢？"国王问。

"是通过画中所描绘的事情。这位是船上的努哈[2]和刚躲过洪水之灾的人在一起。真主让水淹没了整个大地，并让大地上只剩下他和与他在一起的人。"

"努哈的名字，你倒是说对了。"国王说，"但洪水淹没整个大地的事，我们根本不知道。洪水只是淹没了大地上的一块土地，它并没有淹到我们这里。倘若你们的记载是正确的，那也只是淹没了那块土地而已。我们中国、印度和信德以及其他民族和部族的居民，从未听说你们提到的事情，我们的祖先也从未向我们传述过你们描述的事情。不过你讲的关于水淹整个大地的传说，可谓一场令人惊悚的巨大灾难，应当记录下来，好让它在各个民族之间传播。"

我要是能够据理反驳他就好了，但我当时不敢，于是接着说：

"这是穆萨（Mūsā）和以色列人。"

"是的。"国王说，"他所处的国度太小了，他的族人还迫害他。"

"这是麦尔彦[3]的儿子尔撒骑在驴上和他的门徒们（al-Ḥawāriyyūna）在一起。"

国王听后道：

"他的时日（Muddah）很短，他的期限（'Amad）只有30个月多一点。"[4]

至于其他几位先知及其事迹，我多少也可以讲出一些。

这位以伊本·海巴尔为人所知的古莱氏人，声称他见到的每一幅画都有长长的题字，上面记写着他们的名字、生活的国度、寿命的长短、成为先知的缘由以及他们的生平事迹。他接着讲述自己的经历：

后来我看到了我们的先知穆罕默德的画像，他骑在骆驼上，他的支持者们簇拥着他。他们的脚上穿着用骆驼皮做的阿拉伯式靴子，腰间的绳带上挂着刷牙棍儿[5]。于是我哭了。国王对通事说：

“问问他为什么哭！”

“这是我们的先知，我们的主人呀。”我说，“他就是我们的堂兄穆罕默德·本·阿卜杜拉——愿真主赐福给他，并使他平安。”

“你讲得很对。”国王说，“他使他的民族建立了最显赫的国家。但他本人却未曾亲眼看到它，看到它的是他之后的人和管理着他的民族的哈里发们。”

我还看到很多先知的画像，其中一位以食指和拇指合成一个圈的手示意着，仿佛在形容世间万物皆为圆状；另一位则以食指指向苍天示意着，仿佛在警告世间众生都要对上天感到敬畏，等等。之后国王向我询问了关于哈里发以及他们的衣着和很多教法方面的问题。我都尽自己的可能一一做了回答。他问：

“你们认为世界的寿命是多长？”

“人们对此众说不一。”我回答他，“有的说6000年，有的说少于这个数，也有的说多于这个数。”

“这是从你们的先知那里听说的吗？”他问。

“是的。”

国王大笑起来，连他的宰相也笑了。他显然不赞成这种看法，遂说道：

“我不认为你们的先知会这样讲，是你自己搞错了。”

“可这确实是他说的。”我申辩着，同时看到他脸上显露出不赞成的表情。

“你对他讲，”国王对通事说，“你再斟酌一下你说的话吧，国王们在没有得出正确的结论前是不会随便讲话的。至于你方才所讲的看法，说明你们自己的观点都不一样，这是因为你们在理解自己先知言论时产生了分歧。对于众先知的言论不但不应该存在分歧，而且应该准确无误地理解。因此对这类问题你最好当心点，想好了再说。”

他还给我讲了很多事情，但由于时间太久，我已经忘了，只记得他后来问我：“你为何要离乡背井离开自己的国家，那里对你来说，无论风土还是亲情，不都离你更近吗？”

“尊贵的国王啊！”我回答说，“由于巴士拉发生的事情，我到了西拉夫。

正是在那里我下决心要到您的国家来看看，因为我早就听说您是一位治国公正、行止高尚、军队众多、将黎民百姓管理得井井有条的国王。我非常想来到这个王国，目睹它的昌盛。等到我返回自己的国家和我堂兄的国度，我将把亲眼所见讲给人们听：这个国家疆域之辽阔，天下之太平。它的国王权势之显赫，气质之优雅〔……〕。世人交口称赞的国王啊，总之我将用所有赞美之语赞美这个国度，用所有称颂之辞称颂它的君主。”

我的话令他十分喜悦，于是他传旨重赏于我，并赐我华贵礼服。然后他命人通过驿道将我护送至汉古瓦城，同时写信给他在那里的郡王，要他好好款待我并把我介绍给当地达官显贵，还要他让我一直住到自己想离开为止。在那里，我度过了一段最优裕和最舒适的生活。

〔1〕黑人首领，原文为：Ṣāḥib al-Zinj。其中 al-Zinj 在历史上一般指僧祇（后世学者多考证为今桑给巴尔一带）人，同时在阿拉伯语中也泛指黑人。鉴于阿拉伯历史上曾爆发“黑奴革命”，此处译为“僧祇首领”似不太合适。纳忠先生在《阿拉伯通史》中提到萨法尔王朝（867—904 年）时有这样的描述：

“当此之际，帝国中央省，特别是伊拉克南部的巴士拉地区，正处在‘黑奴革命’的熊熊烈火中。哈里发穆耳台米德受到东部和南部的两面夹击，首都巴格达为之震动，局势危殆。穆耳台米德为了解除‘黑奴革命’咄咄逼人的威胁，保卫首都巴格达，只好应允了萨法尔的要求。”〔见纳忠：《阿拉伯通史》（上卷），北京：商务印书馆，1997 年，第 604 页〕

〔2〕努哈（Nūḥ），《古兰经》中记载的古代著名先知之一，关于他与洪水以及受到真主启示在洪水泛滥之前赶造船只的记载，与《圣经》中诺亚方舟的情节有类似之处，但也有不小出入。而对于中文翻译者来说，要特别注意叙述者的身份，如果叙述者为穆斯林，那么应当按照《古兰经》中的人名、地名和情节等进行翻译，否则从他们的口中说

出诸如“上帝”“耶稣”和“诺亚”等名称，是不妥当的。

〔3〕麦尔彦（Maryam），《古兰经》中记载的古代先知尔撒（‘Isā）之母。有人认为麦尔彦即《圣经》中的玛利亚（Mary），并认为尔撒即《圣经》中的耶稣，穆斯林学者一致认为不能如此相提并论。

〔4〕此句为完全按照本版本原文的直译，其含义译者无法确定。另有中译者根据法文转译此句为：“他的预言只能持续很短的时间，绝不会超过30个月。”可供参考。

〔5〕刷牙棍儿（al-Masāwīk），古代阿拉伯人清洁牙齿时所用的树枝。有记载说这是一种专门树种的枝。现在仍有一些阿拉伯人采用此法刷牙。

【译按】

总体上说，麦斯欧迪关于中国的这一章节，取材于《中国印度见闻录》，下段文字一开始他还提到了该书的“作者”之一。而那个古莱氏部落商人与中国国王见面的记闻，虽然描述得绘声绘色，但毫无疑问属于虚构的情节。后世中外学者曾就此发表过很多看法，主要是认为伊斯兰教反对偶像崇拜，其先知穆罕默德根本不可能有画像传世，更不可能流传到中国，加之中国国王在谈及世界诸王的排位时，也绝不可能自甘人后将自己排在第二位。类似这样的、出自阿拉伯古代航海家或旅行家之口的传闻，应该说是不能当作史料采信的。

麦斯欧迪讲述：[1]

那是在伊历330年，我在巴士拉见到了艾布·宰德·哈桑·本·叶齐德·西拉菲[2]，当时他已离开西拉夫移居此地。这位艾布·宰德，与伊本·欧迈尔·本·宰德·本·穆罕默德·本·麦兹德·本·萨希亚德·西拉菲是同一个人。哈桑·本·叶齐德是一位讲究言必得有出处，事必得有根据的人。他在巴士拉告诉我，他曾向这个古莱氏部落的伊本·海巴尔询问过他所描绘的、中国国王所在的胡姆丹城。伊本·海巴尔在给他介绍了该城面积如何大和人口如何多后，还讲述了以下情况：

这个城市分为两部分，中间由一条又长又宽的大街分开。国王、宰相、大法官、士兵和太监们，都住在靠东的右半部，任何平民百姓不得在此居住。这里是主要官府的所在地，没有任何市场。一条条的河在他们的居所间穿插流淌，一棵棵树在河岸两旁整齐排列，一座座院落都非常的宽敞。靠西的左半部，是百姓和商人生活、活动的场所，粮仓和集市也都在这边。天一亮，我便看到国王的管家们和各位大臣带着他们的侍童，或骑马或步行，来到百姓和商人的那半边。他们在这里采购各种各样的商品和日常用品，然后打道回府，他们中的任何人不到第二天都不会再到这半边来了。这是个绿树成荫、河渠如网、景色秀丽的城市，只是见不到枣椰树，他们那里是没有这种树的。

至于说到中国的人，那他们就是真主造就出来的、各种技艺最为娴熟的人，雕刻以及手工制作技能可谓炉火纯青，在任何一种工艺上其他民族的人都难以望其项背。他们中的男人一旦亲手造出其他人无法造出的绝世物件，便会来到王宫门前献宝，希望以自己创造的有趣玩意儿得到国王的赏赐。于是国王命人将此物从即日起摆放在宫门前整整一年，倘若无人能挑出它的任何瑕疵，国王便重赏这位制作者，并让他成为自己的御用工匠。相反，倘若有人发现它有缺陷，国王便不予接受，当然也不会给制作者任何奖赏。

有一个人曾在一块丝绸上绘了一幅“麦穗落雀图”，几可乱真，以至于观赏者觉得就像一只真的雀落在一枝真的麦穗上。这幅丝画摆放了一段时日，一天有个罗锅儿从那里经过，一眼看出了破绽。国王遂召他进宫，同时将绘画者也召了来。大家问罗锅儿画有什么毛病。他说：

“天下无人不晓，如果一只雀鸟落在麦穗上，那麦穗一定会被它压弯。而这位画师却将麦穗画成笔直的，一点弯曲的痕迹都没有，鸟儿竟然直挺挺地立在麦穗的顶梢——这就是他的错误所在。”

罗锅儿说得当然在理，那个画师没有从国王那里得到任何东西。他们诸如此类的做法，是要提醒从事这些工作的人必须精心计算和设计，以使他们在制作过程中认真思考，对每一件亲手制作的东西都要格外小心。

有关中国人的传闻和奇谈以及他们国家的趣事很多很多，我们曾在《时光记述》一书里提到其中一些，又在《中书》里补充了前一书中所没有的内容。而我们在本书中将要提到的，既包括前两书中已经提到的内容，也包括前两书中从未提到的内容。

〔1〕“麦斯欧迪讲述”，这种句式在本书中常有出现且贯穿始终。尚不知是原作者所加，还是后世抄录者或校勘者所加。但其目的恐怕只有一个，即当书中人称不断变换（比如时而第一人称时而第三人称），为避免读者产生混淆特加以提示说明。考虑到阿拉伯古籍原抄本既无段落又无标点，这一句式的使用是很有必要的。

〔2〕艾布·宰德·哈桑·本·叶齐德·西拉菲，后世学者几乎一致认为，此人就是《中国印度见闻录》第二部分内容的“作者”——艾布·赛义德·哈桑。

§18. 第1卷，第147页（关于海洋的综述）：

我们说，中国海、印度海、波斯海和也门海的水，正如我们已经讲过的那样，是相互连接而不是相互隔离的。但是由于它们各自海风的风向和海浪的涌动有所不同，它们狂躁和静止的状态也就各有差异。

§19. 第1卷，第149页（同上）：

波斯海的起始处是巴士拉的“木板航标”〔1〕，然后是巴士拉、俄波拉和巴林地区。接下来是拉尔威海，沿岸有属于信德和印度的赛伊木尔〔2〕、苏巴莱（Sūbārah）、塔拜〔3〕、散丹和坎巴亚（Kanbāyah）诸国。再下来是哈尔坎德海〔今孟加拉湾〕、开拉赫（Kalāh）海也就是开莱特海以及海中群岛、开尔丹吉海〔Kardanj，今暹罗湾〕。然后是散夫海，此地出产散夫沉香。然后是中国海也就是散吉〔4〕海，它之后就再没有任何海了。波斯海起于我们所说的“木板航标”，此地也被人们叫作库法拉〔al-Kufalā'，意为保证者〕，实际上它是将木头插入海中固定住作为船只航行的标记。

〔1〕木板航标，原文为：Khashabāt，直译应作：木块、木板等。根据本段文字最后一句的解释，它应被视作一种航标。

〔2〕赛伊木尔（Ṣaymūr），雅古特在《地名辞典》该词条下说："据说它也叫作赛伊蒙（Ṣaymūn），印度的一个紧贴信德、靠近戴布勒的地方。"有学者考证为今朱尔。

〔3〕塔拜（Tābah），应是塔纳（Tānah）之抄误。后者为今孟买附近的一个县城，也被看作是孟买的农业郊区。但根据阿拉伯人当年的记述，此地历史上显然比孟买更为重要和出名。

〔4〕散吉（Ṣanjī），有的版本中也写作 Ṣankhī。详见第 373 页《文苑观止》§9 注释〔1〕。

§20. 第 1 卷，第 154—160 页（同上）：

就像我们前面排列的那样，第七海是中国海。它也以散吉海而闻名，是个十分险恶的海，有很多的大浪和"海波"〔Khabb，原意为欺骗〕。海波指的是大海中一种极其凶险的形态〔可能是指巨大的暗涌〕，它是各个海中的居民相互间交流信息时的专门用语。该海中有很多岛峰，船必须在这些岛峰之间穿行。海上一旦浪涛越来越多、海波越来越大，就会出现很多黑皮肤的小人。每个小人的身高大概只有四五拃[1]，就像阿比西尼亚人（al-Ḥabashah）的小孩子一样。这些同样形状和尺寸的小人会爬到船上来，但他们只是爬上爬下，不会制造任何麻烦。人们如果见到这种情况，便清楚地知道灾难即将降临。因为他们的出现预示着巨大的海波就要来了。于是人们纷纷为此做好准备。如若大海波真的来了的话，要么幸免于难，要么一命呜呼。他们当中躲过此劫的人会爬到主桅的最顶端极目瞭望。这种桅杆被中国海和阿比西尼亚海的船主们称作"杜利"（al-Dūlī），罗姆海的人则称其为"萨利"（al-Ṣārī）。那人在主桅上可能会看到一种像飞鸟形状的东西，燃放出一道极亮的光，以至于人既不能睁大眼睛去看它，也不能观察它如何变化。但只要它有片刻时光照到主桅最顶端，人们就会发现海面开始平静，海浪开始变小，海波开始消歇，然后那道光便消失了。谁也不知道它从何处来，又向何处去，但那确是解脱的标志和获救的证明。对于我们所讲的这一奇异现象，凡是在此海航行过的巴士拉人、西拉夫人、阿曼人和其他地方的人，从不加以否认。同时，这一现象尽管不是必定会发生，但不是不可能发生，因为它毕竟在伟大的造物主使其仆人死里逃生、摆脱灾难的能力之内。

这个海里有一种螃蟹，大的在一腕尺〔Dhirā'，约0.58米〕上下，小的在一拃左右。如果它从海中迅速爬到陆地上，立刻会变成再无任何动物属性的石头。这种石头可用来做治疗眼疾的药粉（al-Safūfāt）和药膏。此事同样是很多人都知道的。

有关中国海，也就是第七海或是人们所说的散吉海，还有很多奇异的传闻，我们在前文提及其书名的著作中已经笼统地谈过一些，包括关于它以及与它毗邻的几个海的传闻。而我们在本书下文中将要粗略谈到的，是关于一些国王的记述。

中国之后的海中，除了西拉[2]及其诸岛外，再没有其他已知和可以描述的王国。由于此地空气新鲜，水质清柔，土地肥沃，所以从伊拉克来到这里的人，除了极个别的，没有人舍得离它而去。那里的人与中国人和中国国王们之间处于长期休战的和平状态，彼此间的礼尚往来几乎从未中断。据有些人说，他们是阿穆尔后裔中的一个分支，后来便在那里定居下来，其情况与我们已经讲过的中国人在自己的国度定居下来的情况一样。

中国有一些很大的河流，就像底格里斯河与幼发拉底河那么长那么宽。这些河流发源于突厥地区、吐蕃地区和位于布哈拉与撒马尔罕之间的粟特地区。那里有一些富含努沙代尔〔Nūshādar，即氯化铵〕的大矿山。如果是在夏天，人们从百里之外的地方都能看到这些山上冒出的火光。白天，由于太阳的光照格外强烈，故而看到的只是升腾起的滚滚浓烟。人们就是从那里采挖努沙代尔矿石。如果是在初冬，当有人想从呼罗珊到中国去而必须穿过大山间一个长约40或50古里的峡谷时，他要到居住在谷口一带的居民那里，以非常高的价钱雇他们当脚夫。这些脚夫将过路客的行李货物背在肩上穿过峡谷。一路上由于担心过路客因疲乏劳累停脚歇息，从而倒毙在散发毒气的恐怖峡谷中，脚夫们会一边走一边用自己的手杖击打过路客的两肋，好让他坚持走到峡谷出口。途中有一些树林和水潭，脚夫们会纵身跃入冰冷的潭水，以便让因中努沙代尔之毒而使体内出现的躁热得以缓解。没有任何一种牲口可以穿过这个峡谷。夏天，由于气候的炎热和努沙代尔喷出的毒火，任何活物都休想穿越它；冬天，由于当地雪和露水多起来的缘故，努沙代尔的毒火会熄灭，人们便乘此时机穿越峡谷，但牲口仍不能忍受我们前面讲到过的那种产生于体内的毒热。至于说从中国方向来的人，若不同样遭被击打两肋那份罪，要想过这条峡谷根本不可能。从呼罗珊经此地到中国的路程大约是40天，途中既要路过有人区也要路过无人区，还要穿过幽黑的深沟和沙地。若是绕开此路走另一条牲口可以通过的路，则需时四个月，沿路会受到不同部族的保护。

在巴勒赫城，我曾见到一位仪表堂堂、见多识广的长者，他去了中国很多次，但没有一次是从海上坐船去的。在呼罗珊，我还遇到几位经由粟特的努沙代尔山去过中国的人。

印度与呼罗珊和信德以及接下来的曼苏拉（al-Manṣūrah）和木尔坦（al-Mūltān）相连接。商队可以从信德前往呼罗珊，也可以前往印度，乃至前往与其接壤的扎布里斯坦〔Zābulistān，史称谢飓〕。此地乃一幅员辽阔的国度，以法伊鲁兹·本·凯拜克（Fayrūz bn Kabak）王国而为人所知。那里有很多造型奇特、易守难攻的城堡，还有操各种语言的很多民族。人们对其谱系众说不一，有人说他们是雅菲思·本·努哈的后裔，有人则将他们与最早的波斯人联系在一起，后一谱系排列起来可就长了。

吐蕃是一个与中国内地不尽相同的地区，战胜他们的是希木叶尔人，其中包括几位我们在本书关于也门诸王的记述中提到过土伯尔，在关于土伯尔的记述中也谈到过。他们当中有定居者也有游牧者，人口多到数不胜数。其他游牧部族都不与他们作对，各种种族的人都非常尊重他们，古代突厥首领是从他们当中产生的，其他种族的人都认为首领之权迟早将会回归到他们之中。吐蕃的山水、土地和气候都有许多奇异的特性。那里的人无忧无虑，自得其乐，永远都是笑呵呵的，从不显露出悲愁伤感，也懒得去思考什么事情。关于这里的果实、花朵、草原、空气和河流的奇妙传说更是不计其数。这是一个能强化有理智的动物和其他动物血质（Ṭabī‘ah al-Dam）的国度。在这个国度人们几乎见不到一个悲哀的老翁，也见不到一个伤心的老妪，无论老壮青少，人人高兴愉快。这里的人性情温和、乐观、宽厚，从而使他们热心于多种多样的娱乐活动，尤其沉醉于音乐和舞蹈。即便是一个人死了，其亲属也不会太过悲伤，绝对不像其他民族的人那样至亲过世就悲痛至极或良机错失就懊恼不已。他们自己人之间相处得非常和睦融洽，彼此相亲相爱，以至对待其他民族的人也十分友善。

此地之名，与在那里“站住脚”（Thabut）的人有关，主要是说希木叶尔人。有人说吐蕃名称的由来，是因为希木叶尔人在那里站住脚（Thubūt）。也有人说吐蕃并非此意，而是其他意思。但最有名的传说，是我们讲的这个。[3]迪阿比勒·本·阿里·胡扎依对也门人的祖先颇感自豪，曾在一首反驳库麦伊特的诗中这样吟道：

正是他们跨进了木鹿之门，
进入中国之门的也是他们。
撒马尔罕之名由他们而起，
又让远方从此有了吐蕃人。

我们将在关于也门国王的记述一章中谈到他们首领的一些趣闻，同时也包括到这个地区游历过的人的一些记闻。吐蕃与中国〔唐朝〕相连，这是一个方向，其他方向则与印度、呼罗珊和大片荒漠毗邻。他们有城市和很多固若金汤的建筑。古时他们沿袭也门国王土伯尔的称谓，称自己的国王为土伯尔。后来时过境迁，他们的语言发生了变化，不再使用希木叶尔语，取而代之的是与他们相邻的那些国家的语言。国王的称谓也随之而变，开始被叫作汗甘了。

他们那里的一些土地上，生活着吐蕃麝羚。其与中国内地麝羚的区别主要体现在两个方面：一是吐蕃麝羚吃的是各类新鲜的香草，而中国内地麝羚吃的是干草，而这种干草还远不及我们提到过的、吐蕃麝羚有时也吃的干香草；二是吐蕃人不从其腺囊中取麝香，为的是让麝香保持原封状态，而中国内地人则不然，他们从腺囊中取麝香，同时采取掺血等作弊手法。另外一个区别是，中国内地人走的是我们曾经描述过的异常潮湿、容易受到各种气味影响的海路。假如中国内地人不在自己的麝香中掺假作弊，而是将其放在玻璃瓶中严严实实封存好，那么当它被运到阿曼、波斯、伊拉克等伊斯兰国家和地区时，其质量与吐蕃麝香无异。质量最佳、气味最好的麝香取自处于成熟年龄末期的麝羚。我们的羚羊与麝羚在相貌、体形、颜色和犄角上不存在什么区别，不同的只是每只麝羚都有两个如同象牙一样的牙，从其牙床龇到外面，牙是白色的、笔直的，长度约在一拃左右。

在吐蕃和中国内地，人们用绊索、圈套和罗网捕捉麝羚，可能也用箭去射杀它，然后割下它的腺囊。这时从它的脐部会流出热乎乎的鲜血，同时伴有一股非常难闻的气味，如果是一只未到成熟年龄末期甚或未到成熟年龄的麝羚，那股气味便愈发腥臭。他们要把它放上很多时日，那种臭味才会消失，这期间即便用其他气体去吹它也无法奏效。整个过程如同从树上摘果，果子尚未完全成熟、果肉尚缺一些成分时便将它强扭下来，其品质肯定大受影响。质量最佳的麝香，是那种已经在器官内成熟、已经聚集到肚脐处、已经具有全部成分，总之已成瓜熟蒂落之势的麝香。自然规律促使麝羚的血液向其脐部积聚，当血中的某些物质在那里积固住的时候，麝羚便感到痛痒难耐，此时它就会利用一块岩石或地上被太阳晒得发热的石头，非常烦躁地摩擦身体上的那个部位，只有这样它才会感到舒服些。于是那个部位会被它擦破，就像脓包破了流出脓血一样，流出一些黏稠的物质在那些石头上。这种物质如同长熟了的疔疮中的脓，流出来会使麝羚不再感到难受。其腺囊中的这种物质流完之后，破裂处便愈合结痂，然后其体内这种血状物质重又涌入腺囊并不断地积聚，就像开始一样。这时，吐蕃人来到山间麝羚出没的草场，看到岩石和石头上的血已经干了，那种物质经过太阳的照射和空气的影响处于自然成熟的最佳状态，遂将它采集在一起，放入事先准备好并随身携带的、从猎捕到的麝羚身上切割下来的腺囊里。这是最好的麝香，是他们的首领们自己使用和相互馈赠的上上品。商人们极少从他们那里带回这种上等货。吐蕃有很多城市，每个城市都有一种当地特产的麝香。

麦斯欧迪讲述：

中国、印度、僧祇和世界上其他国家的君主们，无不心悦诚服地承认巴比伦国王的权势，同时认为他是世界第一国王。他在他们之中的地位如同月亮在群星之中一般，因为他的领地是最尊贵的领地，他本人是最富有、最公正、最坚毅和最善治国的国王。但这是以前对此地国王们的评价与描述，不是现在即伊历 332 年的。以前他们称这个国王为“沙赫奈沙赫”(Shāhnashāh)，意思是诸王之王，其地位如同人体中的心脏和珍珠项链坠在当中最大的那颗。在他之后是印度国王，他是智慧之王和大象之王，因为科斯鲁们认为智慧出自印度。排在他之后的是中国国王，他是体恤之王、善于治国之王、精于工艺之王。世界上没有比中国国王更加体察民情和善待自己士兵和百姓的国王。他坚毅果敢、勇猛无比，拥有无数整装待发的军队以及牛羊和武器。他的养兵之道与巴比伦国王们的一样。中国国王之后是原先的突厥首领，他是库珊[4]城的首领，突厥人中的九姓乌古斯首领。他被称作野兽之王和马队之王，因为世界上没有哪个首领手下的兵将比他手下的更加威猛，也没有哪个首领比他更加嗜杀成性、比他拥有更多的马匹。

〔1〕阿拉伯人的一拃（Shibr），《阿拉伯语汉语词典》注解为："拇指尖至小指尖张开的长度，通常为22.5厘米。"这与《现代汉语词典》中所说"表示张开的大拇指和中指（或小指）两端间的距离"，基本一致。

〔2〕西拉（al-Sīlā），中外学者一般都将其考证为今朝鲜一带，理由大致有二：一是对音与朝鲜古称新罗相近；二是诸多阿拉伯古籍中都说此地盛产黄金，连马嚼子、狗链子都是金子做的，穆斯林来到此地大都乐不思蜀，居留下来，而朝鲜确有丰富的金矿。

〔3〕麦斯欧迪记述的关于吐蕃名称由来的传说，在古代阿拉伯著作家中流传甚广。另一传说与"土伯尔"的发音（Tubba'）相关，其实都无确切根据，只能看作是古代阿拉伯人自造的"传说"而已。就汉语而言，唐代汉文史籍将青藏高原这一历时200年（公元7—9世纪）的藏族王朝写作"吐蕃"，而中外学者早已将"蕃"考定为古代藏族自称。

〔4〕库珊（Kūshān），有中国学者将其考译为"贵霜"，也有学者考译为"高昌"。

§21. 第1卷，第163页（同上）：

这可以证明各个海是相通的。中国和西拉一带的海水环绕着突厥地区，然后经过环洋〔'Ūqiyānūs al-Muḥīṭ，指大西洋〕的一个海湾流入马格里布诸海。在沙姆国的海岸上，人们确曾经常见到被大海卷来的琥珀[1]，它在自古以来从不存在类似东西的罗姆海里出现是不可思议的。也许琥珀在这个海出现的道理，与我们前面讲过的出现中国海船舶的船板的道理是一样的。[2]只有真主才知道这究竟是怎么回事。

〔1〕琥珀（'Anbar），一般词典都将此词注解为："龙涎香。"但阿拉伯人有时也用此词指琥珀。据说古代阿拉伯人也有用龙涎香做印章的。

〔2〕作者在前文中提到，人们在地中海中有时会见到一些漂浮的船板。这些船板是由椰树纤维（棕绳）结扎在一起的，为阿比西尼亚海居民所

造之船的特点，而地中海沿岸居民所造之船的船板都是用铁钉钉在一起的。作者是想通过这些被海浪击散的船的船板，由一个海漂到另一个海，来证明各个海是相通的。作者在前文举例时说的是“阿比西尼亚海”的船板，此处又说是“中国海”的船板，可能是他记错了。

§22. 第 1 卷，第 172 页（同上）：

犀牛的角是白色的，其中有些黑色的花纹，其线条和形状组成某种图案：要么像一个人，要么像一只孔雀，有时像一条鱼，有时像犀牛本身或当地所特有的其他动物。人们把这种犀牛角锯下来，仿照金银装饰品的样子，拿去做各种各样的腰带。中国的国王们特别喜欢用这种腰带，于是中国的达官贵人也竞相效仿，以致其价格被抬得很高，一条要卖到 2000—4000 金币。

§23. 第 1 卷，第 173 页（同上）：

与这个王国相接的是穆杰赫（al-Mūjah）王国。其居民皮肤白皙，相貌俊美，耳朵也不穿孔。他们有很多马匹，人口也非常多。他们国家盛产麝香，这我们在本书前文提到他们的鹿和描述他们的羚羊时已经讲过。这个民族的人在衣着穿戴上与中国人相似。他们那里的山又高又陡，因常年积雪而呈白色，无论在信德和印度还是在我们提到的这些王国中，没有比这些山更高更难以攀越的。那里出产的麝香是以他们国家的名字而闻名的，叫作穆杰赫麝香。它在通过海路经常贩运这种麝香的商人们当中是众所周知的。

与穆杰赫王国相接的是马尼德[1]王国，那里有很多城市、大片耕地和庞大的军队。他们的国王们同我们前面讲过的中国国王们一样，委派近侍和太监掌管国家诸如矿产、税收和地方政府等事务。马尼德是中国的邻邦，双方使者经常给两国国王带去礼物。他们之间有陡峭的高山和其他难以逾越的障碍。马尼德人威猛剽悍，力大无比。马尼德国王的使者如果到了中国，中国国王会专门指定一个地方让他们居住，而不允许他们在自己的国家到处活动。这是因为马尼德人在中国人心目中势力非常强大，中国国王担心他们乘机摸清国家的途径路道和设防薄弱之处。

总之，以上我们提到的印度和中国以及其他民族的居民，他们在饮食、婚嫁、穿戴、治病、吃药和灸术等方面，都有自己的道德规范和风俗习惯。

〔1〕马尼德（al-Mānid），此处确切所指不详。雅古特在《地名辞典》中曾提到一个叫“马尼德”（Mānid）的地方，他在该词条下说：“哈齐米说，这是一个输出很细很密的亚麻（Kattān）布的海国。”海国的原文为：Balad Baḥrī，它与本段文字中所说的与中国之间有高山相隔的邻国，似不太相符。

§24. 第1卷，第175页（同上）：

麦斯欧迪讲述：

在《时光记述》和《中书》里，我们已经尽可能多地谈到了关于他们的风俗习惯和行为举止方面的奇谈怪事。同样我们在谈到印度诸王和甘吉[1]等吉巴勒国王们时，也一起谈到了香料群岛国王麦赫拉吉，谈到了与该群岛相对的扎比吉等地的国王，还谈到了中国及其国王们、赛兰迪布王国和曼都里芬[2]王国。后者是赛兰迪布岛对面的一个国家，就像盖马尔（al-Qamār）国在扎比吉的麦赫拉吉群岛对面一样。每个占领曼都里芬国的国王都被称为“盖帝”（al-Qāydī）。

接下来我们将在本书中概括地谈到东方、西方、也门、希拉等地的国王，也要谈到波斯、罗姆、希腊、马格里布的国王和阿比西尼亚、黑人地区的各类国王，还要谈到雅菲思的后裔——中国诸王，以及世界其他民族的奇闻逸事。

〔1〕甘吉（al-Qanji），此词阿拉伯语原文不规范，字母有误。可能与下一节中的“盖卜赫”相关。

〔2〕曼都里芬（Mandūrifīn），另一版本中作曼德利（Mandrī）或曼德拉（Mandrā），确切所指不详。有中国学者根据法文版本转译为“马杜

拉·帕坦（曼杜拉—法坦）”。如果赛兰迪布为锡兰，即今斯里兰卡，那么这个位于其对面的地方应在印度，或者是印度洋中的一个岛。简单地从对音看，印度的马德拉斯（Madras）较为接近，近年出版的地图册将此地标为：金奈（Chennal）。此外，今斯里兰卡本岛最南端的城市叫作“马塔腊”，发音也相近。

§25. 第1卷，第196页（关于盖卜赫山和其他民族的记述）：

我们已在本书中提到过关于中国使团的人觐见麦赫迪[1]时，对他说“猴子让他们的国王在吃饭时受益匪浅”的事情。

〔1〕麦赫迪，应是指阿拔斯王朝第三任哈里发麦赫迪。775—785年在位，在位期间大事修建公路，改善邮政设施，贸易一片繁荣。

【译按】

本段文字中最重要的当是“中国使团”的信息，虽然没有具体细节，但提供了相对清楚的时间范围，即麦赫迪在位的775—785年。这个时间与我国史学界近些年来探讨的“唐代宦官杨良瑶785年出使黑衣大食”的时间基本吻合。1984年4月，在陕西省咸阳市泾阳县发现了一个晚唐石碑，碑文中有对杨良瑶作为官方使节出使黑衣大食的较为详细的记载，时间是唐贞元元年四月，对应的是785年4月。此事引起不少史学界学者的高度重视。因为如果碑文所记属实，那么杨良瑶便是中国历史上第一位官方下西洋的外交使节，比郑和早了620年。之后虽有学者撰写过相关论文，媒体也有过一些报道，但由于碑文所记为孤证，中国史料中无任何记载，学者们当时也未在阿拉伯古籍中发现有任何记载，所以一直未能形成定论。现在麦斯欧迪的这一记述，或许可以成为中阿交往史上这一重大事件的一个新的佐证，说明785年确有中国使节到过当时的阿拉伯帝国，并见到了哈里发。

本节标题中的盖卜赫（al-Qabkh）山，应与本篇§17中提到的盖卜格

（al-Qabq）山为同一概念，即指高加索山。在其他版本中也有写作法塔赫（al-Fataḥ）山的。

本段文字前后记述的是各地的猴子，但作者所说的有关中国人和中国猴子的故事，前文中并未出现过。有的版本写作“将在下文中提到”，但在下文中也未出现。这种现象在古代阿拉伯大师的著作中并不鲜见，因为他们的著作太多，记忆有误是可以理解的。同时这也说明阿拉伯古籍中相同内容经常重复的现象较为普遍。实际上作者在这句话前刚刚讲过其他地方有一种猴子非常聪明，国王们为防止有人下毒，进餐前先让猴子去试——猴子吃了他便放心地去吃，猴子不吃他便知道食物有毒。估计作者此处所说猴子让中国国王受益也是指此类事情。

§26. 第 1 卷，第 197 页（同上）：

还有一种猴子，生活在中国的扎比吉国[1]和香料群岛之王麦赫拉吉王国的诸多海湾中。如前所述，后一王国的国王堪与中国国王平起平坐，它位于拜勒海拉（Balharā）王国与中国之间。这种猴子在该地很有名，世人皆知在那些海湾中它的数量非常之多。

〔1〕中国的扎比吉国，其他版本中作“中国海中的扎比吉国”。

§27. 第 1 卷，第 233 页（关于波斯早期国王的记述）：

凯胡斯洛（Kaykhusraw）向前进发，踏平诸多王国，最终抵达中国。他在那里建了一座大城，起名金克迪尔（Kinkdir）。后来不少中国国王定都此城，就像他们定都安姆瓦一样。也有人说金克迪尔就是安姆瓦。

§28. 第 1 卷，第 265—266 页（关于萨珊国王的记述）：

中国国王写信给艾努希尔旺[1]，信的开头是：

“珍珠宝石宫殿的君主，宫中有两条河流浇灌沉香树和气味可飘至 2 波斯里外的樟树的君主，由 1000 个国王的公主服侍的君主，驻地有 1000 头白象的君主——中国国王法格福尔〔2〕，致其兄弟科斯鲁艾努希尔旺。”

中国国王赠送他一件精致的工艺品：一匹全身由珍珠编串成的马，马背上坐着一位佩带宝剑的骑士，骑士和马的双眼为红宝石，剑柄为祖母绿和其他宝石。他还送了一块镶金中国丝绸，上有坐在宫殿中的国王画像，国王头戴王冠，周身珠光宝气，他的头顶上画着几个仆人，他们手中拿着蝇拂。画像全部用金丝编制而成，由天青石（Lāzaward）做衬底。这块丝绸放在一个纯金匣子里，由一位被长长秀发所遮掩的绝色美女献上。此外他还送了很多中国大地所特有的、国王们认为只能赠予配用者的奇珍异宝。

印度国王的信用红金写在一种叫作“卡济”〔3〕树的树皮上。

〔1〕艾努希尔旺（’Anūshirwān），萨珊王朝科斯鲁一世（531—579 年在位）。以公正之王闻名于世。最著名的政绩是测量土地和税制改革。世界古典名著《卡里来和笛木乃》，就是在 6 世纪中叶奉他之命，由古印度语翻译为古波斯语，后又经伊本·穆加发编译为阿拉伯语而流传至今的。

〔2〕法格福尔（Faghfūr），阿拉伯古籍中也常写作 Baghfūr、Baghbūr、Ya‘būr 等。学者们一般均考证为古代波斯人对中国皇帝的专门称谓，意思是：天子。

〔3〕卡济（al-Kādhī），据说是一种奇特的树。本书校勘者根据麦斯欧迪《黄金草原》中的记述，加注释云：“这种树的树皮，比中国纸还要细薄，中国和印度的国王们便是用此物书写往来信函。这种树只在印度和中国的土地上生长。”

§29. 第 1 卷，第 288—289 页（关于希腊国王的记述）：

然后亚历山大大帝向中国前进。那里的国王们纷纷表示臣服，并向他纳贡缴税。当他行进到突厥地区的荒原后，他想向呼罗珊进发。此前他已使各地国王屈服于他，并委派自己的文官武将控制了那些被他征服的王国，其中也包括中国。

§30. 第 2 卷，第 7 页（关于黑人地区的记述）：

其中大部分象牙在阿曼国备好后运往中国和印度。这些象牙先是从僧祇运到阿曼，然后再从阿曼运往我们提到的那些地方。若非如此，象牙在伊斯兰国家本应是很多的。中国人中，不论是国王还是文官武将、王公贵族，都喜欢用象牙手杖。原因是任何人，即便是军事将领与国王最亲近者，都不得携带任何铁器进宫，但携带这种用象牙做的手杖是允许的。因此他们都希望得到笔直的而不是像弓一样弯的象牙，好去做他们的手杖。在他们那里，象牙也被用来在放有偶像的庙宇中焚烧，或是在他们的祠堂里当香烧。这种做法与基督教徒在教堂里烧一种叫作“马利亚香”（Dukhnah Maryam）的做法完全一样。中国人不在他们的本土使用大象，他们认为拥有大象和骑象打仗是非常不吉利的，[1]个中缘由要追溯到他们古代的一次战争。

〔1〕这种说法，与包括《黄金草原》在内的诸多阿拉伯古籍常有提及的“有 1000 头白象的中国国王”或者是中国国王骑象视察民情的传说，显然是矛盾的。

§31. 第 2 卷，第 11 页（同上）：

大象只在僧祇和印度一带产崽生育，而信德象和印度象的象牙也长不到僧祇象的那么大。僧祇人用象皮做盾牌，印度人也如此。但这种盾牌在坚固性上，远远比不上中国盾牌（al-Daraq al-Ṣīnī）和莱木泰[1]及白加瓦[2]盾牌，以及其他各种用奶水浸泡过的兽皮盾牌。

〔1〕莱木泰（Lamṭah），雅古特在《地名辞典》该词条下说：“这是属于生活在马格里布最西端一个柏柏尔人部落的领地。这个部落和这个地方都叫莱木泰，有名的莱木泰盾牌就是这里出产的。伊本·麦尔旺说，那里的人将猎获的野兽的皮扒下来，在鲜奶中浸泡整整一年，然后用

其制作盾牌，这种盾牌刀枪不入。”

〔2〕白加瓦（Bajāwah），雅古特说这是努比亚的一个地方，生活在那里的是阿拉伯人、阿比西尼亚人和努比亚人中的很多民族。以出产白加瓦骆驼而闻名。

§32. 第2卷，第20页（同上）：

世界上没有一个地方比这里〔指索科特拉岛〕的希腊人的血统更加纯粹，因为除了本岛居民外，没有任何一个罗姆人或其他外族人混杂于他们的谱系中。现在，这里已经成了印度海盗使用的拜瓦里吉——它是指船——的停泊地，他们专门打劫前往中国和印度等地的穆斯林客商和旅行者，正如罗姆人在罗姆海中利用舒瓦尼打劫来自沙姆和埃及沿岸的穆斯林一样。〔1〕

〔1〕拜瓦里吉（al-Bawārij）和舒瓦尼（al-Shuwānī），两词均为现代阿拉伯语中“军舰”或“战船”的复数。作者的这种用法，说明当年阿拉伯人对出现在不同海域、同样配有火器的海盗船的称谓是不一样的。

§33. 第2卷，第35页（关于法兰克人的记述）：

我们已经讲过这些岛屿和以火山而闻名的那个岛的事情。它是活火山〔1〕，喷出一些燃烧着的物质，形状像人但没有头。这种东西夜间升上高高的空中，然后落入海里被水熄灭。它是一种石头，人们用它擦去书和本子上的字迹。它很轻，白色，形状像蜜蜂或小黄蜂的蜂窝。这个火山以西西里火山而闻名。

〔……〕

同样我们也已讲过大地上其他的活火山，比如位于哈达拉毛和希赫尔的拜莱胡特〔2〕山谷火山、中国海中的扎比吉火山和艾赛克（’Asak）火山。艾赛克位于法尔斯和属于艾尔疆〔3〕辖区的阿瓦士之间。这个火山喷出的火焰，夜里在相距20波斯里的地方都能看见。它在伊斯兰国家是非常有名的。“艾泰麦”一词的意思是：喷出大地之火的火泉。

〔1〕此处"活火山"的原文即为作者在最后一句中做了解释的"艾泰麦"（al-'Aṭamah）。现代阿拉伯语中有其他专门术语表示"活火山"，将"艾泰麦"译作"活火山"实为揣摩之译，主要是想使其区别于文中第一句中出现的、现在仍在使用的"火山"（al-Burkān）一词，这个词在文中只用了一次，其余的"火山"全部用的是"艾泰麦"。

〔2〕拜莱胡特（Barahūt），雅古特《地名辞典》中对该地有较长的介绍，但只字未提火山。内容主要围绕伊斯兰教先知穆罕默德曾在一段圣训中提到这个位于也门或哈达拉毛的山谷，说那里有大批异教徒。雅古特转引多位学者的话说，在这个山谷有一口井，水是黑色的，散发着浓重的臭气，异教徒们就是喝这种水，并说此地是世界上最令人憎恶的地方。

〔3〕艾尔疆（'Arjān），古代著名城市，位于设拉子通往伊拉克的交通要道上（今伊朗境内）。638年曾被阿拉伯人占领，中世纪以丝绸制造业闻名于世。雅古特在《地名辞典》艾尔疆词条下说："该地为一非常大而富饶的城市，有很多枣椰树和橄榄树，盛产水果。它离海很近，距设拉子和苏格阿瓦士（Sūq al-'Ahwāz，阿瓦士市场）均为60波斯里。该地既具陆地性质又具海洋性质，既属平原又属山区。"

§34. 第2卷，第194页（关于阿拉伯人和外族人的年历与月份）：

在阿拉伯人和其他一些外族人那里，一年被分为12个月。现在让我们讲述那些以其高贵而著称的民族的年、月、日，他们是阿拉伯人、波斯人、罗姆人、古叙利亚人和科普特人[1]，而罗姆人所沿袭的，实际上是希腊人的相关论点。我们不会谈及印度人关于年、月、日的论点及其计算方法，也不会谈及因袭他们论点的中国和其他很多的民族和王国，因为他们的论点和计算方法并不为大多数人所熟知和使用。

〔1〕科普特人（al-Qibṭ，亦作al-Qubṭ），埃及的原住民，一直保留着自

己的民族语言。此称是为了区别后来定居埃及、使用希腊语的西方移民。

§35. 第 2 卷，第 214 页（关于两亮星对世界的影响）：

在人们当中，流传着古人和后世律法学家关于双辉星如何对这个世界产生作用和影响的很多说法。他们有时将两亮星〔指太阳和月亮〕作为一个话题，有时则分别论述之。根据本书前文所述，他们曾经谈到其中第二颗亮星也就是月亮，以及它对中国海、印度海、阿比西尼亚海和也门海潮汐涨落的影响。

§36. 第 2 卷，第 222 页（关于世界的四大特性和四大部分）：

很多普通民众都相信关于野人的传说是真的，认为他们在这个世界上确实存在，比如关于中国等极其辽远的国度有野人的传说。有些人说他们在东方，有些人则说在西方；东方的人说他们在西方，西方的人则说在东方。总之每个地方的人都对本地居民说野人在离他们很远很远乃至遥不可及的国家。

§37. 第 2 卷，第 234 页（同上）：

中国的辖区面积，自东方算起是 31,000 波斯里乘以 11,000 波斯里。

§38. 第 2 卷，第 241 页（关于著名神庙的记述）：

第七座神庙位于中国的最上方，由阿穆尔·本·舒拜勒·本·雅菲思·本·努哈（‘Āmār bn Shābal bn Yāfith bn Nūḥ）的后裔所建。选在这个位置的首要原因，是此处为该王国的发祥地、起点和照耀之光的光源。还有一种说法，即它是由一位突厥首领在很久很久以前所建。他让大庙由七个小庙组成，每个小庙的墙上开一壁孔，每个壁孔对着一个树立的图形。七个图形分别是五大行星和双辉星，均由各种宝石所造，并根据这些星辰影响力的大小，用不同颜色的宝石加以区分，比如红宝石、棕色琥珀和祖母绿等。

他们有一个关于这个庙的秘密，在中国他们对这个秘密都守口如瓶，即这个庙里有一种被妖魔鬼怪美化后用来迷惑人的东西。他们对这个庙宇有这样一种认知：天体及其作用与受其影响的现实世界之间存在联系，天体活动变化时这个世界也会发生相应的活动和变化。于是他们头脑中逐渐形成一个想法，即通过观察天体的变化，可以知晓在这个世界将会发生什么对他们不利的事情。

§39. 第 2 卷，第 250—251 页（关于萨比教神庙的记述）：

麦斯欧迪讲述：

据一些对这个世界的事情颇有研究并对其记述进行过考证的人说，在中国最远方有一座圆形大庙，庙有七门，庙里有一个十分坚固的七角形巨大穹顶。在这个穹顶的最高处，有一块比牛犊的头还要大的、看上去很像宝石的东西，它放出的光照亮大庙的每一处地方。曾有若干国王试图取下这块宝石，但他们走到距它十腕尺的位置便无法再向前接近它，而且一个个由于焦热难耐而当场倒地身亡。其中有人企图利用长长的工具，比如矛枪一类，将宝石取下，但同样到了那个位置，那些东西就会被弹回来，而且从此不能再用了。假如有人用什么东西向它投掷，结果也是一样的。总而言之，没有任何方法和途径可以取到它。要是有人想拆掉这座庙，哪怕刚有一点动静，此人立刻暴毙。一些富有经验的人认为，这种现象缘于各种磁石作用下的一种独特的反作用力。

这个庙里还有一口七角井，当人来到井边一门心思打水时，很有可能会像倒栽葱似的一头扎到井底。井边刻有一个像项圈似的图形，里边用一种很古老的字体——依我看是信德体——写着："这口井通向藏书的库房、世界的历史、天体的学问，以及过去已发生的事和以后将发生的事；这口井也通向这个世界各种愿望的仓库。不过，除了那些与我们的能力难分强弱、与我们的知识难分多寡、与我们的智慧难分高低者，是无人可以到达那里并从那里得到收获的。凡是有能力到达这个宝库的人，他就该知道他已经能和我们平起平坐了；凡是无力到达那里的人，他就该知道他不如我们勇敢，不如我们聪明，不如我们博学，不如我们深刻，不如我们精细。”

庙宇、穹顶和水井所在之地，是一片高高隆起于地面的硬石地，犹如一座拔地而起的高山。上面的城堡无人可以企及，下面的山路无人可以通过。人的目光一旦落在那个庙宇、穹顶和水井，就在他看的那一刻，他马上会感到恐惧和悲伤。同时他会觉得自己的心已被它们所吸引，这种吸引诱发出他想要破坏它们的欲念，这种对其造成一点破坏或将其拆毁的欲念又使他陷入痛苦与懊恼之中。只有真主才最了解这些。

§40. 第 2 卷，第 253 页（关于拜火教神庙的记述）：

还有一座寺庙叫作坎杰达（Kanjadah），建造者是强大的西亚乌赫斯·本·卡乌斯〔1〕。该庙建于他派兵前往与拜尔坎德〔2〕毗邻的中国东部地区时期。

〔1〕西亚乌赫斯·本·卡乌斯（Siyāwukhs bn Kāwus），应是指古代波斯国王凯卡乌斯（Kaykāwus）的儿子、王储西亚乌什（Siyāwush）。古波斯诗歌绘画等文艺作品中与他相关的题材非常之多。

〔2〕拜尔坎德（al-Barkand），确切所指不详，不排除原本抄写有误。作者是在讲述拜火教的 12 座庙宇的位置，前文曾提到地名“比尔凯”（al-Birkah），另一版本此处写作比尔凯而不是拜尔坎德。比尔凯的原意为：水塘、池塘。雅古特《地名辞典》中未见这两个地名。

§41. 第 3 卷，第 326—327 页（关于哈里发麦赫迪的记述）：

穆拜莱德〔1〕叙述：

艾布·阿塔希叶〔2〕在元旦〔3〕那天送给麦赫迪一个中国瓷罐（Barniyyah Ṣīniyyah），里面放有一块用麝香熏过的布，上面写着两句诗：

我的心为世上某位佳人所牵挂，

麦赫迪具有足够的权力左右她。
本来我对心上人已经彻底绝望，
但你的大度让我重燃爱的火花。

麦赫迪看后有点动心，想把其夫人的侍女欧特白赏给他。欧特白对他说："穆民的领袖，以我的地位和权利，加上我在宫中服侍主人多年，您怎么能把我赏给一个会诌几句诗的卖水罐儿的呢？"于是麦赫迪派人传信给艾布·阿塔希叶："你无论如何是得不到欧特白了。不仅如此，你要送我瓷罐就得把它装满钱。"过后欧特白出来，正碰上艾布·阿塔希叶在看那封信，只听他嘴中说道："他命令我在罐子里装上金币。"一旁的人们说："银币也行啊。"欧特白不屑地说："我要是欧特白的情人，才不会装什么零金碎银呢。"

〔1〕穆拜莱德（al-Mubarrad，826—898年），本名穆罕默德·本·叶齐德，字艾布·阿拔斯。古代阿拉伯最著名的语法学家之一，巴士拉语法学派代表人物。最重要的著作为《辞章集成》（al-Kāmil）。雅古特在《文学家辞典》中称其为"巴格达阿拉伯语言学界泰斗"，其作品是"语言学知识的宝库"。

〔2〕艾布·阿塔希叶（'Abū al-'Atāhiyah，748—825年），本名伊斯梅尔·本·加西姆，字艾布·伊斯哈格。阿拔斯王朝著名诗人，出身贫寒但后来十分富有，大部分作品的主题为劝诫人们修行和放弃尘世享乐，但他本人却嗜财如命。同时擅为统治者作赞美诗，因此得宠于朝廷，且为"三朝元老"，即被麦赫迪、哈迪和拉希德三位哈里发所赏识，在拉希德时期其地位达到顶峰。他之所以被人称为艾布·阿塔希叶，是因为他曾热恋王后一个叫欧特白的侍女，遭拒绝后，痴心不移，仍写诗追求。"阿塔希叶"原意是：缺少理性者，引申为：傻子、狂人和痴迷者等。

〔3〕元旦（Nawrūz，亦作 Nayrūz），波斯语，为波斯人和科普特人的元旦。

§42. 第 4 卷，第 234 页（关于哈里发穆阿台迪德的记述）：

当时正在拜莱德城[1]的穆阿台迪德[2]将盖特尔·奈达[3]的聘礼装运到艾布·杰伊什那里。聘礼包括 100 万银币和其他财物、香料，以及中国、印度和伊拉克的各种奇珍异宝。

〔1〕拜莱德城（Balad），雅古特在其《地名辞典》中记载了多个叫这个名字的地方，有的在波斯，有的伊拉克，还有的在其他地方。此处可能是指在巴格达附近的那个。

〔2〕穆阿台迪德（al-Mu'taḍid），阿拔斯王朝第十六任哈里发，857 年生于巴格达，892—902 年在位。在位期间对国家财政事务进行了许多改革，同时提倡廉政，平反冤狱。被阿拉伯历史学家称为"杰出的政治改革家"。曾与当时埃及突伦王朝统治者胡马莱威（Khumārawayh，864—895 年）缔结和约，并娶其女儿为妻。

〔3〕盖特尔·奈达（Qaṭr al-Nadā，意为露珠），胡马莱威的女儿。她与穆阿台迪德的婚姻是阿拉伯历史上的重要事件。纳忠先生在其《阿拉伯通史》中曾提及此事：

"新哈里发（指穆阿台迪德）为了讨好胡马莱威，希望依靠他的力量来巩固自己的地位，保卫阿拔斯哈里发王朝的江山，决定与胡马莱威联姻，娶胡马莱威的女儿盖特尔·奈达为妻。胡马莱威陪嫁妆奁：400 条镶上金珠的玉带，10 箱珠宝，10 块金砖。妆奁之丰盛，在当时成为家喻户晓的话题。这位新娘在前往巴格达成亲前，胡马莱威已命人沿埃及到巴格达的 2000 余英里的途程上，修建了舒适的宿站，供新娘歇息。此次婚礼，招致了人们的怨恨，引起了国人的咒骂。胡马莱威狂欢之后，很快陷入困境，终于在 895 年被侍卫杀死在卧榻上。"〔见纳忠：《阿拉伯通史》（下卷），北京：商务印书馆，1997

年，第 22—23 页〕

§43. 第 4 卷，第 247 页（同上）：

我们在《时光记述》一书中，已经讲到过关于黑人地区、斯拉夫、罗姆和中国的太监的事情。因为中国人将他们很多的男孩阉割了，就像罗姆人将他们的男孩阉割了一样。我们也讲到过那些被阉割的人，在器官被割掉之后所共有的与常人不同的脾性。

《肇始与历史》

Kitāb al-Bad'i wa al-Tārīkh

作者与作品简介

本书作者的情况是阿拉伯古籍作者中较为特殊的一例。大约在公元966年，穆塔海尔·麦格迪西（al-Maqdisī，卒于966年之后）来到锡吉斯坦，应一位大臣的要求，写了一部简明扼要的历史著作，书名即《肇始与历史》。但后来不知什么原因，这部著作却归在哲学家艾哈迈德·巴勒希（al-Balkhī）名下。以本次辑译所依据的版本为例，封面写麦格迪西，封二却写巴勒希，书的结尾又写麦格迪西。哈利法在其《古籍释疑》一书中明确记载该书作者为巴勒希，只字未提麦格迪西。齐里克利则在其《名人辞典》中说，法国东方学家玉尔（C. Huart）考证出《肇始与历史》的作者为麦格迪西而不是巴勒希，因为该书伊历355年成书，巴勒希于伊历322年就已去世。另外值得注意的是，此麦格迪西与阿拉伯著名地理学典籍《世界区域之最佳划分》的作者麦格迪西（卒于990年）并非同一人。

《肇始与历史》是中世纪阿拉伯历史典籍中的重要著作，属纪事本末体。它记载了当时各个民族和各地国王的历史和传闻，而且除了使用已知的材料外，作者还以穆斯林学者的博学，阐述了自己独到的研究成果，并将自己与拜火教和犹太教著名人士的会晤情况公之于世，因而颇受后世学者关注。写作风格上尤其注重删繁就简，并剔除了一些不实的传说和说书人的夸张演义成分。原始抄本为1部23章，后人将其勘辑为6卷，约合中文60万字。

版本　贝鲁特萨迪尔书局，1988年，精装16开，6卷本。

◎**译文**

§ 1. 第 1 卷，第 14 页：

第 12 章，讲述大地上人们的各种宗教、信条和学说，以及他们对有经书者的看法；讲述印度人的种类，及其律法、礼仪和嗜好；讲述中国人的律法。

§ 2. 第 1 卷，第 143 页：

至于中国人，其大多数属于二神论者（al-Thanawiyyah），很多突厥人也是如此。他们中不信神的人说，不存在世界的创造者和掌管者。

§ 3. 第 2 卷，第 60 页：

印度人和中国人对世界年龄的计算很长，但愿我们在适当的地方讲到它。

§ 4. 第 2 卷，第 147 页：

第四种是中国人。他们认为他们世界的年龄是 165 利卜沃（Ribwah），加三分之一利卜沃，加半个十分之一利卜沃。每个利卜沃是 1 万年。

§ 5. 第 2 卷，第 175 页：

穆塔莱布说，率先举起黑旗的人是在东方（al-Mashriq），但人们在记录这些消息时众说纷纭。有人说首先这样做的是艾布·穆斯林[1]，他从呼罗珊出击时第一个打起黑色旗帜、并将自己的衣服染成黑色。也有人说是欧麦尔·赛瓦德开的先例，他是学别人这样做的，因为他按那些人的命令行事。还有人说最先兴起，是在中国那边——据说由那个称作呼檀的地区传过来的。那里有一群体，属法蒂玛[2]的后裔、侯赛因·本·阿里的后裔。其中有一没长络腮胡子的男子，来自泰米姆部落[3]，名叫舒阿布·本·萨利赫，出生地在塔莱干（al-Ṭālaqān）。有关他杀敌掠获的故事传奇有很多。

〔1〕艾布·穆斯林（'Abū Muslim，718—755 年），中世纪波斯呼罗珊农民起义领袖，阿拔斯王朝开国功勋。波斯呼罗珊人，释奴出身。中国史籍曾译作“并波悉林”。751 年，其部将齐亚德在怛罗斯大败唐朝将领高仙芝，致使中国士兵 2 万多人被俘。755 年，因功高盖主，势力坐大，被阿拔斯王朝第二任哈里发曼苏尔以谋反罪处死。

〔2〕法蒂玛（Fātimah al-Zahrā'，605—632 年），伊斯兰教先知穆罕默德的女儿。后与阿里结婚，生有两男两女，其中包括文中提到的侯赛因·本·阿里（625—685 年）。因为她是先知的爱女、哈里发阿里的贤妻，又颇多懿德嘉行，所以中国穆斯林称其忌日为“法蒂玛太太节”或“姑太太节”。

〔3〕泰米姆(Tamīm) 部落，阿拉伯北部著名部落，贾希利叶时期出过许多大诗人。该部落人所讲的阿拉伯语是诸部落语言中最纯正的。先知故世后，该部落曾背叛伊斯兰教，哈立德·本·瓦立德使他们重新皈依。后参加了征服库法、巴士拉和呼罗珊等地的战役。

【译按】

本段文字中关于黑旗黑衣来历的传说颇耐人寻味。“黑衣大食”本是中国史籍中对阿拔斯王朝的一种称谓，本书所言却将其来历之一，归溯到中国新疆地区的和田，且与先知女儿的后裔有关。不知我国学者是否考证过此类传说，从阿拉伯圣训传述家和历史学家著述风格讲，在记录同一事件的多个传闻时，一般可信度高的靠前，然后依次递减。因此作为三种传说中与中国有关的末一种，可信度自然偏低。

§6. 第 3 卷，第 88 页：

令人困惑的问题有：戈伦的屈辱，撒米里的牛犊，法板的降世，开山，七十人之事，焚烧哈伦子民，将各支派（al-'Asbāt）迁升到隋尼后面（Mā

Warā' al-Ṣīn)，梦兆的问题，黄牛的故事，〔……〕。

§7. 同上，第 89 页：

他们说，真主把他们迁升到隋尼后面一块圣洁的福地。那里的人们不相互欺侮，那里的猛兽也不相互为敌。据传，先知曾在登宵之夜到过他们那里，他们信赖他，追随他。

【译按】

由于以上两段文字均出现在该书第 10 章——关于诸位先知及其年龄、故事和记述中，所以作者在不断引录《古兰经》经文的同时，可能也在同其他宗教进行比较。两段文字中出现的“隋尼后面”，原文有一点差别，一个有“Mā”，一个则没有，表达的意思是一样的。此处该地名若译为“中国后面”，似有不妥，因为阿拉伯古籍有记载，称在埃及西奈一带有一叫作“隋尼”的地方。至于其他一些阿拉伯古籍，比如泰伯里的《历代民族与帝王史》中，也曾使用这一地名，由于是在记述也门土伯尔进攻中国吐蕃等地的传说，则明显与中国有关，可译作“中国后面或中国以远”。

§8. 第 3 卷，第 144—145 页：

他们说，艾弗利宗有三个儿子：赛莱姆、突吉和伊尔吉。他把大地分成三份给了他们。突厥地区和中国归突吉，罗姆和马格里布归赛莱姆，伊拉克和波斯归伊尔吉。然后他要找德貌兼备的三姊妹做儿媳，在奈赫布（Nahb）部族的一个分支部落找到她们后，他让她们嫁给了自己的三个儿子。

§9. 第 3 卷，第 154 页：

于是他在拔汗那和克什米尔与沙姆之间的地区立了 70 个国王，各王之间互不臣服。然后他离开当地，征服了印度，并攻克中国。很多人都说此人便是双角王亚历山大。

§10. 第 3 卷，第 175—176 页：

之后继位的也门土伯尔是纳希尔·尼阿木（Nāshir al-Ni‘am），名字的意思是造福者，他取此名是因为他给人们带来福祉。人们说，他对外扩张期间曾到过希玛利沙谷，下令在当地造一铜制偶像，造成后他在上面写了："在我之后，再无其他信仰。"他在位 85 年。之后是舍米尔·本·伊夫里基斯，正是他攻入了中国，征服了波斯、锡吉斯坦和呼罗珊大部。他破坏了撒马尔罕，所以那里曾经也叫舍米尔罕。他在位时间是 137 年。

§11. 第 3 卷，第 208 页：

当阿穆鲁·本·阿米尔·麦齐基安（Mazīqī'ā）出也门时，他与儿子失散了。后来这个儿子成了沙姆国王们的座上宾。这是这些地区国王历史中所记载的。印度和罗姆的史书中肯定也有记载，中国也是一样。

§12. 第 4 卷，第 19—21 页：

关于中国人的记载。

人们说，中国人普遍属于二神论者和素姆那派。他们有法尔哈拉特（Farkhānāt）神庙，里面有他们崇拜的诸多偶像。这是他们的宗教。他们有礼教和道德，在组装有趣好玩的物件和制作奇特工艺品方面技艺高超。他们所具有的、在其他民族中不曾见到的、有口皆碑的礼教是：小孩子不能在父亲面前坐下，不能和父亲一同进餐，也不能在父亲面前走动，见到父亲要下跪，同样，所有晚辈见到长辈，为表示尊重都要下跪。

他们的律法要求人们敬拜太阳、月亮、星辰、水和火。他们对自己认为的美好的东西，统统跪下便拜。每个新生儿降生，人们都立即记写下其出生的时辰，他们为他占星，并裁定一颗代表他的星星。在中国王国，没有一个男人不被国王枢密院（Dīwān al-Malik）记录在案，因为国王按男人的统计数字收取人丁税。他们的人如果死去，遗体一定要延存至其出生的那一年那一月[1]。他们在尸体上使用一种药，以免腐烂。

偷窃超过 300 铜钱[2]——相当 10 个迪拉姆——以上者，处以死刑。凡被朝廷判处罚、打、杀者，均必须亲笔写一悔过书，并当着有威望的族长和贤人的面，亲口宣读："我犯下什么什么罪过，我被判受罚或受打或受死是罪有应得。"然后他就去受该受的惩罚。

证人和誓言在他们那里不受重视，因为某人一旦接受贿赂便会作伪证。他们在这方面的规矩是，假如某甲借给某乙钱，那么双方须各立一字据，并盖上自己的印鉴。借方写"某人从我这里借去多少钱"，贷方写"我从某人那里借来多少钱"。如果过后双方因借款金额发生争执或贷方不认账时，双方要取出各自的字据对证，以求公允。

某人若在一地出生，后迁出此地并在异地死亡，尸体要运回出生地，在故乡埋葬。某人若纳外乡人中的女子为妾，而该女子生了孩子后那些外乡人又要离开此地，那么他们会把孩子交给他父亲，同时带走孩子的母亲，并对他说："果，归你；根，归我们。"[3]对贱民和贫弱群体中的通奸现象，他们放任自流，但与富人显贵的家人通奸者，杀无赦。他们对于罪行的处罚大都是死刑。

他们的种植物大多数是富有营养的。人们说，如果干旱少雨，引起物价高涨，国王便会把素姆那派教徒和偶像看守者召集起来，威胁他们，要是求不来雨，格杀勿论。于是他们一直被拘禁关押，雨不下不放人。人们说，国王的宫中有一些铜鼓（Kūsāt），每到日落时分他们就会敲一下。于是城中马上不见人影，居民们听到鼓声，纷纷胆战心惊地跑回自己家中，关闭房门。夜晚，大街小巷只有兵士和值更人在巡视，直到次日清晨。其间若发现有人在户外走动，当场斩首，并用他的血在他的后背写上：这就是违抗国王命令者的下场。

〔1〕此句原文逻辑上似有不通，可能指延存到次年生日。

〔2〕铜钱，原文为：Fals，《阿拉伯语汉语词典》注释为："铜钱，铜币，

钱，钱财。”也可读作 Fils。为阿拉伯古代钱币名，也是现在一些阿拉伯国家的辅币称谓。

〔3〕类似的传说，在伊本·奈迪姆（卒于 1000 年）的《索引》一书中也有记载，内容略有出入。他的记述是：“当我们有人娶了中国的妻子，并要离开时，人们会对他说：‘留下土地，带走种子。’如果他把妻子偷偷带走而被人们发现，他将被罚款，款数是事先就确定好的，并被投入监狱，有时还会遭到痛打。”〔见费琅：《阿拉伯波斯突厥人东方文献辑注》（下册），耿昇、穆根来译，北京：中华书局，2001 年，第 151 页〕

§ 13. 第 4 卷，第 57 页：

至于僧祇海，则由于水温高和水质硬而没有任何动物生存。在淡水海中是没有珍珠和宝石的，但中国海是个例外，它的水是淡水，出产珍珠。

§ 14. 第 4 卷，第 92 页：

大地的奇迹及其创造者，很多书中已经提到过。有的说世界奇观有四个：白头翁（al-Zurzūr）树，亚历山大灯塔，鲁哈〔1〕教堂，大马士革清真寺。其他奇观还有：埃及的两座金字塔，呈锥形，直刺云天，足有 450 腕尺高，上面写着：“谁要自称力大无比，那就把它毁掉吧，毁掉它比建造它更容易。”奇观还有：呼檀吊桥〔2〕，从一个山头架到另一个山头，是中国人在以前的时代拴结架设的。奇观还有：吐蕃的一座山，人称“毒山”（Jabal al-Summ），人一旦从山上经过，便会喘不上气来，重则立时毙命，轻则舌头化脓坏死。

〔1〕鲁哈（al-Ruhā），雅古特《地名辞典》中写作：Ruhā‘，位于摩苏尔和沙姆之间杰济拉（al-Jazīrah）地区的一座城市。

〔2〕吊桥，原文为：Qantarah，《阿拉伯语汉语词典》注释为：“拱桥，巍峨的建筑物，拱门等。”考虑到文中说该桥从一个山头架到另一个山

头，后又有“拴结”一词，故译作吊桥。

【译按】

作者提到的“世界级”奇观中有中国的两个，是阿拉伯古籍中有关中国的比较重要的信息。在其提到的几十个奇观中，排名也算靠前。阿拉伯古代史地学家经常会在自己的著作中提到一些所谓世界奇观，与我们今天所说的几大奇迹不同。雅古特在《地名辞典》中曾提及：“世界奇观有三个：凯莱布修道院、阿勒颇以东的黄金河和阿勒颇城堡。”

§15. 第4卷，第96页：

在人的种类的怪事中，我们已经讲过了雅朱者和马朱者。同样还有瓦巴尔[1]的野人。野人中有一种在帕米尔（Bāmīr）一带，这是克什米尔、瓦汗[2]和中国交界处的一片荒蛮之地。这些除了脸浑身上下长满毛的野人，羚羊一样蹦跳着走路。不止一个瓦汗人对我讲过，他们要是抓到野人就把他吃了。

〔1〕瓦巴尔（Wabār），古代位于奈季兰和哈达拉毛之间的一个国家。已经消亡的一些阿拉伯南部部落出自这里。阿拉伯人在讲述古代居住在阿拉伯半岛的人民时常常提到它。其遗迹同最早的阿拉伯部落阿德族和赛木德族的一样，已经不复存在。

〔2〕瓦汗（Wakhān），中国史籍中称护密。

§16. 第4卷，第100页：

有谁去统计城市和村庄的建造者呢？除了真主，又有谁知道它们何时开始被建造的呢？说到波斯的城市，我们无非被告知一些他们书里记载的事情。伊斯兰教兴起后所建的城市，由于时间近，我们是了解的，但我们中间谁又知道印度、中国和罗姆的城市究竟是怎样呢？更何况并不是每一座城市或村庄的名字都可追溯到它的建造者。因为城市可能因其建造者而得名，也可能在其建造之前，那个地方已经由当地的一个水源或一棵树或一个人们经常聚集的地方而得名。

§17. 第 5 卷，第 183 页：

当叶兹戴杰尔德看到阿拉伯人连连得胜时，他派人把自己的金钱宝物运到中国去了。他已下了决心，一旦战败，他就到那里去。

§18. 第 5 卷，第 195 页：

叶兹戴杰尔德取道锡吉斯坦到达木鹿沙赫疆（Marw al-Shāhjān），他想由此转奔中国。事前他已将自己的辎重和金钱运到那里去了。

§19. 第 5 卷，第 197 页：

叶兹戴杰尔德在位 20 年，其间王国动荡不安，处于分崩离析的边缘。他被杀之后，他的侍仆、随从等一干人也就树倒猢狲散。将领们投奔巴勒赫，歌手们跑到赫拉特，仆人们逃往木鹿。马赫威（Māhwī）将叶氏的金银财宝交给了阿卜杜拉·本·阿米尔。至于他事先运到中国的那些东西，则落入中国人手中。

§20. 第 6 卷，第 74—75 页：

艾布·阿拔斯[1]掌权三年后〔751 年〕，布哈拉爆发起义，为首的是舒莱克·本·谢赫·菲赫利（Shurayk bn Shaykh al-Fihrī）。他率三万名阿拉伯人和其他人对艾布·穆斯林展开报复行动，反抗他的血腥手段和滥杀无辜的行为。艾布·穆斯林前去镇压，派齐亚德·本·萨利赫[2]和艾布·达乌德·哈立德·本·伊卜拉欣·祖赫利为先锋。双方交锋，舒莱克被杀。他再次征服布哈拉和粟特，并下令构筑撒马尔罕墙，以期在敌人进攻时成为一道防御屏障。他派齐亚德继续挺进，后者征服了河外地区的城镇乡村，一直打到怛罗斯和伊特莱赫（'Itlakh）。于是中国人出动了，发兵十万余人。赛义德·本·侯梅德在怛罗斯城加固城防，艾布·穆斯林则在撒马尔罕的军营中镇守。大批将领和招募来的兵士聚集在赛义德那里。他们分几次将中国人各个击败，共杀死四万五千人，俘获两万五千人，其余纷纷败逃。穆斯林们占领了他们的军事要地，进军布哈拉，降服河外地区的国王和首领们，将他们斩首，并掳走他们的子孙，抢去他们的全部财产。他们不止一次将俘虏五万人五万人地渡过河去。

艾布·穆斯林决意进攻中国，并为此做好了准备。但接下来发生的一件事使他改变了这一计划——齐亚德向他展示了一封无法证实其真实性的、来自艾布·阿拔斯的信，信上说委任他为呼罗珊的总督。艾布·穆斯林开始施展计谋，最终将齐亚德杀死，并派人把他的首级送到艾布·阿拔斯那里。

〔1〕艾布·阿拔斯（'Abū al-'Abbās，约 702—754 年），中国史籍称：阿蒲罗拔。阿拉伯帝国阿拔斯王朝创建者，首任哈里发。出身于麦加古莱氏部落哈希姆家族。750 年他率军队攻占大马士革，推翻伍麦叶王朝统治，被拥立为哈里发，建立阿拔斯王朝（750—1258 年）。本文中所说“掌权”并非从登基算起。754 年因患天花在安巴尔去世。

〔2〕齐亚德·本·萨利赫（Ziyād bn Ṣāliḥ），此人即为公元 751 年在怛罗斯一带直接与唐朝安西节度使高仙芝交战的阿拉伯帝国军事将领。我国有些著作提到他时，可能由于从其他文种音译，故将其名字译作：齐亚德·噶利。《册府元龟》中称谢多诃密，“诃密”应是艾米尔之音译。

【译按】

《肇始与历史》中的这一段文字，不仅是该书事关中国的最重要的记载，也是所有阿拉伯古籍中事关中国的最重要的记载之一。这是因为怛罗斯之战在中阿关系史、中外关系史、世界文明发展史乃至世界科技史中都具有非常重要的意义。此段文字除了为这一事件的相关记载补充了新的信息外，或许还有以下几点值得我们注意：

1. 这段文字记载，使我国部分学者在相当长时期内，认为伊本·艾西尔在《历史大全》中的相关记载，“是阿拉伯方面唯一证明怛罗斯战役的证据”的定论，不再成立。《肇始与历史》中的记载不仅比伊本·艾西尔（1160—1234 年）的早，而且比他的字数多，比他的信息量大，比他的记述细。

2. 这段记载中提供了不同于《历史大全》和我国史籍中关于此战为何爆发的新缘由。艾布·穆斯林前去镇压舒莱克起义，杀死起义首领后，继续收复失地，因连战连捷，遂乘胜挺进，直抵怛罗斯（文中还出现了一个新地名——伊特莱赫）。中国人可能感到自己的势力受到威胁，于是发兵，最后被阿拉伯帝国军队击败。我们虽不能断定《肇始与历史》作者所言字字属实，但它至少在人们探讨该战役直接导因方面补充了一个新的说法。

3. 由于作者在这段文字中，言之凿凿地说“艾布·穆斯林决意进攻中国，并为此做好了准备”，所以以往部分学者感到的某些困惑（不知他为何没有乘胜进犯中国），便可以得到解释。当年艾布·穆斯林在怛罗斯一役大获全胜后未继续进犯中国，不是“原因不明”，更不是“可能出于对唐朝表示友好”，而是因为内讧。尽管他与齐亚德之间的内讧长达一两年的时间，而且有专家据中国史籍记载分析，这段时间内二人还分别遣使来过中国，即便如此，也是内讧苗头的出现使艾布·穆斯林有了后顾之忧，进而成为他最终打消进犯中国念头的直接原因。

4. 怛罗斯战役结束约两年后，头号功臣齐亚德被艾布·穆斯林处死，头被砍下献给哈里发。再过两年，艾布·穆斯林也被新哈里发处死。联想到阿拉伯古籍中大肆渲染的、至今一些阿拉伯权威百科全书或人物辞典仍津津乐道的、关于所谓中国国王在 715 年向阿拉伯人纳贡一事两位主角的下场——“使团长”胡白莱，被派去给哈里发报捷，未行多远便倒毙途中；古太白紧接着在内讧中被杀，头也被砍下来献给了哈里发。这四个在阿拉伯历史记载和传说中与中国人较量过的人物，均未得善终。

《历史绪论》

al-Muqaddimah

作者与作品简介

作者伊本·赫勒敦（Ibn al-Khaldūn，1332—1406年），本名阿卜杜·拉赫曼·本·穆罕默德。中世纪阿拉伯著名哲学家、历史学家、政治活动家。生于突尼斯，系塞维利亚阿拉伯贵族后裔。先祖为也门哈达拉毛的哈杰尔部族，8世纪随阿拉伯军队出征安达卢西亚，后迁至北非。他勤奋笃学，博览群书，精通经训、教义、教法、哲学和历史学，通晓语言学和文学。1352年开始政治生涯，曾受谗下狱，也曾遭密友陷害，经历曲折。由于受到多位国王和素丹的庇护和帮助，得以施展自己的抱负，并在学术上大有建树。1401年，随素丹奈斯尔丁出征叙利亚，奉命任使臣率代表团到大马士革，同帖木儿进行缔结和约的谈判。1406年3月17日在开罗逝世，葬于开罗苏菲墓地。

伊本·赫勒敦之所以能够在阿拉伯历史和学术史上名垂千古，归根结底是因为他写了著名的《历史绪论》。他总结当时历史研究的最新成果，克服阿拉伯史学家注重历史现象铺陈的弱点，把哲学和历史学结合，去探索历史发展的规律和历史现象的内在联系，开创性地提出了新的历史观及研究方法，把历史科学提高到一个新水平。他的学说为近世欧洲哲学家、历史学家和社会学家所推崇，称他是“人类历史哲学和社会学的奠基人之一”。我国学术界历来重视他的这部著作，2014年其中译本面世。阿拉伯学者在赞誉伊本·赫勒敦是“伊斯兰划时代史学哲人”的同时，也对《历史绪论》所涉及内容过于庞杂提出批评，更有学者尖锐指出该书有将历史学和社会学混为一谈之嫌，也有学者认为他并非阿拉伯社会学研究之鼻祖，在他之前已有先行者。全书合中文90余万字。

版本 贝鲁特学术出版社，1992年，精装16开，1卷本。

◎译文

§1. 第 12 页（史学的功用一节中）：

麦斯欧迪还提到：

“人们也说最后一位土伯尔即艾斯阿德·艾布·凯里布（’As‘ad Abū Karib）——他与波斯基亚尼亚[1]王朝国王中的叶斯塔希夫（Yastāsif）是同时代的人——先后占领了摩苏尔和阿塞拜疆，接着与突厥人相遇，他重创了他们并接连发起进攻，最终打败了他们。然后他派三个儿子分别攻打波斯、粟特、河外突厥诸部族和罗姆。第一个儿子占领撒马尔罕后，穿越荒漠进入中国，发现他的弟弟已经先期到达那里。于是两人在中国烧杀抢掠，满载战利品踏上归程。他们在中国留下希木叶尔人的部落，这些人至今还在那里。第三个儿子攻入君士坦丁堡，扫荡该城并蹂躏罗姆国后返回。”

所有这些关于土伯尔的记述，都远离真相、产生于根深蒂固的虚妄和谬误，与那些道听途说的传闻故事如出一辙。因为土伯尔的势力范围只是在阿拉伯岛，其政权核心和王都所在是也门萨那，而正如你在地图[2]上看到的，阿拉伯岛是三面临海，即南面的印度海、东面可达巴士拉的波斯海和西面属于埃及领地、直抵苏伊士的苏伊士海〔Baḥr al-Suways，即红海〕。从苏伊士海至沙姆海〔al-Baḥr al-Shāmī，即地中海〕陆路的长度至少是两迈尔海莱[3]，一位再伟大的国王率领如此庞大的军队穿越不属于自己的领地走过这条路也是不可能的，在常理上是讲不通的。当年那片地区由阿马里克人[4]、沙姆的迦南人和埃及的科普特人所占据，后来以色列人占领了沙姆。从未有过记载说土伯尔们与这些民族中的任何一个进行过战争，更遑论他们占领过那里的任何一片土地。

同样，西面的海路距离遥远，人马的辎重和饲料必然很多。如果从不是自己的领地行进，他们必须掠夺所经过国家的庄稼和财物，但通常这也不能保证他们需要的供给。如果他们从自己的领地运送足够的给养，又无法保证驼队运输的安全，因为除非一路经过之地都是他们所征服和控制的，否则粮秣不可能顺利运达。如果我们说那支军队沿途不对遇到的各个民族实施武力，而是通过和平手段获取粮草，那简直就是痴人说梦。这些都可证明那些记述纯属凭空想象或是无稽之谈。

至于说他们征服了东方诸国和突厥领地，即便那条路比取道苏伊士更好走些，但其距离也太过遥远。况且还有波斯和罗姆两民族阻亘在突厥之前，而历史记载中从未提到土伯尔们曾经征服波斯和罗姆。他们与波斯人作战之地，只局限在伊拉克边地、巴林与希拉之间地区、底格里斯河与幼发拉底河之间的杰济拉地区以及两河之间的其他地区。这些战争发生在也门土伯尔一方的祖伊兹阿尔和基亚尼亚国王一方的基卡乌斯（Kīkāwus）之间，同样也发生在最小的土伯尔艾布·凯里布和基亚尼亚国王叶斯塔希夫以及基亚尼亚王朝以后的萨珊王朝诸王之间。有关越过波斯领土去攻打突厥和吐蕃的记述，是没有根据的捏造，因为通常情况下根本不可能隔着几个民族去攻打另一个民族，而粮草供给和路途遥远两个无法克服的困难前面已经讲过。

伊本·伊斯哈格[5]在关于叶斯里布〔Yathrib，即麦地那〕、奥斯[6]和海兹莱杰（al-Khazraj）的记述中说：

“前往东方的最后一个土伯尔，可能到过伊拉克和波斯，至于以前人们言之凿凿地说他们征服了突厥和吐蕃，则是不真实的。你千万不要对此信以为真。看看这些记述，再把它置于合理的思维准则下衡量，你便能去伪存真得出正确结论。真主是找到准确答案的指引者。”

〔1〕基亚尼亚（al-Kiyāniyyah），本段文字中两次提到该词，所指均为波斯萨珊王朝之前的王朝。历史上似应为帕提亚（安息）王朝或贵霜王朝，但对音都不相符。

〔2〕地图（Muṣawwar al-Jughrāfiyā），直译当作“地理绘制图”。阿拉伯古籍中很少见到这一词组。现代阿拉伯语也非如此表达。

〔3〕迈尔海莱（Marḥalah），基本意思是：站口，路程，阶段，过程等。

为阿拉伯古籍特别是地理类典籍中经常出现的一个表示长度单位的量词。《蒙吉德》注解为："旅行者一天行走的路程。"此解比较符合本文所指的距离。但同时它又是一个较为模糊的长度概念，尚不知大约等于多少公里。雅古特《地名辞典》卷 4 第 225 页曾提到 1 迈尔海莱等于 2 波斯里，而 1 波斯里一说约等于 8 公里（见《蒙吉德》），一说约等于 6.24 公里（见伊本·胡尔达兹比赫：《道里邦国志》，宋岘译注，北京：中华书局，2001 年，第 1 页）。这种换算不符合本文所指距离。

古代阿拉伯人在说明两地之间距离时除了经常使用迈尔海莱、法尔萨赫（一译波斯里）、米勒（Mīl，一译古里或哈希姆里）之外，还经常使用：

一天（Yawm）表示"一日程"，即人一天所走的距离，应与一迈尔海莱相等；

一夜（Laylah）表示"一夜程"，还有"一快夜程"；

一拜里得（Barīd，意为邮政）表示"一邮程"，应比一日程或一夜程要长；

"一驼程"，即骆驼一天所走的路程，等等。

诸如此类的量词究竟如何换算，需要综合归纳后找出答案，比如当我们知道吉达与麦加之间为三夜程时，可以大概算出一夜程约合多少公里。

〔4〕阿马里克人（al-'Amāliqah），古代巴勒斯坦的居民。此词原意为：巨人。

〔5〕伊本·伊斯哈格（Ibn 'Isḥaq，亦作 Ibn 'Isḥāq，704—768 年），圣训学家，最早撰述穆罕默德传记的作者，后世著名阿拉伯史家从其《先知传》中引述大量内容。该书虽有某些虚构之处，但仍不失为研究早期伊斯兰教历史的重要资料。

〔6〕奥斯（al-'Āws），古代也门艾兹德部族的一个分支部落。后迁徙至麦地那，皈依伊斯兰教。

【译按】

在本段文字中，伊本·赫勒敦充分显示了其与众不同的治史原则和风格。他不仅引录前人的记述，而且根据自己的学识对这些记述进行分析批评，鲜明地提出自己的观点，其客观、科学的学术态度给人留下极深的印象。

有关古代也门土伯尔攻入中国，特别是他们在吐蕃留有后裔甚或吐蕃就是由他们开建的传说，一直是阿拉伯史学家们津津乐道的谈资。他们引述这一毫无根据的传说，非但不作任何对与错、真与假、实与虚的判断，而且往往添枝加叶，以讹传讹。现在，由伊本·赫勒敦和伊本·伊斯哈格等阿拉伯著名历史学家去否定阿拉伯史籍中此类无法自圆其说的演义性传闻，显然更具说服力。

§2. 第 49 页（海洋一节中）：

在这个环海的东面、赤道以北 13 度（Darajah）方位，同样涌动着一个辽阔的大海。它向偏南方向流动，一直到第一区为止，然后转流向西直到该区第五部分，流经阿比西尼亚、僧祇和巴布曼代卜〔1〕国。该海自起点总长 4500 波斯里，被分别称作中国海、印度海、阿比西尼亚海。该海南部有僧祇国，乌姆鲁勒·盖斯〔2〕在其诗中提到的柏柏尔国〔3〕——这不是马格里布柏柏尔人的那些部落，然后是麦格代舒〔4〕国，苏法莱〔5〕国和瓦格瓦格〔6〕领地，以及生活在旷野蛮荒的其他民族。该海北部是位于起点的中国，然后是印度、信德和位于艾赫加夫〔7〕的也门海岸，以及宰比德〔8〕等地，其终止之地与僧祇国和阿比西尼亚相接。

〔1〕巴布曼代卜（Bāb al-Mandab），意译应作"痛哭之门"。以该地命名的海峡，现通译为曼德海峡。

〔2〕乌姆鲁勒·盖斯（'Umru' al-Qays，500—540 年），阿拉伯古代诗坛魁

首，生于纳季德，卒于安卡拉。第一首《悬诗》的作者，此诗在阿拉伯世界可谓妇孺皆知。早期作品多围绕恋情艳遇，颇具浪漫主义色彩，因此他也被誉为情诗鼻祖。作为国王的父亲被杀后，作品主要抒发矢志复仇的决心，格调深沉悲壮。

〔3〕柏柏尔国，当是指今索马里境内、亚丁湾沿岸港口城市柏培拉（一译伯贝拉）一带，阿拉伯语现写作 Birbirā。

〔4〕麦格代舒（Maqdashū），今摩加迪沙，我国史称木骨都束。

〔5〕苏法莱（Sufālah），今莫桑比克索法拉省港口城市贝拉一带（其附近有新索法拉市）。历史上曾为阿拉伯人建立的一个小国的首府。

〔6〕瓦格瓦格（al-Wāqwāq），中世纪阿拉伯史地学家使用时概念比较混乱的地名之一。其中大部分著作家认为它在阿拉伯至中国航线途中。个别人笔下将其置于中国以东，因此有中外学者认为它是“倭国”之转音，即指今日本。而伊本·赫勒敦则把它排在摩加迪沙和索法拉之后，给人感觉此地应在非洲，尤其是作者在第 61 页中说该地位于索法拉以东。

〔7〕艾赫加夫（al-'Aḥqāf），原意为：弯而长的沙丘地带。雅古特在《地名辞典》该地名条下说：“《古兰经》中出现的‘艾赫加夫’，根据伊本·阿拔斯的注解，是指‘阿曼与麦赫莱（Mahrah，一译麦赫拉特）之间的谷地’。伊本·伊斯哈格说：‘艾赫加夫是从阿曼延伸到哈达拉毛的一片沙漠。’盖塔代（Qatādah）说：‘艾赫加夫是也门希赫尔临海的一片沙漠。’他们三个人的话在含义上没有什么区别。塔哈克说：‘艾赫加夫是沙姆的一座山。’《艾因书》中说：‘艾赫加夫是环绕世界的山。’正确的解释是伊本·阿拔斯、伊本·伊斯哈格和盖塔代所言——艾赫加夫是也门境内的一片沙漠。”

〔8〕宰比德（Zabīd），也门历史名城。雅古特在《地名辞典》中说：“宰比德原先叫作侯塞布，后又被人称为瓦迪，是哈里发马蒙时代一个非常

兴旺的也门著名城市，出了很多名人。”这个古时中国商人经常落脚的繁华城市，今天已是荷台达和塔伊兹之间公路上、距海岸线很远的不太知名的城市，由此可见沧海桑田之变化。

§3. 第 60 页（关于第 1 区一节中）：

在该区中部第五部分，是从中国方向流入的印度海的终止处。它几乎淹没了该区的这一部分，除了其中为数很多的岛屿再无人烟，据说这些岛屿达 1000 个之多。它的南岸是有人居住的大地之最南端，其北岸方向只有东方的中国边缘地带位于第一区。

§4. 第 61 页（同上）：

至于印度海中的岛屿，则非常之多。其中最大的是圆形的赛兰迪布岛，岛上有那座著名的山〔1〕，据说大地上没有比它更高的山。该岛在苏法莱对面。〔2〕然后是科摩罗岛〔3〕，这是一个长方形的岛屿，从苏法莱对面开始、向东延伸再大角度斜向北方，直到接近上中国〔4〕海岸。在这个海里围绕它的，有南侧的瓦格瓦格群岛、东侧的西拉〔5〕群岛和此海中很多其他岛屿。这些岛屿盛产各种香料，据说有金矿和祖母绿。岛民一般信奉袄教。他们当中有很多国王。关于这些岛屿的文明状况和奇谈怪事，地理学家们有过很多记述。

在这个海的北岸即第一区第六部分，是也门全境。古勒祖姆海一侧，是宰比德国、麦赫杰姆〔6〕和也门的提哈麦〔7〕。然后是萨达〔8〕——宰德教派〔9〕教长们聚集的中心，它离南海和东海〔10〕都很远。再接下来是亚丁城，其北面是萨那。由这两地向东，是艾赫加夫和佐法尔（Ẓafār），然后是哈达拉毛领地和位于南海与波斯海之间的希赫尔国。上述这块属于第六部分的土地，位于第一区中部地段的印度海〔沿岸〕。

与此相接的第九部分小部和第十部分大部，是上中国。那里最著名的城市之一是汉库〔11〕，东面与其相对的是西拉群岛——前面已经提到过它。

这是关于第一区最后要说的话。

〔1〕作者所说该岛上的那座山，过去叫作锡兰山，今名为皮特鲁塔拉加拉山，亦称亚当山。据传人祖亚当曾降临此山，并踩下一硕大的脚印。

〔2〕作者此句令人费解。如果苏法莱指今莫桑比克的索法拉或指今斯里兰卡的赛兰迪布，那么两地不可能相对。作者的表述说明：要么有两个叫苏法莱的地方，要么他本人的地理概念出现差误。

〔3〕科摩罗岛（Jazīrah al-Qumr），将此地名译作“科摩罗”是基于作者说它的起点在苏法莱对面。而作者说它为“一个长方形的岛屿”，可能是指大科摩罗岛，也可能是指与今科摩罗群岛相邻的非洲第一大岛马达加斯加。至于说该岛一直延伸至所谓“上中国”，委实难以理解。也许作者将科摩罗与古代阿拉伯著作家提到的、位于印度的“古玛尔”（Qumār）或“盖玛尔”（Qamār）混为一谈，也未可知。

雅古特在《地名辞典》“盖玛尔”条下说：“它是印度的一个地方，以出产沉香闻名，大家都这样说。学者们也说：‘它叫作加米隆（Qāmirūn），印度的一个地方，出产质量最好的沉香。’”

雅古特在“科摩罗”（Qumr）条下说：“它是僧祇（一般指今桑给巴尔）海中间的一个岛屿，此海中没有比它更大的岛屿。岛上有几座城市和一些各不相同的国王。”

〔4〕作者两次提到“上中国”：第一次的阿拉伯语原文为：أعالي الصين（'A'ālī al-Ṣīn），第二次为：أعالي بلاد الصين（'A'ālī Bilād al-Ṣīn）。两者的基本意思没有区别，即在阿拉伯人看来当时中国最上方的领土。其所指乃中国南部无疑。

这里引录《中亚简史》中的一段话供读者参考，其中“上秦”与此段中的“上中国”应为同一概念：

“秦指北部中国，马秦指南部中国。只对马秦使用‘桃花石’这一称呼，又称上秦。中秦指被契丹统治的中部中国。下秦则指新疆

南部地区。”（见巴尔托里德：《中亚简史》，乌鲁木齐：新疆人民出版社，1980年，第122页）

而其中的“马秦”与我们在阿拉伯古籍中见到的“玛隋尼”也应为同一概念，只是对译时用字不同。

〔5〕西拉，原文为：Sīlān，与阿拉伯人用以指锡兰的用字完全相同。鉴于作者在文中已经提及通指锡兰岛的赛兰迪布岛，这里再译作“锡兰”，恐难自圆其说。或许作者是将Sīlān和另一地名西拉（Sīlā）相混淆，致使他说的这些岛屿的位置让人感到有点扑朔迷离。

〔6〕麦赫杰姆（al-Mahjam），雅古特在《地名辞典》该词条下说：“该地为也门宰比德辖区的一个省，距宰比德三日路程。”

〔7〕提哈麦（Tihāmah），一译帖哈麦。《阿拉伯语汉语词典》有两个注解，一是指希贾兹西部红海沿岸的低地，一是指麦加。《蒙吉德》注解为：“北自西奈半岛延伸至也门南端的一条狭长的沿海平原地带，其中的城市有纳季兰、麦加、吉达和萨那。”

〔8〕萨达（Ṣa‘dah），位于今也门北部，为萨那至麦加朝觐道路上的重要城市，历史上曾是闻名一时的宗教学术中心。

〔9〕宰德教派（al-Zaydiyyah），什叶派的一个分支，盛行于也门。该教派曾于864年由哈桑·本·宰德·本·穆罕默德（884年卒）在泰伯里斯坦建立了一个国家（864—956年）。

〔10〕南海和东海（al-Baḥr al-Janūbī wa al-Baḥr al-Sharqī），可能为当时阿拉伯人根据自己所处的位置即阿拉伯半岛，对周边三个海中两个海的称谓。南海应是指印度海即今印度洋之一部分，东海应是指下文提到的波斯海即今波斯湾。尚未见到阿拉伯人的“西海”之说，若有，当是指古勒祖姆海即今红海。

〔11〕汉库（Khānkū），过去西方的东方学家见到这样写法的地名，一般都认为是通指广州的“汉府”之抄误。阿拉伯史地古籍中这个地名的变

异可以说是最多的，除以上两个外尚有汉久（Khānjū）、汉古、汉苏（Khānṣū）等。其差异都在倒数第二个字母上。在古代阿拉伯人的概念里这是指中国的同一个地方，还是指几个地方，目前无定论。

【译按】

现当代的一些学者曾对伊本·赫勒敦的治史风格提出批评，其中一条便是说他在撰写这部史书时“只知引录，却不说明出处”。他在本段文字中显然综合了多人的记述，致使在一些地名和方位上不能自圆其说，同时也让读者感到莫衷一是。

§5. 第 63 页（关于第 2 区一节中）：

本区第九部分，其西面是极远印度（al-Hind al-'Aqṣā）国，它与东面相连，也与第十部分最上端相连。在这个方向的最下端，有中国的一块国土，那里有希贡[1]城。接下来占第十部分全部的中国与环海相接。

〔1〕希贡（Shīghūn），在笔者迄今见到的阿拉伯古籍中，这个“中国地名”是第一次出现。其确切位置一时难以断定。我们知道，古代阿拉伯地理学家沿袭古希腊等国地理学家的观念，将当时已知世界分为七个区（'Iqlīm）、每个区分为十个部分（Juz'）。对于这样一种地理划分，要把它与今天的概念对应清楚，不是很容易。雅古特《地名辞典》导言中虽附有一张由七个圆圈组成的花瓣状七区示意图，但圈中字迹密密麻麻，也没有细分的十个部分。在难以搞清某地位置的情况下，人们最先想到的恐怕还是“对音”。对于 Shīghūn 来说，如其拼写无误，最为接近的似为 Saigon——西贡（冯承钧译为：柴棍。见冯承钧译：《西域南海史地考证译丛》，北京：商务印书馆，1995 年，第 123 页）。

§6. 第 69 页（关于第 3 区一节中）：

本区第九部分西面中间地段是吐蕃，其南为印度，其东直至该部分末端为中国内地。该部分下端、吐蕃以北、从突厥至该部分东和北的末端，是葛逻禄国。其西与拔汗那相接，东面是九姓乌古斯。第十部分南面及下端所有地段都是中国。

§7. 第 390 页（关于国与国贫富各异一节中）：

这一点，你可以在东方国家[1]得到印证，比如埃及、沙姆、波斯的伊拉克[2]、印度、中国和所有北方的国家，以及罗姆海以远诸国。由于这些国家文明发达，所以也就导致财富增多，国家强大，大小城市数量增加，商业昌盛，居民生活优裕。当今这个时代，我们可以目睹来到马格里布穆斯林地区的基督教各民族商人的状况，他们生活的宽裕和舒适是语言所难以形容的。同样的情况也出现在东方的商人身上，有关他们的事情我们听到很多，其中听到最多的，是我们王国最东部（al-Mashraq al-'Aqṣā）波斯的伊拉克以及印度和中国居民的情况。有关他们富有和安逸的描述可谓不绝于耳，海外归来者总是津津乐道于他们发家致富的奇闻奇事。这些描述在很多时候不为人所相信，一般人听到后总认为他们的金钱原本就多得不得了，或者认为他们的土地上有比别人更多的金矿银矿，再或者认为他们得天独厚地占有各民族先人遗留下的金银财宝。其实不然，我们所知道的金矿更多的是在黑人国家（Bilād al-Sudān），那里更接近于西方。东方人将自己国土上所有货物都运到其他国家去进行贸易。倘若他们原先就已富甲天下，他们根本用不着把本国货物运到外国去赚钱。

〔1〕伊本·赫勒敦此处“东方国家”（'Aqṭār al-Mashriq）的概念，显然是以他所在的位置——今北非突尼斯作为基点的。

〔2〕波斯的伊拉克（'Irāq al-'Ajam），特指波斯吉巴勒地区。

§8. 第 430 页（关于阿拉伯人最不善制作一节中）：

其原因是阿拉伯人有着最为悠久的游牧历史，同时距离城市文明和所谓制作品等最远。东方各国人民和罗姆海对岸的基督教诸民族，其制作能力是最强的，因为他们的城市文明最悠久，同时距离游牧及游牧文明最远。以至曾经帮助阿拉伯人战胜沙漠的荒凉并使之坚持游牧毫不动摇的骆驼，在他们那里总体上已然绝迹，连适合它生存的牧场和沙漠也没有了。因此，我们发现阿拉伯国家以及被其以伊斯兰教征服的地区，总体上没有什么制作品，样样都需从其他国家输入。你再去看看外国，比如中国、印度和基督教各民族，他们的制作品是何其之多啊。其他各个民族的人们都要从他们那里输入各种制作品。

编年体

《历代民族与帝王史》

Tārīkh al-’Umam wa al-Mulūk

作者与作品简介

作者穆罕默德·本·杰里尔·泰伯里（838—923年），字艾布·贾法尔。以泰伯里闻名于世，此附名说明其祖籍是里海南岸的泰伯里斯坦。伊斯兰教著名经注学家、圣训学家、法学家，同时也是中世纪阿拉伯最著名的历史学家。45岁后定居巴格达，从事学术研究达40年之久。一生著述宏富。第一部名著为《古兰经注大全》(后世通称《泰伯里经注》)，被公认为传闻经注学的典范，蜚声于伊斯兰世界，后来的《古兰经》经注学家，无不从这部巨作中摘抄转录有价值的资料。

《历代民族与帝王史》，作者所取书名本为“民族与帝王史”〔见哈吉依·哈里发:《古籍释疑》(卷1)，贝鲁特：黎巴嫩学术书籍出版社，1992年，第297页〕，由于“民族”和“帝王”为复数，所以中国学者通常将其译为“历代民族与帝王史”。中外学者有时也使用另一书名，即“历代先知与帝王史”，根据是雅古特在其名作《文学家辞典》中的记载。实际上两者都是指泰伯里的同一部著作。后人考虑到其名气，并出于简化的目的，通称为《泰伯里历史》，如同人们将麦斯欧迪的《黄金草原与珠玑宝藏》，通称为《麦斯欧迪历史》，将伊本·赫勒敦的《阿拉伯人、异族人、柏柏尔人及其同时代最有权势者时期之殷鉴集与始末录》，通称为《伊本·赫勒敦历史》一样。

《历代民族与帝王史》是一部编年体世界通史巨著，约合中文1000万字。其内容从古代创世传说讲起，到915年为止，以阿拉伯历史为主，兼及其他各民族历史。作为阿拉伯历史上第一部编年体历史著作，它被誉为阿拉伯史学划时代的里程碑和世界史的不朽之作，对后世史学家影响极大。泰伯里也因此被称为“阿拉伯历史学的奠基人”。

版本　黎巴嫩遗产书局，1967年，第2版，精装16开，11卷本。

◎**译文**

§1. 第1卷，第212页：

艾弗利敦有三个儿子：长子赛莱姆，次子突吉，幼子伊尔杰。艾弗利敦担心自己死后他们兄弟阋墙，互相倾轧，便将自己的领土分成三份，每人各辖一地。他拿来三支箭，将地名写在上面，[1]然后让他们各取一支。结果罗姆和马格里布一带归赛莱姆，中国及其突厥地区归突吉，伊拉克和印度归排行老三的伊尔杰。他还将王冠和御座交给后者。艾弗利敦死后，两个哥哥向伊尔杰发动进攻，并将其杀死。后兄弟二人各自统治其领地达300年之久。

〔1〕此句原文为："将他们（即三个儿子）的名字写在上面。"逻辑上似与后文不通，故改之。

§2. 第1卷，第214页：

艾弗利敦将大地分给三个儿子——突吉、赛莱姆和伊尔杰。他将海宰尔[1]和中国分给突吉，他们把它叫作隋尼布伽，他还将与中国相连的地区并入中国。

〔1〕海宰尔（al-Khazar），现代阿拉伯语中本指里海。里海在阿拉伯古籍中的名称很多，如盖兹温海、吉尔疆海、拜思昆海、泰伯里斯坦海、代伊莱姆海、吉兰海和沙尔旺海等。《道里邦国志》中有注释说："海宰尔即《经行记》所言的可萨突厥，《酉阳杂俎》作'阿萨部'，为突厥的一支。"（见伊本·胡尔达兹比赫：《道里邦国志》，宋岘译注，北京：中华书局，2001年，第3页）

【译按】

有关隋尼布伽（صين بغا，Ṣin Bughā），有以下几点较为重要：

1. 它在阿拉伯古籍中非常少见，译者浏览过几十部阿拉伯古籍，仅见此一次。

2. 它出现在《历代民族与帝王史》这样一部阿拉伯早期史书，同时也是阿拉伯第一部编年体史书中，且作者被认为是阿拉伯史学的奠基人。

3. 文中“他们”一词很关键，按上下文可理解为艾弗利敦时代的人。宋岘译注的《道里邦国志》中对艾弗利敦作了注释：“波斯语人名。源自伊朗第一个统治阶级——菲什达德（Fīshidād）的某位君主的名字——夫里宗（Frīdhūn）。传说他即《圣经》中的诺亚，也有传说他是双角王——希腊的马其顿王菲利浦·亚历山大。”（见伊本·胡尔达兹比赫：《道里邦国志》，宋岘译注，北京：中华书局，2001 年，第 17 页）我们不难看出，其中年代最晚的是亚历山大大帝，他生活的年代是公元前 356—前 323 年。这将使我们把前人以隋尼称中国的时间追溯到非常遥远的年代。

4. 对于隋尼布伽中的“布伽”（بغا，Bughā），目前只能做一些粗浅的分析。阿拉伯语中有一个表面与之相同的词，我指的是书写形式与读音。这便是《蒙吉德》中加上冠词的البغا，由于现代阿拉伯语中不常用，所以《阿拉伯语汉语词典》未收此词，而只有与之相似的البغاً。两词同为名词，各为同一动词多种词根中的一种，含义也相同，即希望、要求。它与隋尼组合，含义似无法解释。

译者在迄今读过的阿拉伯文原著中，只见过一次单独使用的布伽。伊本·赫勒敦在其著名的《历史绪论》中，曾引录一首“打油诗”〔见《伊本·赫勒敦历史》（第 1 卷），贝鲁特：黎巴嫩学术书籍出版社，1992 年，第 25 页〕，直译如下：

笼中一个哈里发，侍童布伽两侧夹。

嘴中复述二人语，鹦鹉学舌正是他。

伊本·赫勒敦处在哈里发制度没落时期，哈里发大权旁落，受制于人。诗中“侍童”为单数，且有“二人”在后，所以这里的布伽，似应是指当时军权在握的、祖籍或蒙古或突厥地区或波斯的大将。

此外，我们注意到在阿拔斯王朝前期，有两员著名突厥大将，名为大布伽（بغا الكبير，卒于862年）和小布伽（بغا الصغير，卒于868年）。同时，我们也注意到在埃及马穆鲁克王朝有几位著名蒙古籍大将，名叫怯的不花（كتبغا），也里不花（يلبغا），其中最有名的是在1468年当了几天素丹的台木尔不花（تمربغا）。这些“布伽”和“不花”均出现在人名中。至于地名，我们只见到雅古特《地名辞典》中的布伽尼赫兹——内沙布尔一村落名；布伽威兹疆——赛莱赫斯一村落名；以及《蒙吉德》中的布伽泽库伊——土耳其著名古城遗址上一村落名。这些地名中的“布伽”都在词首，与隋尼布伽不同。

“不花”，一般认为是蒙古语。但伯希和在《评王国维遗书》(指《古行记校录》）中说：“汪古部诸部长所用名称纯为突厥语名称，如阿剌兀失的斤（Alaquš Tegin）、爱不花（Aï-buqa）、君不花（Kün-buqa）之类，非蒙古语名也。”〔见冯承钧译：《西域南海史地考证译丛》(第1卷第5编)，北京：商务印书馆，1995年，第68页〕然而，上海辞书出版社1986年出版之《汉语大词典》“不花”条下云：“蒙语音译。牛的别名。明沈德符《野获编·词曲·蔡中郎》：‘胡语以牛为不花也。’清钱大昕《十驾斋养新录·蒙古语》：‘元人以本国语命名……或取物类，如不花者牯牛也。’”

总之，隋尼布伽究竟含义为何，尚有待我们继续探究。不过，考虑到此段文字（指本文§2）中它与突厥地区、海宰尔两名连在一起出现，我们似可先得出一个“模糊化”的结论：公元10世纪前，曾有阿拉伯人以“隋尼布伽”作为中国（北部）的称谓之一。

§3. 第1卷，第511—512页：

凯胡斯洛希望士兵们从四个方向攻入突厥地区，以便从陆地和海上将其包围。〔……〕他命令密拉兹从紧邻中国的地区发动进攻。[1]

〔1〕此段文字出自“关于凯古巴兹之后统治巴比伦和东方地区的波斯国王们的记述”一节。麦斯欧迪在《黄金草原》中曾提到凯胡斯洛，由于涉及“中国”，现引录如下以供参考。“凯胡斯洛扩大了他的征服，入侵各王国一直到达中国。他在中国筑起一座他称之为干格迪兹（Gangdiz, Kankdiz）的城市，几位中国国王都将此城作为其京城，与扬州和其他城市的地位一样。然而有些作者却把干格迪兹考证成扬州。”（见麦斯欧迪：《黄金草原》，耿昇译，西宁：青海人民出版社，1998年，第297页）

§4. 第1卷，第567页：

他[1]向安巴尔[2]、摩苏尔和阿塞拜疆进发。他遇到突厥人，经过一场恶战取得胜利并俘获大批人马。然后他返回也门住了一段时期。此时各地国王慑于他的强大，纷纷前来朝贡。有印度国王使者前来进献丝绸、麝香、沉香和印度的各种珍奇物件。他看着这些自己从未见过的殊方宝物，对使者说：“你这该死的，我见到的这些全都来自你们国家吗?”使者道：“大王息怒，您见到的这些好东西，小部分出自鄙国，大部分出自中国。”接着他描述了中国辽阔的疆域、丰富的物产和数不清的奇珍异宝。他听后发誓要征服中国，于是率领希木叶尔人沿海岸进军，来到莱卡依克人和黑帽人[3]居住的地区。他命一个叫作萨比特的手下带大队人马前往中国，此人一去不返。于是土伯尔亲自率兵攻入中国，大战一场后，将那里的一切席卷一空。

〔1〕此处指古代也门著名土伯尔——祖艾阿扎尔，意思是：令人恐惧者。

〔2〕安巴尔，伊拉克著名古城。位于幼发拉底河畔。阿拔斯王朝开国第一任哈里发艾布·阿拔斯曾将其作为临时首都。伊拉克现有安巴尔省，省会拉马迪。

〔3〕黑帽人（Aṣḥāb al-Qalānis al-Sūd），《阿拉伯语汉语词典》解释为："僧侣。"莱卡依克，为复数形式，此处语义不详。其单数形式，名词可作零星小雨解；形容词意为体弱多病者、缺少主见者、胸无大志者等。

【译按】

泰伯里这段文字，显然是阿拉伯史学家，关于古代也门土伯尔进攻中国的若干版本中的一个。也门"希木叶尔王朝前期的'国王'在阿拉伯文献中称为图巴尔"〔见纳忠：《阿拉伯通史》(上卷)，北京：商务印书馆，1997年，第14页〕，所谓"前期"当在公元前115年至公元300年左右，时值中国西汉、东汉、三国、西晋等朝代，而我国史籍中未听说有此类记载。所以这也只能看作是一种缺乏历史根据的传说而已。值得一提的是，在阿拉伯载籍关于此事的其他"版本"中，曾有以下记述：也门土伯尔进攻中国途中，到了一个叫作僧侣（上文所说黑帽人）国的地方。此地一员中国大将，力排众议，率一队人马拼死阻击土伯尔的兵士，最后战死沙场。

§5. 第1卷，第577页：

亚历山大大帝一往直前，来到印度，杀死了它的国王，征服了它的城市。然后他进入中国，在那里的做法与在印度的如出一辙。自此两地百姓皆臣服于他。他统治了中国。

§6. 第1卷，第632页：

也门一土伯尔派儿子哈萨前往信德，派赛米尔·祖吉纳赫前往呼罗珊，并命他二人比赛，看谁先进入中国。[1]赛米尔兵临撒马尔罕，鏖战一番，直至破城。他大开杀戒，俘获甚多。他率先攻入中国。哈萨随后也进入中国。也门人中有人传说二人后来死在那里，也有人传说二人携大量金钱和战利品返回土伯尔处。

〔1〕类似“派两人进攻中国，谁先攻入谁便统治它”的传说，在阿拉伯载籍中不止一次出现。据阿拉伯文献载，伍麦叶王朝末期，哈加吉曾派两员大将进攻中国，说过同样的话，走的路线也一样。可见此为古代阿拉伯人的演义传说。

§7. 第2卷，第97页：

舍米尔·祖吉纳赫[1]一直来到撒马尔罕，将它包围，但一时无法破城。他见久攻不下，夜里便在四周布下哨兵，直到抓获一个从城里出来的人。他询问此人城里及其国王的情况。那人道：“您要问这国王，他是个最傻的人，整天除了吃喝什么事也不管。他有个女儿，真正主事的是她。”于是舍米尔让他带上礼物去找这位公主，并对他说：“你告诉她，我来自阿拉伯之邦，因久闻她聪慧过人，所以想娶她为妻，并和她生下一个能够统治波斯和阿拉伯的王子。我此行并非为钱而来。我这里有4000大箱金银财宝，准备放在她这儿，然后我向中国进军。如果我占领那片土地，她就做我的女人；如果我丧身疆场，财宝就归她所有。”得知他这个口信后，那位公主说：“我答应他，让他把说的东西送过来吧！”于是舍米尔找来4000个大箱子，每个里面藏两人。撒马尔罕有四座城门，每座由4000士兵把守。他与手下约定以击铃为号，而他自己则混入运箱人当中。他们刚一进城，他便敲响铃铛，隐藏的士兵们听到铃声，从箱里一跃而出，迅速拿下城门。舍米尔亮出自己的身份，人们惊慌失措，城市顷刻陷落。他杀死大量守城军民，掠夺无数财物，之后向中国进发。他到达中国时，发现哈萨·本·土伯尔已先于他三年攻入中国。他们两人在那里住了下来——有人说他们就死在那里。他们在那里住了21年。

至于有人说他们在中国一直住到死，事情据传是这样的：一个土伯尔在自己和他们之间搭起烽燧，遇有事件发生，便在夜间点火报信。他与他们约定：他这边如果点两堆火，表示亚福尔已亡，点三堆，表示土伯尔已亡；他们那边如果点一堆，表示哈萨已亡，点两堆表示二人皆亡。他们就这样住着，直到后来土伯尔那边点起两堆火，于是他们知道亚福尔死了，再后来见到三堆火，知道土伯尔也死了。

但流传更广的说法是，舍米尔和哈萨从原路回师，带着从中国获得的大量金钱及各种珍宝、香料和战利品，与土伯尔汇合后，一同返回他们的国家。

〔1〕舍米尔（Shamir），阿拉伯文史籍中有时也作赛米尔（Samir）。祖吉纳赫的意思是有翅膀的人。

【译按】

关于舍米尔取道撒马尔罕攻入中国的传说，阿拉伯史家记述常有自相矛盾之处。比如上段（§6）便说舍米尔率先攻入中国。再比如也有说舍米尔在进军途中，因干渴而全军覆没，是他的孙子艾格兰攻入中国。皆属没有史实根据的传说。

§8. 第2卷，第103页：

他[1]战无不胜，威名远扬，所有国家都惧怕他。一时间宫廷门前各国来使络绎不绝，分别来自中国和海宰尔，以及其他此类大国。

〔1〕指蒙济尔·本·努尔曼，即希拉王国蒙济尔一世（418—462年）。有关中国人早年在希拉的情况，可参阅纳忠《阿拉伯通史》上卷第47页的内容。

§9. 第2卷，第111页：

〔……〕以上是希木叶尔王国以土伯尔为王号者的家系。正是舍米尔攻入了中国，建了撒马尔罕，[1]给希拉起了名字。[2]正是他吟出这样的诗句：

吾乃舍米尔，统辖也门地；
本国与沙姆，万马任调集。

中国以远族，众奴叛乱起。[3]

征服行公道，无人越法纪。

〔1〕传说中他只是摧毁了该城。

〔2〕传说当年舍米尔向中国进军途中，在伊拉克某地迷路，一时不知该往何处走，于是便给此地起名希拉。阿拉伯语希拉意为：困惑、迷惘。

〔3〕本句中的“中国以远”，直译应为“中国的后面”。

§10. 第3卷，第594页（伊历14年条下）：

欧特拜·本·盖兹旺[1]带领300人来到巴士拉。当看到眼前一片片芦苇，听到呱呱的青蛙叫时，他说道：“穆民的领袖命我在离阿拉伯陆地最远、距波斯乡村最近的地方扎营。我看这里正是我们应该遵令落脚之地。”于是他在胡莱伊拜扎营。俄波拉有500波斯骑兵守卫。当时这里是来自中国及其以近地区船舶停靠的港口。

〔1〕欧特拜·本·盖兹旺（卒于638年），穆罕默德门弟子，第七位信奉伊斯兰教的人。曾迁徙至阿比西尼亚和麦地那。随穆罕默德参加过所有对外征服的战争。哈里发欧麦尔委任他掌管巴士拉地区事务，于是他在那里建了巴士拉城。一说巴士拉城为欧麦尔手下大将艾布·穆萨·艾什阿尔所建。〔见纳忠：《阿拉伯通史》（上卷），北京：商务印书馆，1997年，第190页〕

§11. 第4卷，第167页（伊历22年条下）：

当时正在小木鹿[1]的叶兹戴杰尔德[2]修书给粟特国王求援。于是他的两个使者前往这个王国。同时他还修书给中国国王，请求援助。

〔1〕小木鹿（Marw al-Rūdh），将木鹿鲁兹译作小木鹿，是与雅古特将木鹿沙赫疆称为大木鹿相对而言的。人们通常所说的木鹿是指大木鹿，

因此也有学者称木鹿沙赫疆是木鹿的别名。雅古特在《地名辞典》木鹿鲁兹条下说："鲁兹为波斯语，意思是河。所以（木鹿鲁兹）意译应是木鹿河。它是离木鹿沙赫疆很近的一个城市，两城之间有五日的路程。它坐落在一条大河旁，故得名。它比另一个木鹿（木鹿沙赫疆）规模要小。"

〔2〕叶兹戴杰尔德（Yazdajird），指波斯萨珊王朝叶兹戴杰尔德三世（617—651年），此人不仅是阿拉伯和波斯历史上的重要人物，在我国对外关系史中也比较著名，我国史书中，《旧唐书》作伊嗣侯，《新唐书》作伊嗣俟。曾于633年（一说634年夏）战胜阿拉伯军队，但在635年著名的卡迪西亚战役中惨败，642年再败于奈哈万德城，仅偕少数侍从逃往呼罗珊的小木鹿，后又转逃至大木鹿，651年被手下所杀。

§12. 第4卷，第170—171页：

叶兹戴杰尔德将在木鹿手中掌控的金银财宝聚集在一起之后，急于把这些财宝运出此地，带着它去追赶可汗。由于这些财宝对于波斯人来说至关重要，所以他们问他："你究竟要做什么？"他说："我想去追赶可汗，和他在一起，或者到中国去。"他们说："且慢。这是个非常糟糕的主意。你这样做，只能是到他们的王国去做臣民，而不再有自己的国土和臣民。这样还不如你把我们带回到这些阿拉伯人那里，我们去和他们讲和。我们宁可让他们统治我们的国家，因为他们是信守诺言的人，而且有宗教信仰。与其让没有宗教、而我们又不知其是否信守诺言的敌人在他们的王国统治我们，不如让敌人在我们自己的国家统治我们。"他们各执己见，谁也不能说服对方。

§13. 第4卷，第172—173页：

他们讲述：

可汗过河时，萨珊王朝科斯鲁王室的侍从们或跟随叶兹戴杰尔德前往巴勒赫的人，遇到了叶兹戴杰尔德先前派往中国国王那里的使者。使者带有中国国王的回信和赏赐的礼物。他们问他此行的结果。他说：“当我见到他时，我呈上信件，献上礼物，他赏赐我你们现在所见的。”使者让众人看中国国王赏赐的礼物。“他给叶兹戴杰尔德写了这封回信。写信前，他曾对我说：‘我知道，当国王们受到攻击时，其他国王们理应出兵援救。你再给我描述一下这些把你们赶出家园的人的品行。我听你提到他们人少，你们人多，可我从未听说在数量悬殊如此之大的情况下，人少的他们能连战连胜，人多的你们却节节败退的情况。’

我说：‘那您想问什么就问吧。’

他问：‘他们是信守诺言的吗？’

我说：‘是的。’

他问：‘在进攻你们之前，他们对你们说了什么？’

我说：‘他们让我们在三件事情里选择一件：要么信奉他们的宗教——如果我们答应，他们就对我们一视同仁；要么交纳人丁税甘当顺民；要么宣战。’

他问：‘他们对自己的首领是如何表示尊服的？’

我说：‘他们是最尊服自己领袖的民族。’

他问：‘他们允许什么，禁止什么？’

我告诉他后，他问：‘他们是否禁止你们做允许他们做的事，或允许你们做禁止他们做的事？’

我说没有。于是他说：‘这些人，直到他们使禁戒成为合法、使合法成为禁戒之前，是永远不会灭亡的。’

停了一下，他又说：‘给我讲讲他们的衣着。’

我告诉了他。他又问他们骑乘的动物。我说有纯种阿拉伯马，我描述得很仔细。他说：‘这才是真正的好马啊！’

我又给他描述了骆驼，以及它如何卧下、如何驮起很重的物品。他说：‘这正是有长脖子的牲口的特点。’

他在写给叶兹戴杰尔德的信中说：

'我清楚地知道我应尽的义务，本可派出一支先头部队在木鹿、后续部队在中国的大军。然而，你的使者为我描述的这些人，倘若要攻克群山，他们能将其夷为平地；倘若他们一路无阻，那连我也抵挡不住——如果他们像所描述的那样。所以，你还是与他们讲和为上，委曲求全让他们满意好了，只要他们不惹恼你，你也不要去激怒他们。'"

§14. 第4卷，第295页（伊历31年条下）：

有人说，叶兹戴杰尔德决定在呼罗珊暂时落脚，然后聚集了一些人马，带领他们去和占领他王国的人交战。他和跟随他的人前往木鹿，同行的有作为人质的一些部落酋长的儿子们，还有他们的一个首领法鲁海扎兹。到达木鹿后，他给各地国王写信求援，同时也写信给中国君主、拔汗那国王、喀布尔国王和海宰尔国王求援。

【译按】

以上四段所述内容涉及唐与波斯的交往，是中国伊朗关系史上的大事。范文澜说："六三三年，大食侵波斯，波斯战败，国王伊嗣侯逃亡。六四七年，伊嗣候遣使来朝，请求援助。因道路遥远，唐太宗不允出兵。伊嗣侯死，子卑路斯逃亡到吐火罗，又遣使求救，唐高宗仍因路远不允出兵。"〔见范文澜：《中国通史简编》（修订本，第3编第1册），北京：人民出版社，1965年，第295页〕

对于此事，泰伯里的记述和中国史学家的论述，在大的方面基本上是一致的。然而在一些小的问题上，便有些出入了，比如唐王"不允出兵"的理由。至于泰伯里所述关于波斯人路遇从中国返回的使者、使者与中国皇帝（唐太宗李世民）之间的对话和中国皇帝回信的内容，在我国史籍中恐怕就没有了。

§15. 第 6 卷，第 312—313 页（伊历 77 年条下）：

〔关于驻呼罗珊大臣伍麦叶·本·阿卜杜拉杀死布凯尔之事。〕

布凯尔说："我担心这些和我一起的骑兵会战死。"艾哈奈夫答："你是怕人马不够？要是这些人阵亡了，我从木鹿人当中给你补充兵源。"他说："我担心穆斯林战死太多。"他答："你只要大声疾呼：谁成为穆斯林，我们就免去谁的地租！你马上就可募集五万名比这些人更听命于你、更顺从于你的穆斯林。"他说："要是伍麦叶和他的手下也因此而死了呢？"他答："他们怎么会死呢？他们人马众多，后援充足，武器精良，装备齐全，自己都可以一直打到中国去。"

§16. 第 6 卷，第 437 页（伊历 88 年条下）：

〔关于古太白征服努木舍克斯（Nūmushakath）和拉密塞那（Rāmīthanah）的经过。〕

巴希利部族的人说："突厥部族的人以 20 万之众抵抗穆斯林，为首的是中国国王的外甥库尔·穆加努·突尔基（Kūr Mughānūn Turkī）。真主使穆斯林最终战胜了他们。"

【译按】

此说与纳忠在《阿拉伯通史》中所述基本相符，706 年古太白向粟特地区大举进军，"粟特地区的突厥各部族人民见势不妙，乃打破各自为政的孤立局面，实行各方大联合，号召了 20 万人，奋勇抵抗。但仍挡不住阿拉伯人的凌厉攻势，终于被各个击破"。〔见纳忠：《阿拉伯通史》(上卷)，北京：商务印书馆，1997 年，第 269 页〕而此处有关中国国王外甥一说，不知我国史籍有否记载。阿拉伯部分史书和古游记有关征服或游历河外地区的记述中，曾提到若干个中国国王的外甥，引起中外学者兴趣并加以考证，结果众说不一。有唐与外藩和亲的真外甥，有大食人以为是中国国王，其实为藩王的外甥，也有唐叛将在边陲自立为王、被大食人称为“中国国王”的外甥。

§17. 第 6 卷，第 500—503 页（伊历 96 年条下）：

这一年，古太白·本·穆斯林攻打了中国的喀什。

有关消息是这样的〔序号为译者所加〕：

1. 伊历 96 年，古太白继续向前扩张。他和手下都带着家眷。因为担心苏莱曼的不利之举，他想把他们安置在撒马尔罕。过锡尔河时，他在渡口挑选了一员信得过的、人称花剌子密的大将，并对其下令道：“未经我许可，任何人不得过河。”接着他前往拔汗那。他将最先到达通往喀什之路的人，派往伊萨姆山道。喀什是最近的中国城市。

2.〔此段是有关某人获取过河许可的记载，从略。〕

3. 古太白派凯西尔·本·福兰前往喀什。后者所俘甚多，并在这些作为真主赐予古太白之战利品的俘虏脖子上盖了戳。然后古太白回返，并得知哈里发瓦立德的死讯。

4. 古太白深入到临近中国的地区。于是中国国王修书一封给他，云：“请你派一名你们当中出身高贵者前来告之你们的情况，同时我们也将向他询问关于你们宗教的情况。”古太白从其兵士中挑选了 12 人——也有人说是 10 人，他们都来自一些荒野的无名部落，但个个英俊强壮，能言善辩，智勇双全。他考问他们后，认为他们是再合适不过的人选；测试他们后，发现他们才貌兼备。于是下令为他们准备最好的兵器和丝毛混织、刺绣彩饰、细白柔软的各色上好服装，以及靴子和各种香料，再配上几匹良种高头大马驮运行李，外加他们骑乘的骡子。

他们当中口才最好的要数胡白莱（Hubayrah）·本·木沙拉吉·基拉比。古太白问他：“你将如何行事？”答：“愿真主成全大帅！您的文才武略谁人不晓。您说吧，您怎么说我就怎么说，您让我怎么做我就怎么做。”古太白道：“那你们就去吧，真主会保佑你们一切顺利。到达他们的国家前，不要摘下你们的缠头巾。如果你们见到他们的国王，就告诉他，说我已经发誓，不脚踩他们的国土，不将他们的王子掳为人质，不收了他们的人头税，我决不收兵。”

在胡白莱的率领下，他们上路了。到了以后，中国国王要召见他们。于是他们进了浴室，出来时全都先穿上衬衣，后穿上白色外衣，然后擦上一种叫作“加利叶”的麝香和龙涎香的混合香料，接着又往衣服上熏了香，最后穿上靴子和长袍。他们来见国王，他侧旁有不少王公大臣。他们坐下来，但国王以及他的幕僚们没一个同他们讲话。于是他们便站起来走了。国王问在场者：“你们如何看这些人呀？”众人答：“他们跟女人没什么两样，他们身上散出的味儿简直让人受不了。”

第二天，国王再次召见他们。于是他们穿上彩饰礼服，围上丝毛混织的缠头巾，披上花缎外袍，来到国王面前。孰料他只说了句：“你们回去吧。”过后他问他的朋友们：“今儿这样子，你们怎么看呀？”众人答：“这样子比起第一次来像点男人了。”第三天，又召见他们。这次，他们把兵器搬了出来，然后披甲戴盔，佩剑持矛，肩背弓弩，跨上战马，直奔王宫而去。中国国王一见，以为群山向他压将过来。待到近前，他们摩拳擦掌，挺起长矛，朝中国人步步逼近。在他们靠近之前，有人说了句“你们请回吧”，因为恐惧已然占据了他们的心。胡白莱等人扬长而去，他们一边挺起手中矛枪向前一伸一缩作刺杀状，一边策马飞奔，仿佛要让马儿去追赶矛枪。国王问手下：“你们如何看他们？”众人答：“从未见过如此好汉！”

晚上，国王派人来对他们说：“你们选个首领，也就是最优秀的人前来觐见。”于是他们推选了胡白莱。国王见到他，说道：“我的赫赫王权，想必你们已经见识了。在我这儿，没人敢把你们怎么样。在我的国家，你们就像我手心的一个鸡蛋一样安全。我问你一件事，你要照实说，否则我便把你们全杀了。”胡白莱说：“请问吧。”国王问：“你们这三天穿三种衣服，原因何在？”答：“第一天的是我们国民平日穿的服装，那香也是他们平日所熏；第二天的是我们晋见领袖时穿的服装；至于第三天，则是我们面对敌人时穿的服装，换句话说，若有人把我们惹火了，我们穿的就是这个。”国王感叹道：“如此这般，真可谓天衣无缝。你们回去吧，见到你们的统帅就说我说了：让他退兵吧，我已知道他的贪图，也知道他兵少将寡，否则，我将派人迎战，把你们连同他一起斩尽杀绝。”胡白莱道：“我们大帅的马队、先锋在你的国家，后续连绵不绝，一直到橄榄树生长的地方，你怎能说他兵少将寡！再者说，一个能够征服天下，连你的国家都敢攻打的人，怎么能说是个贪图者呢！至于你以杀我们相威胁，我想告诉你，我们的死期是天定的，若是它来了，那是最好的款待。我们不厌恶死期，更不惧怕它。”

国王听后道：“那你说，什么能让你们的统帅满意而归呢？”胡白莱答道：“他已发誓，不脚踩你们的国土，不将你们的王子掳为人质，不让你们交了人头税，他决不收兵。”国王道：“这样吧，我们来让他解除这个誓约。我们送去我们国土上的土，让他去踩好了；我们送去几个我们的子弟，让他去当人质好了；我们送去人头税，让他心满意足好了。”过后，他叫人拿来几个大金盘子，上面放了土，又让取出大批丝绸和金银财宝，并从他和王公们的儿子中找出四个后生跟他们回去。国王赏赐了他们，之后放他们踏上归程。

于是他们带着中国国王送的东西和人质上了路并回到古太白那里。后者接收了人头税，在那几个后生的脖子上盖了戳并将他们放了回去，然后他踩了土。

赛瓦戴·本·阿卜杜拉·赛鲁里曾为此吟道：

你派使团前往中国绝无错误，
只要使者们走的是光明正路。

【译按】

泰伯里此条记载，是典型的民间传说，并非史实，中国史籍中无任何记载

（伊历96年对应公元715年）。泰伯里是一位比较严谨的阿拉伯史学家，他在《历代民族与帝王史》中的每段记述几乎都有“传述系统”，即注明出处。此条第四段文字的出处为“阿里·本·穆罕默德听叶海亚·本·扎克里亚·哈姆达尼说，后者听呼罗珊的一些老人和哈凯姆·本·欧斯曼说，后者听一个呼罗珊老人说”。实际上，泰伯里已经以此明确告诉读者这段记载出自一个民间老人嘴中带有演义性质的传说。

然而，泰伯里之后的史学家中有些人出于“炫强”的心理，津津乐道于此段传说，认为中国是人们心目中东方最强大的国家，阿拉伯人连中国都敢攻打并获胜，说明阿拉伯人无比强大。于是他们略去泰伯里相关记载的“出处”，并添枝加叶，大肆渲染。同时也有一部分治史规范严谨的史学家，不认为这是一段史实，因此在他们的著作中对此或一笔带过或只字不提。

有关详述可参阅拙文《是史实还是传说——关于阿拉伯古籍中一段失实的史事》(《阿拉伯世界》2002年第3期)。

§18. 第6卷，第521页（同上）：

泰里马赫吟道：

那些人将古太白残忍地杀害，
马队也愤然飞踏起漫天尘埃。
在那称为中国草原[1]的草原上，
有件事情阿拉伯人终于明白——
谁是北方先民最尊贵的将才。

〔1〕中国草原（Marj al-Ṣīn），确切位置不详。雅古特在《地名辞典》中没有提到这个地名。古太白被部下杀死在呼罗珊，但他“建功立业”之地是所谓河外地区。估计所谓中国草原应在该地区靠近中国

一带。

§19. 第 7 卷，第 10 页（伊历 104 年条下）：

〔关于海莱希（Ḥarashī）和粟特人之间的战事。〕

当时在粟特人手中有一些穆斯林王子王孙，他们杀了其中 150 人，也有说杀了 40 人。其中一个少年得以逃脱，向海莱希报信。也有说是一个男人给他报的信。海莱希问俘获的粟特人此事，他们矢口否认。他派一个了解他们底细的人前去打探，结果发现消息是真的。于是他下令杀死他们，但将其中的商人挑出来——这些商人有 400 个，携有从中国带来的大量金钱。

§20. 第 7 卷，第 113 页（伊历 119 年条下）：

这一年，阿萨德·本·阿卜杜拉进攻胡泰勒[1]，征服了宰格尔宰克城堡。他从那里前往希达什（Khidāsh），虏获战俘羊群无数，因为当地军队已经逃往中国。

〔1〕胡泰勒（al-Khuttal），史称骨咄，宋岘译注《道里邦国志》第 43 页注曰：即《西域记》所言之珂咄罗国，其国“南北千余里。国大都城周二十余里。东接葱岭至拘谜多陀国”。

§21. 第 7 卷，第 128 页（同上）：

胡泰勒国王苏布勒临终前嘱咐继任者伊本·萨伊吉不要与阿拉伯人交战。军队已经逃到中国去了。因为当阿萨德把突厥首领的下场告诉伊本·萨伊吉后，后者已不想与阿萨德交战了。

§22. 第 7 卷，第 460 页（伊历 133 年条下）：

这一年，艾布·达乌德·哈立德·本·伊卜拉欣自斡合什（al-Wakhsh）前往胡泰勒。他进入该地，没有遇到其国王的抵抗。〔……〕国王连夜带领一些酋长和手下弃城堡出逃，一直逃到拔汗那，最后投奔中国国王。

§23. 第 7 卷，第 464 页（伊历 134 年条下）：

这一年，艾布·达乌德攻打渴石（Kass）人，杀死其王艾赫里德。后者本已归顺，此前曾献出巴勒赫。艾布·达乌德在杀死国王及其属下时，得到许多他从未见过的镶刻黄金的中国瓷器，以及全部用锦缎（'Istabraq）所做的中国马鞍，还有大量中国的奇珍异宝。

§24. 第 7 卷，第 614 页（伊历 145 年条下）：

〔关于修建巴格达城。〕

据人们说，哈里发曼苏尔曾独自一人出巡，想找一个能够作为自己和士兵们的驻地继而能够修建一座城市的地方。他先往下走，来到杰尔杰拉亚[1]，随后转到巴格达、摩苏尔，然后又回到巴格达。他说："此处是个驻军的好地方。而且这底格里斯河可以让我们轻而易举地和中国联系起来，海上的一切都能顺河而上到达这里。"

〔1〕杰尔杰拉亚（Jarjarāyā），雅古特在《地名辞典》该词条下说："它是瓦西特和巴格达之间的一个地方，原先是一座城市，后遭破坏。"

§25. 第 7 卷，第 617 页（同上）：

有人把巴格达村长找来向曼苏尔陈述当地情况。村长说："穆民的领袖，您在这得天独厚的地方，借幼发拉底河之利，可用船只将马格里布的粮秣和埃及、沙姆的珍宝运来；借底格里斯河之利，可用船只将中国、印度、巴士拉和瓦西特的粮秣运来。"

§26. 第 9 卷，第 542 页（伊历 265 年条下）：

〔关于艾哈迈德·本·莱赛威与黑人部族将领苏莱曼之间的战役。〕

苏莱曼带领全部军队来到舍里提亚（al-Sharīṭyah），驻扎了约一个月，并将作乱者投入河中。在此期间，他没有骚扰周围的胡斯鲁萨布尔（Khusrusābūr）人。他的粮草是从隋尼[1]一带筹运来的。

〔1〕根据上下文，此次战事发生在库法一带，所以此处“隋尼”不可译作“中国”。

§27. 第 9 卷，第 563—564 页（伊历 267 年条下）：

黑人战败，全部退至泰希萨（Ṭahīthā）。艾布·阿拔斯则在欧木尔扎营。他在此住了一段时日，同时向各地派出先遣部队。黑人部族将领苏莱曼·本·加密阿和部下兵士在泰希萨加紧设防，沙拉尼也在周四市场（Sūq al-Khamīs）加紧设防。当时他们在隋尼娅同样拥有重兵，统领他们的是一个名叫奈斯尔·信迪的人。他们将能破坏的东西全都破坏掉，将能运走的粮物全都运走，统统运到他们所住的几个地方。艾布·阿拔斯派手下几个大将率骑兵前往隋尼娅，其中有沙赫、库木什朱尔、费德勒·本·穆萨·本·不花和他的弟弟穆罕默德。

一场战斗后，艾布·阿拔斯满载而归，回到军营。他征服了隋尼娅，将黑人从那里赶了出去。

穆罕默德·本·舒阿布说：“当我们正和黑人在隋尼娅交战之时，忽然有一只灰鹤从艾布·阿拔斯头上飞过。于是他搭弓放出一箭，将其射中，掉落在黑人手中。当他们看到箭射得如此之准，并知道这是艾布·阿拔斯的箭时，他们感到更加恐惧。这是他们那次战役失败的一个原因。”

§28. 第 9 卷，第 569—570 页（同上）：

艾布·艾哈迈德来到隋尼娅，命令艾布·阿拔斯的部队轻装前往哈瓦尼特（al-Ḥawānīt），去探听住在那里的苏莱曼的虚实。

穆罕默德·本·哈马德说：“这次战役中，曾发生穆罕默德·本·舒阿布在隋尼娅之战中提到的关于艾布·阿拔斯和灰鹤的事。”

【译按】

泰伯里在§27和§28中，共提到“隋尼娅”六次，让我们感到这个与中国有关的地点并非那样虚无缥缈，加上记述中前前后后提及的不少周围村镇的地名，考证出它的具体位置不是不可能的。通过他的记述，我们知道，历史上在伊拉克瓦西特附近地区不仅确有隋尼娅这样一个地方，而且在那里还发生了比较重要的战役，以致阿拉伯人称其为“隋尼娅之战”。可能正是由于发生过比较重要的战事或有趣的故事，隋尼娅才没有被一些史家遗忘，尽管随着时代的变迁，今天已不知它确在何处。通过他的记述，我们还应知道，这个隋尼娅与§26中所提到的库法附近的“隋尼”不是一个地方。此外文中曾多次提到“哈瓦尼特”（店铺的复数），使我们联想到它与“隋尼娅哈瓦尼特”（中国店铺）之间可能存在的关系。

总之，泰伯里《历代民族与帝王史》中关于中国的记载，比之其他阿拉伯史籍中的更为重要。因为它毕竟成书较早，同时最具权威性，后世阿拉伯史家关于中国的记述，很多都是从此书中采录、引证乃至加以夸张和演义的。

《历代民族与帝王史通记》

al-Muntaẓam fī Tārīkh al-'Umam wa al-Mulūk

作者与作品简介

作者伊本·焦济（Ibn al-Jawzī，1116—1200年），全名阿卜杜·拉赫曼·本·阿里·本·穆罕默德，字艾布·法尔吉。生卒均在巴格达。著名历史学家、教义演说家、罕百里学派教法学家，被认为是当时的学界泰斗。著述达300余部，涉及各种学科，主要是关于历史学和圣训学的。在今天经点校出版的阿拉伯古籍中，其著作所占比重相当大，其中不乏趣味性较强的作品，比如著名的《智者录》和《傻瓜蠢材录》。其他著作尚有：关于历史的《前朝的散珠》《国王传记中的金锭》，关于阿拉伯医学和占卜术的《裨益的果实》，关于伦理的《理智制约爱情》，关于训诫说教的《甘甜的泉水》《一颗宝石》《泪海》，关于埃及尼罗河和其他河流的《福从何处来》，关于伊斯兰教的《经注学道路上的食粮》等。

《历代民族与帝王史通记》是作者最有名也是部头最大的史学著作。从书名即可看出，作者试图在泰伯里的《历代民族与帝王史》问世100多年后，重撰一部编年体通史著作，颇有一点争衡之意。然而，后世学者几乎一致认为，他的著作在阿拉伯史学史上无法与泰伯里的相提并论，并批评作者既从泰伯里和巴格达迪（《巴格达志》的作者）的著作中引用大量史料、却又不明确注明出处的做法，也批评他未能像亚古比和麦斯欧迪那样，注重记述世界其他民族特别是中国和埃及等“大国”的消息和情况。尽管如此，学者们也客观地承认，他的这部史学著作，至少在两个方面开了先河。一是作者在书中记录了3370位哈里发、国王、大臣、教法学家、圣训学家、史学家、哲学家、诗人和其他著作家的传记，而这在编年体总框架下的阿拉伯史籍中是前所未有的；二是作者在史籍撰述手法上的创新，即不像前人那样要么重纪传轻纪事、要么重纪事轻纪传，而是以一种均衡的叙述风格将两者恰到好处地糅合在一起。他的这种写作风格被他之后的阿拉伯史学家竞相模仿。全书约合中文900万字。

版本 贝鲁特学术书籍出版社，1993年，精装16开，18卷本。

◎**译文**

§1. 第1卷，第129页（大地创始条下）：

盖塔代说："大地有人居住的地方共有24,000波斯里，其中信德人和印度人占12,000波斯里，他们是哈姆·本·努哈的苗裔；中国人占8000波斯里，他们是雅菲思的苗裔；罗姆人占3000波斯里，阿拉伯人占1000波斯里，阿拉伯人和罗姆人都是萨姆·本·努哈的苗裔。"

§2. 第1卷，第131—136页（各国记述条下）：

其他学者们叙述：

整个大地分为七个区。第一区为印度，第二区为希贾兹，第三区为埃及，第四区为巴比伦，第五区为罗姆，第六区为突厥地区与雅朱者和马朱者，第七区为中国。每个区的面积为700乘以700波斯里，其中不包括山和河谷。所有地区被最大的海所围，所有这一切又被哥夫山〔1〕所围。

艾布·哈桑·艾哈迈德·本·加法尔叙述：

第一区从东方的中国最远之地开始，从连接南方的海岸经过中国，那里有中国国王之城〔2〕。然后沿海岸到印度南部，然后是信德，然后过海到阿拉伯岛和也门。

〔以下各段落中及各段落间均有省略。〕

第二区从东方开始，经过中国，然后经过印度〔……〕。

第三区从东方开始，经过中国北部，然后是印度〔……〕。

其他人叙述：

大地上有人居住的地区被划分为七个民族，即中国、印度、柏柏尔、罗姆、突厥和波斯。波斯位于中间地带。

中国沿海的长度是两月路程。中国有300座城市，座座人口稠密。据说，没有一个进入中国的人想出而出得来，特别是别想从中国那个叫作伊什比拉〔3〕的地方出来，那里有大量的黄金。

中国的名称出自隋尼·本·亚布尔〔4〕，其边界在希贾兹和沙姆之间，直至塔伊夫（al-Ṭā'if）。〔5〕

要知道，伊斯兰王国〔6〕东接印度，西接罗姆王国，北接中国王国，南接波斯海。至于波斯王国，其东是伊斯兰王国，其西、南为环海。

〔1〕哥夫山（Jabal al-Qāf），这个山名在《一千零一夜》中经常出现，动不动就“把你扔到哥夫山去”，给人感觉有点类似中国人说的“九霄云外”等虚无缥缈之地。有的西方译者在《一千零一夜》的注释中说世界上确有此山，在外高加索一带。《阿拉伯语汉语词典》对al-Qāf的注释为：“〔宗〕哥夫山，传说中环绕地球的大山。”雅古特在《地名辞典》中提到这个“地名”时说：“有人说这哥夫是一种绿玉（Zabarjadah Khaḍrā'），天的绿色就是从它的绿色而来。有人说所有的山都是哥夫山的支脉。有人说哥夫山与天之间的距离只有一人高，甚至说天就附着在它上面。有人说它的后面是只有真主知道的世界和被创造物。太阳从那里落，从那里升，它是大地的幕布。”雅古特也提到在《古兰经》中出现的“哥夫”，经注学家们认为是围绕大地的山。

〔2〕中国国王之城（Madīnah Malik al-Ṣīn），作者可能是指所谓“中国京城”，具体地点阙疑。阿拉伯古籍偶尔提到中国京城时，所用地名有些发音古怪，比如塔贯、班珠等。此类地名确切所指尚待考证。

〔3〕伊什比拉（al-'Ishbīlā），所指不详。可能是传说中的地方，也可能是阿拉伯古籍中常出现的“西拉”（al-Sīlā/Sīlā）一词的变体。

〔4〕隋尼·本·亚布尔（Ṣīn bn Ya'bur），一些阿拉伯古籍中所说的第一个来到中国的人。此人名字中的"隋尼"不带冠词。

〔5〕作者在此段文字中所说的中国版图如此之大，在其他阿拉伯古籍中较为少见。作者撰著此书的时间应是12世纪后半叶，时值中国宋、辽（包括契丹）、金时期，当时中国的版图确实西扩至今咸海一带，但到达塔伊夫一带似未有所闻。

〔6〕作者所言"伊斯兰王国"（Mamlakah al-'Islām）的方位令读者不解——中国为何在其北侧呢？而他所使用的"伊斯兰王国"这一名称本身也比较特别，在其他阿拉伯古籍中未曾得见。

§3. 第1卷，第139页（山脉之记述条下）：

赛兰迪布群山，同样是高耸入云。其中包括阿丹〔1〕从天堂（al-Jannah）下来的那座山。此山叫作瓦什（Wāsh），也有人说叫瓦希姆（Wāshim）。人们说山上有阿丹的脚印。这是一座在离它有几天路程的海船上都能看到的高山。据说有人丈量过阿丹的脚印，足有70腕尺。人们说，在这座山上有一种类似闪电（Shabīh al-Baraq）的东西，无论冬夏常年不断。山的四周有五颜六色的宝石，山谷中还有钻石。这种钻石可用来划断玻璃和石头，钻透珍珠，或做其他的事情。

这座山上出产沉香、胡椒（Filfil/Fulful）和各种食用香料，山上还有灵猫〔2〕和一些产麝香的动物（Dawābb al-Misk）。然后山就直着延伸到中国山脉〔3〕，那里有各种各样的植物、熏用香料和很多其他有用的东西。

〔1〕阿丹（'Ādam），《阿拉伯语汉语词典》注释为："〔宗〕阿丹，亚当（据说是人类始祖）。"《中国伊斯兰百科全书》"阿丹"条下云："《古兰经》中记载的人类始祖。是安拉用泥土造化的第一个男人……有些宗教学者认为，阿丹即《圣经》中的'亚当'……与《古兰经》的记述大体相近，但同中有异。"

〔2〕灵猫（Dābbah al-Zabād），一种哺乳动物，肛门下部有分泌腺，能散发香味，亦称香猫。分泌物称灵猫香，阿拉伯语为：al-Zabād。古代阿拉伯人未使用“猫”而使用 Dābbah——牲口或动物一词。

〔3〕中国山脉（Jibāl al-ṣīn），Jibāl 一词为阿拉伯语“山”的复数形式，一般指山脉或群山。作者此处使用的“中国山脉”的概念，在阿拉伯古籍中极少见。而它与今学者一般考证为岛国斯里兰卡的赛兰迪布相连接，更不知其所云。

§4. 第 1 卷，第 143 页（同上）：

接下来是位于海岸的加尔，来自阿比西尼亚、埃及、巴林地区和中国的船舶在此停靠。

§5. 第 1 卷，第 153 页（大海之记述条下）：

西方的海乏善可陈，而且航行其上险象环生。没有比东方的海更吉祥的海。它的长度为 4500 波斯里，自古勒祖姆起至瓦格瓦格止。人们从信德输入藤本植物、白茅〔al-Qathā，应为 al-Qanā 之误〕和药用沉香[1]；从散丹[2]输入麻栗木（al-Sāj）和白茅；从木勒[3]输入胡椒，那里的胡椒每一串都有一片叶子为其遮雨——下雨时叶子就横过来，雨一停叶子就竖起来；从赛兰迪布输入钻石，那里还有宝石；从拉米岛（Jazīrah al-Rāmī）输入藤本植物和苏木——据说其汁液可解七步蛇[4]之毒，水手们被蛇咬后，曾尝试用它解毒；从莱布凯亚鲁斯[5]岛输入椰子（al-Nārjīl）；从开莱哈[6]岛同样输入藤本植物，这里有不少铅矿（Ma‘din al-Raṣāṣ）；从萨鲁斯[7]岛输入樟木；从加拜[8]岛和沙拉姆特[9]输入香茅[10]、檀香（Ṣandal）和丁香（al-Qaranful）；从中国输入麝香、沉香、高良姜[11]和桂皮；从瓦格瓦格输入金子和黑檀（’Abnūs）；从印度输入沉香、樟木和肉豆蔻（Jūzbbūwā）；从也门输入龙涎香和姜黄[12]。

〔1〕药用沉香，此词读音，宋岘译注《道里邦国志》中考证为：al-Qasṭ，译作“释迦果”，并加注释云：“亦叫番荔枝。”(见伊本·胡尔达兹比赫：《道里邦国志》，宋岘译注，北京：中华书局，2001年，第65页)《蒙吉德》中有标音al-Qusṭ一词，释义为：“一种可入药的沉香。”美国学者谢弗在《唐代的外来文明》(原名《撒马尔罕的金桃》，吴玉贵译，北京：中国社会科学出版社，1995年)一书沉香节下对其药用作用有较详细的记述。本书译者无力进一步考证，为读者多一种参考思路计，故取现译。

〔2〕散丹(Sandān)，与人们所说的信丹(Sindān)应是同一概念。雅古特在《地名辞典》中说：“奈斯尔说它是印度的都城。我不知他此说何所指。一般说都城应是该地最大的城市。印度没有叫作散丹并作为都城的城市。散丹是紧靠信德的一个城市。”

〔3〕木勒(Mull)，一作木拉(Mulā)，我国史称没来国。

〔4〕七步蛇，原文为：Sabbā‘ah，估计是一种毒蛇的名称，考虑到其词源与“七”相关，故译作“七步蛇”。

〔5〕莱布凯雅鲁斯，原文为：Labkayālūs，估计与《道里邦国志》中的Alankabālūs为同一地名(见见伊本·胡尔达兹比赫：《道里邦国志》，宋岘译注，北京：中华书局，2001年，第68页)，应以后者为准。学者们考证此地为今尼科巴群岛。从两词差异可以看出，古代阿拉伯著作家在外国地名拼写上经常出现舛误，继而以讹传讹，使后人难知所云。

〔6〕开莱哈(Kalah)，我国史称箇罗，大致在今马六甲一带。

〔7〕萨鲁斯(Ṣālūs)，宋岘译注《道里邦国志》中作巴陆斯(Bālūs)，即婆罗洲(今加里曼丹)。

〔8〕加拜(Jābah)，即通常所指之爪哇(Jāwah)。此处可能为原作者传抄笔误，也可能为古代某一时期阿拉伯人对该地的一种称谓。

〔9〕沙拉姆特（Shalāmuṭ），宋岘译注《道里邦国志》中作舍拉黑脱（Shalāhiṭ），后者与大多数阿拉伯古籍中写法相吻合。指今苏拉威亚岛。

〔10〕香茅（al-Sunbul），多年生草本植物，生长在热带地区，茎和叶子可以提取香茅油，用做香水的原料。《阿拉伯语汉语词典》对该单词注解为："〔植〕郁金香，山慈姑。"但该词典还将与其相关的两个词组——Sunbul Hindī 和 Sunbul al-Ṭīb——均注解为："〔植〕雄刈萱。"考虑到此句中后两词"檀香"和"丁香"都与香料有关，而爪哇又是香茅最主要产地，加之《辞海》中云"雄刈萱油，即香茅油"，故译作香茅。

〔11〕高良姜，原文为：al-Jūlanjān，参考宋岘译注的《道里邦国志》译作高良姜。一种多年生草本植物，花白色，块根入药，是健胃剂。

〔12〕姜黄（al-Wars），多年生草本植物，叶子很大，开黄花，根茎入药，也可以做黄色染料。

§6. 第1卷，第156页（同上）：

在印度和中国之间有30个国王，最小的国王也统辖着和阿拉伯人统辖的相等的地方。

§7. 第1卷，第164页（大地上的奇观条下）：

世界上的奇观有四个：

亚历山大灯塔——上有一面铁镜，人在日升和日落前坐在镜下，可以隔着海看到君士坦丁堡那里的人。

立于罗米亚[1]城东门铜柱上的黑人铜像——每当橄榄成熟季节，那个黑人便吹一声口哨，于是就会飞来一位带着三颗橄榄的黑女人——脚上两颗，嘴上一颗。她把橄榄投向那个黑人。罗米亚城的居民接到橄榄，拿去榨油，榨出的油够他们点灯和食用，一直到来年。

也门土地上一个男人的铜像——他站在树的中间，一只手向后指着，仿佛在说：“我的后面没有任何道路。”这是一片不停抖晃的土地，人的脚在上面根本站不住。双角王曾率七万大军侵入这里，当时出现一群像土包[2]一样的大蚂蚁，每只蚂蚁都能把骑士从马鞍上掀翻在地。

印度和中国之间一个叫库萨尔（Kuthār）的地方铜柱围绕的一只铜鸭子——每逢阿舒拉日[3]，鸭子都先喝足了水，之后它伸出嘴让水流出，这水足够当地人浇庄稼、饮牲口，一直用到来年。

〔1〕罗米亚（Rūmiyyah），古代阿拉伯人所指罗姆国的都城，位置在今意大利罗马城一带。但中国学者有时不将古籍中的罗米亚直接对译为罗马，如同不将罗姆国（也有人译为罗马国）直接对译为罗马帝国一样。今天阿拉伯人在提到意大利首都时，同时使用罗米亚与罗马（Rūmā），但阿拉伯古籍中尚不曾见到 Rūmā 一词。

〔2〕土包，原文为：Najātī，确切含义不详。《蒙吉德》中有 Najāt 一词，意为“地上高出的东西”，故暂译作“土包”。

〔3〕阿舒拉日（Yawm ‘Āshūrā’），伊斯兰教纪念日。“阿舒拉”在阿拉伯语中有第十的意思，专指伊历 1 月 10 日。据伊斯兰教传说，真主与该日创造天园、火狱和人类（阿丹及其妻哈娃）。该日又是十大先知获救之日，又是什叶派纪念穆罕默德外孙、阿里之子侯赛因的哀悼日。

§8. 第 1 卷，第 299 页（双角王的记述条下）：

双角王到达中国后，下令建造了许多城市，其中有：达布艾西亚[1]、哈姆丹、希尔克（Shīrk）和布尔吉希加莱〔Burj al-Ḥijārah，意思是石塔〕。

〔1〕达布艾西亚（al-Dabū ’Asiyah），应是雅古特《地名辞典》中“达布西亚”（Dabū Siyah）之误写。雅古特称后者是河外地区粟特辖区的一个小国（Bulayd），出过不少学者，伊历 93 年为古太白·本·穆斯林所

征服。我国史称为何，不详。

【译按】

本段文字中的“哈姆丹”（Ḥamdān），是探讨“阿拉伯古籍中的中国”问题时，需要特别重视的一个地名。其确切位置尚难确考。《地名辞典》该词条下只引录阿姆拉尼的一句话：“一个周边有120个村庄的城市。”

这个地名在阿拉伯古籍中有时也写作：Khamdān——海姆丹（阿拉伯语区别只是比哈姆丹多一个“点儿”）。比如同样是关于亚历山大的传说，在古达麦·本·加法尔（卒于948年）的名著《税册》一书中有这样的记述：“亚历山大取道中国之后向北方去，中国首领与之同行，直达舒勒（即疏勒，今喀什一带）国，并征服了它。在那里建造了两座城市，一个名叫舒勒，另一个名叫海姆丹。他命令中国的首领率领自己的军队驻于海姆丹，又命令他的一员部将驻扎在舒勒。”（见伊本·胡尔达兹比赫：《道里邦国志》，宋岘译注，北京：中华书局，1991年，第281页）从有关亚历山大的这个传说来看，海姆丹离喀什应不会太远，因为“在那里”是指喀什一带，而且他的布兵也有策应之意。

此外在阿拉伯古籍中还有一与海姆丹词型相同的地名，被诸多中外学者考读为：Khumdān——胡姆丹（原文无标音，读作什么完全是考证者本人的认定），并直接对译为“西安府”。其原因大概有以下几点：原文中提到该地是中国“首府”（古代阿拉伯人提到中国首府之名不下十个）；阿拉伯古籍中始终未出现“长安”“洛阳”一类中国古都城的记述，致使学者们将“胡姆丹”与之挂钩；西方学者特别是一些法国著名汉学家认定为“西安府”，中国学者沿袭之。值得一提的是，过去的西方学者由于学识渊博、阅读面极大、可以接触第一手资料等原因，考证此类地名时往往言之凿凿，经常使用“就是”“即是”“肯定是”等字眼，不像中国学者喜欢使用“当是”“应是”“似是”等更留有余地的表述。以“胡姆丹＝西安府”为例，其中可商榷之处很多，阿拉伯古籍中的记载，自相矛盾、不能自圆其说的地方俯拾即是，因为阿拉伯人的记述本身就是模糊乃至混乱的。胡姆丹究竟指何地，似有进一步考证之必要。

由此看来，阿拉伯古籍中与此相关的地名，大概有四个：

一是 Hamdān 或 Hamdhān，学者们无争议地译作“哈马丹”，指今伊朗境内哈马丹一带；

二是本段文字中出现的 Ḥamdān——哈姆丹，与海姆丹为同一地方；

三是 Khamdān——海姆丹，似在今我国境内喀什一带；

四是 Khumdān——胡姆丹，有学者译为“西安府”，但古代阿拉伯人的记载时而指其在中国北方，时而指其在中国最南部临海之地，确切位置阙疑。

§9. 第 1 卷，第 415 页（土伯尔的故事条下）：

也门土伯尔伊本·宰德出发了，并将一部分人留在艾兹德〔1〕、莱赫姆〔2〕、朱扎姆〔3〕、阿米莱〔4〕和古达〔5〕等地，那些人便在这些地方居住下来。然后他向安巴尔进发，继而是摩苏尔和阿塞拜疆。后来遇到突厥人，他打败他们，缴获辎重无数。之后他率部返回也门。各地国王均慑服于他，纷纷前来进贡。再后来他攻入中国，席卷了那里的一切。

〔1〕艾兹德（al-’Azd），古代阿拉伯著名部族之一，下分大约 20 个部落。后因马里卜水坝被冲垮，离开也门，迁徙他地。

〔2〕莱赫姆（Lakhm），古代阿拉伯著名部族之一，祖籍也门。后其中一部迁徙至阿拉伯半岛北部、叙利亚、巴勒斯坦和伊拉克等地。曾在希拉建立莱赫姆国（al-Dawlah al-Lakhmiyyah）。

〔3〕朱扎姆（Judhām），阿拉伯古代部族。原先生活在希贾兹、叙利亚和埃及之间的沙漠地区，信奉基督教。叶尔穆克（al-Yarmūk）战役后成为穆斯林的支持者。

〔4〕阿米莱（‘Āmilah），古代阿拉伯南方部族。生活在沙姆地区沙漠中。曾参加台德木尔女王扎芭（al-Zabbā’，一译宰巴伊，266—272 年在位）的军队，参加抗击罗马人的战斗。至今其部分后裔生活在黎巴嫩

南部阿米勒山区。

〔5〕古达（Quḍā‘ah），古代阿拉伯南方部族。生活在希贾兹与叙利亚、埃及之间的沙漠地区。其中一部分人为基督教徒。

§10. 第1卷，第425页（亚历山大情况片段条下）：

然后他从印度向中国进军，在那里所做的同在印度所做的一样。大地上的人们，包括中国国王莫不臣服于他。

§11. 第2卷，第77页（关于太斯姆部族的记述条下）：

土伯尔艾斯阿德来到叶斯里布，驻扎在一个叫作“国王落脚处”（Manzal al-Malik）的地方。他杀了大量犹太人，理由是奥斯和海尔扎吉[1]两部落的人抱怨说与他们无法和睦相处。他派他的儿子哈萨前往信德，派赛米尔·扎吉纳赫前往呼罗珊，并命他二人比赛看谁先进入中国。赛米尔途经撒马尔罕，将其征服，掠获当地财产无数。而后他进入中国，发现哈萨已经先于他到达那里。

〔1〕海尔扎吉（al-Kharzaj），古代也门艾兹德部族的一个分支部落。马里卜水坝被冲垮后，与其姊妹部落——奥斯部落一起离开南部，迁移到麦地那一带。后皈依伊斯兰教。穆罕默德迁徙至麦地那时就住在这个部落中。

§12. 第4卷，第322页（伊历22年条下）：

我们前面提到，艾赫奈夫[1]将叶兹戴杰尔德的意图告诉欧麦尔，欧麦尔决定先发制人。于是他将呼罗珊大军交给艾赫奈夫指挥。后者武力征服了赫拉特，之后向木鹿挺进，并将穆塔拉夫·本·阿卜杜拉·本·舍希尔派往内沙布尔（Nīsābūr）。人在木鹿的叶兹戴杰尔德急忙写信向汗甘求救，同时给中国国王写信求援。

〔1〕艾赫奈夫（意为罗圈腿，为其外号），即艾赫奈夫·本·盖斯（al-'Aḥnaf bn al-Qays，691 年卒）。阿拉伯历史上著名人物。出生于巴士拉，后成为本地泰米姆人（Banū Tamīm）首领，力劝该族人归信伊斯兰教。后因显露军事领导才能而受重用，曾征服赫拉特、巴勒赫和木鹿等地。卒于库法。

§13. 第 5 卷，第 209 页（伊历 44 年条下）：

阿卜杜·麦立克·本·欧麦依尔说："我在穆阿维叶[1]的公牍局中见过一封中国国王的信。抬头上写道：'拥有 1000 头大象的、王宫用金砖银砖建造的、由千王之女服侍的、有两条河浇灌国土的中国国王，致穆阿维叶。'"

〔1〕穆阿维叶（Muʻāwiyah，600—680 年），伍麦叶王朝的创建者，阿拉伯历史上的著名人物。661 年在叙利亚和埃及阿拉伯贵族支持下，自称哈里发，建立伍麦叶王朝，定都大马士革。被世界史学家称为"伊斯兰帝国的卓越政治家和军事家"。680 年在大马士革病逝。

§14. 第 7 卷，第 12 页（伊历 96 年条下）：

古太白·本·穆斯林，进攻了中国的喀什。

【译按】

古代阿拉伯史学家关于古太白曾进攻中国一事的记载，反映出他们对此事可信性截然不同的态度。他们似乎可以分成三派：一派是以泰伯里、伊本·艾西尔、伊本·凯西尔为代表，他们分别在《历代民族与帝王史》《历史大全》《始末录》中对此事详细记述，尤其伊本·凯西尔更是大肆渲染；一派是像本书作者一样的诸多史学家，基本上以一句话带过，不作任何评述；一派是在自己的史学著作中只字不提此事。

§15. 第 7 卷，第 324 页（伊历 134 年条下）：

这一年里，艾布·达乌德·哈立德·本·伊卜拉欣攻打了凯什[1]人，杀死艾赫利德（al-'Akhrīd），他是他们的国王。艾布·达乌德的部下得到很多中国鞍韂和中国描金瓷器，以及中国的珍奇物件[2]。他把这些好东西统统运到艾布·穆斯林那里。

〔1〕凯什（Kashsh），雅古特《地名辞典》该词条下云："艾布·法德勒·麦格迪西说，凯什是河外地区的一个地方。"《蒙吉德》中说："凯什是苏联东南部（今乌兹别克斯坦境内）的一座城市，今天叫作沙赫里萨布兹。因其农村绿色遍野，也以'绿城'闻名于世。"张日铭所著《唐代中国之伊斯兰教徒》（中译本名为《唐代中国与大食穆斯林》）一书中将该地名考读为：Kishsh，指我国史称昭武九姓之一"史国"。（见张日铭：《唐代中国与大食穆斯林》，姚继德、沙德珍译，银川：宁夏人民出版社，2002 年，第 140 页）他在书中还提到："并且他的将军艾布·达乌德（Abu Dāwūd）在出兵史国时，曾杀过其国王伊赫里德（al-Ikhrid）及一群部落首领。"（同上书，第 66 页）

显而易见，张先生所言与本段文字所记是同一事件。《唐代中国之伊斯兰教徒》是张先生早年写于巴黎的博士论文，所用史料丰赡翔实，旁征博引句句有出处。虽然《地名辞典》和《蒙吉德》均将此地名明确标音为 Kashsh，但张先生认为应读作 Kishsh，定有可靠根据与佐证。因此阿拉伯古籍中这一地名，不论读音为何，都应是指我国史称之史国。

另外，此地名在第 164 页泰伯里《历代民族与帝王史》§23 中作 Kiss 或 Kass，有学者考译为：渴石。

〔2〕珍奇物件，原文为：Ṭarā'if，为一复数名词，《阿拉伯语汉语词典》注解为："奇谈（或佳话）。"《蒙吉德》所注大致相同。但随着该词在所见到的阿拉伯古籍中出现频率的增加，其含义明显超出词典所给出

的意思，即从“有趣的话语”转向“有趣的东西”。虽然阿拉伯历史上确有哈里发曾令下属到各地收集有趣的故事传说，但一位将领征服一地后立即将这些故事连同掠获的财宝呈送上峰，其本身就有点像是奇谈。搞清楚这个词以及与之同一词源的其他派生词的确切含义，绝非一般的咬文嚼字，它关系到中世纪阿拉伯人对中国人的“整体评价”。我们已经见到或将要见到，古代阿拉伯著作家，特别是像伊本·穆加发和贾希兹这样的语言文学大师，经常将该词与中国人联系在一起。那么他们究竟是要表达中国人乃“善出名言妙语者”，还是“擅长工艺制作者”，抑或是二者兼备呢？联想到阿拉伯古籍中反复引录的名言——希腊人的头脑，阿拉伯人的舌头，中国人的手；联想到阿拉伯古籍中中国人的名言妙语是那样少，中国人的珍奇物件是那样多；联想到人们在说服哈里发曼苏尔在巴格达建都时所说“若在此地建都，中国、埃及和沙姆等地的Ṭarā’if很容易弄过来”一类的话——我们的祖先在古代阿拉伯人的心目中恐怕还是以精巧的手工艺制作见长。

【译按】

本段文字所记之事，发生在中阿关系史上著名的怛罗斯战役之前不久。令人不解的是，本书作者记载了该战役发生前这一相对而言并非十分重要的事件，却在后文中对该战役只字未提。迄今为止，我们知道阿拉伯史籍中除了穆塔海尔·麦格迪西的《肇始与历史》和伊本·艾西尔《历史大全》中对这一战役的情况有所记载外，其他阿拉伯史学家特别是那些距战役发生时间较近的史学大家均对此未置一词，连对一个地名穷原竟委几近极致的雅古特，在该地名条下也留下逻辑上难以说通的空白。个中原因究竟是什么，值得人们进一步探究。

§16. 第 8 卷，第 50 页（伊历 144 年条下）：

〔本段记述中国国王耳聋后令有冤屈之百姓着红衣以便为其申冤的传说，与第 338—339 页《罕世璎珞》§3 相同。〕

§17. 第 8 卷，第 54 页（伊历 144 年条下）：

当我们坐下后，伊本·穆加发问我们：

“你们说哪个民族的人最为睿智？”

我们面面相觑，悄声道：“他大概想让我们说他的祖籍波斯。”于是我们便对他说：“波斯。”

“他们算不上。”他说，“他们确实占领了大片土地，战胜了很多敌人，王权威震天下，长期占据上风，但他们既没有用自己的头脑创造任何东西，也没有用自己的心灵悟出任何哲理。”

“那罗马人呢？”我们问。

“长于式样[1]设计者。”他说。

“中国人呢？”

“善出名言妙语者。”

“印度人呢？”

“精通哲学者。”

于是我们问：“那你说呢？”他回答：“阿拉伯人。”我们听后全笑了。他说：

“我不指望你们赞成我的看法。不过，假如我命中注定没有选择祖籍的运气，那我绝不会错失选择知识和睿智的机会。阿拉伯人的聪明才智可谓无与伦比。他们既是驼和羊的主人，又是毛和皮的居民〔代指游牧民族〕。他们以慷慨大方闻名于世，都会将自己的口粮布施。他们将勤劳作为一种美德，无论甘苦同样执着。他们用头脑描述什么，那描述就是经典；他们用肢体做些什么，那做法就是经验。他们想让某种东西成为美的，那东西便会更优美；想让某种东西成为丑的，那东西便会更丑陋。”

〔1〕式样，原文为：Ṣibghah，有式样、特色、品质、染料、颜料、作料、药酒，甚至洗礼、浸礼等多种含义。此处确切所指不详，暂译“式样”。本书后文第338—339页《罕世璎珞》§3中有类似记述，所用词为“工艺”（Ṣunʻah），差异因阿拉伯语字母中“点儿”的位置不同所致。

§18. 第8卷，第69页（伊历145年条下）：

这一年，巴格达城开始兴建。其原因是：

哈里发曼苏尔将该办的事情办妥后，先是在库法旁边的伊本·胡白依莱城对面建了哈希米亚城（al-Hāshimiyyah）。他还在库法后面建过一座城市，并把它叫作鲁萨费[1]。当里万迪亚派[2]的人在哈希米亚城发动反抗他的叛乱后，他开始仇视那里的居民，同时自己也没有安全感，于是他外出巡视希望找一个适合自己居住和驻军的地方另建新城。他先顺地势向下走，来到杰尔杰拉亚，然后转向巴格达，去过摩苏尔后又回到巴格达。他说：“此地甚好。底格里斯河使我们和中国之间没有任何阻碍，海上来的任何东西都可以顺利到达我们这里，杰济拉和亚美尼亚等地的粮秣运输也将十分通畅。而幼发拉底河则能将沙姆和拉卡[3]的一切都输送过来。”之后他将士兵们调集到大小塞拉特河附近，并对城市做出规划，把工区分为四个，每个工区派一名将领管理。

〔1〕鲁萨费（al-Ruṣāfah），一译鲁萨法，作为单独使用的阿拉伯语地名，应分今古两个概念。一是今叙利亚境内中北部、距幼发拉底河约40公里的鲁萨费市，一是位于该城附近、历史上非常著名的鲁萨费城。古城的名称在《圣经》和亚述人的文字记载中均有提及，可见其历史之久远。其遗迹至今尚存，成为今人凭吊观光的重要景点。但此城与本段文字中“鲁萨费”显然不相关。

雅古特在《地名辞典》中记写单独使用的“鲁萨费”时说：“这个词大概是从铺路的‘铺’字派生出来的，表示在一个东西上再加上一个东西，比如建筑物。我不知道它的确切词源……我不知道这个地方的位置。”实际上，雅古特不知道这个地名几乎是不可能的，因为至少是伍麦叶朝哈里发阿卜杜·麦立克曾在鲁萨费住了近20年。唯一的解释是，在雅古特时代人们不单独使用“鲁萨费”这个地名，而要与另一地名连在一起使用，或许因为叫这个名字的地方太多，而必须用词组形式来表达。雅古特接下来分别以独立词条记写了九个与“鲁萨费”相连的地名，多数情况下“鲁萨费”可以译作“卫城”。九个地方分别是（以下为笔者根据原文编录）：

1. 艾布·阿拔斯卫城，阿拔斯朝首任哈里发艾布·阿拔斯在安巴尔所建，后被称为这个名字。

2. 巴士拉卫城（Ruṣāfah al-Baṣrah），一个小城市，出过不少学者名人。

3. 巴格达卫城，为哈里发曼苏尔在巴格达（原村庄名）以西建起自己的城市（始称曼苏尔城）后，在其东侧兴建的城市，因此也有学者称其为“陪都”或“东城”。他先建兵营，竣工后命其子麦赫迪率军队进驻，同时兴建了自己的行宫。东城遂日益发展兴旺，逐渐扩展为与隔底格里斯河相望的西城同样的规模。该卫城后遭彻底破坏，只残存下大清真寺等遗迹。

4. 希贾兹的鲁萨费，指当地的鲁萨费泉。

5. 沙姆卫城，雅古特首先说沙姆叫鲁萨费的地方有很多，然后详细记述了其中最有名的一个即希沙姆卫城。希沙姆是伍麦叶朝第十任哈里发，他在拉卡西侧兴建了该城。根据雅古特所用篇幅和该城方位，沙姆卫城有可能就是指前文提到的历史名城鲁萨费。

6. 格拉纳达卫城，为后伍麦叶王朝第一位哈里发阿卜杜·拉赫曼所建。

7. 库法卫城，即本段文字中提到的由哈里发曼苏尔在库法附近兴建的城市。

8. 内沙布尔的鲁萨费，具体位置和规模不详。

9. 瓦西特的鲁萨费，瓦西特附近的一个村庄。

〔2〕里万迪亚派（al-Riwandiyyah），根据历史记载，这可能是当年反对曼苏尔的什叶派的一个分支。

〔3〕拉卡（al-Raqqah），一译腊卡，今叙利亚拉卡省省会，曾是历史名城。据说为亚历山大大帝所建。古希腊人和古罗马人均对其有专门称谓。哈里发曼苏尔曾于772年在此再建新城。另一位哈里发哈伦·拉希德曾于803年将该城作为自己的夏都，故此城亦称拉希德。

§19. 第8卷，第70页（同上）：

〔本段内容与第274页《巴格达志》§1基本相同。〕

§20. 第8卷，第72页（同上）：

苏莱曼·本·穆加里德讲述：

哈里发曼苏尔外出寻找安身之地，于是我们去了萨巴特[1]。当时我的一个朋友因患沙眼去找大夫治病而未能一同前往。大夫问他："穆民的领袖要上哪儿呀？"他说："他想找个能够安心住下的地方。"大夫说："我们这里有一本书，从书里我们知道有个叫米格拉斯（Miqlāṣ）的人在底格里斯河和大小赛拉特河之间的巴格达村附近建了一座城，名叫扎乌拉[2]。在他开始建城打地基时，突然出现一条通向希贾兹的大裂缝，于是他填补这条裂缝，就要填好时突然又出现一条通向巴士拉的、比前一条更大的裂缝，而且两条裂缝很快便连在一起。他费了很长时间终于将裂缝修补好并建起了城市。人们说此地可能有'王气'。"

苏莱曼接着讲述：

正当穆民的领袖为找地在山边巡视时，我的那位朋友来了。他给我讲了他听到的消息，我便转告穆民的领袖。他立刻召见那个人。那人讲过事情的经过后，曼苏尔陷入沉思，想起幼年的一段往事。他说："真主啊，我与此地有缘啊。我小时候也叫米格拉斯，后来人们便不叫了。"于是他与下属商议此事，人们一致说就选在巴格达好。他们对他说：

"通过幼发拉底河，可以将阿拉伯人的粮秣以及埃及和沙姆的奇珍异宝给您顺利运来；通过底格里斯河，可以用船将中国、印度、巴士拉和瓦西特的粮秣运来；通过流入扎布河的塔麦拉河[3]，可以将亚美尼亚及周边地区的粮秣运来；至于罗姆、阿米德[4]、杰济拉和摩苏尔的粮秣，通过底格里斯河也可运来。您得诸河环绕之利，敌人若不通过桥和吊桥休想接近您。若有近敌来攻，您只要毁掉这些桥梁，城池便固若金汤；若有东方和西方的远敌来犯，东面他们必须渡过底格里斯河，而西面的幼发拉底河自当是穆民的领袖之城的天然堑壕。"

〔1〕萨巴特（Sābāṭ），亦称萨巴特科斯鲁。该地为麦达茵附近、古代曾经很出名的一个城市。

〔2〕扎乌拉（al-Zawrā‘），巴格达附近小城。《地名辞典》该词条下列举了包括巴格达、麦地那和罗姆等地多处叫这个名字的地方，底格里斯河巴格达段有时也被称作此名。关于巴格达附近的扎乌拉，一说在城东一说在城西，雅古特认为在城西。

〔3〕塔麦拉河（Tāmarrā），雅古特认为此词为外来语，原指巴格达东部远郊的一片地区，并说那里曾有一条大河可行船，该河发源于希赫里祖尔山区。

〔4〕阿米德（’Āmid），古代阿拉伯人对迪亚巴克尔（Diyār Bakr，今土耳其境内）的另一称谓。

§21. 第 11 卷，第 244 页（伊历 236 年条下）：

这一年去世的知名人士有：

穆罕默德·本·叶齐德，字艾布·阿卜杜拉，以隋尼依而闻名。他听阿卜杜拉·本·达乌德·海利比和鲁哈·本·伊巴代等人传述过圣训。艾布·伯克尔·本·艾布·敦亚等人提到过他。阿卜杜·拉赫曼·本·艾布·哈提米说："我在麦加时写过他的事情。我曾向艾布·奥恩询问过他，艾布·奥恩说他是不可信的圣训传述者，于是我没有采信他传述的圣训。"

§22. 第 14 卷，第 356 页（伊历 381 年条下）：

当时的麦加艾米尔〔掌管麦加的行政长官〕是艾布·福图赫，这一年正好艾布·加西姆·马格里比也来朝觐。后者怂恿前者脱离埃及统治者阿齐兹[1]，自立为王。艾布·福图赫听从了他的话。马格里比还花言巧语让他取走"房屋的壁龛"[2]，并拿走里边的银子去铸银币。当时正好有个叫麦图依（al-Maṭū'ī）的人在玖达〔Juddah，今吉达（Jiddah）〕去世。此人有很多印度和中国的钱[3]。他遗留下一大笔钱。生前他曾以十万金币的价码委托艾布·福图赫保护他的遗产和存放在他那里的钱财。马格里比又乘机撺掇艾布·福图赫将此人的这一大笔遗产攫为己有。

〔1〕阿齐兹，此人应是指法蒂玛王朝第五任哈里发阿齐兹·比拉（955—996 年）。

〔2〕房屋的壁龛，阿拉伯语原文为：قبلة البيت（Qiblah al-Bayt）。一般说在阿拉伯语中"房屋"（Bayt）须与专门的词语搭配成词组，才能确切地表达"天房"（克尔白）的意思，比如：Bayt Allāh（真主的房屋）、al-Bayt al-'Atīq（古房）、al-Bayt al-Ḥarām（禁房）。由于本段文字涉及"麦加艾米尔"，所以确指的"房屋"一词可能是指天房。但其与 Qiblah 的组合，笔者尚无法透彻理解。该词与"礼拜"或"礼拜者"组合，表示伊斯兰教专门用语——朝拜方向。作为一种实物，《阿拉伯语汉语词典》注解为："壁龛（搁东西的墙壁凹处）。"查有关参考书，未提及天房内有壁龛之事，只提到一般的清真寺中有表示朝拜方向的凹壁（al-Miḥrāb）。因此本段文字中提到的能够取走的东西究竟

是什么，还有待专家解释。此处暂且直译出字面的意思。

〔3〕印度和中国的钱，为原文字面的意思。根据语法定义，应是：属于印度和中国的钱。似可以理解为通过经商从两地赚来的钱，也可理解为两地制造的钱币。若为后者，则要么证明当时各地金银币至少在麦加可以通用；要么证明两地钱币成色较好，有储存乃至收藏价值；要么证明当时阿拉伯商人与两地贸易往来频繁，为避免兑换的麻烦，留存一定数量的两地货币，直接用其与两地商人结算。

§23. 第 18 卷，第 51 页（伊历 541 年条下）：

这一年去世的大人物有：

萨德·海依尔·本·穆罕默德·本·赛赫勒·本·萨德，字艾布·哈桑，附名马格里比·安达卢西·安萨利。

他周游过从安达卢西亚到中国的各个地方，曾远渡重洋，遇到过各种各样的艰难险阻。后回到巴格达，跟艾布·哈米德·安扎里学习伊斯兰教教法学，听泰拉德、伊本·奈泽尔、萨比特等很多人传述过圣训，聆听过呼罗珊的权威学者的教诲，跟艾布·扎克利亚学习文学并得到很多珍贵的书籍。

《历史大全》

al-Kāmil fī al-Tārīkh

作者与作品简介

伊本·艾西尔（1160—1234年），中世纪阿拉伯最著名的历史学家之一。生于杰济拉地区的一个富有家庭。早年在摩苏尔受过传统的伊斯兰教育，后游学巴格达和麦加等伊斯兰文化名城，遍访名师，搜集资料，苦心钻研泰伯里和麦斯欧迪等大师的历史著作，奠定了学业基础。曾在萨拉丁领导的抗击“十字军”的穆斯林军队中担任过书记官。后住在阿勒颇和大马士革，离群索居，潜心学问，著书立说。1234年（一说1233年）卒于摩苏尔。他博学多才，虽专攻历史学，但在教义学、哲学、文学和语言学等方面同样造诣极深。他治学严谨，采集史学各家之长，运用归纳、比较、分析和判断的方法，考订史料真伪，纠正前人记述中的讹误，寓观点于叙事之中，把编年、传记、谱系、传说、见闻和记载结合起来，为伊斯兰史学发展做出了巨大贡献。

《历史大全》（又译《全史》）是伊本·艾西尔的代表作，也是伊斯兰教通史著作中的传世之作。该书集中体现了他的治史观念和方法，历来为阿拉伯史学家和世界各国研究阿拉伯历史的学者所重视。原书为12卷（约合中文1000万字），成书于1231年，记述了上古至1230年阿拉伯世界历史概况，内容极为丰富。尤其是10—12卷，由于作者目睹了十字军东侵和蒙古人西征两大战争，所以对其论述更为精辟深刻。此外他的主要著作尚有：《莽丛群狮》《谱系修正撮要》和已失传的《奇谈选粹与逸闻掇英》等。

《历史大全》中关于中国的记载有相当大的部分引录自泰伯里的《历代民族与帝王史》，从学术角度讲，无论内容重复与否都应一字不落地翻译出来。但考虑到篇幅所限和读者兴味所在，笔者还是决定以“参阅”方式处理。比如某一段落，两书均有记载，而内容无大的出入或《历史大全》中没有新的、重要的信息，便写作：参阅某书、某段记载。

版本 贝鲁特阿拉伯书籍出版社，1999年，第2版，精装16开，11卷本。

◎译文

§1. 第1卷，第78页：

〔关于艾弗利敦将突厥和中国分给次子突吉一事，参阅第147页《历代民族与帝王史》§1。〕

§2. 第1卷，第215页：

待大军集结完毕，凯胡斯鲁告诉众人他想从四个方向进攻突厥地区。他令朱德兹（Jūdrz）率主力从巴勒赫方向攻入突厥地区，并将他们当中级别最高的大将迪尔菲什·卡比扬（Dirfish Kābiyān）派给他。此人以前只被派去陪同一些王子外出办理重大事务。他令第二路人马从邻近中国的方向进攻，第三路从紧邻海宰尔的地区进攻，第四路从后两路之间的地区进攻。大军从各个方向攻入了突厥地区。

§3. 第1卷，第226页：

据说，宰拉都什特[1]是波斯人。他编了一本经书，带着它周游各地。但没有一个人明白书的内容。他声称书中所言皆为天启之语，他把此书称为阿什塔[2]。他从阿塞拜疆前往法尔斯，但无人理解、接受该书。他再到印度，向其国王展示，后又转往中国，各地君主均加以拒绝并将他驱逐。他来到拔汗那，当地国王欲将他杀死。于是他逃奔国王比什塔斯布[3]处，后者下令将他关押了一段时间。后来国王把在巴勒赫的他放了出来。他见到国王后，给他解释了自己的宗教，国王感到很惊奇，不仅自己信奉了这种宗教，而且强迫臣民也信奉。在国王杀了很多反对者之后，人们接受并皈依该教。

〔1〕宰拉都什特（Zarādusht），即琐罗亚斯德（Zoroaster，古波斯语作Zarathustra），琐罗亚斯德教（我国史称祆教或拜火教）创始人。约卒于公元前583年，终年77岁。其生平众说不一。一说生于波斯西北部米底亚区拉格斯镇（今德黑兰郊区）。30岁时创建该教，传教初期，信者寥寥，后在大夏国王维斯塔巴（Vishtappa）支持下，该教骤然兴旺，继而传遍波斯各地。关于他的传说在希腊和波斯史籍中有不同说法。

〔2〕阿什塔（Ashtā），此处可能指波斯古经《阿维斯塔》(Avesta)；如果阿拉伯语原文无误，也可能指该经书第四部分亚什特（Yashts），即对神祇和天使的各种赞歌；如果原文有误，更可能指该经书的第一部分亚斯纳（Yasna），因为这是该经书的主要部分，也是最古老的部分，据说是琐罗亚斯德本人的说教。

〔3〕比什塔斯布（Bshtāsb），应是指大夏国王维斯塔巴。大夏，音译巴克特里亚（Bactria）。中国《隋书》《旧唐书》和《新唐书》中作“吐火罗”。中亚古国，位于今阿富汗北部。公元前6世纪后期为波斯帝国一行省。

§4. 第1卷，第242页：

〔关于印度使者告知也门土伯尔其贡品大多来自中国，致使后者进攻中国一事，参阅第150页《历代民族与帝王史》§4。〕

§5. 第1卷，第250—251页：

双角王亚历山大大帝从印度向中国进发。到达那里时，他的侍从在夜里向他通报：中国国王使者到。他召见了使者。使者向他致意，并要求与他单独晤谈。于是众侍从对其进行搜查，未发现任何可疑之物。原先和亚历山大在一起的人统统退下。这时，使者说道：

“我就是中国国王。此次前来，是想询问一下你的要求。倘若我能够做到，我就满足你的要求而放弃战争。”

亚历山大对他说：“我凭什么答应你？”

他说：“我知道你是位睿智和英明的人。你我之间也不存在敌意和仇隙。而你是知道的，即便你将我杀死，那么我的被杀也不能成为将中国民众从我的王权下转交给你的理由。况且这样做，你还会背上不仁不义的名声。”

亚历山大知道他机智过人，便道：“我要你立即交出国库中三年的地租，今后每年地租的一半归我所有。”

他说：“我可以答应你。但你应该问问我，我的处境将会如何。”

“那你说说你的处境将会如何。”

“我将成为士兵杀死的第一人，猛兽吃下的第一餐。”

“那我收你两年地租怎样？”

“我的情况会好些。”

“收你一年的呢？”

“我可以继续执掌王权，但我的享乐将会失去。”

“如果我免收过去的，只要今后每年三分之一的地租，那么你的处境会是什么样呢？”

“这样的话，也就是六分之一归穷人寒士和老弱病残并应付国之所需，六分之一归我本人，三分之一归军队将士，三分之一归你。”

“我看如此甚好。”

他向亚历山大表示感谢后便回去了。兵士们听说此事，都为双方能够讲和感到非常高兴。翌日，中国国王突然率大军出现，将亚历山大的兵士包围。亚历山大立刻上马率部下来到阵前。只见中国国王头戴王冠，坐在一头大象上。亚历山大对他说：

“莫非你背信弃义，反悔了不成？”

“不。”国王答道，“但我想让你知道，我顺从于你，不是因为怯懦和无力应战，而是因为我发现上天的吉星正高照于你。我只是想以顺从你来顺从它，以接近你来接近它。”

亚历山大说：“像你这样的君主，实在不该被强行收取地租，因为除你之外我从未见过有谁堪称仁君或明主。我免除原来向你要求的一切，马上从你这里撤军。”

“你不会损失什么的。”

中国国王说完，命人送给他比先前准备送给他多一倍的礼物。亚历山大当日便退兵而去。东方和西方两地的人们莫不臣服于他。

【译按】

原书校勘者在此段文字结尾处加了注释，告诉读者在另一部历史著作《波斯国王史传精要》（*Ghurar Akhbār Mulūk al-Furs wa Siyarihim*）中，有中国国王送给亚历山大大帝礼物的清单。包括“丝绸 1000 匹，绢帛 1000 匹，锦缎 1000 匹，银器 1000 件，黑貂、狐狸、海豹（al-Fāqim）、松鼠（al-Sinjāb）和公兔皮各 1000 张，龙涎香 1000 米斯加勒（Mithqāl，古代阿拉伯重量单位，1 米斯加勒约等于 4.68 克），麝香 1000 纳非杰（专门装麝香的容器），沉香 1000 莱特勒（1 莱特勒约等于 2564 克），黄金白银 1000 塔斯（喝水的器皿——碗或钵），镶嵌黄金宝石的印度短剑 100 柄，马鞍 100 副，镏金中国马勒 100 个，全身精制铠甲 100 套。另外每年尚需纳税”。

伊本·艾西尔关于中国国王与亚历山大大帝“接触”的记载，比泰伯里不到 80 字的记载要长得多，也生动得多。同时两者间存在很大的出入。泰伯里笔下的亚历山大进入了中国，在那里的做法与在印度一样，而且统治了中国（参阅第 151 页《历代民族与帝王史》§5）。

亚历山大的远征始于公元前 334 年，历时 10 年左右，未见正史中有其到过中国的记载，但古代阿拉伯史家似乎对此类传说颇有兴趣，记述较多。

不过，阿拉伯古籍中类似这种关于中国的传说，或可加深我们以下几点认识：

1. 在所谓中世纪，至少在其早期和中期，阿拉伯人，即便是其中的博学多才之士，对中国的了解也很有限。这些了解不少都是来自得不到确凿史料印证的传说故事。虽然那时也有一些阿拉伯商人到过中国，但正如雅古特所说，"那是一个幅员辽阔的国度，我们不曾见到过深入其内地的人，商人们到过的只是其边缘地带。至于（中央）王国，我们未曾见过一个到过那里的人"。相对而言，我国史籍中对阿拉伯的记载虽也说不上很多，但以杜环《经行记》为例，所载内容基本上是真实可信的。

2. 阿拉伯古籍中有关中国的种种传说，尽管其中不乏将其他传说张冠李戴，安在了中国国王的头上，但这些传说中的中国，一般都是强大的、富庶的、美好的。至于中国国王，则往往都是善良仁义的（比如田赋岁入的分配），聪明机智的（比如对亚历山大采取的策略），慷慨大方的（比如加倍送给亚历山大礼物）。这多少反映出古代阿拉伯人对于中国这样一个遥远而神秘的国度，普遍存有美好甚至是理想化的印象。

3. 类似传说，使我们进一步意识到，阿拉伯古籍中的所谓中国国王（Malik al-Ṣīn），很多时候有可能是指中国境内或势力范围内某地的一个"王"，而不是我们所说的统治全中国的那个"帝"。

§6. 第 1 卷，第 379—380 页：

〔关于也门土伯尔派人进攻中国以及途中他们以"木箱计"占领撒马尔罕一事，参阅第 151—153 页《历代民族与帝王史》§6 和 §7。〕

§7. 第 2 卷，第 318 页（伊历 14 年条下）：

也有人说巴士拉是在杰鲁拉和提克里特之后于伊历 16 年建为城市的。赛阿德奉欧麦尔之命派欧特拜前往那里。欧特拜到达巴士拉后驻扎了约一个月的时间。俄波拉城里的人出城迎战，那里当时有500骑兵驻守，是来自中国的船只停靠的港口。欧特拜与他们交战并打败了他们。

§8. 第2卷，第415—417页（伊历22年条下）：

〔关于叶兹戴杰尔德向中国国王求援以及使者带回中国国王回信的内容，参阅第154—157页《历代民族与帝王史》§11—14。〕

§9. 第3卷，第473页（伊历77年条下）：

〔关于呼罗珊大臣伍麦叶杀死布凯尔一事，参阅第158页《历代民族与帝王史》§15。〕

§10. 第4卷，第14页（伊历88年条下）：

据说，在这一年古太白·本·穆斯林占领了努木舍克斯，并派弟弟叶萨尔接替自己攻打木鹿。努城人请和，他同意后转攻拉密塞那，当地人不战而降，于是他离开他们继续前进。突厥人联合粟特人和拔汗那人，集20万之众，浩浩荡荡赶来阻击穆斯林军队，他们的统帅是中国〔某隶属藩国〕国王的外甥库尔穆加努。他们追上殿后的古太白的另一弟弟阿卜杜拉，当时后者与古太白及先头部队之间有1古里距离。眼看突厥人逼近，阿卜杜拉急忙向古太白报信。突厥人追上了他并发起攻击。古太白掉头回奔，增援正在与突厥人交战的弟弟。当时突厥人几乎占了上风，但当穆斯林们看到古太白前来增援时，人人心中都有了底。双方激战至正午时分。当日战斗中，与古太白一起的尼扎克表现神勇。突厥人最终败北。古太白遂继续前进，在提尔密兹（Tirmidh）过河，来到木鹿。

§11. 第4卷，第67—68页（伊历96年条下）：

这一年，古太白征服了〔中国（唐朝）的〕喀什。他和手下将家眷安置在撒马尔罕。过河后他派一将把守渡口，传令没有他的允许任何人不得后撤。然后他向拔汗那开进，并派一将前往伊萨姆山道为攻打喀什扫平道路。喀什是最近的中国城市。他派凯比尔·本·福兰率军攻打喀什。他所俘甚多，并在俘虏们脖子上盖了戳。古太白继续向前挺进，直至到达中国近处。

中国国王写信给他，云："请派一名出身高贵者前来告诉我你们的宗教和情况。"于是他挑选出10个英俊、善辩、勇敢、机智和品行端正的人，并下令配之以上好装备和丝毛彩饰行装以及骏马。这其中有胡白莱·本·木沙拉吉·基拉比。古太白对他们说："去了之后告诉他，我已发誓，不脚踩他们国家的土地，不在他们王子王公脖子上盖了戳，不收了他们的地租，我决不收兵。"

胡白莱率队出发。到达后中国国王准备召见他们。他们先穿上内衣和白色外衣，熏了香，再穿上靴子和长袍，然后前去觐见国王。当时他们国家的大人物都坐在国王旁边。孰料国王和在场者无一人与他们说话。他们便退下了。国王问在场者："你们怎样看这些人？"众人答："说实话，我们看到的只是一些女人。"

次日，国王再次召见。他们穿上彩饰礼服，戴上丝毛混织的缠头巾，披上锦缎外袍，来见国王。哪知他见到他们只说了句"你们回去吧"。他问属下："今天这样子，你们如何看？"众人答："比昨天的样子更像男人了。"第三天又召见他们。这次他们把兵器搬了出来，然后披甲戴盔，佩剑持矛，跨上战马。中国国王见状，以为一座高山压将过来。待到近前，他们摩拳擦掌，挺起长矛。此时有人说了句"你们请回吧"。于是他们手举矛枪，策马飞奔，仿佛在追杀敌人。国王问属下："你们如何看？"众人答："从未见过如此好汉！"

到了晚上，国王派人传话："你们派个头领到我这里来。"他们推选了胡白莱。国王对他说："我的赫赫王权，想必你们已经见到。在我这里你们很安全，就像我手心里的一个鸡蛋。不过我问你一件事，你要照实说，否则我将把你杀了。"他回答："请问吧。"国王问："你们三天穿三种衣服，原因何在？"他回答："第一天的是我们国民平日的装束，第二天的是我们觐见王公贵族时的服饰，第三天的是我们与敌人交战时的穿戴。"国王说："如此安排，可谓天衣无缝。你们回去告诉你们的统帅，我知道他兵马不多，让他退兵吧，否则我会派手下将你们消灭。”胡白莱道：“我们主帅的先头部队在你的国家，后续部队在橄榄树生长之地，你怎么能说他兵马不多呢？至于你以死来威胁我们，我们认为如果死期到了谁也逃不掉，而最有尊严的死便是被敌人所杀，我们不厌恶死也不惧怕死。我们主帅已经发誓，不脚踩你们的国土，不在你们王子王公脖子上盖了戳，不收了你们的地租，他决不撤兵。”

国王听后说道：“我们来让他解除这个誓约，我们送去我们国家的土让他踩好了，我们交给他地租让他满意好了，我们派去几个子弟让他去盖戳好了。”然后国王赏赐了他们，并让他们带着礼物和四个王公的儿子踏上归程。他们回到古太白那里，后者接受了地租，踩了土，在那几个后生的脖子上盖了戳并把他们放了回去。赛瓦戴·本·阿卜杜拉·赛鲁里曾吟道：

既然使者们走的是光明正道，
你遣使中国便没有丝毫错误。
多少人因惧死惶惶不可终日，
唯君子胡白莱将它视作归途。
他圆满完成了你交付的使命，
带给你不致违背誓约的出路。

古太白随即派胡白莱去向哈里发瓦立德报捷，但胡白莱半路上死在波斯一个叫盖里耶的地方。

【译按】

此段记载脱胎于泰伯里《历代民族与帝王史》中的内容，是毫无疑问的，只是伊本·艾西尔对他的记述有所删节，而且语言也显得更为简洁。鉴于这个传说在中阿交往史中比较重要和特殊，同时也为了读者可以同泰伯里的有关记载进行比较，所以在此全文译出。

§12. 第4卷，第238页（伊历119年条下）：

当时将可汗到来的消息通报给阿萨德的伊本·萨伊吉，已经被胡泰勒国王赛布勒临终前指定为王国的统治者，并留下三条遗嘱。他说："你对胡泰勒人的统治，不能像我一样长，因为我是国王，而你只是他们中的一员。"他又说："你要去找侯奈伊什，将他召回国。我死后可立他为王。"当时侯奈伊什已经逃到中国去了。他还说："你们不要同阿拉伯人交战，要千方百计让他们离开。"伊本·萨伊吉对他说："你要我放弃长时间统治和找回侯奈伊什，都是英明决策。不过你说，不要同阿拉伯人交战，这是为什么呢？你过去不是与他们打仗最多的国王吗？"赛布勒说："我已经同他们较量过了，我不认为你们能比我更强。如果我再与他们交战，只能是死路一条。而你们如果与他们交战，肯定全军覆没。"这才是伊本·萨伊吉放弃与阿拉伯人交战的原因。

【译按】

此段内容与泰伯里的记载（参阅第163页《历代民族与帝王史》§21）有些出入。最大不同之处是伊本·艾西尔说逃往中国的人是"侯奈伊什"（al-Hunaysh），泰伯里则说是"军队"（al-Jaysh）。这种由于抄本中阿拉伯语字母中"点儿"的位置不同，而引出异解的现象，在阿拉伯古籍中比较常见。

§13. 第4卷，第243页（同上）：

阿萨德攻占了大城堡，它的上面还有一个小城堡，里边有胡泰勒的一个首领白戴尔·突尔汗（Badr Ṭurkhān）的儿子和钱财。阿萨德没有派人攻占它，而是令士兵们分头冲向胡泰勒各条河谷。他们虏获无数战俘和牲畜。当地人纷纷逃往中国。

§14. 第 5 卷，第 39 页（伊历 133 年条下）：

〔关于艾布·达乌德攻打胡泰勒一事，参阅第 163—164 页《历代民族与帝王史》§22。〕

§15. 第 5 卷，第 40 页（同上）：

这一年，拔汗那的伊赫希德〔拔汗那国王的徽号〕与沙什国王反目为仇。伊赫希德向中国国王求救。中国国王派出十万大军驰援，将沙什国王包围。沙什国王归顺中国国王。他和手下没有受到中国国王的迫害。消息传到艾布·穆斯林那里，他派齐亚德·本·萨利赫前去交战。两军大战于怛罗斯[1]河。穆斯林们最终战胜了他们，消灭近五万人，俘获约两万人，残部逃回中国。此役发生在伊历 133 年 12 月。

〔1〕怛罗斯（Ṭarāz），我国史籍亦称：怛逻私、塔剌斯、塔剌寺、答剌速等。据考证，当年的怛罗斯城位于怛罗斯河右岸，旧址在今哈萨克斯坦江布尔城，也有说在该国塔拉兹城。雅古特在《地名辞典》中将其标音为 Ṭirāz，另引伊本·法基赫的话说："河外地区锡尔河旁的突厥地界有一个叫作塔拉兹的城市。"《蒙吉德》所附"历史大事记"提到 751 年发生的此事时，地点写作"塔拉斯"（Ṭalās）。中国地图出版社 2006 年版《世界地图册》中，标明哈萨克斯坦有一城市，名塔拉兹；吉尔吉斯斯坦有一城市，名塔拉斯。两城相距不足百公里，应该说两城所在之地，便是"怛罗斯之战"发生之地。至于后来两城之间的关系和名称的演变过程，则有待进一步考证。

【译按】

作者关于"怛罗斯之战"的记载，字数不多，但意义重大。此事我国古籍中有明确记载，与阿拉伯人的记载有同有异，可互作参证。很多学者认为，《历史大全》是唯一一部记载此事的阿拉伯史籍，因此意义非同一般。实际上，成书于10世纪后半叶的阿拉伯古籍《肇始与历史》对此已有记载。

关于中国军队参战人数，《历史大全》中的发兵十万、死五万、俘两万，与我国史籍《通典》中的"七万众尽没"基本相符，与《资治通鉴》中的出兵三万、所余数千相去甚远。

关于此战的起因，我国史籍中有较为详细的记载，或明或暗地指出是高仙芝对石国的不义之举招来战事，按现下学者的表述，这是一次"因唐朝边疆大吏高仙芝对石国处置失当而引起的中阿军事冲突"。但《历史大全》作者笔下的唐朝军队俨然是一支仁义之师，只是为援助属国而出兵，还特别强调他们没有对石国国王和他的手下加以迫害。

§16. 第5卷，第42页（伊历134年条下）：

〔关于艾布·达乌德攻打渴石，获到大量中国瓷器等宝物一事，参阅第164页《历代民族与帝王史》§23。〕

§17. 第5卷，第133页（伊历145年条下）：

〔关于巴格达村长向哈里发曼苏尔推荐建都之地时提到"中国"一事，参阅第164页《历代民族与帝王史》§25。〕

§18. 第6卷，第375—376页（伊历267年条下）：

黑人部落的人在隋尼娅同样驻有重兵。艾布·阿拔斯派几员大将率骑兵向隋尼娅方向前进。他命令他们走陆路，如果遇到河要渡过去。他则率另一批人马，上了叫作"沙扎"（al-Shadhā）和"苏梅里亚特"（al-Sumayriyāt）的两种船。黑人看到骑兵非常害怕，急忙上了水边的船。哪料艾布·阿拔斯的"沙扎"很快追了上来。他们无路可逃，只好投降。于是他们一部分被杀，一部分被俘，还有一部分自己跳入水中。艾布·阿拔斯的部下缴获了他们装满稻米的船只，占领了隋尼娅。

此前，艾布·阿拔斯曾看见一只灰鹤，于是放箭将其射中，掉落在黑人的兵营里。他们认出此箭，心中更加恐惧。艾布·阿拔斯回到自己的兵营。后来他征服了隋尼娅。

【译按】

泰伯里《历代民族与帝王历史》中有类似记载（参阅第165页该目§27），但没有“水战”的情节。此段内容提醒我们，这个可能源自“中国”一词、叫作“隋尼娅”（中国的）的地方，离河或湖不远。

§19. 第7卷，第458页（伊历383年条下）：

这一年，人称布格拉汗〔1〕的希哈布道莱·哈伦·本·苏莱曼·伊力克，统治了布哈拉城。他先前攻占了中国〔宋辽时期〕边界上的喀什和巴拉沙衮〔2〕。

〔1〕布格拉汗（Bughrā Khān），喀喇汗王朝的“汗号”之一，其中最著名的布格拉汗是萨图克（卒于955年），他是该王族中第一个信奉伊斯兰教的人，并致力于传播该教。

〔2〕巴拉沙衮（Balāsāghūn），旧作八剌沙衮，是中国古代（宋辽时期）回鹘民族建立的喀喇汗王朝（10—13世纪初）之首府。位置在唐碎叶故城以东，今吉尔吉斯斯坦托克马克以东。雅古特在《地名辞典》中说，此地是距喀什不远、位于锡尔河以外突厥地区的一个大城。

喀喇汗亦作喀剌汗，哈拉汗和黑汗。喀喇汗王朝是我国新疆第一个信仰伊斯兰教的回鹘王朝。其间，继喀什与叶尔羌（今新疆莎车）之后，和田人民在11世纪初最终放弃了佛教；汗国以粟特字母书写的回鹘文字也被阿拉伯字母取代。

§20. 第 7 卷，第 642 页（伊历 408 年条下）：

关于突厥人从中国出兵和托干汗[1]之死的记述。

这一年，超过 30 万帐各种血统的突厥人从中国出兵，其中包括占据河外地区的契丹[2]人，但愿我们在下文中会讲到他们的国王。

他们出兵的原因，是托干汗大病一场，很长时间医治不好。因此他们便想乘机进攻他的国家。他们攻占了一些地盘，虏获甚多，一直打到离巴拉沙衮八日路程的地方。身患重病的托干汗得知消息后，祈求真主让他康复，好对异教徒报仇雪恨，把他们从自己的家园赶出去，然后真主要他怎么样都可以。真主回应了他的祈求，让他痊愈了。于是他调集军队，并致信各伊斯兰国家，动员人们加入战斗。结果共有 12 万志愿兵应召前来。当突厥人知道他已康复以及征召了大批士兵时，他们立刻退兵回国。他尾追他们达 3 个月之久，终于追上了以为路途遥远便可高枕无忧的突厥人。他袭击了他们，杀死 20 万以上的人，俘虏约 10 万人，并掠获牲畜、帐篷无数，以及我们从未有人见识过或听说过的金银器皿和中国各色制品。他踏上返回巴拉沙衮之路，到达那里后旧病复发，不治而终。

〔1〕托干汗（Ṭughān Khān），此处指喀喇汗王朝大汗（al-Khān al-Kabīr）艾哈迈德·托干汗。

〔2〕契丹一词，在阿拉伯古籍中的写法和含义有必要说明。萨迪格·伊斯法罕尼（卒于 1680 年左右）在《阿拉伯语语法研究》一书中说："契丹——Khiṭā，阿拉伯人书写时使用 ṭ，而波斯人则使用 t。"阿拉伯人有时还使用 Qarah Khiṭā'ī，即哈喇契丹或黑契丹。不论契丹还是黑契丹，其所指，在 11 世纪以后的阿拉伯文献中，均为中国古代民族契丹族或其在中国北方地区建立的契丹国即辽（黑契丹一般指西辽）。但是，阿拉伯人在地理概念上也用契丹泛指中国北方，或代指中国，即便在辽灭之后。此外有时它甚至会成为中国的"代名词"。比如，有中国学者认为："在 12 世纪以后，中国的火器也传入阿拉伯。据一种阿

拉伯文兵书说，那时候阿拉伯有两种火器：一种叫‘契丹火枪’，是和敌人交手时用的；另一种叫‘契丹火箭’，是用于远射程的。很明显，这种火枪和火箭，必然是南宋人所习用的火枪和火箭。书中所说的‘契丹’就是中国，并不是契丹和辽。”（见冯克诚、田晓娜主编：《中国通史全编》，西宁：青海人民出版社，1998 年，第 1343 页）

【译按】

作者此段记述的，是 11 世纪初喀喇汗伊斯兰王朝同高昌回鹘佛教王国之间的宗教战争，史称“喀喇汗高昌战争”。此战以喀喇汗王朝的胜利而告终。但这次战争造成大量人口死亡，同时使高昌地区的佛教文化遭到严重破坏。

§21. 第 7 卷，第 643 页（同上）：

盖戴尔汗[1]是位公道贤明、行为正派的人。他发起了多次战争，征服的地方包括中国的呼檀。那里出了很多学者和杰出人物。

〔1〕盖戴尔汗（Qadar Khān），此处应是指历史上和田第一位穆斯林统治者优素福·盖戴尔汗（一译卡迪尔汗）。他曾取得史称“喀喇汗于阗战争”的最后胜利。

§22. 第 8 卷，第 360 页（伊历 485 年条下）：

马立克沙[1]生于伊历 447 年。他相貌英俊、心地善良，被认为是表里如一的好人。从中国边疆到沙姆尽头，从北方伊斯兰国家的最远端到也门的最顶端，人们在做宗教演讲时都会提到他。罗姆诸王也要向他交纳人丁税。他实现了自己所有的抱负。他在位期间，天地公道，国泰民安，堪称清穆之世。

〔1〕马立克沙（Malik Shāh，1055—1092 年），阿拉伯历史上大塞尔柱王朝（1037—1175 年）第三任素丹，也是最有名的素丹。名气之大，名声之好，使得他之后的数位该王朝统治者都取了这个名号。他 18

岁即位，治国有方，使塞尔柱王朝势力达到鼎盛。这个军事封建帝国名义上仍属阿拔斯王朝，实际上由塞尔柱人控制。其版图东起中亚并与中国接壤，西至叙利亚及小亚细亚，南达阿拉伯海，北至基辅罗斯边境。马立克沙时代，不仅国运昌盛，而且文人学者辈出，学术成就斐然。

§23. 第9卷，第117—118页（伊历536年条下）：

关于素丹散杰尔[1]败于契丹突厥部族和后者占领河外地区的记述。

有关这次事件，历史学家们众说纷纭。我们将全面叙述它，以免疏漏和失真。我们说：

这一年的一月，素丹散杰尔败于突厥异教徒。如前所述，原因是此前他杀了花剌子模沙·艾特西兹·本·穆罕默德的一个儿子。于是花剌子模沙遣派使者到正在河外地区的契丹人那里，极力说服怂恿他们出兵攻打散杰尔的王国，并以联姻相许。他们出动了30万骑兵。散杰尔率兵迎击。两军在河外地区展开厮杀，战斗异常激烈。此战以散杰尔全军覆没而告终，10万人被杀，其中11,000名全部为戴缠头巾者[2]，还有4000名妇女，素丹王后亦被俘。散杰尔败逃铁尔梅兹[3]，后转至巴勒赫。

〔此处略去散杰尔与艾尔赛兰汗联合后又反目的记述约1000字。〕

在此之前的伊历522年，中国独眼（al-'A'war al-Ṣīnī）已经率部众到达喀什的边缘地区，其人数之多，只有真主才知道。喀什首领准备迎战，他的名字是汗·艾哈迈德·本·哈桑。他调集军队，率兵出击。双方大战一场。中国独眼败北，众多部下被杀，后来他便死了。中国可汗（Kūkhān al-Ṣīnī）取代了他的位置。

可——在中国语言中是他们最大之王的称谓；汗——是突厥首领的称谓，意思也是最大之王。中国可汗的穿戴与那些国王一样，连面罩也不例外。他信奉摩尼教。当他从中国来到时，契丹突厥人便投奔了他。

艾尔赛兰汗（'Arsalān Khān）·穆罕默德·本·苏莱曼，每年都将一万帐的突厥人驱置在本土和中国之间的各条山道上，以阻止任何一个国王穿越他的国家。他批给他们粮饷和封地。有一年他对他们非常不满，便抢走了他们的女人，以免他们生儿育女。于是他们感到生活压抑，但又茫茫然不知何去何从。事有凑巧，这时正好有一支载着大量金银财宝的庞大商队从他们那里经过。他们将其扣住，把商人叫来并对他们说："如果你们想要自己的钱财，那就告诉我们一个可以容纳我们和我们的财富的，水肥草美牧场宽阔的国家。"经过合计，商人们一致推荐巴拉沙衮国，并把它好好描述了一番。他们把钱财还给了商人，但将他们的一些代理人捆绑起来，还抢走了他们的女人。然后他们向巴拉沙衮进发。艾尔萨兰沙经常发动战争，侵扰他们，所以他们对他怕得要命。

日复一日，到了中国可汗出兵时，他们也与他联合起来。于是他们的势力更加强盛，人丁也成倍增加。他们每占一城，对当地居民并不强行改变他们什么，只是向城乡每户索取一个第纳尔，至于庄稼牧草等则全留给当地居民。每个归顺他们的国王，腰间都要佩带一个类似银牌的物件——这是归顺者的标记。

〔……〕

散杰尔出发与突厥人会战。他于伊历535年12月过河向河外地区前进。麦哈穆德·本·穆罕默德汗，向他抱怨割禄[4]突厥人的骚扰。散杰尔遂出兵打击割禄人，致使后者投奔中国可汗。接着散杰尔在撒马尔罕扎营。可汗修书一封给他，为割禄突厥人说情，要他宽恕他们。散杰尔没有接受他的调解，回信让他信奉伊斯兰教，并威胁恐吓他：若不改宗，将率大军将其消灭。他说他的士兵不仅人数众多，而且在战斗中能够娴熟使用各种兵器。他甚至夸张地说："他们能用箭将头发射断。"当时他的宰相塔希尔·本·法赫尔穆鲁克·本·尼扎姆穆鲁克认为此信甚为不妥，但他不听劝告，坚持派使者将信送出。当这封信读给可汗听了之后，可汗命人将使者的胡子揪住，并给使者一根针，让他用针扎断自己的一根胡须。使者无论如何做不到。可汗遂道："你用针尚且无法将胡须扎断，你的同伙岂能用箭射断头发？！"

可汗准备开战。他的手下有包括突厥人和契丹人在内的中国军队。他与散杰尔素丹正式交锋。两支大军在一个叫作卡特万（Qaṭwān）的地方杀得难解难分，犹如两片汹涌碰撞的大海。可汗渐占上风，将对手逼入一个叫作戴尔盖姆（Dargham）的河谷。当时散杰尔的右翼是盖马吉王子，左翼是锡吉斯坦国王，辎重在后面。双方交战的时间是伊历 536 年 2 月。

此日之战，可汗一方作战最为勇猛的是先前在散杰尔面前落荒而逃的割禄突厥人，而素丹一方作战最为出色的是锡吉斯坦国王。最终穆斯林军队惨遭败绩，被杀者不计其数，仅在戴尔盖姆河谷中死伤即达一万人。素丹散杰尔败阵而逃，锡吉斯坦国王、盖马吉王子和素丹王后——艾尔赛兰汗的女儿皆被生擒。过后异教徒们将他们释放了。死者中还有祖籍布哈拉的著名哈乃斐派教法学家侯萨姆·欧麦尔·本·阿卜杜·阿齐兹·本·马赞。伊斯兰历史上，穆斯林在呼罗珊从未遭到比这更惨重的失败，从未有如此多的人被杀。

属于异教徒的契丹突厥人在河外地区站稳了脚跟。可汗住到伊历 537 年 4 月，在这里去世。他相貌英俊，器宇轩昂，衣服只穿中国丝绸制作的。他在属下面前很有威严。他从不给任何首领封地，而是由他本人发给俸禄，并且每个首领手下的骑兵不可超过 100 名，以防他们犯上作乱。他禁止属下横行霸道和酗酒生事，违者严惩。但他不禁止通奸（al-Zinā），也不处罚当事人。

他死后，他的一个女儿继承父位。未过多久，她也死去，取而代之的是他的妻子和侄女。契丹人占据河外地区，一直到伊历 612 年阿拉丁·穆罕默德·花剌子模沙从他们手中将其夺回。

〔1〕散杰尔（Sanjar），一译桑贯儿，大塞尔柱王朝最后一位素丹，1157 年死后，该王朝灭亡。

〔2〕此处“戴缠头巾者”，笔者理解为大食人。但确切的含义有待查究。

〔3〕铁尔梅兹（Tirmidh），位于阿姆河北岸今乌兹别克斯坦境内的一个城市，与阿富汗仅一河之隔。铁尔梅兹或特尔梅兹等均为现译名，我国

古称怛满或怛没（《新唐书·大食传》）。

〔4〕割禄（al-Qārghuliyah），亦称葛逻禄，是6—13世纪中亚的一个游牧部落。

【译按】

作者此段记述的，是1141年左右大塞尔柱王朝与中国西辽王朝在卡特万草原上进行的一场重大战役。其中“中国可汗”，应是指辽朝的耶律大石（1131—1143年在位）。他在征服突厥各部落后，建号称帝，号天祐皇帝，又号古儿汗，仍用辽国号。史称西辽，又称哈喇契丹（黑契丹）。1134年在巴拉沙衮建都，号为虎思斡鲁朵，建都后东征喀什进至和田，向西征服撒马尔罕和花剌子模（史称火寻），死后，依汉制立庙号德宗。他死后由皇后执政七年，再传子（仁宗），子死后其妹摄政。作者记述中的女儿、妻子和侄女继位，虽与中国史籍记载不完全相符，但看来他对“中国可汗”的家系是相当了解的。文中“中国独眼”，不知所指何人。依辽朝世系表，耶律大石的“前任”是天祚帝耶律延禧，但此人是在夹山（今内蒙古萨拉齐西北大青山中）附近与金兵作战中被俘败亡的。他是否为独眼，更不得而知。因此此处的“中国独眼”恐另有其人。

卡特万之战是中阿关系史上一次重大事件。此战虽非直接发生于阿拔斯王朝与宋王朝之间，但塞尔柱帝国名义上归属于阿拔斯王朝是毫无疑问的，而辽（包括西辽）“是契丹族在中国北方地区建立的一个王朝”，即中国历史上的一个王朝，也是毫无疑问的。作者笔下的“中国可汗”和“中国独眼”，其中国色彩与背景同样不言而喻。此战的规模比怛罗斯之战还要大，中国可汗仅骑兵便出动30万，而散杰尔素丹统帅的10万穆斯林大军则全军覆没。虽然这些数字存在夸大的可能，但作者也承认穆斯林在呼罗珊地区从未遭受如此惨重的失败。

此外，本段文字（包括略译部分）中较有意思的是，作者不仅对“可汗”一词进行了“拆析”，而且将古代阿拉伯人对可汗的各种表达几乎都展示了一遍。例如：

1.كوخان（Kūkhān），这与汉语中可汗的对音是相当接近的。可汗是“古代鲜卑、突厥、回纥、蒙古等族最高统治者的称号”，中国人或用可汗或用其简称“汗”，可汗亦称大汗，与作者的解释相吻合。

2.خان（Khān），使用频率较高。一般放在人名后面，不连写，比如阿拉伯文的艾尔赛兰汗、成吉思汗。偶尔也放在人名或地名前面，可连写可不连写，比如阿拉伯文的汗八里（Khānbāliq，通指元大都）。

3. الخاقان（al-Khāqān）。有时音译作“汗甘”，有时意译作可汗或汗。阿拉伯人将其放在人名前，一般加冠词。此段文字中提到一个叫“穆罕默德汗”的人，作者在几行文字前也将其写作“汗甘·穆罕默德”。可见它与“汗”的含义无甚区别。

4. الملوك الخانية（al-Mulūk al-Khāniyah），较少见，意思应是汗国的王——“汗王”。比如作者曾说，某地在突厥汗王们手中。但这可能不是一个专门的称谓，尽管我国史籍中有“王汗”一说。

5. 作者没有提到的“大汗”，但其他阿拉伯古籍中有时在“汗”后面加“大”的形容词，明确表示大汗（al-Khān al-Kabīr）。

§24. 第10卷，第126页（伊历590年条下）：

伽色尼国王希哈布丁·古利，先前已派手下大将古特布丁·艾拜克进军攻打印度。他攻入该国，屠杀抢掠一番后返回。贝拿勒斯[1]国王听到这个消息后，屯聚人马，集结兵力，大举进军伊斯兰国家。他是印度最为强大的国王，领土上自中国边界，下至马拉瓦（Malāwā）国，左起拉合尔再行十日之地，右到大海。

〔1〕贝拿勒斯（Banāris），又称瓦拉纳西。位于今印度北方邦东南部，印度教圣地，著名历史古城。

§25. 第 10 卷，第 260 页（伊历 604 年条下）：

花剌子模沙在契丹打败了契丹一部并俘获其先锋后，其中得以脱逃者来到他们的国王那里。后者当时尚未全面参与战争。他们聚集在他的周围。当时有个很大的鞑靼部族，先前离开中国的边地。他们与契丹之间，素有仇隙，常年交战。

§26. 第 10 卷，第 288 页（伊历 611 年条下）：

阿曼人之所以服从霍尔木兹首领，是为了保障从霍尔木兹到阿曼的船主们的安全。霍尔木兹是一个非常大的港口，是来自印度远方、中国和也门的商贾们的聚集地。

§27. 第 10 卷，第 334 页（伊历 617 年条下）：

这一祸国殃民的事件[1]，其发展犹如风卷残云一般。他们从中国边疆出发，占领了河外地区，比如撒马尔罕、布哈拉等地。

〔1〕原文指这一事件的小标题为：关于鞑靼人出兵伊斯兰国家的记述。此处鞑靼人系指成吉思汗西征所率领的军队。

§28. 第 10 卷，第 347 页（同上）：

这些鞑靼人的所作所为，人们从古至今闻所未闻。一个从中国边境出兵的部族，在不到一年的时间里，其中一部从这个方向竟然打到了亚美尼亚，而从哈马丹[1]方向竟然穿越了伊拉克。

〔1〕哈马丹（Hamadhān），位于今伊朗西部，历史名城，曾为古波斯历代帝王的夏都。

《前尘殷鉴》

al-'Ibar fī Khabar Man Ghabar

作者与作品简介

扎哈比（al-Dhahabī，1274—1347年），著名历史学家，大马士革人氏。阿拉伯史学史研究者，有时将古代阿拉伯人治史模式粗分为两类，即“编年＋事件”和“编年＋人物”。前一模式的代表人物是伊本·赫勒敦，后一模式的代表人物之一便是扎哈比。但他并不排斥前一模式，而是兼容并蓄，以致成为阿拉伯史学史上以两种模式双管齐下的伟大历史学家。此外，作者也是阿拉伯历史上勤勉好学的楷模，颇得后人嘉赞。他的父亲对他特别疼爱，当他为亲聆大师教诲外出游学时，父亲常为此担惊受怕，于是不让他再外出。他非常孝顺，遵从父亲的旨意待在家里，但内心深处还是向往外出求学，遂终日郁郁寡欢。父亲见状心有不忍，于是父子约定外出一次最长不得超过4个月，儿子每次都按期返家。扎哈比曾作过一首自勉自励的长诗，其中两句是这样的：

前人经纶书万卷，求知不容半日闲。
一席教诲百愿足，终生向学死无憾。

《前尘殷鉴》是扎哈比诸多历史著作中的代表作，也是阿拉伯史籍中将编年体、纪传体和纪事本末体结合得比较完美的典型，属于简史类作品。在阿拉伯学术史上，根据前人鸿篇巨制进行缩编，是古代阿拉伯著作家一大技巧，常有青出于蓝而胜于蓝之作。扎哈比本人便曾缩编过伊本·阿萨基尔的《大马士革全史》、海提布的《巴格达志》等著名地方志著作。《前尘殷鉴》的时间跨度为伊历元年至764年。全书约合中文120万字。

版本 贝鲁特学术书籍出版社，1995年，精装16开，4卷本。

◎译文

§1. 第 1 卷，第 76 页（伊历 88 年条下）：

这一年，突厥人联合拔汗那和粟特人，在中国〔唐朝某隶属藩国〕国王外甥的率领下，聚集了从未听说过有如此之多的大批人马，发动反击。据说他们有 20 万之众。古太白·本·穆斯林与他们会战，并战胜了他们。

§2. 第 1 卷，第 460 页（伊历 310 年条下）：

教法学家艾布·哈米德·伊斯法拉依尼说："即便有人前往中国去收集像穆罕默德·本·杰里尔·泰伯里这样好的《〈古兰经〉经注》，其所获也不会很多。"

§3. 第 2 卷，第 460 页（伊历 541 年条下）：

这一年去世的还有艾布·哈桑·萨德·海依尔·本·穆罕默德·本·赛赫勒·安萨利·安达卢西·巴伦西，他是圣训学家，曾前往中国经商。他也是位教法学家和知识渊博的学者。听艾布·阿卜杜拉·尼阿利和塔拉德·本·穆罕默德等人传述过圣训。曾在伊斯法罕居住过一段时间，后移居巴格达。曾师从安萨里（al-Ghazzālī）学习教法学。1 月去世。

§4. 第 4 卷，第 14 页（伊历 706 年条下）：

这一年，人称伊本·赛瓦米里的著名商人领袖、伊拉克人杰马勒丁·伊卜拉欣·本·穆罕默德在设拉子去世，享年 76 岁。"赛瓦米勒"（Sawāmil）的意思是瓷制茶杯。当初他以给珍珠钻孔为业，攒下 2000 银币后，前往中国经商，赚了大钱。后从盖安[1]去了伊拉克。他对待百姓十分友善。他有几个儿子像国王一样。后来他遭遇抄家之祸，巨额财产被查没。

〔1〕盖安，阿拉伯语原文为：القآن（al-Qa'ān）。虽然前一句中提到中国，

但若将其视为中国的地名，尚无确凿根据。

【译按】

本段内容可参阅第262页《名人全传》§2。《名人全传》作者萨法迪（1296—1362年）为扎哈比同时代人，也是他的朋友，还为他写过悼亡诗。萨法迪称伊本·赛瓦米里为“伊拉克的首领”，扎哈比则称其为“伊拉克人”和“商人领袖”，后者的记述比较符合逻辑和常理。

§5. 第4卷，第37页（伊历713年条下）：

这一年中，著名商人领袖伊赞丁·阿卜杜·阿齐兹·本·曼苏尔·库莱密（al-Kulaymī），在亚历山大寿终正寝。他的父亲原是阿勒颇的犹太教徒，后改宗伊斯兰教并开始从事商业活动。伊赞丁去过中国。他是位仗义疏财、乐善好施的人。当他经过也门时，曾被也门君主索去30万银币。

【译按】

在阿拉伯古籍中，我们已多次见到当年阿拉伯地区大城市的“商人领袖”具有“中国背景”。除本书提到两次外，至少第343页《歌诗》§4和第439页《文学宝库与语言菁华》§4中也都提到了“中国商人”（此处商人一词为波斯语Duhqān，其本身便具有领袖之意）。他们在当年阿拉伯商界的地位应引起我们的重视。他们能够成为商界领袖，可能有三个原因：一是去中国经商而变得财力雄厚，二是去过中国本身就是见多识广的标志，三是本人属中国移民且富甲一方。

《往事镜戒》

Mir'āt al-Janān wa 'Ibrat al-Yaqẓān

作者与作品简介

本书书名此处为简译，全译应作《了解被认为是往昔事件的心灵之镜和警醒之戒》。阿拉伯人经常将其简称作《心灵之镜》。作者亚菲依（al-Yāfi'ī，1298—1367年），本名阿卜杜拉·本·艾斯阿德·本·阿里，字艾布·穆罕默德，号阿菲夫丁（宗教之廉正者）。以附名亚菲依闻名于世，附名源出其出生成长之地——也门亚丁附近的亚菲阿。卒于麦加。著名阿拉伯学者，尤以历史学见长，同时也是也门沙斐仪教派名士。主要著作有：《传播高贵美德》《伟大的〈古兰经〉中特殊的真珠》《君子美德的香草花园》等。

《往事镜戒》是作者的史学代表作，为其赢得很大声誉。该书特点是语言简洁明了，叙述简明扼要，省略了大量一般读者觉得比较烦琐的人名，一改前人面面俱到、不厌其详的治史风格，被认为是阿拉伯"简史"类著作中比较典型和成功的一部。该书为编年体，时间跨度为伊历元年至750年。全书4卷，约合中文150万字。

版本　贝鲁特学术书籍出版社，1997年，精装16开，4卷本。

◎译文

§1. 第1卷，第143页（伊历88年条下）：

这一年，突厥人会同拔汗那和粟特[1]人，在中国〔唐朝某隶属藩国〕国王外甥的率领下，聚集了据说20万人马发动反攻。古太白·本·穆斯林与他们展开会战，最终战胜了他们。

〔1〕粟特，在阿拉伯古籍中的写法比较混乱，一种是本文中的 الصفد（al-Ṣufd），更多的是 الصغد（al-Ṣughd），偶尔也写作 سغد（Sughd），显然该地名的阿拉伯语字母在抄本中非常容易混淆。雅古特在《地名辞典》里取第二种，也未提到还有其他写法。他还在该词条下说："据说粟特是'两个粟特'的统称，即撒马尔罕的粟特和布哈拉的粟特。"

§2. 第 2 卷，第 195 页（伊历 310 年条下）：

以伊本·胡泽麦（Ibn al-Khuzaymah）闻名于世的伟大教长说："我不知道在大地上还有比穆罕默德·本·杰里尔·泰伯里更优秀的人，罕百里教法学派[1]的人对他是不公平的。"

教法学家艾布·哈米德·伊斯法拉依尼说过："即便有人前往中国去收集像穆罕默德·本·杰里尔这样好的《〈古兰经〉经注》，其所获也不会很多。"

我说："两位伟大的教长如此高的评价和如此美好的赞誉，对于他来说仍是远远不够的。"

〔1〕罕百里教法学派（al-Ḥanbaliyyah），伊斯兰教法学派之一。与哈乃斐、马立克、沙斐仪学派并称为逊尼派四大教法学派。在四大教法学派中，素以经典派著称。

§3. 第 4 卷，第 46 页（伊历 624 年条下）：

据说那些事发生在那个鞑靼[1]暴君死去的年代。他是他们最大的素丹，破坏摧毁了大地上的国家和城市。正是他纠集大批军队，从中国沙漠（Bādiyah al-Ṣīn）出发，降服了蒙古[2]。他的名字据说叫铁木真（Tamarjīn）。

〔1〕鞑靼（al-Tatār），阿拉伯古籍中有时也写作 al-Tatar，其出现频率比"蒙古"要高得多，时间也早得多。古代阿拉伯著作家认为铁木真属于这一民族，以今天的概念这显然是不够精确的。鞑靼的称呼在早期

中国历史中所指各有不同，与后来欧洲人所称的“鞑靼”无关，应以中国正史所载为准。

〔2〕蒙古（al-Mughul），阿拉伯古籍中有时亦作 al-Mughūl。这个词应是指当年成吉思汗建立的蒙古帝国，与现在的蒙古（Manghūliyā）不是一个概念。而本书作者所说的成吉思汗“降服了蒙古”，更准确的表述似应为他“统一了蒙古各部”。

§4. 第 4 卷，第 87 页（伊历 644 年条下）：

这一年，穆斯林夺取阿斯盖兰〔1〕，此前数日夺取太巴列〔2〕。同年，国王萨利赫·奈杰姆丁〔3〕从国王赛义德手中夺取隋尼娅（al-Ṣiniyyah），并为此补偿他很多金钱，同时在埃及准备送给他 100 名骑兵。

〔1〕阿斯盖兰（‘Asqalān），古称 ’Ashqalūn，我国出版的地图一般根据后者译作阿什克伦或阿什凯隆。位于地中海沿岸今巴勒斯坦境内加沙以北。古时为迦南一城市，巴勒斯坦人占领它后，使其成为古代巴勒斯坦五大名城之一。十字军战争时的重要战场。1247 年曾遭马穆鲁克王朝军队破坏。

〔2〕太巴列（Ṭabariyyah），位于今巴勒斯坦境内太巴列湖西岸的城市（东岸为今叙利亚戈兰高地）。著名古城，约建于公元前 26 年。

〔3〕萨利赫·奈杰姆丁（al-Ṣāliḥ Najm al-Dīn），阿拉伯历史上著名人物，艾尤布王朝末代素丹（1240—1249 年在位），同时也被认为是马穆鲁克王朝的创始人。更重要的是，他是人称第一位伊斯兰女王的莎婕莱杜尔（Shajarah al-Durr）的丈夫。他们的经历一直是后世阿拉伯史学家、文学家研究和创作的内容与素材。

【译按】

本段中出现的“隋尼娅”，应该说比较重要。单从字面看，加冠词的隋尼娅至少有三种解释：一是“那个盘子”，二是“那个中国女人”，三是地名。从文中连用三个动词“夺取”分析，此处应为地名。不同的是，国王奈杰姆丁“夺取”这个隋尼娅后补偿国王赛义德很多钱，说明他们之间不是敌对关系。

令人感到有点费解的，是本书校勘者为一个人们比较熟悉的地名“阿斯盖兰”加了注释，居然对“隋尼娅”不闻不问，给人感觉这个地方要么大家都知道，要么大家都不知道。此处隋尼娅若确为地名，我们自然不能一下跳跃到阿拉伯古籍中记载的中国南部沿海一带叫这个名字的地方，也不能跳跃到伊拉克瓦西特附近叫这个名字的地方，所能联想到的，只能是雅古特等阿拉伯著名史地学家曾经提到的“亚历山大附近有一叫隋尼娅的地方”。艾尤布王朝的势力范围基本是在今埃及和叙利亚一带。

《始末录》

al-Bidāyah wa al-Nihāyah

作者与作品简介

伊本·凯西尔（Ibn Kathīr，1302—1373 年），本名伊斯梅尔·本·欧麦尔·本·凯西尔·本·道伊，号伊马德丁（意为宗教之柱），字艾布·菲达，附名布斯拉威·大马士基，以伊本·凯西尔闻名于世。阿拉伯著名经注学家、教法学家和历史学家。生于叙利亚南部的布斯拉，幼年丧父，随兄长前往大马士革求学，凭借自己的刻苦勤奋和聪明才智，在几位学术大师的教导下，成为伊斯兰历史上著名学者。其经注学名作《伟大的〈古兰经〉之诠释》(亦称《伊本·凯西尔〈古兰经〉注》)，选用资料多系圣训及伊斯兰教前贤的言论，是“以经解经”的经典之作，“被认为是传闻经注中最有权威的著作”。其传于后世的著作约 30 部，涉及经注学、圣训学、教法学、先知传记、历史、人物传记以及音乐等学科。

《始末录》是作者最为重要的历史著作，在阿拉伯史学史中占有重要地位。作品沿袭阿拉伯通史类史籍的写作惯例，从创世纪开始，继而是天地形成和当时已知世界及江河湖海之概述，然后是世界各民族和伊斯兰教诞生前阿拉伯社会状况之记述，以上部分为纪事本末体，从伊斯兰纪年开始以编年体形式记述了从先知穆罕默德生平到自己逝世前两年的历史。该著作与众不同之处是在先知传记上用了大量笔墨，即从第 2 卷末至第 5 卷结束，加上对四大哈里发的记述，占去该著作相当大的篇幅。这部分内容，使他成为先知传记学方面的权威，备受后人推崇。他本人也据此又写成《众先知的故事》一书，传于后世。阿拉伯当代知名学者沙基尔·穆斯塔法在其史学史名著《阿拉伯历史和史学家》中这样评价他：“伊本·凯西尔博采众长，从泰伯里、伊本·艾西尔、伊本·焦济和伊本·赫里康等诸多名家著作中汲取养分，是一位承前启后的集大成者。

他的《历史》(即《始末录》)脉络清晰，选材精审，详略适当，而对过去事件发表看法并提出批评，更成为这部著作的鲜明特点。”〔见沙基尔·穆斯塔法:《阿拉伯历史和史学家》(第4卷)，贝鲁特：贝鲁特民众知识出版社，1983年，第83—84页〕《始末录》原书14卷，合中文700余万字。

版本 贝鲁特知识(al-Ma‘ārif)书店，1990年，第2版，精装12开，8卷合订本(原作2卷合订1卷，末卷为索引，以下第×卷为原作卷数)。

◎**译文**

§1. 第1卷，第25页(海洋与河流条下):

有人居住的世界向东延伸，再转向大地之南，那里有扎比吉群岛，其岸上有许多荒凉的土地。然后向东北方向延伸，直到与中国海和印度海连接，继而向东直至已发现之东方大地的尽头，那里是中国。接着从中国东部转向北方，穿过中国至雅朱者和马朱者壁垒。

从东洋[1]分支出另外几个海，其中岛屿密布，以至据说印度海中就有1700个海，此间除无人岛(al-Jazā’ir al-‘Āṭilah)外均有城市和建筑。这片人称绿海的海域，其东为中国海，西为也门海，北为印度海，至于其南则人所未知。

人们说在印度海和中国海之间有群山相隔，山与山之间就是人们行船的通道，就像他们在陆地走在山谷一样。

〔1〕东洋(al-Muḥīṭ al-Sharqī)，应是古代阿拉伯人所指大洋的东部。他们的古籍中亦称“大洋”为环海或绿海。

§2. 第7卷，第127页(伊历22年条下):

当艾赫奈夫[1]接近木鹿沙赫疆时，叶兹戴杰尔德离开那里前往木鹿鲁兹。[2]于是艾赫奈夫占领了木鹿沙赫疆并驻扎下来。叶兹戴杰尔德到了木鹿鲁兹之后，分别修书给汗甘，即粟特国王和中国国王，希望他们前来求援。

〔1〕艾赫奈夫，参阅第178页《历代民族与帝王史通记》§12注〔1〕。

〔2〕有关木鹿沙赫疆和木鹿鲁兹，参阅第154—155页《历代民族与帝王史》§11注〔1〕。

§3. 第7卷，第128—129页（同上）：

当叶兹戴杰尔德被一些首领问及他究竟要到哪里去时，他说："我决定前往中国，或是与汗甘在一起。"于是他们说："我们以为不如与阿拉伯人讲和，因为他们是信守诺言的人，而且有宗教信仰。我们与他们为邻比同别人在一起要好得多。"他没有接受他们的劝告，并派使者前往中国国王那里请其出兵相助。中国国王向使者询问这些一路攻城拔寨所向披靡的人的特点，后者如实禀报，并告诉他这些人如何骑乘马和骆驼、如何为人处事、如何祈祷等。于是中国国王让他带回信件给叶兹戴杰尔德，信中说："我清楚地知道我应尽的义务，本可派出一支先头部队在木鹿、后续部队在中国的大军。然而你的使者为我描述的这些人，攻克群山如履平地，如果我去援助你，那我也会全军覆没——假若他们真像你的使者描述的那样。所以，你还是委曲求全与他们讲和为上。"

§4. 第9卷，第75页（伊历88年条下）：

这一年，古太白·本·穆斯林攻打了中国国王的外甥库尔布伽努[1]。后者领有粟特和拔汗那等地20万之众的军队。古太白手下则有一先前被俘的奈伊扎克（Nayzak）。两军交战异常激烈。古太白大获全胜，缴获很多金钱财产，杀死并俘虏众多敌军士兵。

〔1〕库尔布伽努（Kūrbughānūn），在第158页泰伯里《历代民族与帝王史》§16中作库尔·穆加努·突尔基。

§5. 第9卷，第87—88页（伊历93年条下）：

至于古太白，则一直打到中国边界。他派人出使到中国国王处，要他归顺。中国国王非常害怕他，于是派人给他献上很多金银财宝和珍奇物件，尽管他势力强大、兵多将广，但还是派使者前去求和。至此，那一带的所有国王出于对他的恐惧，无不向他缴纳地租。要是哈加吉活着，那他是不会放过中国的，一定会与其国王会战。哈加吉死了，大军只好撤回。后来古太白被杀，死在一些穆斯林手中。

【译按】

本段文字的前面，记述的是哈加吉的侄子穆罕默德·本·加西姆征服印度的经历，作者此处提到古太白所谓迫使中国国王纳贡一事，是为了呼应前文和烘托阿拉伯帝国军队对整个东方的控制。实际上阿拉伯史籍中每每提及的关于中国国王纳贡的传说，应是作者下文将要详细记述的、发生于伊历96年的一个事件。

作者此处有关古太白退兵原因的真实告白，似应引起我们的特别注意。依据阿拉伯史籍的记载，当年阿拉伯帝国的军队曾经几次打到中国边地，都因其内部发生变故，确切说是内讧而未能继续前进。阿拉伯史学家对此是直言不讳的，就像本段文字中所说要是哈加吉活着这一仗不可避免。而以往一些中国学者在提到这几次（包括怛罗斯战役后）阿拉伯人退兵之事时，则常常以原因不明或可能出于与唐朝交好的愿望作为一种既模糊又勉强的解释，似乎有点担心历史上的兵戎相见会影响今天中阿友好的主旋律。其实这大可不必，历史就是历史，史学专家将其真实地展现在今天的读者面前，是一种义务和责任。事实证明，在中阿关系史上，即便有怛罗斯战役那样的阿拉伯帝国与大唐直接交战的插曲，也不曾影响他们世代友好的主旋律。

§6. 第9卷，第95页（伊历94年条下）：

这一年，古太白征服沙什和拔汗那，直抵隶属拔汗那的另两座城池呼兼德[1]和喀珊[2]。这是在他料理完粟特的事情和征服撒马尔罕之后。接着他继续征战，一直打到喀布尔。他将该城包围，并最终占领了它。为此他曾与为数众多的偶像崇拜教徒在呼兼德展开激战，经过几次交锋最终大获全胜。他从他们手中夺下该地，杀死和俘虏很多敌兵，缴获钱财无数。伊本·杰里尔泰伯里说，赛哈班·瓦伊勒（Sahbān Wā'il）曾在自己的诗句中提到他们在呼兼德——这个距离中国很近的城市——的战斗情景。

〔1〕呼兼德（Khujandah），即《新唐书·西域传》中之俱战提，《酉阳杂俎》中之俱振提。

〔2〕喀珊（Kāshān），今译卡尚或卡善，指今伊朗境内卡尚一带。

§7. 第9卷，第140—142页（伊历96年条下）：

这一年，古太白·本·穆斯林征服属于中国〔唐朝〕领土的喀什。他向中国国王派出使者，对其进行恐吓和威胁，并以真主发誓，若不脚踩中国的土地、不将他们王公贵族掳为人质、不收取他们的人丁税决不收兵，除非他们皈依伊斯兰教。使者们前去觐见他们最大的王。他在一座非常大的城市里，据说此城有90座门，并有城墙围绕。人们称此城为汗八里（Khān Bāliq），它是最大的城市，也是收入最丰、人员往来最多、最为富有的城市。以至有人说幅员宽广的印度对于中国的势力范围来说不过是一颗痣。中国人由于自己钱财充足、物质丰富，所以根本不用到其他国家去，而其他国家的人则由于中国疆域辽阔和物产繁多需要到他们那里去。因为中国国王兵多将广、强大无比，其他国家的国王都要向他缴纳地租。当使者们进入中国后，他们发现那确是一个十分伟大而且设防非常严密的王国，到处是河流和市场，无论走到哪里都是一派美好繁华的景象。他们要见的国王住在一个异常坚固的大城堡中，其规模与一座大的城市相差无几。中国国王问他们：

"你们是些什么人啊？"

当时的使团共有300人，为首的是胡白莱。未等他们回话，中国国王又对自己的通事说：

“你问问他们，他们是什么人？此番前来目的是什么？”

“我们是古太白·本·穆斯林的使者。”他们说，“他要你皈依伊斯兰教。如若不然，要么交纳人丁税，要么兵戎相见。”

中国国王生气了，命人将他们带到一个住处。次日他召见他们，问道：

“你们是如何敬拜你们的神的？”

他们按照自己的习惯做了礼拜。看到他们反复跪拜的样子，他笑了起来。他又问：

“你们在自己的家中是什么样子呢？”

于是他们穿上表示各自职业的服装。之后他命他们退下。再一日，他派人去问他们：

“你们觐见自己的国王时是什么样子呢？”

于是他们穿上彩饰礼服，带上缠头巾，披上花缎外袍，来到国王面前。国王说了句“你们退下吧”，他们便回去了。过后国王问他的手下：

“你们如何看这些人？”

“这次看着比前一次更像男人的样子了。”这些人回答。

第三天他又派人去问他们：

“你们如何面对你们的敌人呢？”

这次他们拿出兵器，披戴铠甲头盔，佩剑持矛，肩背弓弩，跨上骏马，直奔王宫而去。中国国王看到他们，就像看到群山迎面而来。待到近前，他们个个挽起袖子，举起长矛向国王冲去。此时有人说了句“你们请回吧！”——因为恐惧已然占据了中国人的心。于是他们扬长而去，一边挺起手中矛枪向前一伸一缩作刺杀状，一边策马飞奔，仿佛要让马儿去追赶矛尖。国王问手下：

“你们如何看这些人呀？”

“我们从未见过像他们这样的好汉。”众人回答。

到了晚上，国王派人到他们那里传话说：

"你们派一位首领也就是最优秀的人前来觐见吧。"

他们推派了胡白莱。国王见到他后，说道：

"我的赫赫王权，想必你们已经见识了。在我这里，你们就像我手心的一个蛋，我想怎么样别人都奈何我不得。我问你一件事，你要照实说，否则我便杀了你。"

"那你问吧。"胡白莱说。

"你们这三天所穿的衣服分别表示什么意思呢？"

"第一天所穿的，是我们和自己家人、女人在一起时穿的衣服。第二天的，是觐见我们的国王时所穿的。第三天的，是与敌人相遇交战时穿的。"

"如此看来，你们的所作所为真可谓无可挑剔。"国王说，"你们回到你们主帅——也就是古太白——那里去吧，并且转告他，让他从我的国家撤兵，就说我已经知道他贪得无厌，也知道他兵力不足，否则我将派人把你们杀个片甲不留。"

胡白莱听后说道：

"你就这样对古太白说?！他的军队先头骑兵在你的国家，后续部队一直排到橄榄树生长之地，你说他兵力不足？再者说，一个能够征服世界、现在已经打到你的家门口的人，你怎么能说他贪得无厌呢？至于你以杀死我们相威胁，我得告诉你，我们知道自己都是天定死期，如果它要来，那么在我们看来最荣耀的就是被敌人所杀，因此我们不讨厌死，也不害怕它。"

"那怎样才能使你们的主帅满意呢？"国王问。

"他已发誓，若不脚踩你的土地、不将你们王公贵族掳为人质、不从你的国家收取人丁税，他决不收兵。"胡白莱说。

"我可以让他解除这个誓约。"国王说，"我给他送去我国土上的土，再派去 4 个王家子弟，同时献上无人可以估量其价值的大批黄金、丝绸和中国服饰。"

接着，双方反复进行讨价还价，最终达成一致：中国国王要用一些特大黄金盘子放上其国土的土，送到古太白那里让他踩；派一批王子和王公子弟，让他带走作为人质；送上大量金银财宝抵人丁税，好让古太白解除誓约。据说他总共派出400名王家子弟。

古太白见到中国国王送来的这些人和物之后，全部收下。因为此前他已得知穆民的领袖瓦立德·本·阿卜杜·麦立克〔705—715年在位〕亡故的消息，所以他攻打中国的决心也就破碎了。

【译按】

有关本段文字所记内容，可参阅泰伯里《历代民族与帝王史》中有关此事的最早记载。阿拉伯史学家有时让人感到有点奇怪，他们对连中国史籍都明文记载中方惨败的、在中阿关系史和世界文明史中均具重要意义的怛罗斯战役似乎不感兴趣，因此很少提及，反而对明显带有民间传说色彩的“中国国王纳贡”一事有所偏爱，因此在他们的史籍中屡见不鲜。自泰伯里根据呼罗珊一无名老人的口述，将此事载入史册后，阿拉伯史家纷纷将其引入自家著作，所记内容和情节大同小异。但本书作者伊本·凯西尔毫无疑问是把这个“故事”铺张渲染到极致的一位。他笔下的“最大的王”“汗八里”等词语，以及将使者人数由10至12名扩大到300名、将送去充当人质的中国王子王孙人数由4名增加到400名等记述，在他之前的阿拉伯史籍中都是不曾见到的。作者在此段中使用的夸张手法，实际上是他的一个败笔。

本来我们在议论此事时，是可以给阿拉伯史学家留下余地的，即当古太白的军队势如破竹打到中国境内喀什的时候，包括“喀什王”在内的一些被中国皇帝封为“王”的部族首领，有可能降顺于他，也有可能答应他的三项要求：献土、送人质和缴纳人丁税。阿拉伯语中的“麦立克”（Malik），可以泛指大大小小的“王”。也许当年中国边远地区的藩王、郡王和自立为王的“小王们”对外诈称是中国国王，也许阿拉伯人为炫耀象征性胜利，认定在中国本土降顺的王就是中国国王，这些都还好理解。但本书作者非要白纸黑字地写上“中国最大的王”（715 年正是唐玄宗李隆基在位期间），非要写上其他阿拉伯古籍中到中国元朝才出现的城市名“汗八里”，这种笔法不得不让人认为他的此段记述是一段虚构的历史。

§8. 第 9 卷，第 165 页（同上）：

这一年死去的哈里发瓦立德在位期间，完成了许多重大的对外征服。在与罗姆国的历次交战中，他都派自己的儿子参战。他还征服了印度、信德、安达卢西亚和波斯的诸多地区，他的军队甚至进入了中国。

§9. 第 9 卷，第 175 页（伊历 98 年条下）：

这一年，叶齐德·本·穆海莱布攻打了中国领土古希斯坦[1]。他先是将该城包围，然后与守军进行激烈战斗，最终拿下该城。他杀死城中 4000 名手无寸铁的突厥人，并掠获多得无法计算的金银财宝和好得无法描述的珍奇物件。

〔1〕古希斯坦（Quhistān），亦作库希斯坦（Kūhistān），来源于波斯语，意为山区。雅古特认为波斯有很多地方叫这个名字，最有名的是赫拉特与内沙布尔之间的山区。一般认为此地指呼罗珊的一个地方。另据《蒙吉德》中“四大哈里发时期对外扩张示意图”显示，库希斯坦位于赫拉特、内沙布尔、锡吉斯坦、克尔曼、伊斯法罕等地围绕的中心，地位相当重要，地理范围也相当大。

§10. 第 9 卷，第 223 页（伊历 103 年条下）：

这一年，伊拉克总督欧麦尔·本·胡白莱·赛义德被解除了其兼任的呼罗珊总督职务，哈里发任命赛义德·本·阿穆鲁·杰里什担任该职。后者是大名鼎鼎的英雄。很多部族的人害怕他到了闻风丧胆的程度，所以他们从粟特向后面的中国撤去。

§ 11. 第 11 卷，第 38 页（伊历 266 年条下）：

这一年，罗姆人的一队人马偷袭了迪亚莱比阿[1]一带。他们烧杀抢掠，无恶不作，并掳走大约 250 个人。于是摩苏尔人和中国人[2]对他们群起而攻之，罗姆人打不过他们只好逃回自己的国家。

〔1〕迪亚莱比阿（Diyār Rabī‘ah），古代位于两河流域北部摩苏尔与拉斯艾因（今叙利亚境内）之间的国家。雅古特说其边界一直延伸到迪亚巴克尔一带。

〔2〕此处出现"中国人"（'Ahl al-Ṣīn），十分蹊跷。抄本有误的可能性最大。查另一版本（黎巴嫩阿拉伯遗产复兴书局，1997 年），该版本校勘者根据泰伯里等人著作中的记载，将此处的"中国人"改作"努赛宾人"（'Ahl Naṣībīn）。努赛宾是今土耳其境内与叙利亚交界处的一座城市，距摩苏尔不远，古代也是一座贸易繁荣的城市。校勘者的更正应当说比较合乎情理，因为在这个地理位置有大量中国人存在的确不可思议。

§ 12. 第 11 卷，第 146 页（伊历 310 年条下）：

即便有人远到中国去寻找伊本・杰里尔・泰伯里的《〈古兰经〉经注》，其所获也是不会多的。

【译按】

这句话在阿拉伯古籍中反复出现多次，其本意似应是：即便有人走到天涯海角，要想找到像泰伯里《〈古兰经〉经注》一样伟大的著作，也是不太可能的。

§ 13. 第 13 卷，第 48 页（伊历 604 年条下）：

撒马尔罕国王背信弃义，将抓到的花剌子模国（Khuwārizmiyyah）的所有俘虏统统杀死。他甚至将人拦腰斩成两截，弄到市场上像挂羊肉一样挂在那里。他本已决定杀死自己的妻子，也就是花剌子模国王（Khuwārizm Shāh）的女儿，后来改变主意将其监禁在一个城堡中百般折磨。消息传到花剌子模国王那里，他立即起兵直取撒马尔罕。他将该城包围后经过强攻最终破城，遂灭杀当地居民近 20 万人。那个国王也被从城堡中抓了出来，在他面前杀了，其子孙后代一个不留全部杀死。如此，花剌子模国王占领了那一地区的所有王国。当时中国的契丹人正和鞑靼人在中国的克什里汗（Kashlī Khān）交战。契丹人给他写信求援，说："他们战胜我们之日，便是进攻你们之时。"鞑靼人也给他写信希望结盟，说："这些人是我们的敌人，也是你们的敌人。你要和我们一起对付他们才是。"他则分别给双方回信安抚他们。

§14. 第 13 卷，第 86 页（伊历 617 年条下）：

这一年，巨大的灾难与惨祸降临了。本名叫作铁木真（Tamūjīn）的成吉思汗（Jankizkhān）以及和他在一起的人势不可挡。他们无恶不作，从中国极远之地一直打到伊拉克及其周边地区。

《了解各地王国的途径》

al-Sulūk li Ma'rifah Duwal al-Mulūk

作者与作品简介

麦格里齐（Maqrīzī，1365—1441年），本名艾哈迈德·本·阿里·本·阿卜杜·卡迪尔，号泰基丁，字艾布·阿拔斯，麦格里齐为表示其祖籍的附名。埃及马穆鲁克王朝著名历史学家，被后世学者尊为"埃及史学家之王"。生于开罗，祖籍为今黎巴嫩巴勒贝克地区一个叫作麦格里扎的街区，卒于麦加（一说开罗）。自幼随父亲学习经训、教义、教法，对历史、地理、天文、数学均有研究。1385年起任政府高级官员及清真寺宣教师，1408年被派往大马士革管理卡勒尼西亚清真寺、努里亚医院和宗教慈善机构。后返回开罗，致力于学术研究。一生著述约40种，涉及历史、地理、法律、圣训学、人物传记和音乐等诸多领域。其中比较特殊的有：被认为是阿拉伯伊斯兰钱币史开山之作的《钱币项链上的珠球》；关于埃及饥荒史的《驱散阴霾救众生》，时间跨度上自埃及远古下至作者生活的年代，包括作者对经济和社会因素的分析，有专家称之为作者最有深度的著作；关于音乐的《歌唱可以消除疲劳》；记述人类各种原始宗教崇拜的《获救者的大街》；地理方面的《从馨香的花园采撷花朵》等。

为他带来世界声誉的，是其代表作《地籍与遗迹记述中的鉴戒与借镜》（*al-Mawā'iẓ wa al-'I'tibār Bidhikr al-Khiṭaṭ wa al-'Āthār*）。是一部专论埃及地方志、历史地理、物产、人物、宗教和文化的重要著作，因此也有人将其意译为《埃及志》。

《了解各地国王的途径》虽然在作者著作中经常被置于第二位，但由于它的"全方位性"，后世史家无不对这部历史著作给予高度重视。从问世至今，其在历代史籍中和史籍校勘工作中的引用率非常之高。作者以大量资料详述了埃及历史上艾尤布和马穆鲁克两个王朝的历史，被认为是"最出色的埃及史著作之一"。尽管作者同时代的学者认为他所记录的很多事情，在当时是众所周知、不值一提的，甚至认为他的记录到了“絮叨”的程度，比如他笔下的货币、物价、建筑、瘟疫、火灾、礼品、织布机等，但在今天看来，这些记录毫无疑问已成为珍贵的史学财富。与其他阿拉伯史籍略有不同的是，其概述部分十分简要，仅用40余页介绍各民族概况和塞尔柱王朝、国王纳赛尔等方面的内容，随后即以编年体形式直接切入主题，自伊历569年（公元1174年）开始至844年（公元1440年）结束。全书4部12卷，约合中文300万字。

版本 埃及著作、翻译与发行委员会，1956年，第2版，精装16开，12卷本。

◎**译文**

§1. 第1卷第1部，第9页：

在我们的先知穆罕默德创立伊斯兰教前，所有的人分为阿拉伯人和外族人两种。后者中最大的七个民族是：大地东南方的中国，大地南方中部的印度，大地西南方的黑人地区，大地西北方的柏柏尔，大地北方中部的罗姆，大地东北方的突厥地区和被这六个王国和地区围在中央的波斯。[1]自古以来，在宗教立法出现前，所有民族都是叫作素姆那[2]和迦勒底[3]两种名称的同一类人。后来他们有了五种宗教，即萨比教、拜火教、多神教（al-Shirk）、犹太教和基督教。

〔1〕作者此处采纳的地理分布与古代阿拉伯地理学家和数学家的观点相左。他明显沿袭了波斯人马资达克认为波斯位于世界七大区中央的看法。

〔2〕素姆那（Sumaniy），古代印度的一个民族。《阿拉伯语汉语词典》对素姆那派（Somnath-Pattan）的解释为：“印度信仰轮回之说。”

〔3〕迦勒底（Kaldān），《阿拉伯语汉语词典》注释为：“南美索不达米亚的闪族，公元前7世纪末形成新巴比伦国家。”

§2. **第 1 卷第 1 部，第 12—13 页：**

这便是我们的先知创教之前大地上人们的信仰。当时的他们分为五部分：波斯王国，其国王称谓是科斯鲁；罗姆王国，其国王称谓是恺撒，罗姆与波斯之间的战争仍在继续，这两个王国掌握着世界的最大部分；突厥地区，其首领曾与波斯国王交战，在哈里发的历史记述中，我们从未听说他们曾战胜其他王国；印度王国，其国王只能治理自己手中的疆土；中国王国。至于由阿比西尼亚人、僧祇人和柏柏尔人组成的含族人，则没有重要的国王。

§3. **第 1 卷第 1 部，第 32 页：**

图格鲁勒比克[1]占领了久尔疆和泰伯里斯坦，继而是花剌子模，之后他向山国（Balad al-Jabal）挺进并将其占领。5000 帐突厥地区的人皈依伊斯兰教，他们后来分散在各伊斯兰国家。只有中国〔宋辽时期〕一带的契丹人和鞑靼人迟迟不愿改宗。

〔1〕图格鲁勒比克（Ṭughralbik），塞尔柱王朝创建者塞尔柱之孙，也被认为是该王朝的真正奠基者。卒于 1063 年。他的名字在阿拉伯史籍中有时连写有时不连写。

§4. **第 1 卷第 1 部，第 204—205 页（伊历 616 年条下）：**

这一年，鞑靼人开始出现。他们的居住地是中国土地上的泰木加吉[1]山脉。他们占领了很多伊斯兰国家。他们不信奉任何宗教，但他们在不信仰律法的情况下，却承认真主。他们占领了中国，国王叫成吉思汗。

〔1〕泰木加吉（Ṭamghāj），在阿拉伯史地典籍中写法比较混乱。国人也将其译作“桃化石”或“唐家子”。这个名称，曾引起中外学术界广泛争论。

§5. 第 1 卷第 3 部，第 742 页（伊历 687 年条下）：

这一年，为了那些希望前来埃及和沙姆的人，由法塔赫丁·本·阿卜杜·扎希尔执笔，给信德、印度、中国和也门的王公贵族们绘写了安全图[1]，并派人送去原件。

〔1〕安全图，原文为：Ṣūratu 'Amān。阿拉伯语前一词可理解为图片、图像或证件文件的复制品，后一词可理解为安全、太平和保证。安全图的确切含义有待进一步考证，但其作用估计要么是地图或旅行指南一类，要么相当于通行证。若为后者，那么它在中阿关系史中，可能具有某种象征意义，因为它似乎具有签证的性质。

§6. 第 2 卷第 1 部，第 7 页（伊历 704 年条下）：

这一年，有几个商人向也门国王穆埃耶德诉说他们的遭遇。孰料国王非但不表示同情，反而将他们在也门采购、价值 6000 金币、准备送给埃及国王的礼物统统没收。

【译按】

此段文字虽未直接提及中国，但本书校勘者——埃及大学历史系著名教授齐亚代所加注释值得一提。他说："这个穆埃耶德于伊历 696 年当了也门国王。看来此处提到的商人是从中国来的。但在哈兹莱吉的《伊斯兰国家历史的珍珠项链》一书中，我们并未发现有关该国王苛待商人的记载。相反，我们倒是从中了解到他厚待一个叫阿卜杜·阿齐兹·本·曼苏尔的阿勒颇商人的事迹。"

§7. 第 2 卷第 1 部，第 132—133 页（伊历 713 年条下）：

这一年的斋月，商人伊赞丁·阿卜杜·阿齐兹·本·曼苏尔在亚历山大城逝世。他的父亲是阿勒颇的一个犹太人，以附名哈马威为人所知，后改宗伊斯兰教。这个阿卜杜·阿齐兹，带着父亲的5亿〔原文数字有误，另一版本为5万〕银币前往巴格达经商。他到过印度，704年带着价值40万金币的货物来到埃及。他是位德高望重、乐善好施的人。

【译按】

这个叫阿卜杜·阿齐兹的商人，显然与前一按语中提到那个商人为同一人，伊赞丁是他的别号。本书校勘者对他十分重视，加了长注。因与中国有关，特引录如下：

"此商人的传记，在努威里的《文苑观止》中比这里提到的要长。它对我们了解马穆鲁克王朝埃及贸易的规模和途径，具有举足轻重的作用。同时也证明，伊本·白图泰（1303—1377年）并非唯一周游远方的人——这个商人就比他早大约50年。《文苑观止》中说：'他从巴格达前往巴士拉，又转至基什，从这里上船经霍尔木兹到达中国，并五次进出这个国家。他还到过印度。他讲述了许多据他说是亲眼所见的奇谈怪事，其中有的故事按正常的思维和理解能力根本无法接受，因而也就不去谈它，免得人家说我们散布欺人之谈。然后他从印度回到亚丁。也门国王向他索取了一大笔钱和他带来的中国珍宝以及隋尼依（可能指中国瓷器）。这还不算他们按惯例索取的东西（这与校勘者前面所谈的"厚待"迥然不同）。最后他于（伊历）704年带着价值40万金币的货物来到埃及。'这里特别要提醒读者的是，伊本·白图泰是在（伊历）703年才生于丹吉尔的。"

尽管校勘者一再强调此商人的远游比伊本·白图泰早，但他没有"游记"传世，又岂能与伊本·白图泰同日而语呢。当然，这位五进五出中国的阿拉伯商人，对于我们来说是有一点特殊意义的。虽然我们知道有不少阿拉伯人从很早时候起便来到中国经商传教，但像阿卜杜·阿齐兹这样一位被许多阿拉伯史籍明文记载的、有名有姓有地位的巨商，并不多见。

§8. 第 2 卷第 2 部，第 471 页（伊历 739 年条下）：

这一年，传来很多起义暴动、进攻侵略和冲突对抗的消息。这些事发生在从中国到迪亚巴克尔的东方国度。

§9. 第 2 卷第 2 部，第 533 页（伊历 741 年条下）：

纳赛尔素丹收到马格里布、印度、中国、阿比西尼亚、努比亚、泰克鲁尔〔1〕、罗姆、法兰克等地国王送来的礼物。

〔1〕泰克鲁尔（Takrūr），位于马格里布南端的黑人地区。

§10. 第 2 卷第 3 部，第 812 页（伊历 750 年条下）：

3 月 24 日星期四夜，沙姆地区总督、艾米尔阿尔贡沙（'Arghūn Shāh）被杀。此人性格强硬、脾气暴躁，施政时专横跋扈、令人生畏，平日里暴戾恣睢、嗜杀成性，家有钱财无数，生活荒淫无度。他的祖籍是中国。

【译按】

马穆鲁克王朝中“马穆鲁克”（al-Mamlūk）一词的基本意思为奴隶，因此也有人将该王朝意译为：奴隶王朝。但根据该王朝的特殊性质，此词译作：军事奴隶，简称军奴，或许更为贴切。

这里有必要再次引录校勘者的注释：“尽管我们知道很多军奴的人种和他们的祖籍国——无论是来自过去亚洲腹地的，还是来自今天欧洲西北部的，但我们从未在书中读到过这样的记载，即马穆鲁克王朝有执掌大权的、祖籍明确为中国的‘军奴’。”

麦格里齐在他这部史学名著中披露的有关“中国军奴”的信息，不仅阿拉伯学者感到不可思议，中国学者恐怕也闻所未闻。既然阿拉伯人在中国的朝廷中曾担任高官是确凿无疑的，那么中国人在阿拉伯的朝廷中出任大吏也未必就不可能，我们知道军奴中的大部分来自蒙古、突厥地区和波斯。只是作者笔下这位民愤极大、死于非命的“华裔总督”，似乎并未给我们的脸上增加什么光彩。第 238 页《埃及国王中的耀眼星辰》§6 中，有对此人更为详细的记载。

§11. 第 4 卷第 2 部，第 1187 页（伊历 843 年条下）：

11 月间发生了一件耻事。素丹希望他的行为符合学者们制定的律法。他知道东方之王穆依丁汗·沙鲁哈[1]曾反对艾什莱夫·拜尔塞巴依[2]在麦加海岸的吉达，对来自印度和中国的商人的货物收取什一税，因为这是不合法的税。于是他煞有介事地问教法学家一个问题：“所说的这些商人在亚丁时大部分钱财被强制收去，于是他们想来吉达以求得素丹保护，并主动请求交纳什一税，那么此时收取这种税是否合法呢？要知道素丹为养着派往麦加的军队，开支是很大的呀！”于是四大法官便决定这种税收为合法，并将原来律法中有关条文删去。人们对此颇有微词，认为法官为保住自己的官职，一贯对国王们曲意逢迎。

〔1〕穆依丁汗·沙鲁哈，帖木儿帝国国王，1405—1447 年在位。

〔2〕艾什莱夫·拜尔塞巴依，马穆鲁克王朝素丹，1422—1438 年在位。

《埃及国王中的耀眼星辰》

al-Nujūm al-Zāhirah fī Mulūk Miṣr wa al-Qāhirah

作者与作品简介

伊本·泰格齐·拜尔迪（Ibn Taghzī Bardī，1410—1470年），全名优素福·本·泰格齐·拜尔迪·阿卜杜拉·艾塔比基，字艾布·麦哈欣，号加马勒丁（宗教之美）。埃及著名历史学家，开罗人氏。父亲是马穆鲁克王朝军事将领，军奴出身。自幼跟随大法官杰拉勒丁·拜勒基尼学习教法学和圣训学，酷爱历史，长于韵律学，擅骑术。有多部珍贵著作传于后世，包括：传记类作品《〈名人全传〉后的清泉》《素丹与哈里发趣事之源》及历史著作《目睹者的游览》《日日月月的重大事件》和《古今之学的充盈之海》等。

《埃及国王中的耀眼星辰》为作者最重要也是最有名的著作，书名为了押韵原本为《埃及与开罗国王中的耀眼星辰》，有些工具书也将书名写作《埃及与开罗记述中的耀眼星辰》。我国学者有时将书名意译为《埃及帝王史通纪》。该书为编年体，始自伊历 20 年（公元 641 年）即埃及为穆斯林军队所征服的那一年，截至伊历 872 年（公元 1468 年）即作者逝世的前两年。该书作为研究埃及和阿拉伯历史的重要典籍，深受后世学界推重，引用率极高。全书约合中文 400 万字。

版本 贝鲁特学术书籍出版社，1992 年，精装 16 开，16 卷本。

◎译文

§1. 第 1 卷，第 276 页（伊历 88 年条下）：

这一年，古太白进攻突厥人。他们联合拔汗那人在中国国王外甥的率领下发起反击，据说汇集了 20 万人。古太白把他们打得落花流水。那是一场非常激烈残酷的战争。

§2. 第 1 卷，第 415 页（伊历 134 年条下）：

这一年，发生了许多次中国国王和其他人之间的战争。而赛法赫[1]这年正忙于扩张其王国的势力范围。

〔1〕赛法赫（al-Saffāḥ），指阿拔斯王朝首任哈里发艾布·阿拔斯（750—754 年在位）。赛法赫是他的外号，有两个意思：一为屠夫，二为慷慨的人。

【译按】

作者没有提及来自中国国王方面战争的细节，但根据时间推算，应是指发生在河外地区的一些战争。

§3. 第 1 卷，第 416—417 页（伊历 135 年条下）：

这一年，中国国王同样有所行动，当时齐亚德·本·萨利赫掌管撒马尔罕事宜。他给艾布·穆斯林·呼罗珊尼写信通报了此事。他与他们进行了几番争夺和多次战斗，最终中国国王败北。所有这些都是发生在齐亚德·本·萨利赫不服从艾布·穆斯林调遣之前。

【译按】

尽管按照伊历和公历换算方式，“这一年”大约是公元 752 或 753 年，但作者所述显然是一般认为发生于 751 年的怛罗斯战役。一是换算结果不可能十分精确，二是作者的记载在时间上也可能存在一点误差。这段文字虽然很短，但它是到目前为止，我们第三次在阿拉伯典籍中见到有关这次战役的记载。相关细节可参阅第 131—132 页《肇始与历史》§20。

§4. 第 4 卷，第 235—236 页（伊历 404 年条下）：

这一年，突厥首领托干[1]与中国国王之间爆发了大规模战争，异教徒在战争中被杀死 10 万人。战争持续了一些时日，最后以穆斯林的胜利而告终。赞美真主。

〔1〕托干（Ṭughān），指喀喇汗王朝大汗艾哈迈德·托干汗。喀喇汗王朝是 10—13 世纪初回鹘人在中亚和今新疆喀什、和田地区建立的伊斯兰王朝。亦称“黑汗王朝”或“葱岭西回鹘”。

【译按】

本文所记是发生在 11 世纪初的“喀喇汗高昌战争”。可参阅《中国伊斯兰百科全书》“喀喇汗高昌战争”和“喀喇汗王朝”两词条，并可参阅第 201 页《历史大全》§20。需要指出的是，伊本·艾西尔认为此次战争的时间为伊历 408 年（约公元 1017 年），而本书作者认为是在伊历 404 年（约公元 1014 年）。

§5. 第 10 卷，第 156—157 页（伊历 749 年条下）：

瘟疫最开始是在位于第一区[1]的大汗国（Bilād al-Qān al-Kabīr）爆发的。那里最近的地方距大不里士[2]也有六个月路程。当地人崇拜火、太阳和月亮。他们有 300 个人种（Jins）。后来不知什么原因，骑在马背上的他们——不论在越冬地还是越夏地——全都死了，连马匹也不例外。一时间腐尸遍地，恶臭熏天。这是伊历 742 年的事。接着风将尸体的腐臭吹向各地，凡是风吹到的地方，人和动物只要闻到很快便一命呜呼。死掉的大汗、士兵不计其数，最后大汗和他的六个儿子也死了，于是那个区成了无人统治的地方。

后来瘟疫传播到东方所有国家，包括乌兹别克国[3]、伊斯坦布尔（’Isṭanbūl）国和罗姆国的开塞利[4]。继而传到安塔基亚[5]，使那里的人几乎全部死亡，只有一部分山区的人暂时躲过一劫，但他们在逃亡路上也全都死去。接着瘟疫传遍阿本·卡拉曼山脉[6]和开塞利[7]，那里的居民和牲畜无一幸免。库尔德人担心死亡的命运降临，纷纷逃离家园，但他们找不到一块可以躲避死神的地方，于是重返故土，遂全部死亡。当这种情况蔓延到西斯[8]国时，其国王泰克福尔（Takfūr）属地一天之内在一个地方就死了180人，西斯国灭亡了。瘟疫使中国只剩下非常少的人口。印度也是一样。

瘟疫同样传到了巴格达。

〔1〕第一区，指阿拉伯古代地理学家将世界分为七个区中的第一区。

〔2〕大不里士（Tibrīz/Tabrīz），现为伊朗东阿塞拜疆省省会。古代重要贸易中心。以地毯、毛毡和丝绸制造业著称。

〔3〕乌兹别克国（al-'Uzbak），阿拉伯人古时也称其为古夫加格（al-Gufjāq，即高加索）国，指延伸至黑海、里海和伏尔加盆地以北、属于蒙古人"黄金部落"（al-Qabā'il al-Dhahabiyyah）的所在之地。

〔4〕开塞利（Qayṣariyyah），阿拉伯人也写作Qaysāriyyah。前一种写法显然与罗马帝国皇帝恺撒有关。古代阿拉伯人笔下的开塞利主要指两个地方：一个在地中海沿岸今巴勒斯坦境内，被认为是世界最古老的城市之一，雅古特时代已然凋敝，今仅存废墟供人凭吊；另一个在今土耳其中部，至今沿用此名，古代为罗姆即拜占庭帝国重要城市。本文所指应是后者。

〔5〕安塔基亚（'Anṭākiyyah），古代小亚细亚不止一个地方叫此名称。此处所指为今土耳其最南部与叙利亚邻近的安塔基亚。

〔6〕阿本·卡拉曼山脉（Jibāl Ābn Qaramān），卡拉曼位于今土耳其南部，古称拉兰代（Lārandah），历史名城，12世纪末土库曼人建立的卡拉曼·乌格鲁（'Ughlū）王朝曾建都于此。本段文字中"阿本·卡拉曼"的写法未查到出处，但其所指应是卡拉曼无疑。至于"山脉"，当是今土耳其南部靠近地中海的托罗斯山脉。

〔7〕文中在提到"罗姆的开塞利"之后，紧接着再次提到开塞利，不像是一种重复，有可能是指另一个地方，比如位于巴勒斯坦的开塞利。

〔8〕西斯（Sīs），位于今土耳其南部居莱克（Kulaykiyā）一带。704 年阿拉伯人曾将该城包围。1186 年为小亚美尼亚王国都城。1374 年马穆鲁克王朝军队攻入该城将其破坏。

§6. 第 10 卷，第 191—192 页（伊历 750 年条下）：

这一年的 3 月 24 日星期五[1]的夜里，沙姆总督艾米尔赛夫丁·阿尔贡沙·本·阿卜杜拉·纳赛利被人杀死。他是国王纳赛尔·穆罕默德·本·盖拉温所豢养的军奴中的重要人物。国王将他养大，并让他做了个不大不小的官[2]。国王去世后，他平步青云，从百夫长（’Amīr Mi’ah）一直做到千骑将军（Muqaddim ’Alf），最后连国王卡米勒·舒阿班（al-Kāmil Shu‘bān）都要唯其马首是瞻。国王将他外放，先是萨法德[3]总督，然后是阿勒颇总督，再后来是沙姆总督。此人秉性强悍，脾气暴躁；施政时专横跋扈，令人生畏；平日里暴戾恣睢，嗜杀成性；家有钱财无数，生活荒淫无度。

他的祖籍是中国。幼年被人带给鞑靼首领布赛义德·本·海尔班达（Būsa‘īd bn Kharbandā），后被大马士革·海加·本·朱班带走，大马士革〔人名〕被杀后，布赛义德又将他要回，后来把他和麦立克泰穆尔·赛义迪一起作为礼物送给国王纳赛尔。

〔1〕在第 232 页《了解各地王国的途径》§10 中写为星期四。

〔2〕此处官称的阿拉伯语原文是：أمير طبل خاناهرأسنوبة الجمدارية，含义不详。根据后来他当“百夫长”推测，此官位不应高过百夫长。

〔3〕萨法德（Ṣafad），古代巴勒斯坦城市。十字军占领后将其建为重要防御城堡，1188 年萨拉丁率军收复该城。1220 年阿拉伯人又将其摧毁。

§7. 第 12 卷，第 211 页（伊历 803 年条下）：

然后帖木儿[1]返回罗姆国，他非常渴望拿下中国，但真主在他到达那里之前先把他拿下了。若非担心过于冗长，我们本可以叙述一下他在前往中国的路上发生的事情，一直讲到他死——愿真主诅咒他。但我们还是决定放弃这种叙述，免得真的太长。同时可以告诉读者，我们在另一部史书《清泉》中讲得非常详尽，诸位不妨一读。

〔1〕帖木儿（Taymūr，1336—1405 年），中亚帖木儿帝国奠基人。波斯语称帖木儿兰克（Taymūrlank），意为跛子帖木儿。

§8. 第 13 卷，第 116 页（伊历 808 年条下）：

帖木儿死亡的原因和经过是这样的：

他从自己的国家出兵攻打中国，这时夏季已经过去进入秋季。此前他曾写信给他的将士，要他们准备四年时间。他们做好准备后，从各地聚集到他那里，并造了 500 辆车拉运辎重。之后他在 7 月从撒马尔罕出发，天气已经变得很冷，到达锡尔河[1]时河面已经结冰，于是他走着就过了河。真主为了惩罚他，将一座座从未有人见过的大雪山横亘在他面前，同时伴随着极度的寒冷。他的士兵们人人耳朵、眼睛和鼻子中都灌满了雪，连牲口的耳朵和眼睛也不例外。他们几乎就要被冻死了。这时风越刮越大，漫天大雪覆盖了辽阔大地。牲口终于冻死了，很多人也被冻僵，纷纷从马背上坠地而亡。大风大雪刚过，又是一场像海一样的大雨。尽管如此，帖木儿毫无怜悯之心，根本不管人们的死活，还是执意往前走。到达乌特拉尔[2]时，由于路途艰险，人马已然损失很多。为了御寒，帖木儿希望把酒当作“热药”大口大口地喝下去，人们照他的话做了。他对士兵们的状况不闻不问，直到酒力发作，浑身燥热难耐，把他的肝和肠子全都烧坏了。他变得性情暴躁，身体孱弱无力，但他还是执拗地快步往前走。他的医生为了调理他的脾气，开始用雪在他肚子上摩擦降温。他躺了三天，由于内火太盛，肝脏彻底坏死。他狂躁不安，全身皮肤的颜色变成红的。他的女人们和近臣们在他身边大呼小叫，直到他死去。

〔1〕锡尔河，古代阿拉伯人称其为：Sayḥūn，我国史称药杀水；称阿姆河

为：Jayḥūn，我国史称乌浒河。

〔2〕乌特拉尔（'Utrār），雅古特在《地名辞典》该词条下说："该地是位于阿姆河沿岸、法拉布（Fārāb，一译法腊勃）附近的一个大城市和大省区。"法拉布位于今乌兹别克斯坦境内。

§9. 第14卷，第194页（伊历835年条下）：

这一年10月22日，从麦加传来消息：有几艘来自中国、前往印度海岸[1]的祖努克，其中两艘在亚丁靠岸，由于当地社会状况混乱，未来得及将瓷器（al-Ṣīnī）、丝绸和麝香等货物全部售出。负责这两艘"赞基船"[2]的总船长遂分别写信给麦加艾米尔、谢利夫[3]拜莱卡特·本·哈桑·本·阿吉兰和吉达城总管萨德丁·伊卜拉欣·本·麦莱，请求允许他们前往吉达。于是两人写信向素丹禀报，并以此事可大获其利说服打动他。素丹复信允许他们前来吉达，并下令要好好款待他们。

〔1〕此处作者所说的"前往印度海岸"，从中国商船的航线上讲，可能是在准备返程的途中，否则不好理解。

〔2〕"祖努克"和"赞基船"指的是同一种船只，"赞基"由于是形容词形态，所以两者发音相差较大。按照作者的写法，这种船的单数应为赞克（Zank），复数为祖努克（Zunūk）。

本书校勘者对"祖努克"加了注释："原抄本就是这样写的，它可能就是朱努克（al-Junūk）。这是一种大型多帆的中国船。它的帆是用藤条（al-Khayzurān）编织的，像草席（al-Ḥaṣīr）一样。"校勘者所言应是出自《伊本·白图泰游记》，该著作中有对中国船只的详细描述：

"中国船只共分三类：大的称作艟克，复数是朱努克；中者为艚；小者为舸舸姆。大船有十帆至少是三帆，帆系用藤篾编织，其状如席，常挂不落，顺风调帆，下锚时亦不落帆。每一大船役使千人；其中海员六百，战士四百，包括弓箭射手和持盾战士以及发射石油弹战士，随从每一大船有小船三艘，半大者，三分之一大者，四分之一大者，此种巨船只在中国的刺桐城建造，或在隋尼凯兰即隋尼隋尼建造。建造的方式是：先建造两堵木墙，两墙之间用极大的木料衔接。木料用巨钉钉牢，钉长三腕尺。木墙建造完毕，于墙上制造船的底部，再将两墙推入海内，继续施工。这种船船桨大如桅杆，一桨旁聚集十至十五人，站着划船。”（见伊本·白图泰：《伊本·白图泰游记》，马金鹏译，银川：宁夏人民出版社，2000 年，第 486 页）

〔3〕谢利夫（al-Sharīf），此处并非人名，而是一种专称。特指先知穆罕默德的后裔。而“麦加的谢利夫”，则专指麦加城的市长。

【译按】

鉴于此段文字有可能关涉郑和船队，译者曾专门撰文进行探讨，可参阅《阿拉伯古籍中关于郑和船队的一段重要史料》一文（《回族研究》2007 年第 2 期）。

《古人记述中的金屑》

Shadharāt al-Dhahab fī 'Akhbār Man Dhahaba

作者与作品简介

作者伊本·阿马德（Ibn al-'Amād，1623—1679年），本名阿卜杜·哈依·本·艾哈迈德·本·穆罕默德，字艾布·法拉赫，号舍哈布丁（Shahāb al-Dīn，宗教之星），附名一为阿凯利，一为罕百里。17世纪阿拉伯著名历史学家、教法学家和文学家。生于大马士革的萨利希耶区，久居开罗。在麦加朝觐期间去世。主要著作除本书外，尚有关于罕百里教法学派的《终极释解》和文论集《抵御违背忠信的良药》等。《古人记述中的金屑》是作者的史学代表作，编年体，记述了伊历1—1000年的历史事件与人物。由于语言精练简洁，记载详尽丰富，因而受到后世学者重视。原作8卷，约合中文350万字。

版本 贝鲁特学术书籍出版社，1998年，精装16开，9卷本（末卷为索引）。

◎译文

§1. 第1卷，第181页（伊历88年条下）：

这一年，突厥人和拔汗那、粟特居民一起，在中国国王外甥的率领下，汇集20万骑兵发动反攻。麦斯莱迈[1]也有人说是古太白·本·穆斯林，与他们会战并最终将他们彻底击溃。

〔1〕麦斯莱迈（Maslamah），此处应是指伍麦叶王朝著名军事将领麦斯莱迈·本·阿卜杜·麦立克·本·麦尔旺（738年卒）。在当年阿拉

伯人对外征服过程中，此人曾立下汗马功劳，打到过亚美尼亚一带。在泰伯里的《历代民族与帝王史》和伊本·艾西尔的《历史大全》等阿拉伯权威史籍中，此处记载的人名皆为古太白·本·穆斯林。

§2. 第 2 卷，第 450 页（伊历 310 年条下）：

这一年去世的人还有：饱学之士[1]、教长艾布·加法尔·穆罕默德·本·杰利尔·泰伯里。他是《经注》和《历史》[2]以及很多著作的作者。他是位勤奋的人，从不模仿任何人。

学术大师伊本·胡泽麦说："我不知道世界上还有比泰伯里知道事情更多的人。"

教法学家艾布·哈米德·伊斯法拉依尼说："即便有人前往中国去收集泰伯里的《经注》，其所获也不会很多。"

〔1〕此词阿拉伯语原文在词型和词意上都是一非常有趣的组合：al-Ḥabr al-Baḥr，直译为"海一样的墨水"。

〔2〕《历史》，指泰伯里的名作《历代民族与帝王史》。

§3. 第 4 卷，第 276 页（伊历 537 年条下）：

这一年去世的人还有：可汗——突厥和契丹的素丹[1]。正是他击败了穆斯林，做了去年做的事情。[2]他占领了撒马尔罕。他于 7 月死去，真主没有延缓他的寿命。他为人为政是公正的，尽管他不信伊斯兰教。他相貌堂堂，一表人才，勇猛无比。他不给将领封地（'Iqṭā'），而是从自己的金库中发给他们俸禄。他说："他们一旦有了封地，就会欺压百姓。"他严惩酗酒闹事者，但不惩罚通奸者，也不认为那是丑行。他死后，他的女儿继位，未过多久女儿死去，由她的母亲继位。这个女人统治了契丹和河外地区。

〔1〕突厥和契丹的素丹，此人在第207页《历史大全》§24中被明确写为“中国可汗”。虽然这段译文中并未直接提到中国，但其中内容显然涉及中国且较为重要，所以译出。

〔2〕指作者在上一年记述中提到的：“散杰尔素丹与河外地区的异教徒之间展开一场大战。穆斯林遭重创，散杰尔仅带很少人得以逃脱，到达巴勒赫时只剩下六人。他的妻子和女儿被俘。军中将士被杀十万人以上。”

【译按】

有关1141年左右，大塞尔柱王朝与中国西辽王朝之间发生的“卡特万大战”，可参阅第207页《历史大全》§24中的详细记载。

§4. 第4卷，第293页（伊历541年条下）：

这一年去世的人还有：艾布·哈桑·萨德·海依尔·本·穆罕默德·本·赛赫勒[1]。圣训传述家。曾游历东方，并到中国经商。他是位教法学家和造诣很深的学者。曾在伊斯法罕居住，后移居巴格达。卒于1月。

〔1〕此处还有三个附名，分别是：安萨利、安达卢西、巴伦西。其他阿拉伯古籍中提到此人时，往往还加上一个附名，即隋尼侬。

§5. 第5卷，第145页（伊历615年条下）：

这一年，成吉思汗的使者麦哈穆德·花剌子密和阿里·布哈利，携带奇异礼物来见花剌子模国王，希望休战与和解。花剌子模国王侧身对麦哈穆德道：“你是从我们这里出去的人，应该和我们一条心。”说完他赐给他王座上的一块珠宝，商定让他给穆斯林们做眼线。然后他说：“你讲实话，成吉思汗真的占了中国的泰木加杰（Ṭamghāj al-Ṣīn）吗？”听到肯定的回答，他又问：“依你所见，该如何行事？”麦哈穆德答道：“媾和。”于是他应允了。成吉思汗对此答复很是高兴。

§6. 第 5 卷，第 151 页（伊历 616 年条下）：

这一年，鞑靼人离开他们的居住地——中国一带的泰格玛杰[1]山脉，开始行动。他们是突厥人的一支，崇拜初升的太阳，没有任何禁忌。他们的人多得难以计数。花剌子模国王抵挡不住他们的进攻，退出了河外地区。人们丢下他四散逃去。他的母亲下令杀死原先囚禁的花剌子模一带的国王，总共有好几十人。然后她带着财宝细软逃到马赞代兰[2]的伊拉勒（'Īlāl）城堡中。花剌子模国王带残部两万人来到哈马丹，自此一蹶不振。

〔1〕泰格玛杰（Ṭaghmāj），应是一般译作桃花石的"泰木加杰"（Ṭamghāj）的抄误。

〔2〕马赞代兰（Māzandarān），古时指今伊朗境内、里海南岸地区。650 年阿拉伯人占领该地后称其为泰伯里斯坦。后相继被萨曼人、加萨尼人、塞尔柱人和蒙古人统治。1596 年开始为波斯人统治。其主要城市有阿木勒（'Āmul，一译阿莫勒）和巴布勒（Bābul，一译巴博勒）。

§7. 第 5 卷，第 161 页（伊历 617 年条下）：

伊本·艾西尔说："鞑靼人是突厥人的一个分支，崇拜初升的太阳，只吃人肉和牲畜的肉。他们的女人不止和一个男人交媾，因此会忽然带回一个不知父亲是谁的儿子。他们的居住地是中国的泰格玛杰山脉。一年之内他们占领了世界。为他们驮拉辎重的牲口，会刨地吃草的嫩根，但不吃大麦。"

§8. 第 5 卷，第 191 页（伊历 622 年条下）：

伊本·奈加尔说："各国素丹皆臣服于纳赛尔，原先与他为敌的人无不变得俯首帖耳，自命不凡的暴君们纷纷归顺，狂妄自大的君主也都在他的利剑下甘拜下风。他征服了许多国家，占领了他之前的素丹、哈里发和国王们从未占领的城郡。从安达卢西亚到中国，人们在做宗教演说时都要提到他的名字。”

§9. 第 5 卷，第 209 页（伊历 624 年条下）：

这一年夏季前几天的斋月，鞑靼人的暴君、他们最大的素丹成吉思汗终于死去。正是他摧毁各国、灭绝种族。他调动千军万马从中国沙漠（Bādiyah al-Ṣīn）出兵，降服蒙古人，使他们俯首帖耳，听命于他这个无往不胜的大王。他做国王之前名字叫铁木真。

§10. 第 6 卷，第 151 页（伊历 706 年条下）：

〔本段关于来过中国的巨商赛瓦米里的记述与第 210 页《前尘殷鉴》§4 基本相同，只是在“去世”前加入“突然”一词。〕

§11. 第 7 卷，第 27 页（伊历 784 年条下）：

这一年去世的人还有：舍拉夫丁·穆罕默德·本·穆罕默德·本·优素福·麦尔达威·罕百里，法官杰马勒丁的孙子。自幼跟祖父学习，学有所成后以伊本·穆夫里哈〔Ibn Mufliḥ，意为成功者之子〕闻名。他听很多人传述过圣训。他不曾在中国。[1]卒于 4 月。这是伊本·哈杰尔[2]说的。

〔1〕此句在文中出现显得比较突兀，且表达也比较特别——并不是说他没去过中国，而是说他不曾在中国（也许别人说过他曾在中国生活过，作者在此表示否定）。此人之名在此前辑译过的阿拉伯古籍中没有出现过，或许今后在伊本·哈杰尔的著作《前人的丰富记述》中可以看到更多资料。

〔2〕伊本·哈杰尔，即伊本·哈杰尔·阿斯盖拉尼（Ibn al-Ḥajar al-ʻAsqalānī，1372—1449 年），中世纪埃及最知名的学者之一，圣训学权

威、历史学家、文学家、诗人。共有著作150余部。生卒均于开罗。

§12. 第7卷，第192—193页（伊历807年条下）：

〔此段关于跛子帖木儿的记述与第239页《埃及国王中的耀眼星辰》§8基本相同。〕

《史迹奇观》

'Ajā'ib al-'Āthār fī al-Tarājim wa al-'Akhbār

作者与作品简介

书名全译应作《传记与记述中的史迹奇观》。作者阿卜杜·拉赫曼·本·哈桑·杰拜里提（al-Jabaritī，1754—1822年），埃及著名历史学家，生于开罗，曾就读于艾资哈尔大学。拿破仑占领埃及时被任命为王室书记官。当他的一个儿子被人杀死后，由于悲伤过度而双目失明，不久自己也遭人暗杀。1882年6月18日夜间，他被人勒死在开罗沙布拉大街街头，尸体被拴在他骑的驴的一只腿上。据说他被害的原因是当时的财政大臣穆罕默德·贝克对他恨之入骨，遂买通人手将其暗杀。杰拜里提是当时埃及文人学者中大师级人物，经常撰文针砭时弊，直言不讳地批评当局的腐败现象，因此招致腐败官僚记恨也就不足为奇。

《史迹奇观》也被称作《杰拜里提历史》，实际上是一部1690年至1821年的埃及国别史。由于作者身逢埃及历史大变革时期，奥斯曼帝国江河日下，各种改良革新势力纷纷登场，所以他笔下的历史事件和人物成为那个时代的忠实记录。尤其是书中记载的一些官方文件和信函，更成为在其他著作中难得一见的重要文献。此外，作者对当时埃及社会的风俗习惯和风土人情做了生动详细的记述，对各种庆祝典礼的记述更是不厌其详，乃至被有些评论家形容为“冗长”。他还用大量篇幅描述开罗的建筑形式和风格，其细致程度也被评论家形容为“令人倦烦”。同时，作者在书中大量使用非阿拉伯语术语和词汇的做法，也为人所诟病。这些从波斯语、土耳其语、希腊语、意大利语和法语引入的外来语，加上不时出现的拼写和语法错误，经常让读者不知所云。全书约合中文100万字。

值得一提的是，杰拜里提的这部名作被认为是关于埃及近代史最重要的著作之一，从时间和时代划分概念上讲，它将是本次“阿拉伯古籍中的中国”所辑译文献中成书最晚的一部著作。

版本 贝鲁特学术书籍出版社，1997 年，精装 16 开，3 卷本。

◎**译文**

§1. 第 2 卷，第 59 页（伊历 1203 年条下）：

他们一连几日在穆罕默德·阿加·巴鲁迪家中制作那种东西。他还买来很多瓶瓶罐罐和中国瓷罐——艾斯基马丁[1]，并在里面装上用精糖（al-Sukkar al-Mukarrar）做的各种饮料。

〔1〕中国瓷罐，原文为：al-Qudūr al-Ṣīnī。《阿拉伯语汉语词典》对 al-Qudūr 的注解为“锅，砂锅”或“陶罐”。译者参考本书 §3 中的同一词组（单数），认为它既不像是炊具，也不像是陶制品。对于这个词组，我们不能按照一般语法规则，认定原文在形容词与被形容词的阴阳性搭配上是错误的，因为此时的 al-Ṣīnī（中国的）已经转意为瓷器或瓷的，在阿拉伯古籍中不论其前面的被形容词是单数还是复数，它的形式基本都不变。因此该词组可能指一般瓷罐，也可能是专指中国瓷罐，根据下文内容，后者的可能性大些。

艾斯基马丁（al-'Askī Ma'din），是所谓中国瓷罐的另一种叫法，出处不详。其中“马丁”应是阿拉伯语“金属、矿物”之意，而“艾斯基”，则不知所云。

§2. 第 2 卷，第 162 页（伊历 1213 年条下）：

前文提到的法国士兵终于发现了几个存放物品的地点和藏东西的地方，里面有大箱子、什物、武器、瓷器（'Awānī Ṣīnī）和若干肯塔尔[1]的铜器。

〔1〕肯塔尔（Qinṭār），埃及重量单位，等于 100 埃及磅（Riṭl），约等于

44.93 千克。

§3. 第 3 卷，第 285 页（伊历 1228 年条下）：

这一年 7 月末，我们前面提到过的古胡吉（Qūhūjī）帕夏[1]带着很多礼服、沙兰加特〔al-Shalanjāt，所指不详〕和短刀外出旅行。此前他赏给下人们好几口袋钱。帕夏给国王和其他达官贵人带去非常多的礼物，计有：纯金币 4 万枚，尼斯非亚特[2]也就是半金币 60 万枚；咖啡（al-Bunn）500 夫尔格[3]；两次提炼的精糖 100 肯塔尔，一次提炼的精糖 200 肯塔尔；人们叫作艾斯基马丁的中国瓷罐（al-Qidr al-Ṣīnī）100 个，里面装满各种果酱和加入麝香等香料配制的各种饮品；配有镶嵌珠宝马鞍的骏马 50 匹；珍珠珊瑚 50 驮[4]；克什米尔印度布料、金银线绣制的锦缎、叫作纱喜（Shāhī）和木赫太尔汗（Muhtarkhān）的贵重布料若干大包；以及沉香和龙涎香等其他东西。

〔1〕帕夏（Bāshā），奥斯曼帝国政府高级文武官员的尊称。

〔2〕尼斯非亚特（al-Niṣfiyyāt），原意为由两部分或两半组成的东西。作者本人解释的“半金币”，不知是指成色的一半，还是指一半为金一半为其他贵重金属比如银，或是指中心为金外边为银，再或是指半月形的金币。

〔3〕夫尔格（Furq），《蒙吉德》注解为：“一种作为量器的容器。”大概类似中国的升、斗。确切容积不详。

〔4〕驮，《现代汉语词典》注解为：“量词，用于牲口驮着的货物：来了三驮货。”此处原文为：Ḥiṣān，本意为：一匹马，显然是指一匹马所驮的重量。阿拉伯人有时也用“一匹骆驼”来表示“一驮”。按常理，一驼驮应比一马驮要重。但它们各自换算为多少千克，不详。

§4. 第 3 卷，第 300 页（同上）：

后来他冒出个念头要改变一下家里的格局和陈设，于是将大厅和走廊之间的隔断打掉了。人们给这个大厅起的名字是“欢乐之母”，由著名的专业建筑大师所建。它是他们整个宅院中最大的厅，所有的墙上都摆满黄金雕刻和中国瓷器[1]，厅内还有各种造型的喷泉，装饰材料都是彩色大理石（al-Rukhām）和彩色透明石膏（al-Qamariyyāt）。

〔1〕中国瓷器（al-Qīshānī al-Ṣīnī），《阿拉伯语汉语词典》对 Qīshānī 的注解为：“上釉的瓷砖，花砖，瓷器，中国瓷器，法国彩色瓷器。”按其注解，单一个 Qīshānī 已含有“中国瓷器”之意，此处加上“中国的”，特指中国瓷器无疑。

§5. 第 3 卷，第 307 页（同上）：

第二天又有一伙人来到萨达特的家，他们撕开封条，让他交出赛加姆。他们把后者带走，严刑拷打，让他说出藏东西的地点。然后他们返回那所房子，打开原先堵住的暗室，发现里边有天鹅绒扶手椅、铜、棉花和瓷制器皿。他们暂时没动这些东西，离开了那里，只留下几个士兵在宅子里过夜。

§6. 第 3 卷，第 339 页（伊历 1230 年条下）：

一伙士兵将糖铺的门砸开，拿走他们能找到的钱和他们喜欢的各种糖，然后又是吃又是装，并把带不走的统统糟蹋掉，把那些东西扔到大街上用脚乱踩一气。他们把铺内的糖果瓶和果酱罐（Qudūr）全都打碎，其中有中国的[1]、拜亚古利的（al-Bayāghūrī）、欧洲的（al-'Ifranjī）。

〔1〕此句中的“其中有”亦可理解为“里面是”。但若说这些瓶瓶罐罐里装的东西，是从中国进口的食品，似不太可信，所以这里所指的应是中国造的瓷罐。从以上几段文字看，这种中国瓷罐可能是专门用来装果酱或饮料的。

纪传体

《名人列传》

Wafayāt al-A'yān wa 'Anbā' 'Abnā' al-Zamān

作者与作品简介

伊本·赫里康（Ibn al-Khallikān，1211—1282年），著名伊斯兰历史学家、法学家。全名艾哈迈德·本·穆罕默德·本·伊卜拉欣·本·艾布·伯克尔·伊本·赫里康。祖籍波斯。出身于宗教学者家庭。早期随父亲学习经训和教法，及长，游学至摩苏尔、阿勒颇、开罗等地拜投名师，1246年到大马士革师从著名历史学家伊本·艾西尔（《历史大全》作者）学习历史学。1261年起在叙利亚任大法官达20年之久，为官清廉，判案公正，口碑甚好。1282年在大马士革勒吉比耶学校逝世，葬于卡斯蕴山脚下。

《名人列传》，原书名直译应为“名人全录和先人记闻”，是伊本·赫里康的代表作。尽管今天细分起来它应属传记类作品，但阿拉伯学者一般将其归入历史类古籍，因此它也被称作《伊本·赫里康历史》，同时它也被认为是研究阿拉伯文学史最重要的参考书之一。作者几经修改，前后共用25年时间才完成了这样一部用阿拉伯语写成的历史传记文学作品。全书13卷，约合中文300万字，记述了865位穆斯林名人的生平事迹，史料翔实，考订精审，文字优美。书后附有主要事件的记述，收有诗歌和逸事。此书问世后，在当时阿拉伯伊斯兰学术界引起轰动，人们竞相传抄，并有很多学者对其进行缩编。据当代著名阿拉伯历史学家沙基尔·穆斯塔法统计，可以举出缩编者姓名的本子即达26种。同时也有不少学者根据此书做了大量补遗工作，其中最有名的是两位在同一年去世的著名学者，即《名人列传补遗》的作者库图比和《名人全传》的作者萨法迪。1838年此书经奥斯曼帝国学者胡里尼校勘后刊印发行，之后有多种其他文字的译本相继问世，成为研究东方学和阿拉伯学最权威的阿拉伯典籍之一。如果我们将阿拉伯古籍按其重要性和影响力分出级别，那么伊本·赫里康的《名人列传》毫无疑问应属第一级。

版本 贝鲁特萨迪尔书局，1994年，精装16开，8卷本。

◎**译文**

§1. 第4卷，第47页：

人物：福戴勒·本·阿亚德。

撒马尔罕，河外地区最大的城市。伊本·古太白在《知识》[1]一书有关也门国王舍米尔·本·伊非利基斯的传记中说："他率大军经伊拉克前去攻打中国，穿过波斯、锡吉斯坦和呼罗珊，一路破城拔寨、烧杀抢掠。他攻入粟特城，并将其摧毁。后来人们便称此地为'舍米尔坎德'(Shamirkand)，意为舍米尔破坏了它，因为波斯语中的'坎德'是阿拉伯语中'破坏'的意思。当人们用阿拉伯语读的时候，就变成了'撒马尔罕'。后来此地得以重建，恢复了生机，这个名字也沿用下来。"

〔1〕伊本·古太白（Ibn Qutabah，828—889年），阿拔斯王朝著名文学家、语言学家、历史学家。《知识》(*al-Ma'ārif*)又译《知识大全》，是一部历史、文学和伊斯兰教的百科全书，内容丰富，收集了大量典故、格言、谚语、诗歌、逸事、见闻、碑铭等珍贵资料，详细论述了伊斯兰教兴起前后的阿拉伯文化史。

§2. 第4卷，第308页：

人物：伊本·艾厄拉比。

伊斯比加布[1]，东方之国极远之地的一个城市，我认为它在中国，或在距中国很近的地方。

〔1〕伊斯比加布（'Isbījāb），在雅古特的《地名辞典》中也作"艾斯非加布"，他说："这是河外地区一个很大的城镇的名字。"〔见雅古特：《地名辞典》(卷1)，贝鲁特：贝鲁特萨迪尔书局，1995年，第179页〕中国学者考证为《新唐书》中之白水城，即今哈萨克斯坦境内的希姆肯特。

§3. 第5卷，第157页：

人物：哲学家法拉比。

喀什：中国境内的大城市之一。

§4. 第5卷，第325页：

人物：穆萨·本·纳希尔。

智慧与人们的品性有关，不论男人还是女人。因此，据说上天将智慧赋予大地上人的三种器官，即希腊人的脑、中国人的手和阿拉伯人的舌。

《名人列传补遗》

Fawāt al-Wafayāt

作者与作品简介

伊本·沙基尔·库图比（Ibn Shākir al-Kutubī，1282—1363年），阿拉伯历史学家。出生于大马士革附近的白达里亚。自幼家境贫寒，后成为书商，并因经营有方而积累大量财富。其附名“库图比”即为书商之意。由于长年与书打交道，得以钻研历史，著书立说，从而进入史学家行列。其主要著作有两部，除本书外，另一部是堪称巨著的《历史的源泉》（*'Uyūn al-Tawārīkh*）。此书共28卷，全书约合中文3000万字。

《名人列传补遗》是作者对伊本·赫里康《名人列传》的补充，共有600篇人物传记，被认为是该书最佳“补遗”之一。巧合的是，伊本·赫里康逝世的年份，正是作者出生的年份。全书约合中文200万字。

版本 贝鲁特萨迪尔书局，1973年，精装16开，5卷本。

◎译文

§1. 第1卷，第67页：

人物：纳赛尔·里丁拉。

他生前品行恶劣，在位时伊拉克因他而遭到破坏。于是国人纷纷逃散到各地，他将他们的金钱财产攫为己有。他生前做了很多出尔反尔、朝令夕改的事情，而且心思往往都用在射猎、玩鸟和“富图瓦”[1]的裤子上。他占领了任何一个哈里发都不曾占领的王国，是阿拔斯王朝的雄狮，因此人们在安达卢西亚和中国发表伊斯兰教宣教演说时都会赞颂他。

〔1〕富图瓦（al-Futuwwah），阿拉伯语意为：侠义、青春。此词在阿拔斯王朝在位时间最长（达45年之久）的哈里发纳赛尔时代（1180—1225年），具有专门和特殊的含义。

纳忠先生在其所著《阿拉伯通史》中说："哈里发纳绥尔开始加强自己的权力，在他的鼓励支持下，首都一些拥护王朝的、有血性的青年，在首都建立了一个名叫'义勇军'（Futuwah，弗土瓦）的准军事组织。自称起源于先知女婿、第四任哈里发阿里。参加这个组织的人称为'阿拉伯义勇军'。这是纳绥尔力图提倡武道、振兴武功、加强武力以保卫首都的意图的表现。"〔见纳忠：《阿拉伯通史》（下卷），北京：商务印书馆，1997年，第631页〕

希提在其所著《阿拉伯通史》中说："在他（即哈里发纳赛尔）庇护之下，一种特殊的结义组织'弗土韦'（Futūwah）兴盛起来了，这是一种具有侠义精神的武士组织。他把这种组织加以改革。这种结义组织，自称溯源于阿里，参加这个组织的成员叫作'非特彦'（Fityān，武士），介绍新成员加入组织时，必须举行特别的仪式，成员都穿制服。"〔见希提：《阿拉伯通史》（上册），马坚译，北京：商务印书馆，1995年，第576页〕

§2. 第1卷，第301页：

人物：成吉思汗。

成吉思汗，鞑靼人的暴君，是他们第一个蹂躏各国、滥杀无辜的国王。他们原本生活在中国沙漠（Bādiyah al-Ṣīn），后来统治了那里，并强迫那里的人像服从自己的先知一样服从他们的先知。

§3. 第1卷，第412页：

人物：哈利勒·本·盖拉温[1]。

〔此处摘译的，是法官希哈布丁·马哈穆德当年为其所作的、非常著名的赞美长诗中的两句。〕

真主将海洋支配权完全赋予你，
因你和阿拉伯人有幸统一陆地。
能从阿克和苏尔启碇远航的人，
掌控中国比之阿勒颇更加便利。

〔1〕哈利勒（Khalīl）·本·盖拉温，埃及马穆鲁克王朝素丹，1290—1293年在位，人称"最荣耀之王"（al-Malik al-'Ashraf）。曾率穆斯林军队将十字军驱回本土，收复（今巴勒斯坦境内的）阿克、海法和（今黎巴嫩境内的）苏尔、赛达等沿海重要城市。后被暗杀于开罗。

§4. 第1卷，第428页：

人物：素丹穆艾耶德·希兹比尔丁。

他酷爱读书，库中藏书达10万卷。他乐善好施，喜交君子学士。伊赞丁·库莱米曾带麝香、丝绸和中国瓷器[1]去拜见他，并因此得到赏金30万银币。穆艾耶德建造了一座极其壮丽、无与伦比的宫殿。

〔1〕此段文字以及其他一些阿拉伯古籍中的"中国瓷器"（al-Ṣīnī），其阿拉伯语原文并非两个词的组合，而是只有一个词，即我们通常作为形容词的"隋尼依"。这说明它的词性已发生变化，成为代指瓷器的名词（现代阿拉伯语中已不再这样使用）。

§5. 第2卷，第379—382页：

人物：凯里姆丁·凯比尔。

每逢礼拜二，他都到法赫尔丁家去，与他共进午餐。每次去时他都要带两个"麦赫非叶"[1]，而放它上面的中国餐具[2]他从不带回去。

在约定时间的前一天，所有宴会要用的东西都安排好了，包括各种羊、鹅、肥鸡、糖和大米等，甚至还有不少麦赫非叶和中国餐具……

〔1〕麦赫非叶，原文为：مخفية（Makhfiyyah），意思大概是"藏起来的东西"，所查包括最权威阿拉伯语词典即伊本·曼祖尔的《阿拉伯语大词典》在内的各种词典中，均没有这一由动词"隐藏"派生出的名词形式。萨法迪《名人全传》第10卷第197页也出现了这个词：一次是说在送礼的队伍中有29个脚夫扛着餐桌、麦赫非叶和大铜盘；一次是说某艾米尔"每天吃饭都要有两个麦赫非叶，这与素丹的等级是一样的。为此他每天从国库支取700银币，也就是说每个麦赫非叶要花350银币"。这种昂贵之物究竟是什么，一时难以确定，故暂从音译。

〔2〕餐具，原文为：ماعون（Mā'ūn）。《阿拉伯语汉语词典》中文解释为："家庭用具、家用什物"；阿拉伯文解释为："家中诸如斧头和锅等所有有用之物。"此处中国餐具也可看作是瓷制餐具。

§6. 第3卷，第77—78页：

人物：拜哈丁·伊本·哈那。

据说几个重要的亲王商量好要在宰相拜哈丁不在场的情况下觐见国王扎西尔去告他的状，他们想来想去最后决定派伊本·拜莱凯汗向国王通报。国王同意了。次日一大早他们就来见国王，孰料国王称自己腹痛不能上朝，于是他们在那里坐等了多半天，直到大总管出来说："你们可以进去了。"他们见到国王，发现他一副很难受的样子，便先坐了一会儿。这时来了一个仆人，说："国王陛下，刚才有位大人交给我一个中国瓷杯（Qi'abah Ṣīnī），里边盛着南瓜做的甜食，他说让我替他送给一位正人君子，还说这东西能治很多病。"国王一听立刻让他拿过去。他只吃了一点点，便称肚子一点儿也不疼了。亲王们见状非常高兴。国王问："你们知道这甜食是谁送的吗?"众人回说不知。国王道："是拜哈丁送的。"众人一听全都不吱声了。出宫后其中一位亲王对同伴说："如果他认为拜哈丁送的食物能治病，那我们还能说什么呢。"

《名人全传》

al-Wāfī bi al-Wafayāt

作者与作品简介

萨拉丁·哈利勒·萨法迪（Ṣalāḥ al-Dīn Khalīl al-Ṣafadī，约1296—1362年），阿拉伯著名文学家、历史学家。幼年开始习画，成绩斐然，为日后成为著名书法家打下基础。后转攻文学，曾拜多位同时代名家为师。成年后先后在埃及、大马士革、阿勒颇等地的公牍局任职，最后放弃所有官职，在伍麦叶大清真寺专心从事教学工作。他为人谦和，极为勤勉，是一位名副其实的多产著作家。他在自传中说："我亲手撰写的著作达500种，而在公牍局任职期间所写的可能还要加倍。"后人一般认为其名下的著作至少有200种。除本书外，最著名的是《时代名人和胜利助手》和长达30卷、生动反映历史社会风貌、大部分已失佚的《文人的记录》，以及《盲人传略中的点睛之笔》及其姊妹篇《独眼人的感受》等。

《名人全传》是萨法迪的代表作，被公认为伊本·赫里康《名人列传》的最佳补遗性作品之一。原作30卷，世界各地收藏的抄本，没有一家是完整无缺的，至今也没有一家出版机构将书出齐。按已出22卷篇幅计，全书约合中文1200万字。共收人物传记4000余篇，照当代阿拉伯学者的话说，各界各行名人"无一漏网"，包括先知的门弟子和追随者、国王、王公王子、法官、宰相大臣、各地诸侯、《古兰经》诵读家、圣训传述家、教法学家、教长、仁人志士、文学家、诗人、医生、哲学家、谋士，等等，甚至包括以吝啬闻名于世的人。

版本　德国东方学家协会1962—1992年陆续校勘发行，1991—1992年，第2版，精装16开，22卷本。

◎**译文**

§1. **第2卷，第130—131页：**

人物：赛夫·道莱[1]的导师。

穆罕默德·本·艾哈迈德·本·艾布·盖里布·隋尼依，人称赛夫·道莱·伊本·哈姆丹的导师。伊本·奈加尔说："艾布·穆罕默德·哈伦·本·穆萨·阿卡拜威说，伊历322年他在巴格达听过此人传述圣训，此人在晚年传述过一条圣训。"

〔1〕赛夫·道莱（Sayf al-Dawlah，915—965年），意为"国家之剑"，历史上叙利亚哈姆丹王朝最强大的国王，曾为保卫叙利亚与拜占庭军队作战，大获全胜。在位期间文学和科学事业极为昌盛，大诗人穆太奈比、艾布·菲拉斯和哲学家法拉比等常在其宫中出入，伊斯法罕尼的《歌诗》便是献给他的。他治理下的阿勒颇成为当时著名的文化中心。其本人亦为诗人，所作诗歌中有一名句——"有时，分别是因为害怕分别；有时，远离是因为担心远离"，为后人所激赏。

【译按】

赛夫·道莱是阿拉伯历史上大名鼎鼎的人物，他的导师中居然有一位附名为"隋尼依"的人，这着实应引起我们的重视。若经考究得以证实其"中国血统"，则无疑是中阿关系史中的大事。尽管阿拉伯人的附名在大多数情况下是表示祖籍的（我国阿拉伯学权威学者曾将这种附名比对为中国人的姓），但从迄今已知资料看，阿拉伯典籍中提到的附名为"隋尼依"的名人，基本上都是因为曾在中国游历、经商、短暂居留而得此名，尚未见有明确指出其祖籍为中国的。可惜的是，此篇"简历"过短，使我们无法从中得到更多信息，只有等待日后新发掘的资料加以印证。

§2. 第6卷，第136页：

人物：杰马勒丁·伊本·赛瓦米里。

伊卜拉欣·本·穆罕默德·本·赛义德·杰马勒丁，伊拉克的首领，以旅行家伊本·赛瓦米里闻名于世。赛瓦米勒的意思是：瓷制茶杯。他曾带着很少的钱外出游历，最远到过中国。在那里他的生计之门被打开，赚了非常多的钱。之后伊拉克的统治者让他掌管很大一片国土，他顺从天意，善待属民。后来他的好几位家庭成员当了国王。他是位信仰虔诚、慷慨大方、公正廉洁、颇有主见的慈善家。有一年他给教长伊赞丁·法拉西送去1000米斯伽勒〔1〕的黄金。再后来鞑靼人欺负他，巧取豪夺，致使他家道中落，钱财所剩无几。好景不再，他便搬到吉达中部去了。伊本·蒙塔布说："杰马勒丁说：'我只有这些钱了。'说完他让我看了装有8万金币的罐子。此后他就去了中国，做了一本九利〔2〕的大生意。"他的一个儿子赛拉吉丁在马巴尔〔al-Ma'bar，意为渡口〕做了国王的总督，另一个儿子穆罕默德做了设拉子的国王，再一个儿子伊赞丁统辖所有属于波斯的王国。这位杰马勒丁是在伊历706年去世的。

〔1〕米斯伽勒，古时阿拉伯的重量单位。《阿拉伯语汉语词典》注解为："砝码，等于4.68克。"

〔2〕一本九利，原文直译为：从一个银币中得到九个银币。

【译按】

此处对这位古代阿拉伯大旅行家和大商人的记载，至少可以增强我们对当年阿拉伯商人富有程度和其来华动机的认识。首先此人携8万金币作为资本外出经商，还被认为只"带了很少的钱"。如此看来，伊本·白图泰笔下对那些当年生活在杭州等地、阔绰气派的阿拉伯巨商的描写，并无多少夸张成分。其次，以往人们谈到古代阿拉伯人来华的动机，无外乎是传教、经商、游历，也有个别人是出于"宗教考察"目的，比如寻找《古兰经》中提到的雅朱者和马朱者壁垒。然而，伊本·赛瓦米里的经历似乎告诉我们，来华者可能还有另外一个动机，就是避祸。

§3. 第 8 卷，第 351 页：

人物：阿尔贡沙。

阿尔贡沙，艾米尔赛夫丁·纳赛里，原先是由凯马勒从中国带到素丹布赛义德那里的，一起带来的还有 7 个军奴和 800 套契丹毛绒衣料。这些衣料是布赛义德的财产，是他的高祖成吉思汗一代一代传下来的。后来他在布赛义德面前谗害凯马勒，致使后者被查抄家产达 10 万金币。过后布赛义德因他陷害凯马勒而厌恶他。于是他被迪马士古·哈瓦加请了去，总算没丢面子。但他接着向布赛义德告发迪马士古和图格泰可敦[1]的事情，致使两人最终掉了脑袋。布赛义德将他召回，后来把他派到国王纳赛尔那里去了。

〔1〕可敦（Khātūn），《阿拉伯语汉语词典》注解为："皇后、夫人之称。"

§4. 第 10 卷，第 88 页：

人物：医生布赫提舒阿[1]。

拿撒勒人布赫提舒阿·本·吉卜利勒，马蒙及其之后几位哈里发的御医，写了不少著作。一天，哈里发穆太瓦基勒[2]正在看人们新年送上的、件件堪称无价之宝的礼物。这时他的御医布赫提舒阿前来拜见。只见他袖子中有一乌木匣，打开后里面是一把宝石做的大勺子，闪耀着星星般的光芒。哈里发从未见过如此宝物，遂问道："你从哪里搞到的？"御医回答："从正人君子手中。"他停了一下接着说道："家父曾经分三次得到加法尔母亲赏的 10 万金币。一次她说喉咙肿痛得快喘不上气来，家父便用了放血等去火疗法。此时有人送上放在一个中国大瓷盘里的这把勺子，家父示意我将这宝物拿走，但加法尔的母亲却把它交给了下人。她要赏我 1 万金币，家父谢绝了，说道：'夫人，我儿从未偷过任何东西，您可不能让他产生非分之想而害了他啊。'她听后笑了，便将这宝物赏给了家父。"

〔1〕布赫提舒阿（Bukhtīshū‘），古叙利亚语，意为基督的奴仆。

〔2〕穆太瓦基勒，阿拔斯王朝第十任哈里发，847—861年在位。继位时，突厥人已窃取国家大权。他长期养精蓄锐，希图重整河山，但最终未能如愿。861年的一天夜里被突厥人暗杀。自此后，阿拔斯王朝的哈里发实际上变成了突厥人的俘虏，或杀或留，任其摆布。

§5. 第10卷，第197页：

人物：艾米尔赛夫丁·萨基。

当他的女儿与素丹的儿子阿努克大婚之际，我正在开罗，看到了从他家向城堡走去的送礼队伍。脚夫的数量是：扛绣花锦缎扶手椅的40个，圆形椅的16个，长椅的4个，乌木和包银长椅长凳的162个，其他贵重椅子的16个，银器的29个，沙姆等地各种铜器的65个，中国瓷器的33个，镏金玻璃器皿的12个，餐桌、麦赫非叶[1]和大铜盘的29个，什物大箱子的6个，以及99匹驮着被褥毯子和珠宝箱的骡子。

〔1〕麦赫非叶，见第258页《名人列传补遗》§5之注释〔1〕。

§6. 第11卷，第288页：

人物：《歌诗》作者。

侯白什·本·穆萨·隋尼依，《歌诗》的作者。他编著此书是为了献给哈里发穆太瓦基勒。书中收录了不少伊斯哈格[1]和阿穆鲁·本·巴奈均未提及的内容，记述了许多高雅风趣、与众不同的贾希利叶时期和伊斯兰初创时期的男女歌手。他还有一本书，也叫《歌诗》，按词典式字母排列，是专门记录女歌手的。

〔1〕伊斯哈格，即伊本·奈迪姆（1000年卒），古代阿拉伯著名藏书家和学问家，代表作为《索引》（al-Fahrasat）。

【译按】

这位名叫侯白什（Ḥubaysh）的人，在世于861年之前，与伊斯法罕尼《歌诗》中记载的哈卜什（Ḥabsh）应是同一人。所不同的是这个“小传”对其介绍更多一点。如果此人的附名“隋尼依”确与中国有某种关联，那至少又是一件中阿文化交流史上值得重视的事情。鉴于20世纪50年代叙利亚知名教授凯哈莱所编纂的《作家辞典》中此人的附名并非隋尼依，所以我们探究这一问题时应留有一点余地。该辞典记录此人附名为“迪比依”（الضبى），其与“隋尼依”（الصينى）的发音相去甚远，但读者会发现它们在阿拉伯语原文中只是“点儿”位置和数量的差异。这是常常困扰阿拉伯古籍校勘者的问题，因为原始抄本在很多时候是难以辨认的。目前我们只能断定此人属于以下四种情况之一：一是祖籍为中国，二是曾经去过中国，三是祖籍为阿拉伯地区叫作“隋尼”的地方，四是抄本有误，与中国无关。

此人的著作《歌诗》（*al-'Aghānī*），与阿拉伯文学史上名声显赫的伊斯法罕尼所编《歌诗》的阿拉伯语书名完全一样。前人翻译为《乐府集成》，既贴切又与中国古籍呼应，是非常好的。译者考虑到我国学术界近年来对歌诗特别是唐代歌诗的研究较为兴盛，决定把此书直译为“歌诗”，以期让人们知晓中阿两大民族文学史上各放异彩的歌诗，如同他们的诗歌一样，有可能也有必要进行比对研究。

§7. 第15卷，第189页：

人物：艾布·侯赛因·巴伦西。

萨德·海依尔·本·赛赫勒·安萨利，字艾布·侯赛因，巴伦西亚人氏。他来到巴格达住了一段时间，听过艾布·海塔布和侯赛因等人传述或讲述圣训。后师从泰伯里齐攻读文学，也在哈马丹和伊斯法罕一带听人传述圣训，并收集到很多书籍和原始抄本。曾出海远行，经历世间艰难，目睹天下奇事，最终进入中国。返回巴格达时已是高龄，在此住到去世。他钱财无数，富甲一方，同时是一位非常真诚、值得信赖的人。卒于伊历 541 年。

§8. 第 15 卷，第 311 页：

人物：库法法官艾布·阿卜杜拉·巴希利。

巴希利部族的伊本·朱马纳曾为此吟道：

> 我们有两座坟茔伟大无比，
> 就在拜兰杰尔和中国大地。
> 中国这位其征服已然完成，
> 另外一位则被人用来求雨。

在中国的坟墓，埋葬的是古太白·本·穆斯林。他是在拔汗那被杀死的，是诗人说他的坟墓在中国。

【译按】

此诗在阿拉伯古籍尤其是史籍中常被引录，原因有二：一是古太白是被认为巴希利部族的英雄，在阿拉伯帝国的对外扩张中立下汗马功劳；二是诗中提到中国并认为他实现了对中国的征服。尽管一般阿拉伯古代著作家在夸耀帝国版图之大时，其表达往往是“东起中国边境西至橄榄树生长的地方（马格里布）”，但也有一些阿拉伯史家总爱提及并非史实的古太白攻入中国并迫使中国国王进贡一事。

这段文字中比较重要的，是作者萨法迪为诗加的“注解”。它可以有两种解读：一是拔汗那本是中国的属地，所以诗人说坟墓在中国；二是拔汗那是另一王国，诗人为夸大其词说坟墓在中国。如后者为其本意，或可作为阿拉伯古代史学家自己否认古太白曾经攻入中国的又一佐证。

《贤人名士事略》

Siyar 'A'lām al-Nubalā'

作者与作品简介

舍姆斯丁·穆罕默德·本·艾哈迈德·扎哈比（卒于1374年），阿拉伯著名历史学家、圣训学家。祖籍土库曼，出生和故世均在大马士革。其附名扎哈比的意思是金匠，因为他父亲以制造金器为业。殷实的家境使他自幼受到良好教育。及长他像所有有志研究圣训学的人一样，遍游沙姆地区各大名城，拜师访学，后游学埃及并到麦加朝觐。他求教的导师中不乏伊本·泰米叶等大师级人物。学有所成后开始关注史学。在大马士革近郊风景秀丽的姑塔的一个村庄里，他担任"海提布"（伊斯兰教义演说家）达15年之久，这是他一生中著书立说最丰富和最重要的时期。之后在大马士革多所学校担任教职，桃李满天下。临终前5年，因患眼疾并拒绝治疗而双目失明，但教学和著述不曾中辍。

扎哈比是中世纪阿拉伯史学大师群中十分显赫和非常特殊的一位人物。当代阿拉伯史学史权威沙基尔·穆斯塔法认为他是"伊斯兰历史上最伟大、知识最渊博、著述最多的历史学家"，并认为他是"伊斯兰历史上搜集采录资料最多的人之一"〔见《阿拉伯历史与史学家》（第4卷），贝鲁特：黎巴嫩大众知识出版社（出版年份不详），第52页〕。他的与众不同之处大致可归纳为以下几点。第一，其著述数量极大，有据可查的即有235种。第二，其著述部头巨大，其中相当一部分原作达30卷——要知道原作为14卷的《贤人名士事略》若译为中文，至少也在1200万字以上。第三，与那些在筛选人物或记录事件或进行评论时多采取较为中立立场的史学家不同，其罕百里教派观念异常鲜明，对反对自己教派者或研究其他学科者态度强硬甚至偏激，比如他称苏菲教派者为无聊的、空想的人，称潜心化学者为精神错乱的人，称哲学家们为在宗教中制造黑暗的人等。为此他生前身后皆遭到不少人的抨击和攻讦，连他的学生都提出异议，表示不满。第四，大多数阿拉伯历史学家是以一种体裁编写史书，例如编年体、纪传体和纪事本末体等，而他则是双管齐下，以两种体裁为后人留下两部史学巨著：纪事本末体的《伊斯兰历史》(原作21卷）和纪传体的《贤人名士事略》。第五，他的史学著作占其全部著作一半以上，这一成就使之成为当年阿拉伯史学研究阵营中沙姆学派的领军人物，并形成与麦格里齐为首的埃及学派平起平坐的局面。

值得一提的是，扎哈比14卷的《贤人名士事略》实际上不包括他本人计划中的第1、2卷，他说人们从其《伊斯兰历史》一书中将先知穆罕默德和四大哈里发传记“移植”过来即可。阿拉伯学者和出版机构自1956年起开始整理校勘此书，但只出版了一两卷，直到1981—1983年才由贝鲁特使命出版机构出版全集。此书是已出版发行的阿拉伯古籍纪传类经典中篇幅最长的一部。

版本 贝鲁特使命出版机构，1998年，第11版，精装16开，28卷本（最后5卷为目录索引）。

◎译文

§1. 第7卷，第449页：

人物：哈马德·本·赛莱麦。

伊斯哈格·本·杰拉赫说，穆罕默德·本·哈加吉对我们说：“从前有个人和我们一起在哈马德·本·赛莱麦那里聆听教诲。后来此人去了中国，回来时给哈马德带了礼物。于是哈马德对他说：‘如果我接受它，我就不向你传述圣训；如果我不接受它，我就向你传述。’那人道：‘那就请您不要接受，向我传述圣训吧。’”

【译按】

据记载哈马德卒于伊历7年，也就是629年或630年前后，此前有阿拉伯人前往中国当然是件了不起的事，可惜本段文字中没有提及他的姓名。从另一个角度看，这也可能仅仅是一个传说，不一定确有其人。其目的是激励穆斯林学者和民众求知尤其是研究宗教知识的精神——在当时的人看来，中国是个遥远的国度，去一次要经历千难万险，从那里带回的礼物也一定是十分精美贵重的，但这同聆听导师传述一条圣训相比，是微不足道的。

§2. 第14卷，第272页：

人物：穆罕默德·本·杰里尔。

海提布说："教法学家艾布·哈米德·艾哈迈德·伊斯法拉依尼告诉我说：'即便有人前往中国去收集穆罕默德·本·杰里尔的经注，其所获也不会很多。'"

【译按】

穆罕默德·本·杰里尔，即《历代民族与帝王史》的作者——大名鼎鼎的泰伯里。他除了这部名著外，在伊斯兰学术史上更为出名的是约1000万字的《古兰经注总汇》，人称《泰伯里经注》。该著作被公认为传闻经注学的典范，蜚声于伊斯兰世界，后来的《古兰经》注，无不从这部巨著中摘抄或转录有价值的资料。

此段文字中"即便……"一句的深层意思，由于未见相关注释，笔者尚难揣定。从字面看，可能是说泰伯里的《经注》十分重要，各种版本不一定全，且很难收集到新的内容，而即便到中国这样一个遥远地方去收集，恐怕也找不到什么。不过，这句话使我们联想到古时阿拉伯人的另一名言：知识即便远在中国，亦当求之。应该说两句话中的中国都是代指极远之地，而不是说中国那里有"经注"或有"知识"。

§3. 第15卷，第133页：

人物：卡迪尔·比拉〔1〕。

这一年〔伊历 403 年〕里，河外地区首领艾伊莱汗（'Aylah Khān）死了。他在十几年前从萨曼人手中夺取了该地。此人暴虐成性、极其凶恶、令人生畏。他与突厥地区首领托干之间经常打仗。后来他的兄弟继承了王位，而伊本·苏布克铁斤（Ibn Subuktikīn）则偏袒他。于是中国军队出动超过 10 万帐人马与托干作战。托干迎击了他们，真主赐予了他胜利。

〔1〕卡迪尔·比拉，阿拔斯王朝第二十五任哈里发，991—1031 年在位。

§4. 第 15 卷，第 179 页：

人物：哈基姆[1]。

这一年〔伊历 404 年〕前后，突厥地区首领托干率领的穆斯林与中国军队之间爆发了一场大战。战争持续了很多天。中国一方被杀约 10 万人。

〔1〕哈基姆·比艾姆里拉（985—1021 年），埃及法蒂玛王朝第六任哈里发，996—1021 年在位。

§5. 第 17 卷，第 278—279 页：

人物：托干汗。

中国聚集了前所未闻的大量军队对他发起进攻，据说有 30 万人。当时他正在生病，说："真主啊，让我痊愈去抗击他们吧。然后如果你愿意的话，再让我去死。"真主使他痊愈了。于是他调集兵马，夜袭了他们，杀死他们 20 万人，俘虏 10 万人。这是一场发生于伊历 408 年的重大战役。他将无数战利品带回巴拉沙衮，到达那里不久便一命归天。他是一位信仰虔诚的教徒，勇猛无比的英雄。

【译按】

以上三段记载，都与发生在 11 世纪初、我国史称"喀喇汗高昌战争"有关。可参阅第 201 页《历史大全》§20。

§ 6. 第 19 卷，第 56 页：

人物：马立克沙[1]。

穆艾耶德在其《历史》一书中说："马立克沙从外表到内涵都是名副其实的最好的人之一。自中国边界到沙姆尽头，自罗姆王国到也门，人们在进行宗教演说时都会为他祈祷。他征服了阿勒颇，世界都归顺于他。"

〔1〕马立克沙，参阅第 202—203 页《历史大全》§22 之注释〔1〕。

§ 7. 第 20 卷，第 158 页：

人物：萨德·海依尔。

著名教长，杰出的圣训学家，大旅行家，商人。他从安达卢西亚去了中国，于是你看到他把自己的名字写成：萨德·海依尔·安达卢西·隋尼依。卒于伊历 541 年。

§ 8. 第 22 卷，第 141 页：

人物：花剌子模沙。

穆瓦法格讲了不少事情，他说："当时河外地区诸国臣服于中国契丹人，布哈拉和撒马尔罕的国王们也要向他们纳税。这些民族在中国突厥人（Turuk al-Ṣīn）与我们之间犹如一道壁垒，花剌子模沙征服了这道坚实的壁垒，无人再敢抵抗他。然后他转向克尔曼，接着是伊拉克和阿塞拜疆，继而觊觎沙姆和埃及。"

§ 9. 第 22 卷，第 233 页：

人物：纳赛尔·里丁拉[1]。

〔伊历 615 年〕花剌子模沙回到布哈拉国后前往尼沙普尔。他被告知鞑靼人想和他建立联系。成吉思汗的使者前来请求休战，说："大汗向你致意。他说：'我清楚地知道你作为素丹的伟大，你就像我最亲爱的孩子一样。我手中掌握着中国诸王国（Mamālik al-Ṣīn），让我们和睦相处，让商人们往来无阻，让我们的国家昌盛起来吧。’”素丹对使者马哈穆德·花剌子密说：“你是我们的人，应该和我们一条心。”说完赏赐他很多珠宝，请他做自己的谋士。他答应了。于是素丹问他：“你跟我说实话，成吉思汗真的占领桃花石（Ṭamghāj）了吗？”答：“是的。”再问：“其旨意何在？”答：“媾和。”于是素丹同意讲和。成吉思汗对此感到非常满意。事情也就这样过去了。后来从鞑靼方向过来一批商人，素丹管理河外地区事务的舅舅财迷心窍，不仅抢夺他们的财物，而且将他们抓了起来，说他们是鞑靼人的密探。成吉思汗派使者前来传达他的质问：“你曾允诺保证我们商人的安全，背信弃义是可耻的。假如你说是你舅舅干的，那就把他交给我们。否则，你将看到我会像你了解我的那样去做！”当时花剌子模沙头脑发蒙，固执己见，竟然下令将来使全部杀死。他铸成了怎样的大错啊！之后，他在撒马尔罕加紧设防，调兵遣将，聚草屯粮，准备迎战。然而大势已去，一切都于事无补了。

〔1〕纳赛尔·里丁拉，阿拔斯王朝第三十四任哈里发，1180—1225年在位，为该王朝在位时间最长的哈里发。他智勇双全，素有大志，曾剪除巴格达军事要人的势力，一度使哈里发制度得以振兴。面对花剌子模沙的步步进逼，他曾幻想蒙古人将其消灭，以解多年之忧，孰料最终结果是两大王朝同覆于蒙古人铁蹄之下。

地方志

《巴格达志》

Tārīkh Baghdād 'aw Madīnah al-Salām

作者与作品简介

巴格达迪（al-Baghdādī，1002—1072年），全名艾哈迈德·本·阿里·本·萨比特，字艾布·伯克尔，以“演说家”（al-Khaṭīb）或“巴格达的演说家”（al-Khaṭīb al-Baghdādī）闻名于世。此处演说家，我国伊斯兰教学界一般音译为“海提布”，特指伊斯兰教教义演说家，为该教教职称谓之一。巴格达迪是中世纪阿拉伯著名历史学家、圣训学家。生于库法至麦加之路中段的乌泽亚（Ghuzayyah），在巴格达长大和去世。幼年在巴格达学习，后到东方各地讲学，同时聆听和收集圣训。他口才甚佳，酷爱读书与著述，熟谙文学，擅长作诗。他为后世留下的一个佳话是，当他最后一次罹患重病时，不仅将自己收藏的书籍捐献给宗教慈善机构，还将自己全部财产作为资助分发给以尽孝道而闻名的人士、圣训学家和其他学者。一生共撰述著作60部左右，较为重要的有：《了解圣训传述学之极致》、10卷本《传述者道德与聆听者礼教之大全》《本名与别名》、12卷本《成名的教法学家与未成名的教法学家》以及与贾希兹名著同名的《吝人列传》等。

《巴格达志》是作者的代表作，在阿拉伯古籍中占有重要地位，特别是在地方志类史籍中享有盛名。该书全方位综述了世界历史名城巴格达的人物、文献、地志、史迹、建筑、艺术，乃至河流和桥梁等各方面内容，更因为对该城兴建始末的详尽记述，而被后世学者认为是研究巴格达史的最权威著作。我国学者通译为《巴格达志》的这部名著，书名直译应是《巴格达或和平之城历史》，和平之城（Madīnah al-Salām）为历史上巴格达的别称。全书14卷，约合中文450万字。

版本 贝鲁特学术书籍出版社，1989 年，精装 16 开，14 卷本。

◎**译文**

§1. 第 1 卷，第 23 页：

〔……〕第六区是突厥，第七区是中国。至于第四区里的伊拉克和伊拉克的巴格达，则是大地的精华、世界的正中，居住者可谓没有一丝因多余而导致的过错，没有一毫因短欠而导致的缺点。

人们说，因此那里的居民肤色适中合度，身材匀称舒展。他们既不像罗姆人和斯拉夫人那样白得不雅，也不像阿比西尼亚人和其他黑人种族那样黑得难看；既不像呼罗珊人那样冷漠无礼，也不像中国人那样面目丑陋。与之同化、与之道德观念相似的人，同样没有这些缺陷。总之，各国人民所有的美好，都由伟大万能的真主慈悯地集中到整个大地这块土地的居民身上。此外，他们的五官相貌长得恰到好处，他们的聪明才智用得合情合理，他们在知书达礼和掌握美好事物方面更是无懈可击。他们便是伊拉克和与之为邻、与之相似的居民。

【译按】

值得注意的是，在已见到的阿拉伯古籍关于中国的记载中，绝大多数都将中国、中国人和中国国王等与美好的事物联系在一起，像作者此处使用“不像中国人那样面目丑陋”这样的语句，十分罕见。

§2. 第 1 卷，第 91 页：

巴格达附近的塔比格河，实际上是巴比克·本·拜赫拉姆河，正是巴比克在自己得到的那块地产上建了伊撒宫，是他挖了这条河。伊撒河西岸有法鲁西杰镇（Rustāq），东岸有凯尔赫[1]镇。接下去是麦阿拜迪人（al-Ma‘badiyīna）

的住宅、祖莱格人（Banū al-Zurayq）吊桥、西瓜街[2]、棉花街[3]。过了瓦西特人清真寺，是隋尼娅特沟[4]，然后是亚西里亚村（al-Yāsiryyah）。

〔1〕凯尔赫（al-Karkh），现在是巴格达城西的一个区，历史上比较有名，尤其是该地在10—11世纪布韦希王朝时期曾发生多次逊尼派和什叶派之间斗争的重要事件。

〔2〕西瓜街（Dār al-Biṭṭīkh），直译应为：西瓜房。因雅古特说它是巴格达城内一个卖水果的街区，加之巴格达另有一个地方叫“西瓜市”，故有此译。

〔3〕棉花街（Dār al-Quṭn），当时巴格达的一个街区，应是由棉花交易市场而得名。位于塔比格西岸的凯尔赫与伊撒河之间。

〔4〕隋尼娅特沟（Khandaq al-Ṣīniyyāt），此处“隋尼娅特”若无其他特殊含义（若为诗集之名，应译作《中国集》），按照语法应是“完整阴性复数”形式，意思是：中国女人们。这个与中国有重要关系的名词在阿拉伯古籍中极少见，如果不是抄本有误，那么在巴格达存在这一地名，应引起特别的重视。其名从何而来，阙疑。

§3. 第1卷，第112页：

阿卜杜拉·本·穆罕默德·本·阿里·巴格达迪在艾特拉布鲁斯[1]告诉我一些以前的学者对巴格达河流的记述。他说：

“其中有塞拉特河。它是从穆哈沃勒[2]上方伊撒河分流出的一条河。它浇灌巴杜里亚的诸多农庄和花园。它又分支出许多河流，一直流到巴格达。它流经阿拔斯吊桥，然后是隋尼娅特吊桥[3]，接下去是莱哈·白特里格吊桥，也就是扎拜德吊桥，过了老吊桥后是新吊桥。”

〔1〕艾特拉布鲁斯（'Aṭrābulus），即今黎巴嫩境内之的黎波里（Ṭarābulus，又译特里波利）。位于今利比亚境内之的黎波里，古代也被称作“艾特拉布鲁斯”，阿拉伯人习惯上称其为西的黎波里。

〔2〕穆哈沃勒（al-Muḥawwal），雅古特称其意思为“转运站”，是距巴格达1波斯里的一个果树繁茂、水源充足、花园众多、客商云集的美好小镇。

〔3〕隋尼娅特吊桥（Ganṭarah al-Ṣīniyyāt），同上段“隋尼娅特沟”一样，若无其他特指含义，可理解为“中国女人吊桥”。阿拉伯著名史籍《巴格达志》中两次出现与“中国女人”相关的地名，颇值得我们深入探究其来历。本段文字的前一段也是对赛拉特河的记述，其中提到它流经油商吊桥——卖油的地方，皮袋吊桥——卖装水或酒的皮袋的地方，叉子吊桥——卖食叉的地方，石榴吊桥——卖石榴的地方，等等。当然隋尼娅特吊桥似不能依此类推为贩卖中国女人的地方，但桥的名字或与她们有关。同时也不能排除这是一个卖瓷器的地方，毕竟其单数“隋尼娅”有瓷盘的意思。

【译按】

有关此处的“隋尼娅特”，还存在另一种可能，就是抄本有误。雅古特《地名辞典》中对赛拉特河的记述与本段文字基本相同，但偏偏在对我们来说非常关键的一处这样说道：“艾布·阿穆鲁说，该河流经阿拔斯吊桥，萨比巴特（与隋尼娅特完全不同）吊桥，然后是……”两词的阿拉伯语原文在抄录时有可能出现差异，一个是الصابيات——萨比巴特，一个是الصينيات——隋尼娅特。此类情况在阿拉伯古籍不同版本中经常发生，一般要由校勘者根据个人理解来决定如何处理。虽然我们不能排除“中国女人沟”和“中国女人吊桥”是由于抄本有误而产生的地名，但也不能排除雅古特记写的地名是错误的；虽然雅古特素以考证细致缜密而著称，但本书作者长期生活在巴格达，又是研究该城历史地理的最权威人物，他笔下两次出现与中国女人相关的地名应该是有根据的。换言之，他出错的概率应该比雅古特的要低。

§4. 第 1 卷，第 238—239 页：

穆罕默德·本·伊斯哈格·本·叶齐德（Muḥammad bn ’Isḥāq bn Yazīd），字艾布·阿卜杜拉，以隋尼依闻名于世。他听阿卜杜拉·本·达乌德·海利比，后者听〔以下传述世系从略〕传述过圣训。阿卜杜·拉赫曼·拉齐说："我在麦加写过关于他的事。我向艾布·奥恩询问过他，艾布·奥恩说他是不可信的圣训传述者，于是我没有采信他传述的圣训。"他们两人说："穆罕默德·本·伊斯哈格·隋尼依给我们讲过一些事情，他和我们提到过艾哈迈德·本·穆罕默德·本·加利布。"艾布·哈桑对我们说有一条圣训是由奈斯尔·本·哈马德听舒阿拜单传的〔1〕，穆罕默德·本·伊斯哈格·隋尼依又是从后者那里单传的。但教长艾布·伯克尔说："我们从隋尼依以外的途径，听到别人对我们讲过奈斯尔·本·哈马德。"

〔1〕伊斯兰教圣训学的主要研究内容之一，是根据圣训传述世系的可信度将圣训分为不同的类别。其中一种分类为：众传的、著名的（介于众传与单传之间的）、单传的。"单传的圣训是一个或两人传述的圣训，这种圣训因有讹传和错误之可能，故不能使人获得确切的知识。"（中国伊斯兰百科全书编辑委员会编：《中国伊斯兰百科全书》，成都：四川辞书出版社，1994 年，第 504 页）

【译按】

作者此处记述的这位可能与中国有某种关联的人，是一位圣训传述家。尽管一些阿拉伯圣训学家认为他是"不可信的"，但在很多谱系类典籍中经常会有关于他的记载，比如赛姆阿尼的名著《谱系》和伊本·纳赛尔丁的《释疑》等，说明此公有一定的宗教或社会地位。关于他，目前我们只知道是巴格达人，其他情况尚不清楚，特别是不知他闻名于世的附名——"隋尼依"从何而来。

§5. 第2卷，第163页：

教长艾布·伯克尔说："赛姆阿尼说过：'穆罕默德·本·杰里尔在巴格达住了40年，每天都写出40张纸。'教法学家伊斯法拉依尼说过：'即便有人前往中国去收集像穆罕默德·本·杰里尔这样好的《〈古兰经〉经注》，其所获也不会很多。'或者此类的话。"

§6. 第7卷，第280页：

哈桑·本·艾哈迈德·本·马汉（al-Ḥasan bn 'Aḥmad bn al-Māhān）[1]，艾布·阿里·隋尼依，隋尼娅哈瓦尼特[2]人氏。它是一个位于瓦西特和赛利克[3]之间的城市。他在伊历426年来到我们这里。他听阿里·本·穆罕默德·巴士里和艾哈迈德·本·欧拜德·瓦西提传述过圣训。我们写过关于他的事情，他人还不错。我问过他本人哪年出生，他说是伊历369年。他说自己是他那个地方的法官和教义演说家。

〔1〕此人名字的前后顺序与其他古籍中的记载稍有出入，此人的附名——隋尼依，不一定与中国直接有关，而可能仅是因为他出生在叫作"中国店铺"的地方。

〔2〕隋尼娅哈瓦尼特（Ṣīniyyah al-Ḥawānīt），直译为：中国店铺，亦不排除为：瓷器店铺。此地涉及古代阿拉伯地区是否存在"唐人街"，因此十分重要。本段文字中的相关记述，说明该地为当时人们所熟知，且具有一定规模。

〔3〕赛利克（al-Ṣalīq），在赛姆阿尼《谱系》同样内容的记载中写作赛利夫（al-Ṣalīf）。此地对我们寻找"中国店铺"的位置非常重要。瓦西特的旧址在今海伊，而雅古特说赛利克在瓦西特的大沙河（Baṭīḥah）附近，所以"中国店铺"这个在阿拉伯古籍中屡见不鲜的城镇，其位置应该就在离瓦西特不远的地方。

§7. 第 8 卷，第 113 页：

哈拉吉[1]在巴格达住了一年后，对他的一位朋友说："你帮我好好照看我的儿子哈木德，直到我回来。我必须到多神教国度去，让那里的人信奉伟大的真主。"之后他就外出了。我听到的有关他的消息说，他到过印度，然后第二次来到呼罗珊，接着进入河外地区以及玛隋尼[2]，每到一地都规劝人们皈依伊斯兰教。他为他们编写了很多书，可惜我没有见过。他回来后，各地的人们还给他写信，他们对他的称呼各种各样：在印度被称为穆吉思〔拯救者〕，在玛隋尼被称为穆基特〔提供食粮者〕，在呼罗珊被称为穆麦伊兹〔能辨别是非者〕，在波斯被称为修行大师艾布·阿卜杜拉，在胡齐斯坦被称为教长哈拉吉·艾斯拉尔〔解密者〕。而在巴格达则有一部分人称其穆斯泰莱姆〔被拔掉耳朵的人〕，在巴士拉被有些人称为穆哈伊尔〔令人迷惘者〕。他这次远行后，有关他的各种说法非常之多。

〔1〕哈拉吉（Ḥallāj，922 年卒），本名侯赛因·本·曼苏尔，字艾布·穆吉思。伊斯兰历史上著名苏菲派哲学家。独自修行多年，后周游各地宣传其遁世苦行的主张。曾被指控犯有伪信（al-Zandaqah）罪而在巴格达入狱八年。虽备受折磨，但不改初衷，最终确立了苏菲派中的一种学说。人们对他褒贬不一，将其奉若神明的有之，将其看作异教徒的亦有之。他因经常论及人们心中的秘密，并为他们指点迷津，因而被叫作哈拉吉·艾斯拉尔。哈拉吉原意为："轧棉花的"（即从事将棉花籽轧出来为营生的人），后来这成了他的绰号并以此闻名于世。也有说他得此名是因为他的父亲原是轧棉花的，或他初到瓦西特时曾非常娴熟地帮人轧过棉花。

〔2〕此处提到的"玛隋尼"（Māṣīn），根据前文出现的一些地名，其位置似乎在中国的西北部，而许多阿拉伯古籍提到该地名时，则经常指中国南方，甚或是中国以南的地方。

§8. 第8卷，第135页：

当哈拉吉落入哈米德手中，他以炯炯的目光激励着自己的朋友们。同时落入哈米德手中的还有海达尔、赛姆利、盖纳伊和哈希米，伊本·哈马德虽然躲藏起来，但家被查抄。盖纳伊的家也未能幸免。从二人家中抄出很多用中国纸[1]誊写的书卷，其中一部分是用金水[2]写的，以缎子和丝绸做裱褙，装订用的是上等皮革。

〔1〕中国纸（al-Waraq al-Ṣīnī），根据之后文字可知其为贵重、高级的纸张。

〔2〕金水（Mā' al-Dhahab），《阿拉伯语汉语词典》注解为："贴金胶水，金箔下之涂料，液体黄金。"在《一千零一夜》中人们经常看到这样的情节——哈里发在听到一个有趣的故事后，对其书记官说："这个故事很好，你用金水写下来，存入王室书库。"此物应是用纯金粉末与水调和在一起，当年阿拉伯人认为最高级的一种墨水。

《格拉纳达志》

al-'Iḥāṭah fī 'Akhbār Gharnāṭah

作者与作品简介

伊本·海提布（Ibn al-Khaṭīb，1313—1374年），安达卢西亚著名历史学家、文学家和政治活动家。全名穆罕默德·本·阿卜杜拉·本·赛义德·赛勒马尼，号里桑丁（宗教之舌），以伊本·海提布闻名于世。同时他还有两个雅号，一是"掌两大臣之权者"（Dhī al-Wizāratayni），意指文武双全之臣——既熟谙文史可著书立说，又擅长剑法能领兵打仗；一是"有两种寿命者"（Dhī al-'Umrayni），意指他白天理政，夜晚著述。祖籍叙利亚，生于格拉纳达，出身于阿拉伯血统的官吏家庭。1371年，因被指控信仰异端邪说而下狱，拟定判处死刑，后遭人暗杀死于狱中。一生著有60多部著作，涉及历史、地理、诗歌、文学、医学和哲学等学术领域，主要著作有《东方城市编年史》《杰出人物事迹》《冬夏之旅中的瞬间遐想》《介绍高贵爱情的花园》和文论集《居民迁走后的店铺》等。此外，他还是一位善于运用散文形式从事文学创作的大师，被史学家誉为"格拉纳达最后一位杰出的穆斯林思想家、诗人兼政治家"。而麦格利·提里姆萨尼创作的名著《安达卢西亚柔枝的芬芳》，原本就是要记述他的。

此书书名，直译应为：《格拉纳达的全方位记述》，我国学者通译为《格拉纳达志》。此书是作者最重要知名度最高的著作，详细记述了阿拉伯人统治时期西班牙的社会情况、政治制度、军事体制、风俗习惯、文化教育和学术派别等。由于书中介绍了诸多格拉纳达历代著名穆斯林学者的生平和著作，所以《蒙吉德》也称其为"格拉纳达名人历史辞典"。此书被认为是研究安达卢西亚历史的重要参考资料，同时它与《安达卢西亚柔枝的芬芳》一样，被今人列入研究"安达卢西亚学"的必读书目。全书约合中文200万字。

版本 埃及印刷出版公司出版，开罗汉吉（al-Khānjī）书店发行，1975 年，精装 16 开，4 卷本。

◎**译文**

§1. 第 3 卷，第 273 页：

穆罕默德·本·阿卜杜拉·本·穆罕默德·本·伊卜拉欣·本·阿卜杜·拉赫曼·本·优素福·莱瓦提，丹吉尔人氏，字艾布·阿卜杜拉，以伊本·白图泰闻名于世。

我们的教长艾布·拜莱卡特（'Abū al-Barakāt）亲笔写道：

"此公乃在学问上略有参与之人。[1]伊历 725 年 7 月的第二个星期四，他从他的祖国远游至东方诸国，足迹遍及埃及、沙姆、伊拉克、波斯的伊拉克[2]、印度、信德、中国、隋尼隋尼[3]、也门。726 年到麦加朝觐。见过世界上很多国王和大人物。离开麦加后，前往印度，在其国王处住了很长时间，由于得宠于国王而被任命为大法官，并赐他大笔金钱。他在游历中由表及里都是以苏菲派[4]的仪式完成的。后来他重归故里马格里布摩洛哥，又转往安达卢西亚岛，并在此地给人们讲述东方的见闻和自己从东方人那里了解到的事情。于是人们说他是在骗人。[5]"

教长还写道：

"我在格拉纳达见过他，并在尼布莱（Niblah）村艾布·加西姆·伊本·阿西姆的庄园里，与他一起住了一夜。这一夜以及此前的白天，他都在给我们讲述东方国家和其他地方的事情。他告诉我们，他本人曾进入大君士坦丁堡[6]的大教堂，这教堂简直就是一座整个被大屋顶罩住的城市，里面共有 12,000 个屋顶。我得说，他的整个讲述比这还要离奇。后来他去了欧德瓦[7]，进入黑人国家[8]。再后来，你们也知道，摩洛哥国王召见他，于是他投在国王门下，国王下令记录他的远游经历。"

〔1〕此句原文直译应为："这是一个在要求上有一点参与的人。"其中"要求"的确切含义拿不准，暂从"求知"解。

〔2〕波斯的伊拉克（'Irāq al-'Ajam），其概念涉及阿拉伯古籍中常有提及的"两个伊拉克"（al-'Irāqāni）。一是阿拉伯地区的伊拉克，也就是我们今天说的伊拉克；一是古代波斯被叫作伊拉克的地区。《蒙吉德》注解说："该地位于今伊朗境内的胡齐斯坦。"所指范围较小。《地名辞典》的作者雅古特在"伊拉克"条下并未确切提到此地，而是在"吉巴勒"条下写道："吉巴勒是今天以波斯人的术语叫作伊拉克的、众所周知的地区。它位于伊斯法罕与赞兼、加兹温、哈马丹、迪奈沃尔（Dīnawar）、盖尔麦欣（Qarmasīn）和雷伊（al-Rayy）等地之间的广大地区和国家。波斯人把它叫作伊拉克是错误的，我不知道其中原因。这是一个新术语，过去从未听说过。"显然雅古特所指该地的范围要大得多。

〔3〕目前中外学者一般认为，《伊本·白图泰游记》中的"隋尼隋尼"（Ṣīn al-Ṣīn）是指今广州。同时伊本·白图泰也明确指出隋尼隋尼，与在阿拉伯古籍特别是地理游记中，常常提到的"隋尼克兰"为同一地区。

〔4〕苏菲派（al-Ṣūfiyyah），伊斯兰教神秘主义派别。此句应是指伊本·白图泰旅行中是以苏菲派穆斯林的身份出现的。

〔5〕此句原文的意思是：他的谎言被拆穿了。实际上当时人们在听到伊本·白图泰关于东方见闻的、可能带有夸张成分的讲述时，至多是不相信进而说他吹牛或骗人，"拆穿"是不可能的。

〔6〕大君士坦丁堡（al-Qusṭanṭīniyyah al-'Uẓmā），即君士坦丁堡（原文中"大"可能只是普通形容词），今称伊斯坦布尔。据说该城名称的改变与阿拉伯人有关。"330年，罗马皇帝君士坦丁在此定都，称之为新罗马，后改称君士坦丁堡；迨至13世纪时，阿拉伯人误以拜占庭语'伊斯廷普林'（意为'在城里'）为城名，数百年后

遂演变为伊斯坦布尔。"〔见中国大百科全书出版社《简明不列颠百科全书》编辑部译编：《简明不列颠百科全书》(卷9)，北京：中国大百科全书出版社，1986年，第52—53页〕现在伊斯坦布尔在阿拉伯语中的读音为：'Istanbūl，而雅古特《地名辞典》中的专门词条为：'Iṣṭanbūl。两个字母的变化也许就是该百科全书所说的演变标志。

〔7〕欧德瓦(al-'Udwah)，为本书校勘者反复标明的读音，应是当时一比较重要的地名，确切位置阙疑。《蒙吉德》中有地名"阿杜瓦"('Adwah)，指"埃塞俄比亚的一个城市"(今独立后的厄立特里亚境内)。但欧德瓦这一地名仅在本书第3卷中便出现20余次，似是一离安达卢西亚不算太远的地方。加之校勘者不可能不知道阿德瓦，其反复强调读音为欧德瓦，应另有所指。

〔8〕黑人国家(Bilād al-Sūdān)，为避免与现在苏丹共和国相混淆，故译作黑人国家。古今"苏丹"的两个概念，《简明不列颠百科全书》阐述得比较清晰：一个苏丹(the Sudan)指今苏丹共和国；另一个苏丹(Sudan)，指"至少从12世纪以来就使用的地理名称。泛指撒哈拉南侧和热带林之间、横跨非洲的开阔热带稀树草原。西起佛得角，东至埃塞俄比亚高地和红海，绵亘5500多千米。……到20世纪50年代出现了一些独立国家。东部地区，1956年建立了独立的苏丹共和国"。〔见中国大百科全书出版社《简明不列颠百科全书》编辑部译编：《简明不列颠百科全书》(卷7)，北京：中国大百科全书出版社，1986年，第516—517页〕

【译按】

伊本·海提布此处对伊本·白图泰记述的重要性是显而易见的。这是这位中世纪四大旅行家之一的、在阿拉伯世界几乎家喻户晓的名人在世时，同时代著名阿拉伯史学家记录下来的珍贵文字资料。文中“我们的教长艾布·拜莱卡特”所言，可在《伊本·白图泰游记》中得到明确印证：“（见到的人）还有总法官、当代奇才阿布·贝赖卡特·穆罕默德·伊本·穆罕默德·伊本·伊卜拉欣·赛赖米·贝赖尔贝尔，他最近刚从曼任耶来此，是我在法学家阿布·喀辛·穆罕默德的花园里见到的。这位法学家是著名作家阿布·阿卜杜拉·伊本·阿绥姆的儿子。我在此地整整住了两天。”（见伊本·白图泰：《伊本·白图泰游记》，马金鹏译，银川：宁夏人民出版社，2000 年）

对于中国人来说，伊本·白图泰是中阿交往史中的一个象征性人物，追溯中阿友好言必提之。人们自然会重视有关他的历史记载。而阿拉伯人对其注重的程度，我们从本书校勘者加的一段相对其他注释来说长得多的“注释”中也可窥见一斑。这段注释实际上相当于我们的“按语”，因为它并不是为解释某个疑难字词而加的。校勘者说：

“我们带着一种遗憾和不解交织一起的感觉，看到伊本·海提布仅仅从其导师伊本·哈吉的亲笔记录中，引出这样短短几行字来介绍最伟大的穆斯林旅行家伊本·白图泰。他们两人本当用更多的笔墨为他的传记增添一些重要内容。而格拉纳达的旅行家伊本·朱拜尔，为他这位同胞所写的传记，至少向我们提供了合理范畴内的信息。人们从中了解到他的状况、旅行、地位及其笔下的散文乃至诗歌。伊本·海提布在撰写伊本·白图泰的小传之前，与他保持着良好的关系和友谊，他在拜斯拉居住时曾写信给这位正在苏斯（丹吉尔附近的城市）当法官的朋友，说自己想买一块与他为邻的地。”

而伊本·海提布的这段记述也告诉我们，人们对伊本·白图泰是否真的到过中国的怀疑，并非产生于近现代的研究者，而是像当年马可·波罗一样，自他们讲述自己奇异见闻的第一天开始，这种怀疑就一直伴随着他们。而这种怀疑实际上是很自然的事情，一是东方的神秘与神奇，如果当年一讲出来就被人们相信与接受，那也就称不上神秘与神奇了。二是这些中世纪的大旅行家在口述其“游记”时即兴加入一些道听途说的奇闻是完全可以理解的，未必事事身临其境。三是他们也难免会遗忘和遗漏某些今人看来十分重要的问题，比如都不曾提到茶、筷子乃至长城等。

《安达卢西亚柔枝的芬芳》

Nafḥ al-Ṭīb fī Ghuṣn al-'Andalus al-Raṭīb

作者与作品简介

麦格利·提里姆萨尼（al-Maqqarī al-Tilimsānī，约1584—1631年），全名艾哈迈德·本·穆罕默德·本·艾哈迈德·本·叶海亚，字艾布·阿拔斯。麦格利和提里姆萨尼都是他的附名：一是表示祖籍麦格莱村（al-Maqqarah），一是表示出生地——提里姆萨城（Tilimsān，今阿尔及利亚境内特莱姆森）。阿拉伯著名历史学家、文学家，并在经注学和圣训学等领域有较深造诣。主要著作有：《法官阿亚德记闻的园中之花》《吸附大马士革记述中的香气》《伊本·赫勒敦绪论释例》等。

本书是作者最重要也是最有名的著作，是研究安达卢西亚政治史和文学史的经典之作，内容极为丰富。鉴于阿拉伯古代文明和学术成就曾对欧洲产生重要影响，安达卢西亚又是其最主要的中介地，所以西方学者对这部名著格外重视，有不少西方学者一生专注于对它的研究。作者最初是要记述自己非常崇拜的人物——《格拉纳达志》的作者伊本·海提布，故原定书名是《在了解大臣伊本·海提布中吸附香气》，后来发现收集的资料大多涉及安达卢西亚历史，遂改为现书名，并将原书名附后。国内有权威学者在谈到作者时，称此名著为《西班牙阿拉伯人的文史集》，大概是根据西方人翻译的书名重译而来的。原作4卷，约合中文400万字。

版本　贝鲁特萨迪尔书局，1988年，精装16开，8卷本。

◎译文

§1. 第1卷，第5页：

愿真主赐福穆罕默德的后裔和亲属们，他们承继他的精神和遗志。赐福忠于宗教的辅士[1]们，还有走在正道的众迁士[2]。赐福他的追随者和弟子们，他们是升空之星而天是先知。赐福捍卫宗教权利的信徒们，他们的头脑沉着而机智。赐福手持宣教之剑的征服者们，他们冲破座座坚固的城池；他们护送不畏艰险的宣教者们，传播教义为各地人民所认识；他们派出宣教使团的名流们，说服安达卢西亚和中国之人士；更不必说沙姆和伊拉克。

〔1〕辅士，《阿拉伯语汉语词典》注释为："麦地那穆斯林的称号，因为他们是穆罕默德的辅助者。"

〔2〕迁士，《阿拉伯语汉语词典》注释为："在穆罕默德前后从麦加迁移到麦地那的人。"

【译按】

此段文字译自作者自序。古代阿拉伯著作家在卷首都要写一段赞美词，然后进入正题，这已成为一种定式。本书作者用一万字左右的篇幅写下的赞美词，文辞华丽，文采飞扬，且全部为骈体。其押韵技巧已到炉火纯青的程度，不是每句一押而是每半句一押，呈对仗形式，加之全文几十个段落，段落中文字各有其韵，而段落结尾一句则全部压在伊拉克的"拉克（Rāq）"一个韵脚上，形成一气呵成的磅礴之势，令人叹为观止。

§2. 第1卷，第151页：

在马拉加[1]，有人们由于其美好而用作成语的无花果（al-Tīn），它甚至远销到印度和中国。

〔1〕马拉加（Mālaqah），位于今西班牙南部，为濒临地中海的重要港口城市和商业中心。

§3. 第1卷，第244页：

从前，在安达卢西亚西部有一位希腊国王住在一个叫作"加的斯"[1]的海岛上。他有个女儿长得极其美丽。安达卢西亚的国王们听说后都想娶她为妻。安达卢西亚的国王特别多，每一两个小城市就有一位国王。她的父亲担心她嫁给其中任何一个都会得罪其他国王。他整日愁眉不展，不知如何是好，只得把女儿叫来。[2]他的臣民不管男人还是女人都非常有智慧，因为人们常说上天将智慧赐予大地上的三种人，即希腊人的头脑、中国人的手和阿拉伯人的舌头。

〔1〕加的斯（Qādis），今西班牙南部濒临大西洋、靠近直布罗陀海峡的城市。

〔2〕有关该城的这个传说非常有名，原文较长，恕不全译。大致情节是：公主只答应嫁给能造出“咒像”（原文为“符录”，实际为带有咒符性质的雕像）以阻止柏柏尔人入侵的人，或者能够造出“水磨”将大陆上的水输送上岛的人。造水磨的国王先完工，造雕像的国王便从雕像所在的悬崖上跳海而死。于是公主、雕像都归造水磨的国王所有。

§4. 第1卷，第459页：

诗人说得多好啊：

你不必为寻欢乐前往巴格达，
也不必说波斯和中国多伟大。
即使走遍世界的每一个地方，
没有任何国度可比科尔多瓦[1]。

〔1〕科尔多瓦，阿拉伯语为：Gurṭubah，西班牙语为：Córdoba。今西班牙南部著名古城，科尔多瓦省首府。该城711年被阿拉伯军队攻占，伊斯兰教随之传播。8世纪中叶，阿拉伯帝国伍麦叶王朝王室后裔阿卜

杜·拉赫曼遭阿拔斯王朝哈里发迫害逃至安达卢西亚，在当地阿拉伯人和柏柏尔人支持下，于756年以科尔多瓦为都城建立了“后伍麦叶朝”，中国史称“白衣大食”，西方史称“西萨拉森帝国”。

第三辑

文学类

《卡里来和笛木乃》

Kalīlah wa Dimnah

作者与作品简介

伊本·穆加发（Ibn al-Muqaffa‘，约724—759年），原名罗兹比·本·达祖威。中世纪阿拉伯最著名、最重要的文学家之一，同时也是哲学家。祖籍波斯设拉子。幼年受到良好的波斯文化教育。随家人一起信奉祆教。长大后刻苦钻研，博览群书，广交社会贤达，求教于诸多知名学者，获得广博的伊斯兰文化知识。精通波斯语和阿拉伯语，通晓哲学、逻辑学、修辞学、语言学、文学、法学、历史学、动物学。以辞章、辩才、侠义著称于世。他在阿拔斯王朝初期曾任巴士拉总督的书记官，自此改奉伊斯兰教，取名阿卜杜拉·伊本·穆加发。他在阿拉伯学术史，特别是文学史上占有非常重要的地位。后因主张变革和揭露朝政时弊而触犯哈里发。759年被哈里发曼苏尔以“伪信罪”处死。其主要著作有：提出改革主张的《近臣书》、关于行为准则和社会道德的《大礼集》和《小礼集》等。此外他还从波斯文翻译了大量重要学术著作，比如亚里士多德的《十范畴书》《修辞学》和《分析篇》，以及波尔菲里的《逻辑学入门》等。

《卡里来和笛木乃》为世界文学名著。作者将印度的《五卷书》从巴列维文译成阿拉伯文时，对全书进行了艺术加工和再创作，增删了一些章节。全书分15章，以几十种动物的口吻讲述了50多个故事，穿插大量格言、成语和训诫，每个故事表达一种哲理和教诲。全书约合中文12万字。

版本 贝鲁特文化出版社，1988年，平装16开，1卷本。

◎**译文**

§1. 第 6 页（前言）：

哲学家白得巴[1]之所以为印度国王大布沙林（Dabshalīm）撰写《卡里来和笛木乃》一书，是因为罗姆的双角王亚历山大在完成对西方诸王的征服后，开始向东方挺进，意图征服波斯等地的东方诸王。一路上他打败抗争者，战胜抵御者。他对波斯各地郡主区别对待，凡归顺者安之抚之，凡拒降者战之灭之。那些负隅顽抗的人最终被打得东奔西窜，落荒而逃。

然后他率兵向中国进发，中途他想先去印度，以期让印度国王归顺于他，改宗他的信仰，听从他的调遣。当时的印度国王名叫福尔（Fūr），是位权隆势重、勇猛刚毅之王。他听说双角王大兵压境，便厉兵秣马，准备迎战。

〔1〕白得巴（Baydabā），拉丁文写作：Bidpay，为梵语音译，原义为“精通学术者”或“大学士”。此公在《卡里来和笛木乃》中贯串始终，其“角色”与《一千零一夜》中讲故事的宰相之女山鲁佐德（Shahrazad）相同。值得一提的是，此公身份并非单纯学者，在本书卷首他的身份还有“婆罗门之首”（Ra’s al-Barāhimah）。婆罗门即僧侣阶级，为印度四个阶级中最高阶级。

§2. 第 12 页（同上）：

有一次，中国、印度、波斯和罗姆的国王们聚在一起。他们说：

“我们每个人都要讲一句能够世代流传的名言。”

于是中国国王说：

“我应付未说出之语的能力，要比应付说出之语的能力强得多。”

印度国王说：

“那种爱说话的人总令我感到奇怪：假如他说的对他有利，说出去对他并不有利；假如他说的对他不利，说出去肯定对他不利。”

波斯国王说：

“如果我说出一句话，它就控制了我；如果我不说出这句话，我就控制了它。”

罗姆国王说：

“对于未说出口的，我从未后悔；对于说出口的，我常常后悔。”

【译按】

这个有意思的传说在阿拉伯古籍中屡屡出现，情节和内容大同小异，就是在《卡里来和笛木乃》不同的抄本和版本中也存在细微的差别。从年代上讲，伊本·穆加发这段记述，在阿拉伯的古籍中应当是最早的。

《动物书》

Kitāb al-Ḥayawān

作者与作品简介

贾希兹（al-Jāḥiẓ，约775—869年），本名阿慕尔·本·巴赫尔·基纳尼，字艾布·奥斯曼。贾希兹乃其绰号，意为暴突眼。古代阿拉伯最著名的学者和文学家之一，与伊本·穆加发和伊本·古太白并列为阿拉伯古代文学三大家。生于巴士拉，早年丧父，家境贫寒。他天资聪颖，刻苦自学，经常向清真寺的教长和其他学者求教，有时为博览群书，专门到书商家中打工。由于他结交各地客商、水手和渔夫，因而了解大量社会知识和海外奇闻。青年时期前往巴格达，投师于著名学者艾布·欧拜德等人门下，研习希腊哲学、教义学、语言学、文学和自然科学，终于成为一位博学多才的大学者。早期因论述治国之道的著作《权位之书》而受到哈里发马蒙（813—833年在位）的赏识，遂入宫廷枢密院任录事，后因不堪宫廷生活约束，弃官到各著名历史名城游历访学，广交天下学者、法官和社会名流。后半生潜心从事哲学、宗教、文学等学科开拓性的研究和著述活动。869年在巴格达去世。他的“死法”不啻为历代文人学者中的佳话——晚年虽疾病缠身甚至半身不遂，但仍苦读不倦，直到有一天看书时，由于身边的书堆得太高以至倒塌下来将其砸埋在里面，于是他便在钟爱一生的书中死去。

贾希兹是伊斯兰教穆尔太齐赖学派的代表人物之一。在学术领域，不仅有大量高深的理论著作问世，而且开创了以生动活泼和富有风趣的形式传授知识的新文体，并把哲学语言和文学语言结合起来，使阿拉伯语成为能够叙述每门科学和表达每门艺术的生活语言，被后世学者称为“阿拉伯散文和讽刺文学的奠基人”。贾希兹一生著述极丰，据后世学者统计多达530余种，乃至这种统计都已成为今天阿拉伯学者的学术成果。但他的著作大多已散佚，并且530种中也不排除有他人伪托之作。

他的代表作除本书外，尚有《吝人列传》《表达与阐释》《方圆》以及后人编辑的《贾希兹文论集》等。

此书为其代表作之一。书中通过对各种动物特性和分布的描述，穿插了各种故事和传说，引有大量《古兰经》经文、圣训典故、寓言和格言，充满宗教哲理，真实地反映了早期阿拉伯社会生活情况。“贾希兹在书中不限于谈论动物的特性，本书还包含着科学和文学的广泛内容，具有关于动物和非动物的渊博知识。他将严肃与谐谑，科学与文学，笑谈与幽默巧妙地结合在一起。”（见汉纳·法胡里：《阿拉伯文学史》，郅溥浩译，北京：人民文学出版社，1990年，第375页）作者曾在书中提到，他写此书是为了说明体现在动物身上的造物主的智慧和能力。全书共8卷，约合中文250万字。

版本 黎巴嫩吉勒（al-Jīl）书局，1988年，精装16开，8卷本。

◎译文

§1. 第1卷，第83页（哈加吉发明的船和驼轿一节中）：

哈加吉第一个在海里使用涂上沥青和油漆、钉上钉子、将驾驶舱设在船尾而不是船头的船。同时他也是第一个使用驼轿〔1〕的人。人们说：“倘若你们不知道轿子的门类，你们也就不知道仿造的技巧。如果世上没有出自中国的瓷器，你们根本不知道瓷器。但是你们表面上仿造的东西，比起正宗的中国瓷器来是有很多缺陷的。”

〔1〕此处原文为轿子（al-Maḥāmil），一般指驼轿，驼轿的发明，使古代阿拉伯女性特别是贵族女性的远距离出行，变得更加便利和舒适。其发明者，阿拉伯人有两种说法，一为哈加吉，一为萨利赫。比如黎巴嫩学者阿里·海尔布塔里博士认为：“驼轿的历史可以追溯到伊斯兰历645年（比哈加吉晚550年左右），艾尤布王朝末代素丹萨利赫。艾尤布的妻子佘哲莱图·杜璐是乘驼轿前往麦加参加朝觐

仪式的。她受到极为热烈的欢迎。”（见阿里·海尔布塔里：《天房史话》，李光斌、李沁兰译，北京：世界知识出版社，1987年，第172页）

【译按】

此段文字中值得注意的，是作者提到在当时阿拉伯地区已经出现的瓷器制造业。由于是从仿造中国的瓷器开始，所以在后来相当长的时期内，阿拉伯人有时使用“隋尼依”代指瓷器，而将原来瓷器一词省略。此时的“隋尼依”究竟是确指中国的瓷器，还是泛指不论产自何地的各种瓷器，需要根据上下文而定。至于这种“代指”由何时开始，即谁第一个这样使用，有待进一步考证。这其中还应包括“隋尼娅”（中国的，阴性形容词）由何时开始代指瓷盘，进而转指一般的盘子和其他圆状物，甚至铁路上搬道岔的转盘。

§2. 第1卷，第107页（阉人被阉前后的状况一节中）：

此节是讲阉人的，但对与植物打交道的庄稼人和种植枣椰树的人也是有益的。因为你看到的阉人，他表面上像明晃晃的宝剑，像中国镜子（Mir'āt Ṣīniyyah），像白花花的银块，像枣椰树湿润的木髓，像镶金的银杖，甚至他的脸颊像是玫瑰，但这只是极短暂的现象，转瞬间就会一去不返，尽管先前他是非常富有的，是很少从事体力劳动的，生活是优哉游哉的。

§3. 第2卷，第179页（齐尼狗一节中）：

中国齐尼狗[1]，即使夜里在它头上放一盏油灯，它也可以很长时间一动不动。达拜部落[2]的人有一条中国齐尼狗，他们在它头上放了一盏油灯，狗纹丝不动，他们叫它的名字，拿肉逗它，它也不为所动，头连晃都不晃一下，油灯一直是稳稳当当的。直到人们自己将灯拿走，狗知道头上没有东西了，才跳过去把肉吃了。这狗机灵懂事，教它什么它都能学会。人们在它脖子上挂一个小草包，里面放个小条儿，它就跑到卖菜的那儿，然后把需要的东西带回来。

〔1〕中国齐尼狗（al-Kalb al-Zīnī al-Ṣīnī），作者笔下这种与中国有关的、可爱的狗，是迄今我们在阿拉伯古籍中见到的对其最详细的描述。一些著名辞典和古籍提到它，一般都是在辩证它究竟是叫“齐尼”或“齐俄尼”（al-Zī'nī），还是叫“隋尼依”。贾希兹大概是第一个写出它的“全名”的人。“齐尼”的基本意思应是：装饰的，也许是一个部落的名字。本书校勘者加注释说：“这是一种身材短小、非常聪明的狗。”这种狗与其他古籍中提到的“中国狗”是否为同一种动物，尚不得而知。下文将提到它与黄鼠狼的模样差不多。

〔2〕达拜部落（al-Ḍabbah），是古代阿德南部族的一个分支，原先居住在纳季德（旧译内志）北部，随着伊斯兰教的创立和发展迁徙至伊拉克。曾参加伊斯兰历史上著名的“骆驼战役”。

§4. 第 2 卷，第 359 页（狗的主人谈小鸡一节中）：

人们说：“公鸡和母鸡比其他动物更荣耀的是，小鸡是自己破壳而出的，然后自谋生路，自学知识。这一切打它从蛋里一出来就开始了。”逻辑学家会说：“那蜘蛛的孩子一出生就会编织呢。”蜘蛛的工作是件艰苦、有趣、细致的工作，别说小鸡干不了，就是小鸡的爸爸也干不了。但人们称赞小鸡是因为它是自己从蛋里出来找食吃的。其他动物也有这种情况，比如小鹧鸪、小松鸡和小中国鸭（al-Baṭṭ al-Ṣīnī）。

§5. 第 3 卷，第 184 页（无巢的飞禽一节中）：

关于无巢的飞禽，人们说：“身体重的飞禽一般都没有给自己的蛋准备巢，因为这类飞禽不能很好地掌握飞行技巧，它们站起来都很困难，更说不上在空中盘旋。像松鸡和鹧鸪就是把蛋产在土里。此类飞禽的雏儿，比如鸡雏、中国鸭雏，都是自己从蛋里出来，而且马上就会自己找食，自己照顾自己。”

§6. 第3卷，第262页（僧祇和中国与巴士拉之间的距离一节中）：

他们说巴士拉与僧祇国之间的距离，比巴士拉与中国之间的距离要远。

看来有些人搞错了，所以说中国更远。僧祇海[1]是一个很深很宽而且波涛汹涌的环形海，海上有两个月的风是从阿曼刮向僧祇的，反方向的风也是两个月，这是不管风的强弱的平均时间，但风强的时候船可能走得快一些。由于这个海水深、风大、浪恶，帆基本无法起作用，而他们是按弦〔直线〕走，不是按弓〔弧线〕走，也不知道哪里有避风港，所以船向僧祇航行的天数才更少些。

〔1〕僧祇海（Baḥr al-Zinj），本书校勘者有注释云："此海在印度洋西部与僧祇国毗邻的位置。"《蒙吉德》中说："该海在今坦桑尼亚对面。"

§7. 第4卷，第61页（谈猪一节中）：

所有成为基督教徒的罗姆、阿比西尼亚和中国的国王们，所有成为拜火教徒的国王及其臣民们，他们都认为猪肉是好东西，认为它有益身心，于是便对其大快朵颐。

§8. 第4卷，第373—374页（骗子穆赛利麦一节中）：

他对他们说："很久以前，在一个风高月黑的夜里，天神曾到我这儿来，带翅膀的天使也飞来了。天神来时不仅伴有沙沙声和噼噼啪啪声，同时还有一个声音用扎杰乐[1]的调式在说：'谁在外面，赶快回家。谁要看到，眼会变瞎。'"后来，他做了一个孩子旗[2]。这种旗子是用中国纸做的，也有用麻纸做的，做好后安上尾巴和翅膀，再在中间挂上几个小铃铛，有风的日子用结实的长线拴上在空中放，于是人们就仰望天空，盼望天神降临。后来起风了，而且越来越大，他便把做好的旗子放了出去。人们不仅看不见线绳，而且黑漆漆的夜使他们也看不清上面的白纸和麻纸。于是他们以为那个天使来了，便大喊大叫起来："谁看到谁变瞎，想安全快回家！"这之后，人们都成了他的支持者和保护者。为此他曾吟过这样一句诗：

一个玻璃球，外加小风筝[3]；
似鸟空中飞，事情办妥当。

〔1〕扎杰乐（Zajal),《阿拉伯语汉语词典》注解为："短长格，抑扬格的诗歌。"阿拉伯民间诗歌的一种，有中国学者译为：俚谣。

〔2〕孩子旗（Rāyah al-Ṣibyān），实际上就是我们所说的风筝，直译出来是想让读者了解当时阿拉伯人对此物的称谓。

〔3〕此句诗中的"风筝"，作者使用的是：Rāyah Shādin，直译为小羚羊旗，《阿拉伯语汉语词典》中将其对译为风筝。至于阿拉伯人缘何用小羚羊来说风筝，尚难搞清，但《蒙吉德》中说，这种小羚羊要离开母亲的愿望特别强烈，或许这是把它和风筝联系起来的缘由也未可知。

§9. 第5卷，第36页（奈扎姆谈智慧与人种的关系一节中）：

奈扎姆[1]在谈到智慧与人种的关系时说："白色人种以外的种族，他们的肤色、瞳仁和发色肯定是不一样的，因而他们的智力和才能便有差异。同样道理，由于烹调习惯和生活习俗的不同，他们在道德、礼教、天性，以及对慷慨与吝啬、高贵与卑劣的选择意愿和行为规范上也就不尽相同。死面饼和发面饼、少给和多给之间的差异，就像斯拉夫人和僧祇人之间的差异一样。"在这方面人们还说过："难道你没看到中国人是各种工艺制造的能工巧匠吗？他们勤于学习，技能高超，领悟力强，思路开阔，喜欢追根寻源以使技能精益求精。但也仅此而已。一个民族被赋予工艺制造方面的超群才能后，可能就不被赋予其他的才能了。"

〔1〕奈扎姆（Naẓām），诗人和哲学家，对伊斯兰思想史影响重大而深远。贾希兹的老师。卒于845年。

§10. 第5卷，第116—117页（教义学家谈心灵一节中）：

可以证明这一点的是“赛卡拜”[1]。你把它口儿里流出的水倒入水里，然后从另一端吸气，如果被压缩的空气在那个管子里，那它也只能是贴在水面的，而非与空气中水的实体完全融合。这时你可以吸到由这种引力产生的成倍的、甚至没有穷尽的气，因为一些水已上升到口儿的位置。

可以证明这一点的还有：水在倒置的汲水罐里，由于人们知道如何在其收缩或被压缩时制造气体，所以便将“隋尼娅”的高度搞成和它的长度一样。我是指中国船（al-Markab al-Ṣīnī）。

〔1〕赛卡拜（al-Sakkābah），应是一种倒水的容器。

【译按】

作者此处是在谈论水与气的关系以及如何制造气体的问题，前后篇幅较长。这段文字译者未能理解得很明白，“强行”将其译出，是因为作者提到了与中国有关的“隋尼娅”——中国船。

作者笔下的隋尼娅明显不是指我们通常理解的盘子，而是以它代指“中国式的船”。作者担心读者理解有误，所以专门强调“我是指中国船”。这说明当时中国与阿拉伯之间通过海上丝绸之路的交往非常之频繁，而中国船或当是往返于这条航线的主要交通工具。

§11. 第5卷，第373页（跳蚤的花招一节中）：

我们的朋友被跳蚤折腾得够呛。那些跳蚤还会给人带来一种灾难，就是你要不经过一番苦战将其杀死，它会搅得你一整夜睡不安生。人们把它抓住，从床上扔到地下，然后会发现摔死20只后，再摔死第21只就容易多了。人只要抓过一只跳蚤，他的手便会有臭味儿。这些人虽说都是一地之王，但也免不了受这般折磨。他们费多少力气也摆脱不了跳蚤的袭扰，直到他们穿上了中国丝绸做的、不仅袖子很长而且能罩住整个身体的内衣，才终于可以睡上踏实觉了。

§12. 第 6 卷，第 372 页（黄鼬一节中）：

其他人说："黄鼬[1]跟这种中国狗模样差不多。它散发出的气味非常臭。它钻入鳄蜥的窝穴，并在里边大放其屁，搞得臭气熏天，到鳄蜥实在受不了而从自己的窝穴出来时，它便将其抓住。

〔1〕黄鼬（al-Ẓaribān），俗称黄鼠狼或鸡貂。

§13. 第 7 卷，第 113 页（中国国王的信一节中）：

海伊赛姆·本·阿迪听艾布·亚古布·赛格菲说，后者听阿卜杜·麦立克·本·欧麦依尔说："穆阿维叶死后，我在他的公牍局中见过一封中国国王的信。信中说：'拥有 1000 头大象的、王宫用金砖和银砖建造的、由千王之女服侍的、有两条河浇灌国土的中国国王，致穆阿维叶。'"

【译按】

阿拉伯古籍中关于中国国王致哈里发的信提到过多次，给人感觉大多为传说中的事，中国史籍中没有相关的明确记载。作者引录的虽然只是中国国王之信的"抬头"，但因其中提到了"两条河"，使我们立刻联想到长江、黄河。但如果我们注意到有关中国国王的四个定语从句中前三个，都属虚无缥缈的夸张之辞的话，这两条河是否指长江和黄河就值得怀疑了。因为实际上阿拉伯人在其古籍中始终也未能说清中国主要河流的情况，甚至 18 世纪后期的著名辞典《辞典珍宝中的新娘花冠》的作者，也还是在重复伊本·白图泰关于那条叫作"财富河"的既美好又模糊的记述。至于说阿拉伯古籍中记述较多的胡姆丹河，有些中外学者将其翻译为“西安府江”，意指黄河，论据也并不十分充分。贾希兹在本段文字中提到的两条河，可能是阿拉伯人特别是居住在两河流域的阿拉伯人，认为有两条大河浇灌国土无疑是一种得天独厚的优势，于是便在这封“虚拟”的信中将其作为一国之君可以引以为豪、可以用来炫耀的事情。

§14. 第 7 卷，第 129 页（犀牛角）一节中：

至于犀牛角，一位我信任其理智、依凭其见闻的人告诉我：他所见到的犀牛角根部很粗，体积很大，足有两拃，其长尚不及其宽。犀牛角的顶端非常尖，整体十分光滑，硬度中含有柔韧性。人们在我们巴士拉这里将它备好之后运到中国，因为我们先于他们得到它。他们将其切断后，断面上会出现奇特的图案。此外它还具有一些其他的特性，使人们对其有所需求。

【译按】

鉴于古代中国和阿拉伯之间的直接贸易情况，人们并不十分了然，因此阿拉伯古籍中的相关记载便显得非常重要。作者在本段文字中明确告诉我们，巴士拉是当年中阿犀角贸易的集散地之一，而且数量可能不小。这也可以印证与作者同时代的韩愈（768—824 年）在其《昌黎集》卷 21 之《送郑尚书序》中所言：“……外国之货日至，珠、香、象、犀、玳瑁、奇物溢于中国，不可胜用，故选帅常重于他镇。”（见江淳、郭应德：《中阿关系史》，北京：经济日报出版社，2001 年，第 40 页）另据“新旧唐书记载，岭南节度使王锷巧取豪夺，家财甚富，日发十余艘载有犀象珠贝的货船，夹在普通商船中出境做生意”。（同上书，第 38 页）中国史籍所记，说明进口犀角的中国商人不仅在境内出售，同时还进行转口贸易。

作者生活的时代正是中阿之间交往频繁的时期，据中国学者统计仅 724—798 年大食遣使来华就达 30 次之多。他们所献方物中肯定也有来自天方的犀牛角。在大食与中国交往的问题上，人们有时将“遣使”和“朝贡”混淆起来，而使节献上礼物和献上贡品，两者性质是截然不同的。实际上这些所谓使节的身份较为复杂，其中不乏专门从事贸易以图厚利者，因为中国皇帝总是回赐他们超过"贡品"价值几倍甚至几十倍的东西或金钱。他们是否真正代表大食官方，特别是他们是否为哈里发政权正式委派，是颇值得怀疑的。因为进贡明显是臣服的表示，而我们在阿拉伯古籍中从未发现哈里发政权向中国表示臣服的明确记载，阿拉伯人只是对传说中中国国王的仁善和治国之道等方面，以及对中国人掌握各种工艺的技能表示过佩服而已。至于中国皇帝也不会、同时也无法细究这些使节的真实身份，慷慨回赐，除了学者们所说"具有加强政治友好关系的意义"之外，恐怕也有显示泱泱大国富庶强盛的意思。而一班王公大臣则更不会细究那些礼物的性质，只要烘托出"异族有人来进贡，吾皇万岁万万岁"的气氛就算尽职了。

此外，作者提到的犀牛角"还具有一些其他的特性，使人们对其有所需求"，说明当时阿拉伯人已经知道中国人大量进口它，除了作为贵重装饰品外还有药用作用。

§15. 第 7 卷，第 171 页（蚊子的鼻子一节中）：

祖籍印度的艾布·爱思莱阿在夸耀印度物产时吟道：

朋友非难我，似乎无道理。
我夸印度好，比比皆是例。
若要说打仗，印度箭无比。
象牙属上等，佳木有麻栗。
大象林中走，小象在嬉戏。
锌矿比山高，辣椒种满地。
外加肉桂树，专产好桂皮。

§16. 第 7 卷，第 230 页（城市的传说一节中）：

据那些进入过中国和扎比吉、足迹踏遍那个国度并深入到那些岛屿的商人们说，凡是在吐蕃首府落脚的人都会处于一种莫名其妙的欢愉之中，就是没有什么惊奇的事他们也总是笑个不停，直到他们离开那里。

《吝人列传》

al-Bukhalā'

作者与作品简介

《吝人列传》是贾希兹传于后世的最重要的著作之一，被认为是阿拉伯古典故事文学的代表作。该书收入120多篇故事，刻画了各种悭吝人的形象，情节生动，语言诙谐，描写细腻。此外书中还引录了一些与作者同时代的以及阿拉伯历史上的著名人物，以信函形式讲述“吝啬”的言论，作者则以自己的观点进行辩驳。因此，贾希兹也被认为是世界上从心理学角度，对“吝啬”这一人类社会普遍存在的现象进行分析研究的第一人。贾希兹因本书被称为阿拉伯讽刺文学的奠基人和短篇故事创作的鼻祖。全书约合中文20万字。

版本 埃及知识书局，1981年，第6版，精装16开，1卷本。

◎译文

§1.第82页（哈立德·本·耶齐德的故事中）：

一次，我和艾布·伊斯哈格、伊卜拉欣·本·赛亚尔·奈扎姆、文法学家古特鲁布[1]和曼苏尔·本·齐亚德的导师艾布·法塔赫，一起到某人家赴宴。餐桌是用黑白相间的玛瑙制作的，餐具要么是来自中国闪闪发光的瓷器[2]，要么是开义玛克[3]的海兰吉亚[4]木器。各种菜肴香气扑鼻，味道鲜美。每张面饼都像银子一样白，看上去犹如一轮满月和一面明镜。只不过数量有限——按人头一人一张。结果每位来宾的面饼，除了掉下来的渣渣儿，全都吃得一干二净。大家没吃饱，纷纷举手再要。可是主人再没给客人上面饼，于是大家一面抓紧吃饭，一面把手举在空中摇来晃去，不是使劲打着榧子，便是做着捏碎面饼的动作。

〔1〕古特鲁布（Quṭrub），全名艾布·阿里·穆罕默德·本·穆斯泰尼尔，因其极为勤奋用功，老师称他为：古特鲁布，意为萤火虫。巴士拉学派著名语言学家和《古兰经》经注家，有《〈古兰经〉经义》和《阿拉伯语反义词》等著作传世。卒于821年。

〔2〕瓷器，原文为：al-Ghaḍār，《阿拉伯语汉语词典》注解为："陶土，白土，胶泥，高岭土。"

〔3〕开义玛克，本书校勘者认为此地在中国，即所用器皿是中国开义玛克的木材所制。中国学者考证此地为：寄蔑。

〔4〕海兰吉亚（Khalanjiyyah），《阿拉伯语汉语词典》注解为："〔植〕石南属，窄叶越橘。"

§2. 第122—123页（泰马姆·本·加法尔的故事中）：

麦基说："我父亲有个叔父叫苏莱曼·库斯里，他叫这个名字就是因为他钱多〔库斯里的意思是"多"〕。从小到大他都挺喜欢我，尽管如此他从来没送过我什么东西。他是个非常抠门的人。有一天，我到他家去，看见他面前放着几小块桂皮，最多也不到一基拉特[1]。等他用完了，我伸手拿了一块儿。他看见了，立刻将我的手抓住说：'别捏得太紧了，松开——对——再松一点，千万别给抓碎了！你这孩子不错，在我这儿你想怎么着就怎么着。拿走这块吧，全拿走，整块都是你的了！我够大方的吧，真主知道我是非常高兴为你做这件好事的。'我二话没说，掉头离开了他。后来我去了伊拉克，直到他死我们也没再见过面。"

〔1〕基拉特（Qīrāṭ），古代阿拉伯比较复杂的、包括度量衡和面积在内的计量单位，与其他古代计量单位的换算也不够精确。比如一般辞书中都说作为重量单位1基拉特约等于0.26克，这与本段文字中所说的

显然无法对应。这个词在现代阿拉伯语中仍然使用。简化一点，我们可将阿拉伯语的“基拉特”与法语“Carat”、英语的“Karat”和汉语的“克拉”等同起来（它们在词源上存在关联是毫无疑问的）。基拉特的基本含义为某物的1/24，因此它也用来表示纯金含量的“开”或“K”。今天的阿拉伯人经常使用“这个是24基拉特的”惯用语，来表达此物（甚至此人）好得不能再好的意思。而在古代，它则表示多种计量单位，综合《阿拉伯语汉语词典》注解，简列如下：

1. 作为长度单位，1基拉特约等于2.83厘米。
2. 作为容量单位，1基拉特约等于0.641升。
3. 作为重量单位，1基拉特约等于0.26克。
4. 作为面积单位，1基拉特约等于175.035平方米。

§3. 第105页（索利的故事中）：

我买过一件麦扎尔[1]出产的长袍，穿上真是太好了，而且既能当斗篷披又能当毯子盖。后来我需要一件绿袍[2]，于是就把它改了，真主知道，穿上太好了。后来我需要一件短袍，我就把它改成絮了棉花、外表很好看的短袍，穿上太好了。再后来我把里面的棉花掏出来改成了几个靠垫，棉花拿去做了灯捻儿。而做靠垫剩下的布中：大点儿的，我做了几顶帽子；其余像点样的，我卖给了隋尼娅特〔中国女人〕和萨拉希娅特的主人[3]；再小点儿，说不上成块儿的，我都留给自己和侍女当擦布——男人女人各有各的事儿；最后我把那些掉下来的、像线一样的布丝儿和像弹过的棉花一样的絮毛儿，搓在一起做了几个瓶子的塞儿。

〔1〕麦扎尔（Madhār），古代伊拉克瓦西特和巴士拉之间的一个地方。

〔2〕绿袍（Ṭaylsān），原为波斯语，是当时教长和学者专用的一种不裁剪不用线缝的绿色外袍。

〔3〕萨拉希娅特的主人，应是指收破布用于造纸的人，详见下页§4之

"译按"。

§4. 第 142 页（艾布·赛义德的故事中）：

艾布·赛义德不仅不让女仆将院子里的垃圾扔出去，还吩咐她捡拾其他人家的垃圾然后倒在自家的垃圾上。他坐了一阵子，女仆抱着个枣椰树皮编的大篮子回来了。她在主人面前把篮子倒空，一件东西一件东西地翻拣。里边居然有几块银币，一个装着些钱的钱袋，甚至还有金币和一件首饰。这些东西的来路就不用明说了。其他东西的来源是这样的：收集起来可以卖的旧毛料，来自做骑牲口的坐垫的；破衣服碎布条来自隋尼娅特和萨拉希娅特的主人；石榴皮来自染布鞣皮子的；瓶子来自卖玻璃的；椰枣核来自卖椰枣的；桃核来自种树的；钉子铁块儿来自铁匠；各种废纸来自织布作坊；木头块儿来自做驴鞍子的；碎骨头来自卖燃料的；破陶片儿来自做面饼烤炉的；还有一些布头来自用布头擦拭面饼烤炉的卖面饼的；碎砖头是盖房子的人收集的，他们将其使劲摔碎、筛过之后把碎末集中起来重新烧制，然后用于烤炉的隔离层；沥青块儿是从卖沥青的贩子那儿弄来的。

【译按】

贾希兹的《吝人列传》是阿拉伯典籍中较难翻译的一部。由于书中收录的一些大文人、大学者的信和言谈录的语言以及作者辩驳时使用的语言，比较艰深甚至艰涩，所以翻译者即便依靠字典和校勘者的注释，有时仍然很难理解得十分透彻。同时由于作者长期接触社会底层，结交三教九流，所以书中又大段大段地出现那个时代民间的一些俗言俚语，甚至匪盗、丐帮中使用的黑话，其翻译难度可想而知。此外，书中还有一些语词，其含义在作者生活的年代是非常清楚的，但今天连研究者乃至校勘者也说不太清楚而只能揣摩猜测。这其中就包括我们在《吝人列传》§3 和 §4 中两次见到的，与中国、确切说与"中国女人"有关的"收布头的人"。

两段译文中对我们来说非常重要的这个词组，其阿拉伯语原文为：'Aṣḥāb al-Ṣīniyyāt wa al-Ṣalāḥiyyat。

'Aṣḥāb——艾思哈布，意为：主人、东家、朋友、同伴、所有者、物主等。根据前后文似应译作“从事某种营生者”，译文中“卖玻璃的、卖椰枣的、卖鞍子的”等，均以此词开头，直译为玻璃的主人或所有者，意译应为从事玻璃生意的老板。

al-Ṣīniyyāt——隋尼娅特，意为：中国女人（复数）。古时也可能是瓷盘或瓷器的复数（后被另一复数形式 Ṣawānī——“萨瓦尼”所取代）。

al-Ṣalāḥiyyat——萨拉希娅特，现代阿拉伯语中意为：权限、职权。其在此处的含义，当随与之并列的同位语“隋尼娅特”的意思译出。若隋尼娅特译作中国女人，其意似应为：贤良女子（因为此词原型的定义为：善良、优良和适宜）；若隋尼娅特译作瓷盘或瓷器，其意似应为：盘子或碟子（因为有一东方学家考证出此词古时也指一种“上宽下窄的大盘子”）。

本版本校勘者为这一词组加注释云：

“范伏罗顿（C. Van Vloten，1900 年第一位校勘出版《吝人列传》的东方学家）将‘隋尼娅特’解释为我们现在一看到这个词马上就想到的、即我们现在所用的含义（指中国女人），继而将；‘萨拉希娅特’解释为其中（指中国女人中）的一类。这个词组在《吝人列传》中、在同样的语境下还出现过一次（见第 309 页 §3）。范伏罗顿认为，‘中国女人的主人’收购这些布头的目的，只能是将其捣碎，这是明白无误的（此见解必然让我们联想到造纸）。在那个时候，给‘隋尼娅特’作这样的定义，是正确的。

“而我们也发现在《歌诗》一书关于哈希姆部落的穆太伊姆的记述里，曾有一句话说：‘她派仆人给希沙米送去一个装满酸椰枣的瓷盘（隋尼娅）。’另外在穆斯林·本·瓦立德（757—823 年，阿拔斯朝著名诗人，诗坛“藻饰派”创始人）的诗里，也有‘萨瓦尼’这种复数形式。伊本·穆阿太兹曾传述过他的诗句：

你看不到有谁的莞尔，
可以媲美歌姬的嫣然。
番红花艳汁般的琼浆，
若与含笑的佳人相伴；
那么黑夜会褪尽本色，
朱颜似旭日辉映瓷盘。”

本书校勘者塔哈·哈吉里，是亚历山大大学文学院教授，埃及研究贾希兹的专家（本书的注释比原文还多）。他提到的范伏罗顿也是研究贾希兹的东方学权威。两位大学者对“隋尼娅特”的看法是一致的，基本排除了“瓷盘的复数”，而理解为“中国女人”。哈吉里还专门补充了两个有关“盘子”——单数（隋尼娅）和复数（萨瓦尼）——的例子，即与贾希兹同时代的诗人瓦立德和稍晚一些的《歌诗》作者伊斯法罕尼笔下这个词单、复数的用法。估计是想说明未见有人用“隋尼娅特”作为瓷盘的复数使用。实际上，在译者已辑译的阿拉伯古籍中，以及查阅过的百余部阿拉伯古籍中，也从未见过这样的用法。所以，如果作者使用这一词组来指“收废旧瓷器的”，逻辑和常理上恐怕都讲不通。

由此，我们可以得知，至迟于贾希兹生活的年代，在巴格达或巴士拉这样的阿拉伯帝国大城市，存在专门收购破布并利用中国造纸技术造纸的营生甚至行业，且已维持相当长的时间，因为“中国女人的主人”成为代指“收破布造纸者”的定式，并达到家喻户晓、一说即明的程度，是需要一个过渡期和定固期的。此外，在《动物书》中贾希兹提到：当年大食人已经会用“中国纸”做成风筝，拉着长线在空中放飞；在其《文论集》中，他也曾对纸商抱怨说：“怎么我的书都用中国纸和呼罗珊麻纸（al-Kāghad al-Khurāsānī）?!”——他已经开始明确区分纸和麻纸。总之，贾希兹关于“中国女人”和中国纸的记载，可以为中外学者公认的结论，即751年“怛罗斯之战”为中国造纸术西传的肇始，提供一个新的、极具说服力的佐证。

贾希兹关于“中国女人”的记载，也提醒我们注意一个问题，就是中国女性在造纸术西传的过程中是否起过一定作用、做出过一定贡献。他提到的专门从事收破布造纸营生的“中国女人的主人”，说明最初从事这一营生者家中肯定有中国女人存在。需要指出的是，贾希兹这里所说的“主人”应该不是中国人而是当地的阿拉伯人，否则他可以直接说“中国男人”。那么，这些中国女人从何而来呢？被娶，被卖，被抢，或作为战争受害者被裹挟而来，都有可能。可以肯定他们的丈夫、东家、主人当时是不懂造纸技术的，会不会正是她们或为自身生存，或为养家糊口，重操自己在故乡比较熟悉的造纸旧业呢？也许她们来到一个好人家，作为与“萨拉希娅特”并列的贤妻良母，相夫教子之余将自己掌握或了解的造纸术传授给夫婿呢？或者是当地女人依照风俗不从事这样的体力劳动，而她们作为能够吃苦耐劳又懂一点技术的廉价劳动力来从事这个营生呢？换句话说，她们的主人是先从事这个营生而后收留她们，还是先收留她们而后才开始经营收购破布造纸，是问题的又一个关键。如果是后者，那么我们可以说这些中国女人背井离乡、被生活所迫而加入到这一行业中，客观上就是在造纸术西传的过程中做出了重要贡献。

《贸易指南》

al-Tabṣirah bi al-Tijārah

作者与作品简介

贾希兹的另一著作。阿拉伯人所谓的“书”，有长有短。本书实际上是一篇约一万字的论文。作者在前言中说：“书中对各国有趣的高级产品、奇特物产和昂贵珠宝的描述，即便对经历丰富者来说也是一门学问。”作者以若干章节讲述各种矿物和珠宝的特性及其名称和识别假货的方法，以专章介绍各种香料（此章原始抄本有残缺），还有对一些珍奇动物的描述。特别是作者记载了当时人们从各国进口的特色物品，因而受到后世学者高度重视。本书于1914年在开罗首次经阿拉伯学者校勘后印行。

版本 http://www.alwaraq.com，访问时间：2004年11月5日。

◎译文

§1. 第2页（此页码为该网站电子版的页码）：

最好的黑貂是中国黑貂。

§2. 第3页：

最好的羊毛毡子（al-Lubūd）是中国的羊毛毡子。

§3. 第3页：

从中国输出的有：宝剑[1]、丝绸、瓷器（al-Ghaḍā’ir）、麻纸、墨汁（al-Midād）、孔雀、灵巧但能驮重物的牲口（al-Barādhīn）、马鞍、羊毛毡子、桂皮和纯大黄（al-Rāwand）。

〔1〕宝剑，原文为：al-Firind。《阿拉伯语汉语词典》注解为："宝剑，石榴子。"

§4. 第4页：

从伊斯法罕输出的有：蜂蜜，榅桲，中国梨（al-Kummathrī al-Ṣīnī）等。

《国王道德的皇冠》

al-Tāj fī 'Akhlāq al-Mulūk

作者与作品简介

作者贾希兹。此书是阿拉伯古籍中非常重要和奇特的一部著作。重要是指它是较早介绍帝王礼仪的著作，包括帝王的起居、迎送客人的礼仪、骑马的姿势甚至在贵宾面前走路的姿态，以及各种节庆时该如何赠送礼物等；奇特是指几个世纪以来对这部著作的作者究竟为何人一直存在争议。1914 年该书首次印行时，校勘者艾哈迈德·扎基帕夏（他也是发现和校勘《贸易指南》抄本的人）曾言之凿凿地在前言中说："此书的作者毫无疑问非贾希兹莫属。"但 2003 年著名的阿拉伯古籍研究家杰里勒·阿提叶重新校勘出版此书时，经缜密考证认定此书作者为 9 世纪的穆罕默德·本·哈利斯·赛阿莱比，并在书的封面上赫然写上"此书以前归在贾希兹名下"。鉴于笔者辑译本书所依据的 alwaraq 网站版本，尚未采纳最新的考证结果，仍将其归在现作者名下，所以这里也暂不更改。全书约合中文 10 万字。

版本 http://www.alwaraq.com，访问时间：2004 年 11 月 5 日。

◎译文

§1. 第 31 页（秋分与元旦的礼品一节中）：

秋分是进入冬季的开始，即寒冷的季节，元旦则进入炎热的季节。[1]

他们那里关于送礼的规矩是，如果此人属达官贵人，须赠他自己喜欢的东西。如果他喜欢麝香就送他麝香，而不是别的。如果他喜欢龙涎香，就送他龙涎香。如果他喜欢穿戴，就送他衣服和布料。如果他是猛士和骑士，就送他马匹或矛枪或宝剑。如果他是射手，就送他箭矢。如果他是富豪，按规矩就直接送他金子和银子。如果他是国王的臣僚，那么要按照去年的钱数凑起来，买下中国丝绸、银锭（Sharīḥāt Fiḍḍah）、绢丝（Khuyūṭ 'Ibrīsam）和琥珀印章，然后送过去。

〔1〕此处的秋分（al-Mahrajān）和元旦（Nayrūz），都是指波斯人的节日，两词均为阿拉伯语从波斯语引入的外来语。

《表达与阐释》

al-Bayān wa al-Tabyīn

作者与作品

贾希兹的重要作品，也是其一生最后一部著作，内容涉及语言学和修辞学，同时也被认为是文学选集类作品。后世学者给予本书很高的评价，认为“本书具有历史价值和文学价值。它表现了贾希兹的阿拉伯倾向。他在书中回击了苏奥比主义者，详细阐述了阿拉伯人的修辞艺术。他站在革新派领袖们相反的立场上。尽管如此，除了渊博的阿拉伯文化知识外，他在书中还大量提到希腊、波斯、印度等各种文化知识，以至我们可以说他的作品是阿拉伯文化知识占主导地位的各种不同文化的结合”。(见汉纳·法胡里:《阿拉伯文学史》，郅傅浩译，北京：人民文学出版社，1990年，第371页)

有意思的是，作者除解释什么是修辞，阐述修辞对雄辩术的作用外，还谈到语言和口舌方面的弊病，如语法错误、口吃和大舌头等。本书只提到“中国”一次，且不太重要，但这一段文字正好出现在专讲一个大舌头学者的章节里。作者非常详细地讲述了对于有这种“缺陷”的人修辞有多么重要，他在与别人争辩或发表演讲时必须有意识地选择一些可以“扬长避短”的词语，以便达到较为理想的效果。立意新颖独特，读来别有一番趣味。全书约合中文80万字。

版本　贝鲁特新月书社，1992年，第2版，精装16开，3卷本。

◎译文

§1. 第1卷，第44—45页（大舌头瓦西勒·本·阿塔一节中）：

赛福旺·安萨利这样吟道〔摘译〕:

无论在中国人后面的每条道路上，[1]
还是柏柏尔人后面最遥远的地方，
他都有众多的人为传教不遗余力，
识破奸诈者的诡计无人再敢猖狂。
如果他说你们在冬天走过某地吧，
他们唯命是从尽管夏天更为妥当。

〔1〕此句中的“中国人”，原文为：Sha‘b al-Ṣīn，为复数表达方式。这与今天人们所说的“中国人民”用法相同，在阿拉伯古籍中比较少见。古时阿拉伯人提到单数的“中国人”时，使用隋尼依（Ṣīnī），使用复数时与今天不同，尚未见到按照现在的语法规则使用隋尼尤奈（Ṣīniyyūna）的。他们一般是在“中国”前加置表示居民的’Ahl，或表示族群的Banū。需要注意的是，有时他们也使用我们认为是国名的隋尼（al-Ṣīn）来表示中国人的复数，即指一个民族的人而不是一个国家的称谓。

【译按】

此处提到的瓦西勒·本·阿塔（784年卒），是阿拉伯历史和文学史上非常著名的人物。首先他是伊斯兰教穆阿太齐赖教派的创立者。其次他是著名的诗人、文学家和演说家。最特殊的，他是大舌头，无法发出阿拉伯语使用频率很高的大舌颤音“拉”（ra），即通常说的打嘟噜。但他凭借自身的语言功底和修辞造诣，可以避开这个字母演讲。最出名的是，在一次重要场合，他即席发表了一次全部不使用该字母的演讲，语惊四座。后人称之为“无拉演讲”（الخطبة المنزوعة الراء），载入史册。

《贾希兹文论集》

Rasā'il al-Jāḥiẓ

作者与作品简介

贾希兹一生创作颇丰，其中既有鸿篇巨制（几百万字一部）也有小文章（几千字一篇），后人在作统计时都称之为一“种”。阿拉伯历史上很多大著作家都有自己的“文论集”，基本上皆为后世学者所编辑，其篇幅合中文大多在100万到200万字之间。越是有名的著作家，其文论集的版本也越多，由于编辑整理者各有偏好，因此各版本收录的内容便不尽相同，编排形式上也不拘一格，有的按政治、文学和教义学等分卷，有的则按时间先后排序。

值得一提的是，阿拉伯语Rasā'il一词有多层含义，如信函、论文、使命、文章、短论和小册子等。阿拉伯文学史上的确出现过较为昌盛的“信函文学”，但它与我们今天所说的信函文学的含义有所不同。古代阿拉伯文人学者喜欢“写信”，尤其喜欢撰写“学术信函”——或求教切磋，或反驳某人的观点，或完成某个国王大臣的命题，或虚拟一来信者然后“复信”阐述自己的观点，总之，以信函形式著书立说在当时蔚然成风。因此，我国学者一般将这种冠以Rasā'il一词的集子，笼统地译作“书信集”或“论文集”。

笔者所依据的《贾希兹文论集》的版本，其收录作品如下：学术信函（数量不多），作者重要的、篇幅相对较短的“书”（从七八千到一两万字不等），有代表性著作的序言，从作者其他著作中摘录出的章节（比如“谈爱情”便是摘自《论女性》一书），以前被认为失佚而新近发现的篇什。因此，单就贾希兹的Rasā'il而言，根据所收录内容，译作“文论集”或“文集”，可能比译作“书信集”或“论文集”的涵盖面更宽泛一些。

版本 开罗汉吉书社，1979年，精装16开，4卷合订本。

◎译文

§1. 第 1 卷，第 60 页（突厥人的功劳一文中）：

倘若他们的国度里有先知，他们的土地上有哲人，这些观念进入了他们的心里和耳中，那么你就会忘记世上还有巴士拉人的文学、希腊人的智慧和中国人的工艺。

§2. 第 1 卷，第 67 页（同上）：

凡是沉湎于情爱、心无主见、人云亦云的人，不具备做好这些事情的条件和资质，更不能娴熟地掌握其中任何一件，无法像精通工艺的中国人（'Ahl al-Ṣīn）、精通哲学和文学的希腊人、精通人们常有提及之事的我等这些阿拉伯人、精通治国之道的萨珊人那样，将事情做到极致。

§3. 第 1 卷，第 69 页（同上）：

至于中国人，则是以下诸方面的能工巧匠：金属铸造，熔化和镟磨各种金属，使用奇异的染料，纺织，雕刻，绘画，书法。总之对于任何一件要做的东西，他们的手都游刃有余。一件物品的质地不同，制作工艺水平不同，价格自然也不同。

§4. 第 1 卷，第 71 页（同上）：

当他们能够做到那样的时候，他们在战争中，便如同希腊人在哲学中、中国人在各种工艺制作中、阿拉伯人在我们已经多次谈到的事情中、萨珊人在治国与统率之道中。

§5. 第 1 卷，第 73 页（同上）：

当然，并非每个希腊人都是哲学家，每个中国人都是工艺制作的顶尖高手，每个阿拉伯人都是一流的诗人。只不过这些事情在他们那里更普遍、更多见、更典型、更显明。

§6. 第 1 卷，第 216 页（黑人比白人更荣耀一文中）：

所谓黑人包括僧祇人、阿比西尼亚人、费赞[1]人、柏柏尔人、科普特人、努比亚人、扎加瓦[2]人、木鹿人、信德人、印度人、盖马尔[3]人、戴比拉[4]人、隋尼和玛隋尼[5]人，此外中国与僧祇之间各个海岛上也遍布黑人，比如赛兰迪布、箇罗、爱麦勒（'Amal）、寄蔑及其通往印度、中国、喀布尔和那些海岸的各个海岛。

〔1〕费赞（al-Fazzān），今利比亚西南部与阿尔及利亚、尼日尔和乍得等国接壤的沙漠地区。

〔2〕扎加瓦（Zaghāwah），雅古特在《地名辞典》中说："据说它是位于马格里布阿非利加南部的一个国家，也有人说是马格里布南方苏丹的一个部落。艾布·曼苏尔说：'扎加瓦是苏丹的一个部族。'穆海莱布说：'扎加瓦王国是靠近努比亚王国东部苏丹诸王国中一个很大的王国。'"

〔3〕盖马尔（Qamār）岛出产以该地命名的沉香。参阅第 415 页《文牍撰修指南》§15。

〔4〕戴比拉（al-Dabīlā），本书校勘者有注释云："雅古特和麦斯欧迪都认为这是印度海沿岸一个著名城市。"

〔5〕玛隋尼（ماصين，Māṣīnī），费琅认为此词源于梵文 Mahacinao，maha 的意思是大，所以转译的中译者常将其译作：摩诃支那、大中国、大秦等。他还认为此词与来自波斯语的隋尼克兰是同一地理概念。玛隋尼的位置，说法不一，有统称中国的，也有指契丹的，但多数学者认为阿拉伯人指的是南部中国（当然这个南部在古代中国可能要延伸到很远的地方）。

阿拉伯古籍中有时还出现一个词叫“阿隋尼”(آصين, ’Āṣnī),萨迪克·伊斯法罕尼在其《语法研究》中说:“亚齐(即阿隋尼)——根据音韵和格律来分析,此字应该相当于玛隋尼,它确指靠近赤道地区和位于中国海的一个非常著名的岛屿。”(见费琅:《阿拉伯波斯突厥人东方文献辑注》,耿昇、穆根来译,北京:中华书局,2001年,第633页)他说得比较准确,因为今天的亚齐人(Achinese)主要分布在苏门答腊岛。同时他也为玛隋尼的大概位置加了一个注脚。

值得注意的是,阿拉伯人也将“隋尼和玛隋尼”连在一起使用,表示同一个地方,有时用其统称中国,更多还是指南部中国。本文中作者可能是连用,意指当年阿拉伯人认为的、有黑色皮肤者存在的南部中国。说“可能”,是因为按照阿拉伯语的习惯用法,文中每个地区之间都有一个“和”字。

§7. 第1卷,第252页(严肃与诙谐一文中):

为何这样穷原竟委,这是怎样一种灾难?为何这样对问题的模糊之处根究真相,对讨厌之事的细节刨根问底?为何要深入到令我头脑发木的每一种东西?为何要把我遭到的每次贬低高高提起?

为何我的书,你统统都用中国纸和呼罗珊麻纸?

你可以对我说:“为什么你要用皮子装饰自己的书册,为什么你敦促我用真皮做书的封皮,而你是知道的,皮子体积大、分量重,沾水就会损坏,受潮就会变质?”

【译按】

这是作者写给扎亚特信中的一句话。扎亚特(847年卒)是阿拔斯王朝著名诗人和文学家,也是穆阿泰西姆和瓦西格两位哈里发的宰相。考虑到贾希兹这封信(其实是书)以及他的《动物书》都是献给这位宰相并各得到5000金币“奖金”，他们之间的关系应该是很好的，作者曾受到这位宰相诸多关照。因此关于“中国纸”的反问句，实际上是在赞扬中国纸的质量。至于“呼罗珊麻纸”，大概就是中国造纸术西传后而闻名于世的“撒马尔罕纸”。

同时作者在本文中分别使用了“纸”和“麻纸，即阿拉伯语的 Waraq 和由波斯语引入的 Kāghad。过去人们一般都译作“纸”，但贾希兹的用法提醒我们两词之间可能存在区别。不过我国涉及造纸术西传的著作一般都认为当时中国输出的造纸技术主要是制造麻纸，丝绸之路上考古发现的也大多为麻纸。所以也不能排除两个词指的是同一种纸，只是词语“搭配”上的习惯用法而已。值得一提的是，埃及当代著名历史学家沙基尔·穆斯塔法在《阿拉伯历史与历史学家》一书中谈到“纸”的问题时，认为 Kāghad 原为汉语，先传入波斯，后引入阿拉伯语。

§8. 第 4 卷，第 47 页（知识问答一文中）：

他们将获取知识的途径归结于记述的真确，像关于现在各国和以往“战日”[1]的知识，比如白德尔之战、吴侯德之战和壕沟之战，以及其他历史情况的记载，比如有关拔汗那、安达卢西亚、中国和阿比西尼亚的知识。

〔1〕阿拉伯语 Yawm 一词，通常指一天、一日，也指阿拉伯伊斯兰历史上发生于某一日的战役，因此有学者将后者对译为“战日”。

《记述的源泉》

'Uyūn al-'Akhbār

作者与作品简介

伊本·古太白（Ibn Qutaybah，828—889年），本名阿卜杜拉·本·穆斯林·本·古太白，字艾布·穆罕默德，附名库菲·迪奈沃利，以伊本·古太白闻名于世。中世纪阿拉伯著名文学家、历史学家、圣训学家，也是阿拔斯王朝最知名的语言学家之一，为阿拉伯语言学巴格达学派始祖。被后世誉为名副其实的百科全书式的伟大作家。祖籍波斯呼罗珊。生于库法，曾在迪奈沃尔生活近20年并担任该地教法官。从小受到良好的文化和宗教教育，广泛接触社会各阶层人物，虚心求教。他涉猎广泛，博学多才，精通语言学、语法学、文学、诗歌、历史，不仅通晓《古兰经》、圣训和教法教义，而且谙熟《旧约》和《新约》。自871年起，在巴格达宗教学校任教，并潜心从事伊斯兰学术文化研究。一生著述颇丰，涉及诸多学科，学力宏赡，造诣极深。其著作刻意求新，寓意深刻，富有哲理，语言简洁、通畅、明快。也有后世学者认为，由于其大部分作品属于编纂性质，所以有时未能表现出自己鲜明的个性。主要著作有：《知识》《阿拉伯人之书》《对各种圣训的注释》《书记的文学》（一译《秘书指南》）和《诗与诗人》等。

《记述的源泉》（一译《故事的源泉》），为伊本·古太白的代表作，是一部知识性历史文学集。原作10卷，分为王权、战争、主权、本性、学术与修辞、修行、兄弟、需求、食品和女人10章。作品取材广泛，论述了君王的权力和品德、战争指挥、社会伦理、处世哲学、个人修养、文采学风、饮食与健康等问题。作品广征博引，既有《古兰经》和圣训的教诲、教法律例、古代先知和圣门弟子的言论，又有历史故事、名人逸事、格言警句等，堪称中世纪阿拉伯历史文学等领域的经典之作。作者在本书开篇中曾自言其作品“力求内容和形式的统一，历史和典故的一致，字和词的和谐，以为学子求知、研究者背诵提供便利”。全书约合中文80万字。

版本 黎巴嫩学术书籍出版社，1986年，精装16开，4卷本。

◎**译文**

§1. 第1卷，第314页（战争一章下）：

艾斯麦依说：“巴士拉周边地区是阿瓦士，戴斯图米珊[1]，法尔斯[2]。库法周边地区是凯斯凯尔，直到扎布（al-Zāb）、侯勒万[3]和卡迪西亚。伊拉克辖区是希特，再到中国、信德和印度，同样再到赖伊、呼罗珊、戴伊莱姆和吉巴勒全境。伊斯法罕是伊拉克的肚脐〔中心〕，征服那里的人是艾布·穆萨·艾什阿里[4]。杰济拉位于底格里斯河和幼发拉底河之间，摩苏尔属杰济拉。埃及不在伊拉克辖区内。”

〔1〕戴斯图米珊（Dastumīsān），雅古特《地名辞典》该词条下说：“这是位于瓦西特、巴士拉、阿瓦士之间一片很大的地区，离阿瓦士更近一些。”

〔2〕法尔斯（Fāris），在阿拉伯古籍中有时指波斯，有时指今伊朗法尔斯省一带。此处应是指后者。

〔3〕侯勒万（Ḥulwān），又译赫勒万，西亚北非地区有多个叫此名的地方，其中比较出名的一个在埃及（开罗以南），一个是本文提到的这个。《蒙吉德》该词条下说：“它曾是位于今伊朗境内的一座古城。1064年被塞尔柱人放火焚烧。1149年发生的地震将其彻底摧毁。”《地名辞典》中说：“有好几个地方叫侯勒万。第一个是伊拉克的侯勒万。艾布·宰德说：‘它是一个繁荣的城市。库法、巴士拉、瓦西特和巴格达之后，还没有人在伊拉克见过比它更大的城市。此地盛产无花果，

由于质量好，人称沙赫茵吉尔，意思是：无花果之王。它离杰拜勒很近，是伊拉克离杰拜勒最近的城市。该地下雪，其山最高处更是常年飘雪。周围有几处硫磺泉，可治多种疾病。’”

〔4〕艾布·穆萨·艾什阿里（’Abū Mūsā al-’Ash‘arī，602—665 年），伊斯兰教先知穆罕默德的门弟子，四大哈里发时期著名军政长官之一。

§2. 第 2 卷，第 195 页（学术与修辞一章下）：

在一些外国人的书中有这样的记载：

四个国王聚在一起，他们是波斯国王、印度国王、罗姆国王和中国国王。他们每人讲了一句一语破的的话。其中一个说：

“如果我说出一个词，它就控制了我，而不是我控制它。”

另一个说：

“我对自己说出的，总是后悔；对没说出的，从不后悔。”

再一个说：

“我应付未说出之语的能力，要比应付说出之语的能力强得多。”

末一个说：

“我一句话也不需要说，因为如果它对我不利，说出来对我有害；如果它对我有利，说出来也对我无益。”

§3. 第 2 卷，第 362 页（修行一章下）：

那人道：“穆民的领袖，我曾多次去过中国。有一回我到那里时，他们的国王因病双耳失聪。他放声大哭了整整一天。其属下纷纷劝慰他不要着急。他说：‘我不是因为天降灾难于我而哭，我是为今后听不到被冤屈者在门外鸣冤叫屈的声音而哭。’停了一下，他又说：‘虽然我失去了听力，可我的视力还在。你们去告诉黎民百姓，从今以后除了有冤屈者一律不准穿红色衣服！’过后，他总是骑着大象早晚外出巡视，看看有没有被冤屈的人。”

§4. 第 3 卷，第 234 页（食品一章下）：

某位阿拔斯家族的人曾吟道：

假如我的乘驼步履快疾，
向甘甜的水源一路奔去；[1]
但愿我的诗句接踵而来，
好似薄饼奶酪和一段鱼。

〔1〕“甘甜的水源”，原文为两个地名。一个是“欧扎伊布”（al-‘Udhayb，意为：微甜），为出行人或朝觐者从库法到麦加途中、进入沙漠地带后遇到的第一个水源。再一个是“隋奈伊尼”（al-Ṣinnayni），为库法城郊一市镇，以一条河流和诸多农庄而闻名。后一地名字面上与隋尼的双数形式相同。

【译按】

“隋奈伊尼”与我们关注的在阿拉伯地区叫作“隋尼”的地方可能有关。雅古特在《地名辞典》“隋奈伊尼”条下说：

“这是一个双数名词，其单数的意思是：一种用枣椰树叶编成的、装放食物的篮子。它是库法城郊一市镇，曾是蒙济尔（希拉王国最后一个国王，514—554 年在位）的居住地之一，以一条河流和诸多农庄而闻名。奥斯曼·本·阿凡（577—656 年，第三任正统哈里发）从泰勒哈·本·欧拜杜拉手中买下它，并在那里写出一部非常著名、圣训学家经常提及的著作。”

而哈利勒（718—791 年）在《艾因书》“隋尼”条下说：

“隋尼，原是位于纳杰夫和卡迪西亚之间的一个河谷。泰勒哈·本·欧拜杜拉买下它，把它当作自己在麦加的庄园一样。他开发了那里，并在那里栽花种树。它也以泰勒哈庄园而闻名。”

两部重量级的阿拉伯典籍对同一地点使用的两个不同名称，可以给我们一个启示，即阿拉伯地区叫作“隋尼”的地方，其中有的与中国没有关联，而只是由于字形相似读音相近或其他原因而衍生出的一种巧合。具体到这个例子，哈利勒的记载比本书作者伊本·古太白的记载早1个世纪、比雅古特的早4个多世纪，因此两个不同地名究竟哪个为其根本，还有待其他文献记载加以证实。

《知识》

al-Ma'ārif

作者与作品简介

《知识》(又译《知识之书》或《知识大全》)为伊本·古太白又一扛鼎之作,堪称一部文学、历史和伊斯兰教的小百科全书。内容非常丰富,不仅收集了大量典故、格言、谚语、诗歌、轶事、见闻及碑铭等珍贵资料,而且记述了从先知、使者、哈里发、国王到文学家、诗人、教师、工匠甚至残疾人等各种人物的事迹和趣闻。详细论述了伊斯兰教兴起前后的阿拉伯文化史。据说作者曾被当时的王储穆法格·比拉(891 年卒)召去读解此书,获赏一万金币。

据当代阿拉伯学者考证,此书与古代阿拉伯另一著作家伊本·哈比卜的《墨匣》(*al-Maḥbar*)在内容上有很多雷同之处。另外,人们提到此书时也使用《知识的赠礼》(*'Awārif al-Ma'ārif*)一名,而后者一般认为是苏赫莱·沃尔迪(1234 年卒)的著作。全书约合中文 40 万字。

版本 http://www.alwaraq.com,访问时间:2005 年 1 月 3 日。

◎译文

§1. 第 100 页(赛勒曼·本·莱比阿条下):

他是欧麦尔·本·哈塔布派任伊拉克的第一位教法官,也是第一个区别对待释奴(al-'Atāq)与混血者[1]的人。他参加了卡迪西亚战役,并留在那里做教法官,然后转任麦达茵。奥斯曼任哈里发时,他在突厥地区的拜兰杰尔(Balanjar)被杀。人们说拜兰杰尔在亚美尼亚。据说他被拜兰杰尔人十分庄重地放在一口棺材里,如果那里久旱无雨,人们就将其搬出来用以求雨,每每灵验。艾布·朱马奈·巴希利曾吟道：

> 我们部族有两座坟茔非同一般，
> 至高的荣耀再无人能与之比攀。
> 在中国的这位其征服业已完成，
> 而另外的那位能让求雨者如愿。

诗人所指在中国的坟墓是古太白·本·穆斯林之墓。艾布·叶格赞说："古太白的墓在拔汗那，是诗人说其在中国。"

〔1〕混血者（al-Hujun），此处特指阿拉伯历史上父亲为阿拉伯人、母亲为异族奴隶的混血者。

§2. 第 147 页（舍米尔·本·艾夫里基斯条下）：

之后，舍米尔·本·艾夫里基斯继承王位。他也被人叫作"颤抖的舍米尔"，因为他平时总是不停地颤抖。他率大军进入伊拉克，然后想向中国进发。他取道法尔斯、锡吉斯坦和呼罗珊，征服了麦达茵和基拉阿[1]，一路烧杀掳掠，后攻入粟特城。他将该城摧毁，还给那地方起名叫舍米尔坎德，意思是舍米尔毁坏了它。人们在译成阿拉伯语时将其读作了撒马尔罕。后来他就撤回了。他在位 137 年。

〔1〕基拉阿（al-Qilā‘），此词为"城堡"的复数，具体位置不详。

§3. 第 141 页（土伯尔·本·艾格兰条下）：

之后，土伯尔·本·艾格兰·本·舍米尔继承王位。他是第一个将国王称作土伯尔的人，也是最大的土伯尔。他有 20 年没有用兵，后来从突厥地区传来令他不快的消息，于是起兵。他取道杰拜莱塔依[1]，继而是安巴尔。这是当年拉伊什（al-Rāyish）走过的路。再后来他攻打了中国。

〔1〕杰拜莱塔依（Jabaly Ṭayyi'），具体位置不详。“杰拜莱”的意思是两座山，“塔依”是古代阿拉伯南方一部族名，马里卜水坝毁坏后从也门迁徙到阿拉伯半岛北部。

§4. 第 152 页（布兰条下）：

之后，科斯鲁的女儿布兰（Būrān）继承王位，在位 1 年 6 个月。她没有缴纳地租，而是将钱分发给将士和贵族。在她之后，科斯鲁的侄子即位，两个月后被杀。接着，科斯鲁的女儿爱兹密戴赫特即位，4 个月后中毒身亡。后来又有一男性当了一个月国王就被杀。

波斯人目睹这种涣散混乱的状况，纷纷要求科斯鲁的孙子叶兹戴杰尔德·本·沙赫莱亚尔〔1〕继承王位。于是他成为他们的国王，年仅 15 岁。他在麦达茵住了 8 年。当赛尔德·本·艾布·瓦戛斯〔2〕来到欧扎伊布时，他将财产宝物都转移到中国去了。之后他本人带着不多的士兵和很少的金钱转移到奈哈万德〔3〕，让他的一个兄弟和罗斯图姆〔4〕留守麦达茵。罗斯图姆带领士兵与赛尔德交战，后败退卡迪西亚，在那里固守一阵后被杀。叶兹戴杰尔德闻听此讯，知道大势已去，遂取道法尔斯、锡吉斯坦逃往木鹿，最后在那里被杀。他在位时间总共 20 年。

〔1〕叶兹戴杰尔德·本·沙赫莱亚尔，即叶兹戴杰尔德三世（632—651 年在位），科斯鲁三世之孙。值得一提的是，其父沙赫莱亚尔（Shahrayār），也是波斯历史上非常重要的人物，同时这个名字与《一千零一夜》开篇中的主人公，即每天娶一女次日杀之的国王的名字（一译山鲁亚尔）完全相同。

〔2〕赛尔德·本·艾布·瓦戛斯（593—675 年），穆罕默德门弟子，著名军事将领。曾因在战斗中保卫穆罕默德有功，而有“雄师”之称。更由于在卡迪西亚大败波斯军队，创阿拉伯军事史上以少胜多的突出战例而素享盛名。

〔3〕奈哈万德（Nahāwand），位于今伊朗哈马丹以南，历史上比较有名。642年阿拉伯人在此重创波斯军队。

〔4〕罗斯图姆（Rustum），635年卒，波斯著名将领。在卡迪西亚与阿拉伯人会战时为叶兹戴杰尔德三世的宰相。在此地战败身亡。

《诗与诗人》

al-Shi'r wa al-Shu'arā'

作者与作品

作者伊本·古太白。此书是一部按年份编排的6—9世纪阿拉伯诗歌集，并有长篇序言阐述对文学评论的观点和主张。他因此被认为是阿拉伯文学史上将"评论"从文学中分离出来自成体系的开先河者。同时，他编选的这部诗集，也是后世公认的对贾希利叶时期诗歌进行整理、记录、筛选最为成功的七部诗集之一。全书约合中文80万字。

版本 贝鲁特文化书局，1994年，精装16开，2卷本。

◎译文

§1. 第1卷，第30页：

正如另一位诗人所吟：

姑娘啊，倘若我因爱你，
被当作鸟儿从中国放飞；
为相见也会在黎明之前，
或你做晨礼时急切赶回。[1]

类似这样的表达方式有很多。"麦卜胡特"[2]是一种可以从远处放出去再飞回来的鸟。

〔1〕句中"晨礼"为穆斯林每日五次礼拜之一，时间在黎明之后、日出

之前。

〔2〕麦卜胡特（al-Mabhūt），此词在我们今天使用的一般词典中，只注解为“惊讶的、惊愕的”，并无“鸟”的意思。

《罕世瓔珞》

al-'Iqd al-Farīd

作者与作品简介

作者艾哈迈德·本·穆罕默德·本·阿卜德莱比·安达卢西（860—940年），以伊本·阿卜德莱比（Ibn 'Abd-Rabbih）著称于世。安达卢西亚后伍麦叶王朝著名文学家。自幼接受传统的伊斯兰教育，一生在科尔多瓦生活，为哈里发阿卜杜·拉赫曼三世宫廷的桂冠诗人。

《罕世瓔珞》一译《单珠集》，学者们普遍认为“罕世”一词为后人所加。书名寓意十分明显，即书中每卷以一珠宝命名，将全书比喻为一条由各种珠宝组成的项链。全书分为25卷，前12卷各以一种珠宝命名，比如“珍珠卷”“珊瑚卷”等，后12卷则以“第二珍珠卷”“第二珊瑚卷”等命名。用于前后衔接的一卷，称为“瓦希泰”（意为：中间的），即项链上最大、最好、坠在中间的那颗宝珠的称谓。

《罕世瓔珞》形式上属于类书，也是中世纪阿拉伯文学、语言学、诗歌格律等方面的重要著作，同时还被认为是仅次于《歌诗》的最佳“文选”作品。作者编著此书时，广泛采集前人诗歌散文中的精华，题材博泛，涉及政治、历史、社会、宗教、伦理、医学，乃至音乐、食品等各个方面。所辑录的书籍，既有《古兰经》和圣训等伊斯兰教经典，也有《圣经》等其他宗教的经典；既有贾希兹、伊本·古太白等阿拉伯大师的名著，也有译自波斯、希腊、印度等语言的佳作。因此此书在阿拉伯文学史上地位十分显著，对后世文人学者影响巨大。全书约合中文240万字。

版本　黎巴嫩现代出版社，1998年，精装16开，8卷本。

◎**译文**

§1. 第1卷，第264页：

阿拉伯使团会见科斯鲁。

伊本·古塔米听凯勒比讲述：

努尔曼·本·蒙济尔[1]来到科斯鲁处，当时来自罗姆、印度和中国的使团也在场。他们谈论着各自的国王和国家。努尔曼很为阿拉伯人感到自豪，认为他们比其他民族更优越，波斯也不例外。科斯鲁觉得不能有失国王之尊，遂道："努尔曼，我思考过阿拉伯人和其他民族的事情，也观察了来我这里的各国使团。我以为罗姆人在以下诸方面是幸运的，即协调一致、权势威重、城市众多、建筑坚固。另外他们还有一种能够区别合法与非法，能够拨乱反正、去伪存真的宗教。我看到印度也有其幸运之处，比如在哲学和医学方面，加上河流如网、树木繁茂、果实累累、工艺奇绝、计算精细和人口众多。中国也是同样，他们团结协作、意志坚强、作战勇猛，铁器和兵器的手工制造技能既多且精，此外他们有一个能够统一国家的国王。"努尔曼说："至于说到他们阿拉伯人相貌英俊、肤色正宗，那是远远优于失调的印度、消瘦的中国和脱皮的罗姆等其他民族的。"

〔1〕努尔曼·本·蒙济尔，此处应是指希拉王国的努尔曼三世（580—602年在位），后被科斯鲁三世废黜，囚禁于泰西封。

§2. 第3卷，第106—107页：

〔以下为一个阿巴德部落的人，劝诫哈里发曼苏尔谨防腐败与不公的故事中，有关中国的一段。〕

"穆民的领袖，我曾多次前往中国。有一次我到达那里时，他们的国王因患耳疾，再也听不到声音。于是他放声大哭起来。侍臣们纷纷上前劝他以忍耐的精神接受这个现实。他说道：'我之所以哭，不是因为天降灾难于我，而是因为今后受冤屈者在门外喊冤我再也听不见了！’须臾，他又道：‘虽然我已两耳失聪，但双眼视力还在。你等传令，全体百姓除有冤屈者一律不准穿红色衣服。’自此后，他每日早晚便骑着大象出宫视察，看看有没有受冤屈的人。穆民的领袖，一位不信奉真主的异教国王对异教臣民，尚能怀此体恤恻隐之心，而您作为一位信奉真主的人、一位出自先知家族中的人，却被自己的悭吝所战胜，不能做到对穆斯林慈悲为怀啊！”

§3. 第3卷，第262—263页：

〔此段为几位文人学者与波斯裔阿拉伯著名文学家、《卡里来和笛木乃》的编译者伊本·穆加发之间的对谈。〕

众人坐定，伊本·穆加发问道：“你们说，哪个民族最为睿智？”

我们面面相觑，悄声道：“他大概想让我们说他的祖籍波斯。”于是我们便对他说：“波斯。”

“他们算不上。”他说，“他们确实占领了大片土地，战胜了很多敌人，王权威震天下，长久占据上风，但他们既没用自己的头脑造出任何东西，也没用自己的心灵悟出任何哲理。”

“那罗姆呢？”我们问。

“长于工艺者。”他说。

“中国呢？”

“善出妙语者。”

“印度呢？”

“精通哲学者。”

“黑人民族呢？”

“天下最坏的人。”

“海宰尔呢？”

“流浪的牛。”

于是我们问："那你说呢？"

他回答："阿拉伯。"

话音未落，我们全笑了。

§4. 第 5 卷，第 279 页：

伊本·阿亚什说，瓦立德死后，苏莱曼〔1〕继位。他起用叶齐德·本·穆海莱布管辖伊拉克，并命他将艾布·欧盖勒家族满门抄斩。法拉兹达格〔2〕为此吟道：

假如问他难道你对真主也不敬畏么？
他却耀武扬威仿佛谁都奈何他不得。
把他扔到印度连人带马都摔得粉碎，
或者我离开此地被派往遥远的中国。
伊斯兰教与正义快回到我们这里吧，
暴虐腐败已经吞噬了伟大的伊拉克。

〔1〕苏莱曼（674—717 年），伍麦叶王朝第七任哈里发，715 年继位。位于巴勒斯坦的拉马拉城便是由他所建。

〔2〕法拉兹达格（641—732 年），伍麦叶王朝著名诗人，和艾赫泰勒、哲利尔一起被誉为"伍麦叶三诗雄"。他与哲利尔之间长达 50 年之久的对诗舌战，在阿拉伯文学史上被传为佳话。

§5. 第 6 卷，第 144 页：

〔此为哈里发哈伦·拉希德对一位宫廷诗人说的话。〕

前代诗人的话语，可比作贵妇马鞍上的珍贵锦缎，为祖先增色不少；你的话语若加以藻饰修辞装点，那就是描金的中国丝绸，将永为传述者所乐道。

§6. 第7卷，第240页：

他们说："伊拉克的辖区从希特〔1〕一直到中国、印度和信德，然后再到赖伊，以及呼罗珊全境，接下来是戴伊莱姆和吉巴勒，伊斯法罕是伊拉克的肚脐。"

〔1〕希特（Hīt），伊拉克城市，位于安巴尔省，坐落在幼发拉底河畔。古代曾是商队前往阿勒颇的重要渡口，其附近有亚述和巴比伦时期便已存在的著名的石油泉。

《歌诗》

Kitāb al-'Aghānī

作者与作品简介

阿拉伯歌诗一般包括两大题材，一为原创歌词，一为原创为诗、后被谱曲的作品。此书又译《乐府诗集》，作者艾布·法拉吉·阿里·本·侯赛因·伊斯法罕尼（897—967年），简称伊斯法罕尼（al-'Iṣfahānī）。阿拉伯阿拔斯王朝著名诗人、历史学家和文学批评家。生于波斯伊斯法罕，在巴格达长大，后定居阿勒颇。为伍麦叶王朝末代哈里发麦尔旺二世苗裔。通晓伊斯兰教义、哲学、历史、文学、诗歌和乐理。主要著作有《听的文学》《谱系汇编》《求索者的战场》《珍闻集》等。

《歌诗》是使伊斯法罕尼流芳百世的代表作，一般被归入文学类典籍。但实际上，该书内容丰富，题材多样，以歌词题材为主，穿插征战故事、宫廷趣闻、爱情传说和名人格言等，并以大量篇幅描绘阿拉伯人和早期穆斯林社会的政治、历史、文化、宗教和风俗习惯，是一部名副其实的百科全书式的经典著作。编著者以哈里发哈伦·拉希德（786—809年在位）时期著名宫廷艺人伊卜拉欣编辑的《百首歌曲》为基础，广泛搜集当年阿拉伯帝国范围内前后几个世纪的古词诗调，对每一支名曲的曲牌名称、调式特点、歌词内容、创作背景以及流传过程等都一一作了介绍，对作曲者、填词者和演唱者的生平事迹也尽可能作了交代。该书被认为是研究阿拉伯中世纪社会生活、文学艺术和民间风俗的珍贵文献，为历代文史学家重视和推崇。自其问世以来，民间甚至一直流传这样的说法：没读过《歌诗》便算不得文人。原作为20卷，约合中文700万字。

版本 黎巴嫩文化印书馆，1990年，第8版，精装16开，25卷本（末5卷为索引）。

◎**译文**

§1. 第 3 卷，第 126 页：

伊本·萨希卜乌杜是麦地那人，伊斯哈格只提到他的两首[1]。此外只是在一本假托是伊斯哈格的书中讲到很多关于他的毫无根据的事情。再就是在哈卜什·隋尼依的书中提到过他。此人的话难辨真伪。

〔1〕此处“首”的阿拉伯语是“骚特”（Ṣawt），现代阿拉伯语中基本含义为声和音，比如声乐的声和半音的音。但在古代阿拉伯，“骚特”是与歌曲相关的一个量词，表示一首歌的“首”，一支曲的“支”，也表示一阙唱词的“阙”。其与一首诗的“首”不同，不入曲、入乐的诗不能用“骚特”。

【译按】

文中“隋尼依”为此人附名，意为中国的或中国人，因此他的名字也可理解为“中国的哈卜什”。不论他是来自中国或祖籍是中国，还是他仅与中国有某种关联，这个名字都值得我们重视。同时我们也不能排除此附名中的前两字“隋尼”，不是指中国而是指在阿拉伯地区叫作“隋尼”的地方。

§2. 第 3 卷，第 236 页：

〔此为一位诗人对哈里发麦赫迪吟诵的诗句。〕

真主赐予你无数恩惠与甘甜，
臣民可悠闲闭目再不患沙眼。
每天我生活在香草与沉香中，
入夜歌舞升平更有美酒相伴。
国家强盛边界不断向前延伸，

远及福格富尔也门和凯鲁万。[1]

欧麦尔·本·沙拜说，福格富尔是中国国王。

〔1〕福格富尔（Fughfūr），学者们一般认为是波斯人对中国国王的称谓，意为：天子。在阿拉伯一些古代地理著作和游记中，有时也指由其统辖的地区。此处应看作地名。凯鲁万，突尼斯的一座重要城市，建于670年，曾是古代著名的商队驻地和贸易市场。

§3. 第7卷，第252页：

据哈里斯说，当时他和哈里发曼苏尔在一起。后者和一些人坐在底格里斯河的桥上，巴士拉法官也在场，伊本·穆罕默德在他面前吟唱道：

正是无可比拟的神援之以手，
赐予你们现世与宗教的领袖。
不见中国君主前来俯首称臣，
不见印度国王成为阶下之囚——
真主绝不会将所授之权收走。

§4. 第11卷，第249页：

穆罕默德·本·穆阿维叶说："乌盖伊希尔娶了自己一个叫作拉芭布的堂妹为妻，事先约定聘礼为4000银币，也有人说1万银币。后来他向族人索要聘礼，他们什么也不给他。这时，伊本·拉斯白格勒来了。此人乃中国大商人，是袄教徒。于是他向此人索要，他给了他聘礼。"

【译按】

本段中"中国商人"的"商人"（Duhqān）一词是波斯语引入的外来语，

《阿拉伯语汉语词典》注解为："指导者、领袖、市长、商人。"乌盖伊希尔是一小有名气的诗人，本书编著者专章介绍他，虽没有对其生卒年月和生活地点做出明确交代，但推断他是库法人，生活在贾希利叶时期末和伊斯兰初期，因此他应属于"跨代诗人"。

这说明在622年前后，确有中国人定居或长期居留在阿拉伯地区像库法这样的重要城市中。尽管我们见到的相关论述可以将这一时间推至更早，比如公元4世纪、5世纪，但能够说出中国人姓名、职业和社会地位等情况的并不多见。当然，此处中国商人名字中的"拉斯白格勒"已经阿拉伯化了，且不排除带有一点贬义，因为它的意思是"骡子的脑袋"。但他的出手大方还是给人留下很深的印象。至于他这样做是属于一般的慷慨解囊以求息事宁人，还是因身负某种社会责任而为之——比如他不是普通商人，而是中国商人或商会的领袖，乃至是与唐朝所设负责管理阿拉伯等地商人的"市舶使"相对应的、负责管理在阿华商的一名官员，此类问题尚需我们进一步探讨和等待相关史料的发掘。

§5. 第11卷，第346页：

〔这是诗人伊本·阿马尔为朋友的侍女们吟诵的一段诗中的两句。〕

我们的脚开始变得时深时浅，
恰如她们正把重负拔出泥潭。
走路的腿像因瘫症渐渐蜷曲，
好似来自中国的鹅步履蹒跚。

§6. 第11卷，第347页：

伊本·拉敏去朝觐，带多名歌姬侍女同行。当时穆罕默德·本·苏莱曼也在汉志，并从他那里以10万银币买去赛拉美·扎珥珈。于是伊本·阿马尔吟道：

作为主人你令情人惊恐万状，
这惊恐想必也引发你的悲伤。
从名城库法直到辽远的中国，
再无人与你驱走者一模一样。

§7. 第 13 卷，第 259 页：

伊本·马扎勒有个侄子特别招人讨厌，巴士拉人皆避之唯恐不速。一日他见到这个侄子，便吟道：

假如命中注定有侄子来此世间，
我宁可遁入驶往中国的长型船。
即便是偶然一次瞥见你的面孔，
心头的郁闷天长日久无法消散。

§8. 第 14 卷，第 195 页：

语法学家艾布·胡莱依莱说："有一次，艾布·希卜勒买了一只公绵羊准备宰牲节用。他加紧喂它让它上膘长肉。一天，他为了给灯添油，将灯台和一瓶油放在羊面前。不料羊把两样东西全都顶倒，灯台碎了，油也洒在他的衣服、书和床上。目见此状，他在宰牲节之前便把羊宰了。他对失去灯台感到十分悲伤，有诗为证：

眼睛啊为失去灯台流泪痛哭，
它曾是给我带来光明的支柱。
当晚夕用黑色衣服将我裹罩，

它用火开路将黑暗送上归途。
这精美绝伦来自中国的瓷器，
更有巧夺天工者描绘的画图。
刚刚还是件旷世难觅的珍宝，
转眼便成羊犄角下几片碎物。”

【译按】

这个小故事和诗中关于中国瓷器一句，曾作为中外文化交流的佐证，被我国学者在其论著中反复引录，比如周一良的《中外文化交流史》和沈福伟的《中西文化交流史》等。由此可见阿拉伯古籍中有关中国的记载，在学术研究领域的重要性。以上翻译的几句诗，也可以使我们深刻了解到古时阿拉伯人对于中国瓷器的珍视。

§9. 第 15 卷，第 46 页：

〔此段与 §6 基本相同，只是其中“从名城库法到辽远的中国”这半句诗，变为“在罗姆与中国的条条道路之间”。〕

§10. 第 15 卷，第 50 页：

〔此为名姬赛拉美·扎珥珈专章记述中的一段诗。〕

我们的腿仿佛陷入深深的泥沼，
欲向她走去又抬不动沉重的脚。
我们步履艰难腿变得一瘸一拐，
好似中国鹅走起路来东摆西摇。

【译按】

这段诗与第344页§5大同小异，但不是出自同一位诗人。看来用中国鹅的行走姿态，作为“步履蹒跚”的一种形象比喻，在当年阿拉伯人至少是诗人的表达中较为普遍。不知中国鹅的走姿与外国鹅的有何区别，也不知这一比喻里是否隐含着与中国有关的其他故事。

§11. 第19卷，第246页：

〔此为哈伦·拉希德与几位宫廷诗人聚会记述中的一段。〕

他们吃过饭后，拉希德看看他们，叫人拿来葡萄酒。饮过酒，侍者将赏赐之物送上。那天天气非常寒冷。伊本·加米依得一件里子为中国黑貂皮的塔隆丝毛长袍，伊卜拉欣得一件里子为小狐狸皮的库法锦缎长袍，艾布·塞德盖得一件絮有丝绵的呼罗珊混纺羊毛外套。之后，三人各唱吟一曲。

§12. 第21卷，第401页：

法拉兹达格在70岁高龄时前去朝觐。在环绕天房行走的人群中，他看到阿里·本·侯赛因，遂问：“这个美如冠玉、宛若一面妙龄处女照赏花容的中国镜子般的年轻后生是谁啊？”众人告知是阿里，于是他吟出一首赞美诗。

《散珠集》

Nathr al-Durar

作者与作品简介

阿比（al-'Ābī，1030年卒），本名曼苏尔·本·侯赛因，字艾布·萨德，阿比为其附名。著名文学家和史学家。祖籍波斯赖伊。著述极丰。主要著作有《文学家的漫游》《赖伊志》和《历史》，作者同时代的阿拉伯大文豪赛阿里比（961—1038年）称其后一部史学著作"史无前例"。作者曾被当年赖伊的统治者任命为宰相，所以后人也称他为历史上的"宰相著作家"。

《散珠集》是其代表作，属文学类作品，包括文人传记、作品摘录和文坛趣事，以及阐述文学观点的演说词等。可能由于书中记述的故事、传闻多短小精悍，所以作者取此书名。原作4卷，约合中文400万字。

版本 埃及图书总局古籍校勘中心，1985—1990年，精装大16开，8卷本。

◎译文

§1. 第4卷，第284页（"说书人趣谈"条下）：

有人跟一个说书人开玩笑说："你行行好，帮某人还他父亲两个银币吧。"他问："他人在哪儿呢？"答："在中国。"他说："在中国帮他还两个银币?！得了，他要在西拉夫或杰纳拜[1]或土斯太尔[2]还差不多。"

〔1〕杰纳拜（Janābah），雅古特说此地是西拉夫附近靠海的一个小镇。

〔2〕土斯太尔（Tustar），阿拉伯人对今伊朗西部胡齐斯坦省舒什特尔市

（Shūshitar）的称谓。历史上曾是胡齐斯坦最大城市。

§2. 第 7 卷，第 405 页（“医生趣谈”条下）：

某人对一位医生说自己消化不良，医生说：“那你就吃点好消化的东西，不要吃鱼和肉。”那人道：“我要能吃上那些东西，我就不会得病了。”

有个人头疼，便给自己头上裹了桂皮（al-Dārṣīnī）和胡椒。医生看了说：“难道你决心要当秃子不成？”

【译按】

看来古代阿拉伯人很早便了解桂皮的药用作用，只是一般人的一知半解可能会引出适得其反的后果，所以深知桂皮药性的医生要笑话那位有病乱用药的人。

§3. 第 7 卷，第 411—412 页（“亦庄亦谐的巧合”条下）：

一位海商[1]讲述：

有一次我们备好货物准备从俄波拉出发去中国，当时船队已经集结了 10 艘船。大家都知道，去这样一个地方，一是不愿意有老弱乘客来搭船，二是不愿意捎带别人的货物。正当我料理完自己的事情，冷不丁一位长者站到我面前。我们相互打了招呼。他说：

“我有件事想办，可求了其他商人半天，他们都不帮我办。”

“什么事儿呀？”我问。

“你得保证帮我办，我才说。”老头道。

见我答应了，他给我搬来一块差不多有 100 麦那[2]重的铅，并对我说：

“你一定得把这块铅带上，等你们到了某个险海[3]，你就把它扔到海里。”

“这叫什么事儿呀，我一辈子没干过。”我说。

“你可是答应过我的。”他说。

事已如此我也只好应承下来，并把此事写在自己的日记[4]上。

等我们到了老人说的那个地方，果然有狂风暴雨袭来，将我们吹打得晕头转向。我们忘记了自己，忘记了所带的东西，忘记了一切。我也把铅块的事忘得一干二净。最后我们终于驶出那个险海，来到中国的一个地方。我把自己带的货都卖出去了。这时有个男人过来问我：

"有铅卖吗？"

"没有。"我回答。

"等等，主人。"我的小伙计说，"咱们有铅啊。"

"我根本没带铅来。"我说。

"您忘了，那老先生不是交给您一块吗？"小伙计提醒我。

"对了，是有这么回事儿。"我总算想起来了。"哎，咱们没按他老人家说的去做，现在到了这儿，也只好把它卖掉，说不定这正中他下怀呢。"于是我吩咐伙计："你去把它搬来吧。"经过和买主的一番讨价还价后，我把它卖了 130 金币，又用这笔钱替老人家购进了各种中国的珍奇货品。

之后我们返航回到出发的城市。我把这批珍奇货品以 700 金币的价格售出。我照老人家给我留的地址到巴士拉去找他。我敲了他家的门，问他在不在，人们说他已经去世了。我问他是否有后人接受遗产，他们说只知道他有个侄子在海外某个地方，还说他的房产现在已是由教法官助手（'Amīn al-Qaḍā）亲自管理的"永远产业"[5]。我听后不知如何是好，只得带着这笔钱回到俄波拉。

有一天，正当我闲坐着的时候，一个人径直走到我面前，问道：

"你是——某某某——吗？"

"是的。"我回答。

"你曾经出海去过中国，是吧？"

"是的。"

"你在那里曾给一个人卖过铅，是吧？"

"是的。"

"你还认识这个人吗?"

我端详他一阵后，认出了他，遂道:

"原来那人就是你啊。"

"是啊。"他说，"我买下那块铅后，想从上面切下一块自己用，没想到它是空心的，里面装了12,000个金币。我把钱带来了，拿去吧，它是属于你的。愿真主保佑你。"

"你这讨厌的家伙。"我对他说，"以真主发誓，那钱根本不是我的。其实是……"我把事情的经过给他讲了一遍。他听后微微一笑，说:

"你知道那位老人是谁吗?"

"不知道。"我回答。

"他是我的伯父，我呢，是他的侄子。他除了我以外没有任何继承人。他不想让我得到这笔钱，17年前就把我从巴士拉赶走了。不过不管他怎么想，真主让你看见了现在发生的一切。"

听完他这番话后，我把所有该给他的金币都给了他。他去了巴士拉，并在那里安居乐业。

〔1〕海商（Tujjār al-Baḥr），应是指当年那些长年从事远海贸易的商人，考虑到此乃阿拉伯人对一种特殊职业者的专门称谓，故取直译。实际上，在我们见到的阿拉伯古籍（大多为8世纪后的作品）中，有关陆上丝路的记载极少，而有关海上丝路的记述相当多，尤其是在地理游记类著作中。这可以印证唐朝中期后海上丝路以其优势逐步取代陆上丝路和前者成为中西交通主要通道的事实。而"海商"尤其是阿拉伯"海商"，则毫无疑问是这条将世界几大民族联系在一起的通道上最为活跃的群体。值得一提的是，中国古籍中同样有"海商"一词，多指那些出海到今东南亚和阿拉伯等地进行贸易的商人。

〔2〕麦那（Manā），古代阿拉伯重量单位，等于2利特勒（Raṭl/Ritl，一般译作"磅"）。但各种词典对利特勒的注解不尽相同。比如《阿拉伯

语汉语词典》只列出“埃及磅（等于449.3克）”，这与现在欧美计量单位中的磅（pound，等于453.6克）相差不多。按此计算，此处提到的那块铅，重量约为90千克。《蒙吉德》却说：“1利特勒等于2564克。”按此计算，那块铅约重513千克。《蒙吉德》还注明该词源自阿拉米语（公元前500年近东主要文字体系，产生最大影响的时间起自公元前300年直到650年，后被阿拉伯语所取代）。

阿拉伯古籍中出现的一些度量衡单位比较复杂，具体概念也非常模糊，译者至今尚未见到与现在通行的公制计量单位的综合换算表。

〔3〕险海（Lujjah），《阿拉伯语汉语词典》注解为：“海，汪洋。”从词源看，有“海上掀起狂风巨浪”的意思，因此它可能多指情况比较险恶的海域。为区别于一般的“海”，加之音译为“鲁杰或鲁杰海”不太合适，故暂译作“险海”。另从本文中“某个险海”这种正偏组合的形式分析，在伊拉克至中国的“航线”上，被古代阿拉伯人称作“险海”的海域，可能不止一个。

〔4〕日记（al-Ruznāmaj），估计为波斯语，《阿拉伯语汉语词典》和《蒙吉德》均未见此词，只有al-Ruznāmah（意为日历）一词。本书校勘者在此加注释云：“原抄本中只有‘我把此事写在……’，经过考证我加上了这个词，因为根据《知识的钥匙》和《阿拉伯语史》两书中的记载此人有将每天发生的事情写下来的习惯。”

〔5〕永远产业（Mawqūf），原意为：被保留的或被扣留的。为伊斯兰教继承法中的术语，涉及伊斯兰教法的主要门类之一“瓦克夫法”。瓦克夫（Waqf）意为保留、扣留，特指“保留”真主对人世间一切财富的所有权。举例说就是某位穆斯林生前立下遗嘱，宣布自己的全部或部分财产不由子孙后代继承，而捐献给宗教慈善事业，一般由当地教法官或清真寺长老管理。

【译按】

本书作者在“亦庄亦谐的巧合”一节中记录下的这段文字，其劝诫意图是显而易见的，在古代阿拉伯传说故事中当属老生常谈。但他无意中也为我们留下了当年在阿拉伯被称为海商者的某些具象，诸如他们从何地出发、船队集结到多大规模便可以起程、与中国进行直接贸易的丰厚利润等。海上丝路，险象环生，驱动他们频繁往来其间的，毫无疑问主要是对利润的追求，但他们勇于冒险的精神不得不令人佩服，客观上他们为中阿两大民族在商货交易、人员交往和文化交流等方面做出的贡献，也是值得人们纪念的。鉴于阿拉伯古籍中涉及海上丝路的记述大多着墨于云山雾罩的地域、稀奇古怪的物产和真假难辨的传闻，本书作者不经意间记写下的这段文字，倒因其平实、自然，而更显得真切、可信。

《诗海遗珠》

Yatīmah al-Dahr

作者与作品简介

赛阿里比（al-Tha'ālibī，961—1038年），阿拔斯王朝著名文学家、语言学家和历史学家。本名阿卜杜·麦立克·本·穆罕默德·本·伊斯梅尔，字艾布·曼苏尔。附名之一内沙布利，说明其祖籍为今伊朗境内的内沙布尔。他之所以以赛阿里比闻名于世，是因为他原先的职业是裘皮裁缝，经常用各种狐狸皮缝制皮衣，而赛阿里比便是“狐狸的”之意。他留给后世36部著作，其中大部分都写得妙趣横生，包括《优雅的知识》《语言学》《成语集》《修辞的魅力》《文学的秘密》《我听到的最美好的》等。

《诗海遗珠》为书名的简称（阿拉伯人通常也使用简称），全译应作《当代诗人中的旷世遗珠》(*Yatīmah al-Dahr fī Shu'arā' 'Ahl al-'Aṣr*)。该书是阿拉伯文学史上第一部按地区分类的诗人传记作品，共分4部（每部10章），分别是：沙姆及周边地区，布威希（Buwayh）王国，吉巴勒、法尔斯、久尔疆和泰伯里斯坦，呼罗珊和河外地区。该书生动详细地记述了与作者同时代诗人们的传记、作品和传闻故事，被视为阿拉伯文学和历史的经典名著。全书约合中文180万字。

版本 http://www.alwaraq.com，访问时间：2005年1月10日。

◎译文

§1. 第444页（艾布·杜莱夫条下）：

不论是陆地和海洋，

无人比我们更豪强。
不论是中国和埃及，
人丁税都必须交上。

【译按】

这是一首非常有名的、被称作《萨珊颂》的赞美长诗中的两句。诗人艾布·杜莱夫（'Abū Dulaf，卒于1000年），本名米斯阿尔·本·穆海勒海勒，当年位于布哈拉的萨曼王朝宫廷诗人，著名文学家。但他受到后人关注的更重要原因，是他一生酷爱旅行，曾周游东方列国，人称“杰瓦勒”——行者。特别是据说他曾陪同中国使团一起返回中国，并写下著名游记《各国奇观》(亦称《艾布·杜莱夫游记》)。该书被认为是中世纪阿拉伯最具价值的地理典籍之一，比伊本·白图泰的游记要早3个多世纪。雅古特《地名辞典》“中国”词条下约一万字的内容，皆引自他的这部著作。尽管后世学者认为他主要记述的是亚美尼亚和伊朗西北部的情况，但他的游记对于了解阿拉伯人笔下的丝绸之路，无疑具有重要意义。

§2. 第509页（艾布·哈桑条下）：

告诉世上所有的好人和坏人，
这可恶的长官总会带来背运。
让你两手空空离开中国国王，
就像从面团中拔出头发一根。[1]

〔1〕“从面团中拔出头发”，是阿拉伯人的一个谚语，原意大致是：干净利索，什么都没带走。此处诗人想表达的，是见到像中国国王这样每每慷慨馈赠来使或来宾的人，没有得到任何礼物便离开是一件十分晦气的事。

《文人聚谈》

Muḥāḍarāt al-'Udabā'

作者与作品简介

拉吉布·伊斯法罕尼（al-Rāghib al-'Isfahānī，1108 年卒），本名侯赛因·本·穆罕默德·本·穆法代勒，字艾布·加西姆，以拉吉布闻名于世。祖籍伊斯法罕，定居巴格达。著名文学家和哲学家。主要著作有：《伦理》（亦称《拉吉布伦理》）、《经注大全》、《〈古兰经〉中的疑难词汇》和关于哲学、心理学的《两种开始的区分》等。

《文人聚谈》是作者最著名的文学作品，实际上是一部讲授各种知识的小型百科全书。全书约合中文 150 万字。

版本 http://www.alwaraq.com，访问时间：2005 年 1 月 10 日。

◎译文

§1. 第 39 页（关于书写的种类）：

凯勒比[1]说："各民族的书写分为两种：一种是从右写，比如阿拉伯语和希伯来语；一种是从左写，比如希腊语和罗姆语。凡是从左写的，都是分开的（Mafṣūlah）。中国的书写方法是一种形象雕刻[2]。据说罗姆国王说过：'没有什么比阿拉伯人的书法更让人嫉妒的了。'"

〔1〕凯勒比，详见第 29 页《地名辞典》§38 注释〔1〕。由于本段文字与伊本·纳迪姆《索引》中内容相近，而《索引》一书有 160 多个条目出自附名为凯勒比的希沙姆·本·穆罕默德，故此处的凯勒比应指均以附名凯勒比闻名于世的父子学者中的儿子希沙姆。

〔2〕此处原文为：Nuqūsh Taṣawwur，取直译。也有中译者将其他阿拉伯古籍中类似说法译作“汉文书法像一种图画”，虽不知“图画”的原文为何，但意思都差不多。

§2. 第66页（关于中国的知识）：

中国人是能工巧匠，擅长铸造（al-Sabk）、锻造（al-Ṣiyāghah）、金银铸造[1]、熔炼（al-'Idhābah）、使用各种奇特染料[2]、镟制工艺（al-Kharṭ）、雕刻、绘画（al-Taṣāwīr）、书法、纺织，以及将所有能拿到的东西搞得适合在掌中把玩。他们一心劳作，不知疲倦，因为他们是实干家。希腊人了解事物的起因，不直接从事劳作，因为他们是哲学家。

〔1〕金银铸造，原文为：al-'Ifrāgh，一般词典的注解皆为：“使……成为空的。”与“金属”沾边的只有《蒙吉德》的一条注解：“将黄金等熔化后倒入模子。”

〔2〕染料，原文为：al-'Aṣbāgh，《阿拉伯语汉语词典》的注解中也有（醋、酱油等）作料之意。

§3. 第66页（关于突厥人的知识）：

他们像阿拉伯人一样会占卜[1]，擅长作战和武器的使用。他们如同波斯人中的阿拉伯人，就像阿拉伯人是奈伯特人[2]中的库尔德人。他们精于战争，好比希腊人精于哲学，而希腊人精于哲学好比中国人精于工艺。他们在兽医学和驯马术两方面超过其他任何民族。他们中的人骑于马背如履平地，并依靠精湛的马术驰骋于沙场，纵使马累了他们也不休息，而且能够人不落地就换骑上另一匹马。

〔1〕占卜，原文为：Qiyāfah，其所表示的实际上只是古代阿拉伯占卜术中的一种，即根据人的脚印或动物的蹄印算命。古代阿拉伯人在牧人或牲畜走失时，也会请精于此道的占卜师协助寻找。

〔2〕奈伯特人，公元前 2 世纪居住在伊拉克和巴勒斯坦南部的一个民族。

§4. 第 69 页（关于各地国王的称谓）：

海兹西尔（Khazḥīr），是阿非利加君主的称谓。科斯鲁，是波斯君主的称谓。恺撒，是罗马君主的称谓。叶格福尔[1]，是中国君主的称谓。拜赫拉杰（al-Bahrāj），是僧祇君主的称谓。赞比勒（Zanbīl），是海宰尔君主的称谓。艾斯法尔（'Aṣfar），是欧莱瓦[2]君主的称谓。卡比勒（Kābīl），是努比亚君主的称谓。艾斯拜希德（'Aṣbaḥīd），是杰拜勒君主的称谓。穆民的领袖、哈里发、伊玛目，是穆斯林君主的称谓。土伯尔，是希木叶尔君主的称谓。

〔1〕叶格福尔（Yaghfūr），其他阿拉伯古籍中更多写作拜格福尔（Baghfūr）或拜格布尔（Baghbūr）。据说为波斯人对中国国王的称谓，意为"天子"。

〔2〕欧莱瓦（'Ulawā），雅古特《地名辞典》和拜克利《疑难国名地名辞典》中均无此地名，个别写法相近的地名也都是非常小的地方。这是比较奇怪的，因为作者此处罗列的都是比较大的国家和地区。抄本有误，也未可知。此地君主的称谓"艾斯法尔"，如为阿拉伯语，其意为"黄色的"。

§5. 第 392 页（关于"以步度剑"的典故）：

相传一个艾兹德小伙子在穆海莱布面前显摆一把剑，对他说：

"大叔，你觉得我这把剑怎么样？"

"你的剑好是好，就是短了点儿。"穆海莱布回答。

"短了点儿?!"小伙子不太服气，"那你从它上面竖着跨一步量量！"

"小伙子，就是踩着蛇牙走到中国也比这一步容易啊！"穆海莱布说。

穆海莱布这么说不是因为胆小，他只是想创作一条形象化的谚语。后来有位诗人曾吟道：

如果宝剑短，勇敢把剑跨。
追剑杀向前，莫被剑追杀。

还有一位诗人吟道：

手中剑虽短，脚下大步跨。
阵前无所惧，痛快把敌杀。

§6. 第589页（关于各国奇闻）：

在设拉子有一种苹果，一半极甜一半极酸。在盖尔米欣[1]附近有个叫卡尔坎（Karkān）的村庄，谁要是在生日那天夜里挖走这里的泥，然后把泥涂抹在自家院墙和房子上，就可以保证妖魔鬼怪进不来。在中国群岛（Jazā'ir al-Ṣīn），有一些巨蟒，可以吞下骆驼、牛和像驴一样的狒狒。在埃及有一种石头，谁手里拿着它谁就会呕吐，一直拿着就一直吐个不停。在散夫有一种石头可以浮在水上，黑檀树和希尔[2]立在上面都没事。那里还有一种磁石可以吸住铁，但用蒜[3]擦一擦就吸不住了。在中国的呼檀有很多石磨，下面的磨盘不停地转动，上面的磨盘却一动不动。在阿塞拜疆有一山谷，任何人都不能注视它。[4]

〔1〕盖尔米欣（Qarmīsīn），古代位于尼哈万德（Nihwānd，今伊朗西部巴赫塔兰一带）附近的一个小城。642年阿拉伯军事将领努尔曼·本·穆盖兰曾于此地大败波斯人。

〔2〕希尔（al-Shīr），确切所指不详。《阿拉伯语汉语词典》和《蒙吉德》都注解为："悬崖，峭壁。"《蒙吉德》注解中说该词为古叙利亚语。

〔3〕蒜（al-Thūm），这是本次"阿拉伯古籍中的中国"辑译中第一次见到

“蒜”。阿拉伯语的 Thūm 与汉语的蒜——Suan 发音相近，两词间存在因缘关系是可以肯定的。中外学者几乎一致认为，大蒜起源于中亚和地中海地区，汉朝时期被引种到中国。

〔4〕原文至此终结，作者并未提到如果有人看了这个山谷，后果将会如何。

§7. 第 626 页（关于黄鼠狼）：

其样子像中国狗，是最讨厌的专放臭屁的动物。它对着鳄蜥的洞穴放出臭气，鳄蜥被熏得受不了便会爬出来，于是就被它逮住吃了。它也被叫作“驱散快乐者”（Mufarriq al-Ni‘am），因为只要它一放臭屁，其他动物便四下逃散，免得受其所害。于是“黄鼠狼在他们中间放了屁”，就成了一个形容人们四散离去的谚语。

【译按】

中国狗，在我们的辑译中已出现多次，以后也还会出现，但它的学名至今未能查证到。阿拉伯古籍中以“中国的”作为定语的动植物不少，一一找出其学名恐怕要花很大气力，还不一定能够找到。需要注意的是，既然黄鼠狼不是狼，那么中国狗也未必就是狗；既然伊拉克鹅被《阿拉伯语汉语词典》注解为天鹅，那么中国鹅或许也不是普通的鹅；既然人们说印度鸡是火鸡，那么中国鸭可能也不是一般的鸭子。

《王者的夜明灯》

Sirāj al-Mulūk

作者与作品简介

托尔托希（al-Ṭurṭūshī，1059—1126年），全名穆罕默德·本·沃利德·菲赫里·托尔托希，字艾布·伯克尔，也被称作伊本·艾布·兰盖戴（Ranqadah，伊本·赫里康认为此词为外来语，意为：到这儿来）。生于安达卢西亚的托尔托萨（今西班牙东部沿海城市），卒于埃及亚历山大。伊斯兰教马立克学派教法学家。专门致力于被称之为“伦理文学”创作的文学家，是该文学流派的代表人物，著述甚丰。出游阿拉伯帝国东部地区（麦加、伊拉克、埃及、巴勒斯坦、黎巴嫩等地）的旅行家，并在沙姆地区居留一个时期。摈弃尘世一切、坚持长年苦修的著名苦行大师（al-Zāhid）。主要著作有：《孝敬双亲》《诱惑》《世事与异端》等。

《王者的夜明灯》是作者最重要、最有名的著作，由于他的大多数著作未能传于后世，因此更显得珍贵。这是一部劝诫性的文学作品，也是阿拉伯古代伦理文学的代表作。全书共分为64章，每章一个专题，以各个民族各个朝代国王的故事传闻论述为王之道，旨在张扬前事不忘，后事之师的道理。文字简洁而不失优雅，故事短小而寓有深义，并穿插了很多颇富有哲理的诗歌，堪称一部雅俗共赏的佳作。特别值得一提的，是本书与其他阿拉伯古籍最大的不同之处，即卷首有一页带原作者签字的题词，上写：“一个人读过此书而成为具有完美修养的人，并不奇怪；奇怪的只是：一个人读过此书而未能成为一个具有完美修养的人。”全书约合中文60万字。

版本　黎巴嫩埃及联合书局，1994年，精装16开，2卷本。

◎**译文**

§1. 第1卷，第9页（作者序言）：

我收集了他们各自传记中的嘉言懿行，特别是关于各地君王和各国贤哲的。我发现这主要集中在六个民族，即阿拉伯、波斯、罗姆、印度、信德和信德印度[1]。至于中国的国王和贤哲之治国方略，则由于那里距离遥远、路途艰险，甚少传到马格里布地区[2]。而除却这些民族，再无具有玄远的哲理、透辟的才学和锐敏的头脑的人了。

〔1〕信德印度（Hind al-Sind），确切所指范围不详。雅古特在《地名辞典》中说："信德是印度与克尔曼、锡吉斯坦之间的国家。也有人在克尔曼前加上木克兰（又作莫克兰，今伊朗莫克兰省一带），然后是突兰，然后是信德，然后是印度。"常规上讲，"信德印度"应是指古代阿拉伯人认为的信德与印度之间的地区。作者将其与另五大民族相提并论，在阿拉伯古籍中较为少见。

〔2〕本书校勘者在此句下加注云："另一抄本写作'甚少传到阿拉伯地区'。"

§2. 第1卷，第223页（第11章论王者的禀性与准则）：

我们听说过这样的故事：

印度的一个国王耳朵聋了，他因听不到人们申冤的声音而为那些有冤屈者寝食难安。于是他传令下去：王国内除有冤屈者一律不得着红色衣服。他说："我虽双耳失聪，但我视力尚存。"就这样，但凡有人受了冤屈，便穿上红色衣服来到他的王宫前告状。他则明察秋毫，秉公断案。[1]

我们的教长讲述：

作为到过中国的人之一，艾布·阿拔斯·希贾济（'Abū al-'Abbās al-Ḥijāzī）告诉我那里国王们治国理政的一个非常奇特少见的范例。他说："国王在自己居住的王府内安置一口钟，上系一条锁链，锁链的头儿一直拉到大街外面，由其信赖的官员照看。有申冤者前来，便拽动锁链，国王便可听到钟声，召告状者进来申诉。每个拽动钟链的人，都要由看钟官亲自带着觐见国王。”

〔1〕这个传说在阿拉伯古籍中经常将主人公写作中国国王。改为印度国王可能更显得真实可信，因为其他古籍的记载说：“中国国王耳聋后，经常骑着大象沿河巡视，看看有无穿红衣服的受冤屈者。”

§3. 第2卷，第481页（第44章论提防近臣）：

艾布·阿拔斯·希贾济是到过中国的人〔1〕，他告诉我：“印度有一座宝石山（Jabal al-Yāqūt），那里有大地上体积最大的蛇，一条就能生生吞下一整头牛。没有人去过那座山，甚至连接近它都说不上。那里雨特别多，山洪暴发时会冲下来许多小石子和其他有用的东西，洪水把这些东西一直冲到距离几日路程的地方才停住。人们就在那些石子里寻来找去，一颗颗宝石就混杂在里边。”

〔1〕本书校勘者在此句后加注释云：“另一抄本中写作‘他到过印度和中国，最远至隋尼隋尼和中国大地’。”这一抄本所言阿拉伯人来华地点的顺序值得探讨。我们知道《伊本·白图泰游记》等阿拉伯古籍中的隋尼隋尼一般指今广州一带，那么其后的“中国大地”或可指中国内地，而其前的“中国”在古代阿拉伯人概念中，也许包括亚齐、爪哇一带，亦未可知。

§4. 第2卷，第500页（第48章论国王与国库）：

本章除了涉及诸先知、诸使者和四大哈里发外，还将涉及印度、中国、信德等各地国王和罗姆的一些国王。国王们一般都背着臣民储蓄金钱，以备不时之需。这些我们在前一章已经讲过。诸使者和他们之后的诸哈里发则不储蓄金钱，而是将其消费掉，他们把金钱用于臣民，而且非常慷慨，因为臣民是兵士和卫士。[1]

〔1〕此段文字后，作者并未像其所说的那样再次提到中国。

《智者录》

'Akhbār al-'Adhkiyā'

作者与作品简介

伊本·焦济，生平见《历代民族与帝王史通记》。本书为作者多达300余部著作中较为知名的作品，记述了历代所谓聪明人的各种故事传闻，被认为是一部能够启迪人们智慧的雅俗共赏的佳作。作者还有一部相对应的著作，名为《傻瓜蠢材录》（其中未提到中国），两本书一般都被列在文学作品之列。但正如许多阿拉伯典籍一样，此类著作往往是一种文学与历史的糅合。有后世学者批评这种现象为"编著紊乱"，连备受当代学界推重的伊本·赫勒敦的《历史绪论》也不例外。

阿拉伯人治史尤重纪传，乃至成为其主脉，即便是编年体和纪事本末体也都将人物传记作为重点。他们几乎为所有人编史立传：先知先贤、帝王将相、宗教学者、诗人墨客、法官教师、医生哲人、能工巧匠、歌手舞师、商人海员，勇士懦夫、侠客吝人、行者隐士、恋人情种、聋子哑巴、棋手赌徒、酒鬼疯子，以及占卜算命的、装神弄鬼的、乞讨要饭的、拦路打劫的、诈骗行窃的，等等。其中自然也少不了伊本·焦济笔下的智者与傻瓜。全书约合中文15万字。

版本 http://www.alwaraq.com，访问时间：2004年11月1日。

◎译文

§1. 第79页：

我们以前讲过，有个叫舍米尔·祖吉纳赫的也门土伯尔来到撒马尔罕。他将该城包围却久攻不下，于是在四周布下哨兵，终于抓到一个从城里边出来的人。此人有心投靠，便告诉他城里的情况，说：

“要说这里的国王，那是个天下最大的傻瓜，除了吃喝就是和女人睡觉，其他什么都不干。他有个女儿，实际上管事的是她。”

舍米尔遂让他带上礼物回城，并对他说：

“你告诉这个女人，我不是来抢夺钱财的，我有4000大箱金银想存放在她这儿，然后我即前往中国。假如我拿下那片土地，她要做我的女人；假如我战死沙场，所有的钱财都归她。”

那女人听到来报，说道：

“我答应他了。让他赶快把钱送过来！”

于是舍米尔给她运去4000个大箱子，每个箱子里藏两个人，并约定以击铃为号。等他们进了城，他敲响铃铛，士兵们从箱子中跃出，迅速占领城门。他攻入该城，杀死城里居民，将城市洗劫一空。然后他向中国挺进。

【译按】

本段内容可参阅第152—153页《历代民族与帝王史》§7，其记述更为详细。

《文苑观止》

Nihāyah al-'Arab fī Funūn al-'Adab

作者与作品简介

努威利（al-Nuwayrī，1278—1332年），本名艾哈迈德·本·阿卜杜·瓦哈布，号舍哈布丁。中世纪埃及著名文学家。出生成长于古斯，卒于开罗。位于今埃及基纳（一译克纳）省的古斯，14世纪曾为上埃及第一大城市、埃及第二大城市，以有六所著名学校而闻名并成为当时埃及学术文化中心，1403年后因暴发瘟疫而逐渐衰落。努威利曾多次担任埃及马穆鲁克王朝各种官职。据有关史料记载，他不仅仪表堂堂、天资聪颖，而且为人豪爽，和蔼可亲。有少量诗作和散文传世。其他著作不详，但后人对他的评价是："仅一部《文苑观止》对他来说就足够了。"

本书虽被研究者归在文学类下，但它是作者同时代最全的、真正的百科全书。作者因此也被认为是中世纪阿拉伯最著名的"百科全书家"之一。虽然从整个阿拉伯典籍史来说，其成书时间较晚，且以摘选汇集前人成果为主，但仍具有一定填补空白的意义。比如关于伊本·拉基克、伊本·拉西克和伊本·舍达德等人的记述，都是前人从未提及的。本书书名，中国学者一般都译作《文苑观止》，贴切而优雅，全名直译应作"文科诸门类中的目标极限"。作者将知识分作五大类，每类下分五章，每章分若干节。比如：

第一类：天与地
第一章：天及天上所有
第一节：天的创始
第二节：天的形态
第三节：天使
第四节：七大行星
第五节：恒星

第二类：人
第三类：动物
第四类：植物
第五类：历史

本书为此次辑译的阿拉伯古籍中最长的一部，包罗万象，无所不有，同时也是收录有关中国内容、条目最多的一部。全书约合中文1500万字。

版本 出版单位分别为：埃及文化部，埃及著作、翻译、印刷、出版总局，埃及图书总局古籍校勘中心。校勘出版时间为：1929—1992年。精装16开，31卷本。

◎**译文**

§1. 第1卷，第62页（关于庙宇）：

中国的庙宇[1]由阿穆尔·本·舒拜勒·本·雅菲思的儿子所建。也有人说是一些突厥首领所建。

〔1〕庙宇，原文为：al-Bayt。现一般译为：房舍、住宅、家等。作者在本段文字前说："偶像崇拜者将偶像做成七大行星状，并为它们建造屋宇，称这些屋宇为'海亚基勒'（al-Hayākil，意为：庙宇、寺院）。"第65—68页《亚古比历史》§3中曾提到"海亚基勒"的单数，表示同样的意思。

§2. 第1卷，第108页（关于火庙）：

另一种火庙[1]叫作坎开代兹（Kankadaz），由赛亚威什·本·卡维斯·杰巴尔[2]所建，是他在中国东部[3]居留时建造的。

〔1〕火庙（Bayt Nār），指拜火教（祆教）的庙宇。

〔2〕赛亚威什·本·卡维斯·杰巴尔（Sayāwash bn Kāwis al-Jabbār），指古代波斯一王朝的王储。他为逃避女人陷害逃离父亲的王宫，后被判

处死刑，死后得以昭雪。波斯大诗人菲尔多西（932—1020）曾讴歌其生平业绩。很多艺术家根据波斯传说，创作了他骑马跨越火焰而毫发无损的作品。“赛亚威什的血”也成为波斯的一个典故，意思是：无辜被杀害者白白流掉的血。

〔3〕此处“中国东部”（Sharq al-Ṣīn），也可理解为：中国东面、中国以东地区。

§3. 第1卷，第199页（关于大地创始）：

据说，每块土地都有相貌不同、形状各异的人和居民。每块土地也都有特殊的称谓。人们将其分为七块相互为邻、各不相同的土地。他们给中国一块土地，呼罗珊一块，信德和印度一块，波斯、吉巴勒、伊拉克和阿拉伯（半）岛一块，杰济拉、沙姆和亚美尼亚一块，埃及和阿非利加一块，安达卢西亚岛与周边的杰拉里盖[1]和安卡布尔达[2]以及罗姆各部族一块。

〔1〕杰拉里盖（al-Jalāliqah），为吉里基亚（Jilīqīyyah）的复数。雅古特《地名辞典》“吉里基亚”条下说：“该地位于安达卢西亚北部环海海岸，不适合人居住。伊本·马库拉说：‘吉里基亚是安达卢西亚与罗姆交界处的一个国家。’历史对其记述各种各样。”

〔2〕安卡布尔达（al-'Ankaburdah），雅古特在该词条下说：“该地是法兰克诸国中一个非常大的国家，位于君士坦丁堡和安达卢西亚之间。”

§4. 第1卷，第208页（关于大地面积）：

有人居住的大地，其图形如同一只鸟。头是中国，右翅是印度和信德，左翅是海宰尔，胸部是麦加、伊拉克、沙姆和埃及，尾巴是西方（al-Gharb）诸国。

§5. **第 1 卷，第 209—211 页（关于大地 7 区，摘译）：**

第一区从中国大地东部始，至其视为门户的诸多城市。那里有一些河流，从海上来的船只经过这些河流进入大城市，比如汉古、汉福尔。[1]

第二区由中国开始，经过印度沿海的一些城市。

第三区由中国大地东部开始，其中有该王国京城哈姆丹。

〔1〕阿拉伯古代著作家在拼写所谓中国地名时，讹误颇多。此处汉古（Khānqū）应是汉府（Khānfū）之误。中国也有翻译者将汉府直接译作广府。至于汉福尔（Khānfūr），在阿拉伯地理类古籍中出现次数较多，有时写作"哈勒福尔"（Khālfūr），确切所指有待考证，不排除也是汉府之误。

§6. **第 1 卷，第 219 页（关于山脉）：**

伊本·豪盖勒[1]说："世界上所有山脉，都是中国外面那座山的支脉，自东向西呈一条直线绵延至黑人地区。"

〔1〕伊本·豪盖勒（Ibn Ḥawqal，977 年卒），中世纪阿拉伯最著名的旅行家和地理学家之一。曾周游当年整个伊斯兰世界，在研究前人史地著作基础上，写出地理学名著《道里邦国志》一书，传于后世。阿拉伯古籍中与此同名的著作多达 20 种左右。

§7. **第 1 卷，第 230 页（关于海和岛）：**

据说，在中国以东还有六个岛屿，叫作西拉[1]群岛。据说那里的居民是高贵的民族，他们是为逃避伍麦叶部族的人的迫害而到达这个岛上的。

据说没有任何外乡人进入西拉群岛后甘心情愿离开它的。那里空气清新，水质柔软，尽管那里的生活较为清苦。

〔1〕阿拉伯古籍中提到"西拉"时，写法至少有两种，一种必须读作西拉（al-Sīlā），一种可以读作西拉，也可以读作"西利"（al-Sīlī）。本段文

字中的属于后者。如前所述，不少学者将此地考证为新罗。阿拉伯人提及它时也经常同时提及“逃避伍麦叶部族”的那批人，从而使这一本来便不清晰明了的地名变得更加扑朔迷离。

§8. 第1卷，第237页（关于印度海及其岛屿）：

印度海从赤道上方的中国东部开始向西流动，穿越瓦格[1]国和下僧祇国[2]，然后是僧祇国，直到白尔白拉[3]国，在那里停下来。

至于印度海的东部，则从鲁金[4]开始，它是中国的第一个港口，然后是大中国[5]的口岸——汉古，接下去是印度的赛曼杜尔（Samandūr）。

〔1〕瓦格（al-Wāq），在阿拉伯古籍中有时也写作瓦格瓦格，关于它有很多诡异的传说。学者们一般将其考证为海上丝路航线上、印度洋中或印度洋与太平洋交汇处一带某个岛屿或群岛。个别学者认为是指倭国，即日本。

〔2〕下僧祇国，原文为：Sufālah al-Zanj，其中Sufālah有“下面”的意思。译作“下僧祇国”，是因为如果译作“僧祇的苏法莱国”与后面的“僧祇国”有点矛盾。但雅古特认为“苏法莱”是一独立地名，他在《地名辞典》“苏法莱”条下说：“该地是僧祇最远一个城市。关于此地的传说，如同我们讲的关于马格里布南部泰卜尔（al-Tabr）国的传说一样。商人们把货物放在当地没人的地方，然后离开，等他们回来时，便会发现当地人已把购物的钱分文不少地放在那里。苏法莱黄金在僧祇商人那里非常有名。”

值得注意的是，《地名辞典》中频繁提到僧祇这个地名，但却没有此地专门词条，同时也没有印度的专门词条。这可能是原始写本散缺的缘故。

〔3〕白尔白拉（Barbarā），应与《地名辞典》中白尔白莱（Barbarah）为同一地方。雅古特在该词条下说：“这是阿比西尼亚、僧祇、也门之

间的另一个国家，在也门海和僧祇海的海岸上。当地人皮肤非常之黑，他们讲的语言只有他们自己能听懂。那里有其他地区没有的稀奇动物，如长颈鹿、印度狮（al-Babr）、犀牛、老虎和大象等。此地亦被叫作‘白尔白莱海岸’。”需要指出的是，此地名的拼写与指柏柏尔人和努比亚人的Barbar十分相似。

〔4〕鲁金（Lūqīn），有学者将其考证为唐代的龙编（今越南河内一带）。

〔5〕大中国（al-Ṣīn al-‘Uẓmā），在阿拉伯古籍中十分少见。作者在本段文字中先说“中国”后说“大中国”，给人感觉这是两个地理概念。阿拉伯古籍中偶尔也提到“小中国”。比如《阿拉伯波斯突厥人东方文献辑注》中提到的：

“有一位海员告诉我，在小中国的首都广府（Khānfū）和大中国的首都西安府（Khamdān）之间，人们发现一条淡水河，水流很大，比巴士拉的底格里斯河还要宽得多。”（见费琅编：《阿拉伯波斯突厥人东方文献辑注》，耿昇、穆根来译，北京：中华书局，1989年，第660页）

该书还提到：“但优质樟脑则来自被称作‘小中国’的哈拉吉……”小中国下有注释云：“在《印度珍闻记》第215页中，广府被称作‘小中国’的京城。”（同上书，第128页）

看来古时阿拉伯人确有大小中国之分，但概念上显得有些混乱，比如“汉府”究竟是在大中国还是小中国。此外，部分中国翻译者有时也将“玛隋尼”译作大中国。

§9. 第1卷，第238页（同上）：

这个海——我是指印度海——整体上被航行者们分为六块，并分别给它们起了不同的名称。

经过中国大地的被称之为散吉海〔1〕，名称来源于该海中一个岛屿上的城市。这是一个波涛汹涌、十分可怕的海。夜间风浪初起时，会有一些小黑人爬上船来。他们的身高只有五拃甚至更少。他们上船后并不伤害任何人。但水手们亲眼看见他们，便认为自己要遭灭顶之灾。此时如果真主要挽救他们于危难之中，便会让他们看到主桅的顶端落下一只白色的鸟，那鸟就像用光做的一样。于是他们互相报告喜讯，待到他们心中的恐惧消失，那鸟也就不见了踪影。

〔1〕散吉海（Baḥr Ṣanjī），学者们一般考证为我国史称之涨海，即今中国南海一带。位置应当说比较吻合。但其名称来源并不清楚，《地名辞典》中也未收此名，尽管书中多次提到它。本书作者在接下来“有人居住的岛屿”一段中说：“散吉岛，散吉之名源出此地。岛长200古里，宽度比长度略少一些。这里有水牛（Jāmūs）和无尾黄牛（Baqr Bighayr 'Adhnāb）。”

但本书校勘者对“散吉”显然另有所见，他加注云：“此名可能与‘泉州’（Shunjū）为同一称谓。这个地方以‘橄榄’（Zaytūn，即刺桐）城之名为阿拉伯人所熟知。它是中国的港口。”

§10. 第1卷，第249页（关于里海）：

人们说，涨潮与落潮的原因归结于中国海极远处司掌海洋（Qāmūs al-Baḥr）的天神。此神如果发怒便会出现涨潮，气消了便会出现落潮。

§11. 第1卷，第293页（关于“国性”与人种）：

据说阿卜杜拉·本·阿拔斯讲过，真主将——

吉祥分为十份，九份给古莱氏人，一份给其他人。

慷慨分为十份，九份给阿拉伯人，一份给其他人。

热情分为十份，九份给库尔德人，一份给其他人。

狡猾分为十份，九份给科普特人，一份给其他人。

冷漠分为十份，九份给柏柏尔人，一份给其他人。
优越分为十份，九份给罗姆人，一份给其他人。
工艺分为十份，九份给中国人，一份给其他人。
性欲分为十份，九份给女人，一份给其他人。
工作分为十份，九份给众先知，一份给其他人。
嫉妒分为十份，九份给犹太人，一份给其他人。
也有人说：
仇恨分为十份，九份给阿拉伯人，一份给其他人。
吝啬分为十份，九份给波斯人，一份给其他人。
高傲分为十份，九份给罗姆人，一份给其他人。
欢快分为十份，九份给黑人，一份给其他人。
淫乱分为十份，九份给犹太人，一份给其他人。

§12. 第 1 卷，第 354 页（关于埃及的特点）

埃及可谓世界的港口，其优越性在于长长的海岸线。从古勒祖姆海岸可以通往两圣地[1]、吉达、阿曼、印度、中国、萨那、亚丁、希赫尔[2]、信德和海中诸岛。

〔1〕两圣地（al-Haramayni），特指伊斯兰教两大圣地——麦加和麦地那。
〔2〕希赫尔（al-Shiḥr），古代为哈达拉毛地区一著名国家，今为也门南部沿海城市。盛产乳香（Lubān）。

§13. 第 1 卷，第 366—367 页（关于中国及其特产）：

阿拉伯人将所有精巧的器皿都称为“隋尼娅”，因为中国以制作奇巧物品见长。

中国人专门从事精巧有趣的工艺品制作，以及镞雕人像、镂刻和绘画创作。他们的画家画人时，除了灵魂画不出来，其他方面皆能淋漓尽致地表现于笔端。但他们并不满足于此，而一定要让自己的画像能够分出得意者的笑和羞涩者的笑，平静者的笑和惊叹者的笑，高兴者的笑和讥讽者的笑。他们还会绘制组画。

那里有盖麦尔[1]手帕，如果脏了投入火中不但烧不着反而会变得干净。那里有铁（al-Ḥadīd），可能要用几倍分量的银才能买到。还有法尔哈尼[2]松鼠，其毛皮是所有毛皮中最贵重的。另外还有上等羊毛毡子。贾希兹在《关于贸易》[3]一书中说："最好的羊毛毡子是'隋尼娅'，其次是马格里布红，然后是塔莱干（al-Ṭālaqān）白。"

〔1〕盖麦尔（al-Ghamar），《蒙吉德》对这个名词注解为："仇恨；新手，无经验者，愚笨者。"此处确切含义不详。但盖麦尔手帕与阿拉伯人传说中用只有中国才有的凤凰（al-Samandal）羽毛做成的手帕应是同一种类。

〔2〕法尔哈尼（al-Fārḥānī），形容词，其名词形式 Fārḥān 可能是一地名，确切所指不详。其与"松鼠"组合，也许是指某地的松鼠，也许是指另一种动物。《地名辞典》未收此词，只有 Fārfān，指伊斯法罕附近一村庄。

〔3〕《关于贸易》（*al-Naẓar fī al-Tijārah*），与本次辑译的贾希兹《贸易指南》应是同一部著作。

§14. 第 1 卷，第 367 页（关于撒马尔罕及其特产）：

其特产有纸（Kawāghid），它淘汰了埃及纸（Qarāṭīs）和前人用以写字的皮子，因为它最好、最细、最柔、最薄。这种纸只有此地和中国有。

【译按】

中外学者认为，所谓"撒马尔罕纸"是利用中国造纸技术造出的麻纸。751 年怛罗斯战役后，中国战俘把造纸法输入撒马尔罕，于是在撒马尔罕由中国人指导的纸厂开始生产麻纸。自此后，由于有中国技术特别是有中国“技术人员”的指导，撒马尔罕纸声名鹊起，以至在造纸术西传过程中一度压盖住中国纸的名气，造成“西方有埃及莎草片，东方有撒马尔罕纸”一说。

§15. 第 1 卷，第 369 页（关于各国特色产品）：

各国纺织品的特色产品有：也门的斗篷（Burūd），萨那的彩绣（Washy），沙姆的莱依特〔Rayṭ，所指不详，从音译，下同〕，埃及的金银线（Qaṣab），罗姆的锦缎，苏斯[1]的绢丝（Qazz），中国的丝绸，法尔斯的成衣，伊斯法罕的套服，巴格达的赛克拉敦（Saqlāṭūn），俄波拉的缠头巾，赖伊的穆纳叶尔（Munayyar），木鹿的穆哈莱姆（Muḥlam），亚美尼亚的腰带（Tikak），达姆甘[2]的手帕，加兹温的袜子。

〔1〕苏斯（al-Sūs），古代位于胡齐斯坦土斯太尔附近的城市，历史上曾十分兴旺。据说为亚历山大大帝于 331 年所建。638 年为阿拉伯人所征服，继续繁荣相当长的时间，13 世纪遭破坏后逐渐衰落。今遗迹尚存。

〔2〕达姆甘（al-Dāmaghān），赖伊（今德黑兰南郊）至内沙布尔之间交通要道上的城市，为古今重镇。

§16. 第 1 卷，第 371 页（同上）：

各地人品貌之特点有：罗姆人皮肤之白里透红，僧祇人肤色之黑，突厥人之粗鲁，杰拜勒[1]人之冷漠，中国人之丑陋（Damāmah），雅朱者（Ya'jūj）人之矮小。

〔1〕杰拜勒，原文为：الجيل（al-Jīl），雅古特在《地名辞典》该词条下说：“此地是麦达茵下方巴格达辖区内一村庄。”校勘者可能据此专门注音，但本段文字中所指国家地区较大，不可能以此地类比，故疑为 الجبل（al-Jabal）之误。杰拜勒（山）亦称吉巴勒（山的复数），详见第 13 页《地

名辞典》§3 注释〔4〕。

§17. 第 2 卷，第 288 页（关于谱系）：

还有布纳提勒·本·努哈的儿子，是他给人们制定了最初的原则。这是在他们分化为以下诸民族的时候：艾尔加尔（al-'Arghār），比阿斯（al-Bi'ās），代卡伊克（al-Dakāyik），大马士革（al-Dimashq）。他们是隋尼隋尼后面不计其数的民族。

【译按】

本段文字中出现的几个民族名称比较陌生、怪异，特别是其中还有带冠词的"大马士革"（作为地名应不带冠词）。隋尼隋尼的位置本身是模糊不清的，它后面的民族也许就更为模糊了。隋尼隋尼，是阿拉伯古籍中有关中国的、值得进一步考证的重要地名。本书作者生活年代在伊本·白图泰之前，那时已有不少阿拉伯史学家和地理学家在自己的著作中提到隋尼隋尼，位置大致在中国南部，而自《伊本·白图泰游记》问世后，不少后世中外学者便倾向于隋尼隋尼是指今广州。应该说这一观点不能看作是定论，比如有阿拉伯学者就认为隋尼隋尼是指南京。人们首先应该将阿拉伯古籍中能够找到的所有关于它的记述集中起来进行综合分析，才可大致认定它是否是汉府（广州）的另一称谓。否则，即便从非学术角度讲，广州在阿拉伯古籍中的称谓也有过多之嫌，若包括讹误在内至少有：汉府、汉古、汉久、汉苏、玛隋尼（摩诃支那）、隋尼克兰、隋尼隋尼以及隋尼娅等。阿拉伯地理学古籍中提到隋尼隋尼次数较多，但愿在专门对此类著作进行辑译时，能够更加深入地探讨这一问题。

§18. 第 2 卷，第 291 页（同上）：

还有古雷姆·本·萨姆的儿子胡赞（Khūzān），他繁衍下来的是胡齐人〔al-

Khūz，指胡齐斯坦人〕。他们的居住地是与中国海相接的阿瓦士（al-'Ahwāz）。

【译按】

位于今伊朗西南部的阿瓦士，自古便是丝绸之路上的重镇，12—13 世纪即为糖、稻和蚕丝贸易中心。与其相接或曰距其最近的海，毫无疑问是波斯湾。本书作者将这一海域称为“中国海”，值得我们特别重视。

联想到雅古特说过“苏哈尔是中国海最大的城市”，人们有理由相信，历史上阿拉伯人曾经一度将今天的波斯湾乃至与其相连的阿曼湾一带海域，称之为中国海。我们知道他们并非指这是属于中国的海，而是表达这是“通往中国的海”，但这也足以证明历史上阿拉伯人与中国人之间贸易往来和人员交流之频繁，丝绸之路对中阿两大民族的友好交往之重要。

§19. 第 3 卷，第 335 页（关于不请自来的食客）：

有位诗人说得好：

纵使烹饪的锅在麦特木莱〔1〕，
火炉置于沙姆最远之关隘；
那么即便身处杳渺的中国，
你也会赶到锅边朵颐大快。

〔1〕麦特木莱（Maṭmūrah），当年拜占庭帝国塔尔苏斯（Ṭarsūs）附近的一个港口。塔尔苏斯位于今土耳其南部，濒临地中海，历史名城。哈里发马蒙 788 年曾占领该城，去世后葬于此地。

§20. 第 4 卷，第 53 页（关于乌盖希尔的趣闻）：

〔此段关于中国商人付给诗人乌盖希尔聘礼的记述，与第 343 页《歌诗》

§4 内容基本相同。〕

§21. 第 5 卷，第 194 页（关于悼亡诗之片断）：

叶兹戴杰尔德仓皇逃往中国，
即便是在波斯也再无援救者。
罗斯泰姆纵有千般锋利剑矛，
大势已去自难敌勇猛的萨德。

【译按】

这是一首悼亡长诗中的两句。卡迪西亚大捷是阿拉伯人最值得炫耀的以少胜多的战例，自古至今皆津津乐道。635 年阿拉伯大将萨德歼灭萨珊王朝主力，杀死其宰相罗斯泰姆，使该王朝某代君主叶兹戴杰尔德三世的统治彻底崩溃。因此不论阿拉伯人的史籍还是文学作品，关于此事的记载与描述非常之多。

§22. 第 9 卷，第 338 页（关于猿猴）：

在中国海中扎比吉〔1〕的几个海湾和位于斯拉夫以北的麦赫拉吉〔2〕国，有一种猿猴，身体直立，脸为圆形，总体形貌酷似人，有情感。它很聪明，明白事理，可能因此很少被猎捕。它虽没有自己的语言用以表达内心感受，但它能够理解所有与之交流者的身势语（al-'Ishārah）。

〔1〕扎比吉，原文写作扎尼吉（al-Zānij），应为抄误。此地，中外学者一般考证为我国史称之三佛齐或阇婆格，即今苏门答腊岛。雅古特的定义是："印度极远处、哈尔坎德海后、中国边界上一岛屿。"由此可见阿拉伯古代史地学家认知中，中国幅员之辽阔。

〔2〕麦赫拉吉（al-Mahrāj），本书作者提到的斯拉夫以北的这个"国度"，与其他阿拉伯史地学家的记述不太吻合。麦斯欧迪在《黄金草原》、

艾布·菲达在《列国志》中均写明麦赫拉吉为一岛屿，亦称赛利莱岛（Jazīrah Sarīrah），艾布·菲达转述穆海莱比的话说，该岛位于中国辖区内。此外伊本·胡尔达兹比赫关于“麦赫拉吉”的记述，有必要引录，他说：

“扎比吉国王被称作‘麦赫拉甲’（al-Mahrāj，中译者加注云：即王中之王）。其国有一岛，叫作拜尔塔义勒（Bartāyl），在这个岛上可以彻夜听到人们的歌唱声和擂鼓声。海员们谈道，这个岛上有行骗者。海水中可腾跃出马，这种马颇似我们的马，只是这种马的鬃毛长可曳地。国王麦赫拉甲征税，每天收200麦那的金子。他再用（这些）金子换购成鲜奶，然后将这些奶统统倒入水中，并说，这水就是钱库。岛上有一种像驴的狒狒。”（见伊本·胡尔达兹比赫：《道里邦国志》，宋岘译注，北京：中华书局，2001年，第70—71页）

§23. 第10卷，第121—122页（关于家养的牛）：

母牛一旦产仔当天就有奶。它要怀胎九个月，第十个月生产，早产的牛犊无法存活。一般一胎产一只，生两只的时候极少，人们认为牛生双胞胎是非常不吉利的事。它的孩子如果死掉或被屠宰，它会不停地叫，同时也就没有奶了。因此牧养者这时就把小牛的皮剥下来，然后披在自己身上好让它下奶。黄牛喜欢洁净的水，这与马和骆驼截然不同。乌萨麦·本·蒙基兹[1]在其著作中说，在一些国家有一种鬃毛非常像马的牛。这大概是指那种有特殊骨节[2]的牛，这种骨节长在尾部和肩部。据说大骨节牛（'Abqār al-Barājim）是从中国海中出来的，因此叫作“海骨节”。

〔1〕乌萨麦·本·蒙基兹（'Usāmah bn al-Munqidh，1095—1188年），阿拉伯骑士中著名文学家和史学家。在与十字军作战中勇猛无比，并因此享有盛名。文武双全的他给后人留下多部著作：《思考书》《藻饰修

辞》《文礼精粹》等。本文中提到的著作是指其代表作《河流的花朵》('Azhār al-'Anhār)。

〔2〕骨节，原文为：al-Barājim。《阿拉伯语汉语词典》注解为："指节，指关节。"《蒙吉德》注解为："指关节或手与脚上的小骨头。"暂译为骨节。后文中"大骨节牛"，原文中并没有"大"字。

§24. 第10卷，第139页（关于蟒蛇）：

据说中国群岛[1]上有能够吞下骆驼和牛或类似动物的大蟒蛇。

〔1〕中国群岛（Jazā'ir al-Ṣīn），确指不详。联想到《一千零一夜》的开篇语"在印度和中国的群岛中有一萨珊国"，不排除古代阿拉伯人认知中的中国群岛是指南洋群岛一带。

§25. 第10卷，第236页（关于鸭子）：

鸭子有很多种，分野生和家养的。野生的有"莱格莱格"[1]。家养的有"隋尼依"〔中国鸭〕。它生的小鸭是一个个自己啄破蛋壳出来的。

〔1〕莱格莱格（al-Laqlaq），《阿拉伯语汉语词典》注解为："鹳。"本书校勘者注释为："一种波斯的长颈飞禽，食蛇，在伊拉克俗称艾布·海迪杰。"

§26. 第10卷，第321页（关于螃蟹）：

艾布·欧拜德·巴克利[1]在其著作《道里邦国志》中说："中国海里有很多种螃蟹，有一腕尺长的，也有一拃长的。只要一上陆地，它们就会变成石头一样的东西，而不再有动物属性了。医生们从螃蟹上提取一些物质做眼药，用于医治白内障[2]。"

〔1〕艾布·欧拜德·巴克利，即《疑难国名地名辞典》的作者，可参阅第7页该书作者简介。

〔2〕此句中“医治白内障”，为译者揣译，原文直译应为“将白擦亮”。

§27. **第 11 卷，第 210 页（关于玫瑰）：**

莫非你不曾看到：我挺起黄玉（Zabarjad）之矛，并穿上最好的白衣，去保卫花园的领地，还在中国讲坛前演说，模仿香草把芬芳散播？

【译按】

本节讲的是玫瑰，作者加入一个“提到玫瑰的散文”的专题，并列举出若干范文。以上这段话摘自一篇很长的散文，题为“关于水仙（Narjis）与玫瑰的争艳”。古代阿拉伯人所谓散文是针对诗歌而言，其中包括我们今天所说的韵文。这种韵文在其文学作品中占有极为重要的地位，同时也是文人“炫才”的一种方式。有时几千字一韵到底，有时句句转韵。作者选录的关于玫瑰的散文，实际上全部为韵文。

文中“讲坛”，原文为：al-Minbar，也可译作讲台等。我国穆斯林多采用音译——敏白尔，指设在清真寺礼拜大殿内的宣讲台。本书校勘者对“中国讲坛”专门加了注释：

“大概它（指拟人化的水仙）是想用这个词组表示自己非常出名，以至声名远播至世界上最远的国家——中国。其实阿拉伯古籍中提到中国，大多是想表达距离遥远和对旅行者来说的路途艰险，否则无法解释我们查阅了大量书籍后并未发现水仙与中国之间有什么特殊联系。”

校勘者所言比较客观地道出古代阿拉伯人对中国的主体认知——大多数情况下就是一个字：远。但他说水仙与中国之间没有特殊关系，虽无力研考，却仍想与之探讨。我们至少知道中国漳州水仙闻名天下，想必历史也相当悠久，而漳州与其邻城泉州一样，历史上曾是十分繁荣的开放口岸，大食商人到过那里的不在少数。早年就有西方知名学者将刺桐城考证为漳州，尽管后来这一看法被更具说服力的考证结果所否定，但水仙之乡漳州至今尚存诸多与伊斯兰教有关的文物遗迹是不争的事实。漳州虽非刺桐城，但我们在阿拉伯古籍中见到的、尚未破解的地名中，有一个便是漳州，亦未可知。因此，那枝像诗人一样用黄玉之矛代指花心，用白色衣衫代指花瓣，欲与玫瑰争艳媲美的水仙花，未必不曾来过我们中国——"水仙是传入中世纪中国的罗马植物，但是它的汉文名叫'捺祇'，这个名字很像希腊名'narkissos'，很可能是从波斯名称'nargis'翻译过来的。"（见谢弗：《唐代的外来文明》，吴玉贵译，北京：中国社会科学出版社，1995年，第278页）——也许正是这位美丽使者从罗马去了大食，之后又从大食来到中国；也许她的第一个落脚点就是漳州。

此外，本书下一小节讲到一种花卉，花名：Nasrīn。《阿拉伯语汉语词典》中文注解为："长寿花"；阿拉伯语注解为："一种像水仙的植物。"校勘者再次加注云："它是一种像白玫瑰一样的花，树干、花朵皆与玫瑰同。人们也把它叫作'中国玫瑰'（Ward Ṣīnī）。离水愈远，花香愈浓。"他说的"人们"，应是指古代阿拉伯人，美国学者劳费尔的《中国伊朗编》中曾提到阿拉伯人所说的中国玫瑰。

§28. 第11卷，第328页（关于姜黄）：

姜黄是一种只有在中国、印度和阿比西尼亚土地上才可生长的天赐良物。树叶与野薄荷（al-Bādharūj）相似。收集时连树带叶统采，置于阳光下晒干，然后抖动树枝让叶子落下，姜黄就附着在树叶上。初为红色，磨成粉后为黄色。质量最好的为印度姜黄，其次是阿比西尼亚的，再次为叶玛麦[1]的。

〔1〕叶玛麦（al-Yamāmah），历史上阿拉伯半岛中南部重要国家，位置大致在今阿曼和也门哈达拉毛地区以北、巴林和沙特纳季德地区以南。据说此地名来源于贾希利叶时期一个叫婕扎密的女人。她目光极其敏锐，判断事情十分准确，故人送雅号扎玾佳·叶玛麦（意为蓝色野鸽）。叶玛麦即为野鸽之意。阿拉伯谚语"比扎玾佳·叶玛麦的目光

还敏锐”便是由此而来。

§29. 第12卷，第7页（关于麝香及其种类）：

穆罕默德·本·阿拔斯说：“最好的麝香（al-Misk）是粟特的。呼罗珊商人从吐蕃买来这种麝香后，将其一直背回呼罗珊，然后再运到阿法格[1]。质量上排在其后的是印度麝香，也是从吐蕃运到印度，再转往戴布勒，然后从海路运往西拉夫、亚丁和阿曼等地。它比粟特的成色要差。排在印度后面的是中国麝香。其质量之所以稍差，是由于它在海上运输时间太长以及其他原因，导致霉烂变味。”

〔1〕阿法格（al-’Āfāq），意为天际，所指不详。

§30. 第12卷，第10页（同上）：

侯赛因·本·叶齐德·西拉菲，是一位对中国大陆[1]、中国海以及中国的道路与国情非常了解并有亲历经验的人。

他说：“如果中国人让麝香存留在腺囊内不把它弄破，然后放在瓶子里封存好，运到阿拉伯地区，那么在质量上它与印度麝香毫无区别。”

〔1〕中国大陆（Barr al-Ṣīn），这种表达在阿拉伯古籍中极少见，使用者是想以此强调中国陆地、海、岛的区别。值得一提的是，这一词组与今天我们表达“中国大陆”概念的阿拉伯语用词和用法完全一样。

【译按】

本段文字传述者的名字——侯赛因·本·叶齐德·西拉菲，值得我们注意。西拉菲为此公附名，说明他来自当年海上丝路的重要港口城市西拉夫或其祖籍就是那里。这不由使我们联想到另一位非常有名的西拉夫人氏——《中国印度见闻录》第二部分的“作者”艾布·赛义德·哈桑·西拉菲。后者关于“中国印度见闻”的记述，由于年代早和信息重要，曾引起学术界极大关注。

本段内容与《中国印度见闻录》中关于麝香的记载基本相同。从两位“西拉菲”的本名看，不像是同一人。《中国印度见闻录》作者哈桑是这样讲的：

“我们见到一个游历过中国的人。他告诉我们说，他曾经遇到一个驮着一皮袋子麝香的人。这人说，他是从撒马尔罕徒步来的，沿途经过许多中国的城镇，才到达西拉夫商人聚集之地的广府。他说，中国麝香……（以下与本段文字基本一样）。”（见穆根来、汶江、黄倬汉译：《中国印度见闻录》，北京：中华书局，2001 年，第 118—119 页）

哈桑遇到的人是不是侯赛因，我们不得而知，如果是，他没有提到名字，本书作者可能根据其他资料来源明确记载下来了。历史上往来于陆地和海上两条丝路的人中，西拉夫人是一重要群体，其中有名有姓的人士，都是值得人们格外关注的。

§31. 第 12 卷，第 11—12 页（同上）：

艾哈迈德·本·艾布·亚古布讲道：

“最好的中国麝香来自吐蕃和汉古，后者是中国最大的城市和港口，穆斯林商人的船只都停泊在这里。此地的麝香经由海路运往祖加格[1]，在接近俄波拉时气味会发生一点儿变化。这点商人们瞒不过税务官[2]。等麝香从船上卸下来，气味又会变好，没有了海腥味。

“然后是印度麝香，它转运到戴布勒再从海路运出。它比前一种要差。印度的之后是金巴尔（Qinbār）麝香，这是一种好麝香，它来自一个据说位于中国一带、叫作金巴尔的国度。也许人们搞不清楚这个地方，所以就把它归属在吐蕃名下。

“质量上排在其后的是九姓乌古斯出产的麝香。这是一种分量很重的麝香，颜色偏黑，不容易粉碎，显得有些粗糙。接着是盖萨尔（Qaṣār）麝香，据说它来自位于印度和中国之间的一个国度。这种麝香也可能排在中国麝香之后，因为价值、内质和气味都明显不如后者。”

〔1〕祖加格（al-Zuqāq），原意为：窄道、胡同等。阿拉伯古籍中该词作为地名出现时通常指两个地方，一是直布罗陀海峡，一是指本文中的霍尔木兹海峡。

〔2〕税务官，原文为：'Ashshār，《蒙吉德》注解为："收取什一税的人。"校勘者加注释说："尽管另外两个抄本中这个词写作 'Aṭṭār（香料商），但我们经过考证认为这是不正确的。"

§32. 第 12 卷，第 30—32 页（关于沉香的种类）：

伊本·艾布·亚古布说："排在加古莱[1]沉香之后的是散夫沉香。它来自中国附近一个叫散夫的国度。散夫与中国之间有一座无法行走的山。这是最大[2]的沉香，放在衣服中的时间最长。很多人更愿意选择加古莱沉香，认为它香味最为浓重、熏香效果最好、能保证烧到最后还有香味。散代福尔[3]沉香之后，是中国沉香。这种沉香颜色好，开始熏用时气味与印度的相似，只是烧到最后便不怎么样了。其中最好的是一种叫作基特伊〔al-Qiṭa'ī，意为块状的〕的沉香，干湿适宜，气味纯正，是中国出产的，每一块的重量都在半磅上下。"

艾哈迈德·本·艾布·亚古布说："中国沉香中还有其他种类，比如曼塔伊（al-Manṭā'ī）沉香，它块大、光滑、色黑、无结节，但气味不敢恭维，更适合做药材、药粉和玖瓦里沙那特〔al-Juwārishnāt，所指不详〕；还有玖拉比（Jullābī）沉香和莱瓦基（Lawāqī）也就是鲁金（Lūqīnī）沉香。这些沉香的价值都相差无几。"

泰米密（al-Taymīmī）说："也有人在沉香的排名上与艾哈迈德·本·艾布·亚古布完全不同。他们说最好的是中国沉香，其次是箇罗沉香。"

〔1〕加古莱（Qāqullah），确切位置不详。作者在本段文字前写道："加古莱沉香来自加古莱海中的一些岛屿。"

〔2〕最大，原文为：'Ajall，按一般理解应为"最伟大、最好"之意。若直

译，前后显得矛盾，因为这种沉香并没有排在第一位。况且雅古特在《地名辞典》散夫条下曾说："这是一个位于印度或中国的地方，熏用的散夫沉香就是因它得名。这是一种最次的沉香，与木头几乎没有什么差别。"

〔3〕散代福尔（al-Ṣandafūr），古代阿拉伯几位著名的地理学家，如雅古特、艾布·菲达、巴克利等，均未曾提到过这个地名。只有盖勒盖珊迪说其是中国的某一个地方（参阅第411—412页《文牍撰修指南》§8）。

§33. 第12卷，第36页（同上）：

之后，还有阿特基[1]沉香，来自中国。这种沉香比较湿润，外观很好看，等级在散夫沉香之下。至于那种叫作艾夫利格（al-'Aflīq）的沉香，也是来自中国。这种沉香块儿比较大，像风木[2]一样粗。1麦那要卖一个金币左右。沉香实际上是树的外皮，其内心为一种像柳树[3]一样的很轻的白色木头。放在炭火上烧烤，它最初气味非常好，但要用明火直接烧就会有一种像屠户那里的非常难闻的味道，像烧牲畜的毛一样。

〔1〕阿特基（al-'Aṭkī），所指不详。

〔2〕风木（al-Khashab al-Rīḥī），此为直译。阿拉伯人将空心的木头称为"风木"，因为风可从中穿过。

〔3〕柳树，阿拉伯语的柳树有两个词汇，其中之一是本文中的al-Khilāf，原义为：分歧、区别。阿拉伯人可能因为这种树分叉较多，所以采用"分歧"一词来说柳树。由于al-Khilāf与al-Khilāfah（哈里发制度或职位）一词音形近似，所以很多阿拉伯诗人和文人，在自己的作品中使用谐音和双关等修辞手法大作文章。此外，阿拉伯人还用"哭柳"和"毛发之母"来表达中国人所说的"垂柳"。

§34. 第 12 卷，第 53—54 页（关于香料“佳丽雅”）：

有关哈里发们使用的佳丽雅[1]，艾哈迈德·本·艾布·亚古布说：“取稀有吐蕃麝香 100 米斯加勒，磨成粉后用中国细绸（al-Ḥarīr al-Ṣīnī al-Ṣafīq）筛之，然后再磨再筛反复多次，直到成尘埃状。之后将其放入麦加石罐或中国瓷碗（Zibdiyyah Ṣīnī）内，添加上等稀有肉豆蔻（al-Bān）少许，并切入蓝色多脂希赫尔龙涎香 50 米斯加勒。将瓷碗置于文火上，所用之炭须无烟无味，以免有损本味，同时用金勺或银勺轻轻搅拌，以利龙涎香溶化。然后离火，温度不冷不热时将麝香等取出，用手小心拍打使之成为一体。之后存入一个金瓶或银瓶，瓶颈越细越好，或者是一干净的玻璃瓶，再用裹着棉花的中国丝绸瓶塞将瓶口塞紧，以免气味挥发。这是所有佳丽雅香料中最好的。”

〔1〕佳丽雅（Ghāliyah），原意为：昂贵的。为阿拉伯古代非常有名的高级混合型熏用香料。名称来历是：有一次，伍麦叶王朝首任哈里发穆阿维叶（680 年卒）遇到阿卜杜拉·本·加法尔（穆罕默德门弟子，700 年卒），后者身上散发出的一种特殊的非常好闻的香味引起他的注意，遂问：“你熏的什么香呀？”阿卜杜拉答道：“麝香和龙涎香混合在一起，外加肉豆蔻油。”穆阿维叶听后说：“够昂贵的（Ghāliyah）！”这种香料从此得名。

§35. 第 13 卷，第 222 页（关于法板和摩西五经降示的记述）：

伊本·杰利赫说：“我听说，总共有 12 个部族[1]的以色列人，在杀死自己的众先知、成为异教徒时，有一个部族没有同流合污。他们祈求真主宽恕并把他们同那些人分离开来。于是真主在大地上给他们开出一条隧道，他们走了一年半，终于从隋尼后面（Warā' al-Ṣīn）走出。他们是正统的穆斯林，朝我们朝拜的方向朝拜。”

凯勒比等人说：“他们是隋尼后面（Khalf al-Ṣīn）日落之处（al-Maghrib）、

一条河旁的一个民族。这条河名叫奥兰河（Nahr 'Awrān）。他们中没有任何人获取不义之财。他们日落而息，日出而作，耕种自己的土地。我们中没有谁到过他们那里，他们中也没有谁来过我们这里。他们是信仰真理的。”

〔1〕部族，原文为：Sibṭ，专指以色列人的部族。

【译按】

关于“隋尼后面”，可参阅本书第126页《肇始与历史》§7和§8。

§36. 第14卷，第319页（关于各地国王的记述）：

这里所说的各地国王是指印度、中国、法特赫山〔1〕和埃及的国王们。

〔1〕法特赫山，《蒙吉德》专门词条中的法特赫山（Jabal al-Fataḥ，意为：征服山），是指塔里格山——为纪念711年越过海峡征服安达卢西亚的阿拉伯大将塔里格·伊本·齐亚德而得名。阿拉伯语的塔里格山（Jabal Ṭāriq），也被后人音译为闻名遐迩的“直布罗陀”。

而本书作者提到的法特赫山应另有所指。他在这一节中主要谈及的是里海周围地区国王，比如海宰尔、阿塞拜疆、亚美尼亚、高加索等地区。雅古特的《地名辞典》既未提到“法特赫山”也未提到“法特赫”。

§37. 第14卷，第320页（关于印度诸王记述）：

他之后继位的是拉曼（Rāmān），在位约150年。后世流传着他与印度和中国国王们作战的历史和记述。

§38. 第14卷，第324—334页（关于中国诸王的记述）：

〔本段内容约3000字，作者几乎全部引录麦斯欧迪在《黄金草原》中关于中国国王的记述，只是人名拼写多有出入。请参阅第80—101页《黄金草原》

§17。〕

§39. 第 14 卷，第 332—335 页（关于突厥首领的记述）：

麦斯欧迪讲述：

关于突厥人及其起源人们众说纷纭，我们在提到中国国王时已经讲过。他们在东方的左侧，有戴伊莱姆、吉勒、泰伊莱珊、鞑靼、拔汗那以及包括麦勒开兹（al-Malkaz）、莱恩、海宰尔、艾卜哈兹（al-'Abkhāz）、塞利尔、库木舒克（Kumshuk）在内的法特赫山居民，还有延伸至泰拉布赞达（Ṭarābzandah）、玛尼特什和尼特什海〔亚速海和黑海〕、海宰尔海和保加尔等地的亚美尼亚。

阿穆尔之子渡过巴勒赫河，前去比他们的人多很多的中国，他们分散在那里居住。其中有胡泰勒人，他们是位于布哈拉和撒马尔罕之间的海特兰（Khatlān）、沃尔赛南（Warsanān）、乌斯鲁舍那和粟特的居民。此外还有拔汗那、沙什、伊斯比加布和法拉布的居民。他们建设了城市和村庄。

§40. 第 15 卷，第 132 页（关于第 6 位法老爱克萨米斯的记述）：

这位法老叫人照天体的椭圆形做了一个银质的球，上刻恒星图案，再把中国珐琅[1]涂在这些恒星上，然后安装在曼夫[2]城正中的灯柱[3]上。

〔1〕中国珐琅，原文为：Duhn al-Ṣīnī，如果没有抄误，从阿拉伯语语法讲，似不能译作"中国油膏"或"中国油漆"，因为此处 al-Ṣīnī 为一名词，在阿拉伯古籍中一般指瓷器（最初特指中国瓷器，后泛指瓷器）。因此这里可能是指瓷釉或可以涂在铜质或银质器物上的"珐琅"。另外汉语中也有瓷漆（磁漆）一词，而古埃及法老所用之物究竟为何，尚有待考证。

〔2〕曼夫（Manf），即古埃及都城孟菲斯。

〔3〕灯柱，原文为：Manār，一般译作烛台、灯台、灯塔。此城并不临海

或临河，故未译作“灯塔”。

§41. 第 15 卷，第 148 页（关于波斯诸王的记述）：

艾弗利宗有三个儿子：赛尔姆（Sarm），据说也叫赛莱姆；突赫[1]；伊尔杰，据说也叫伊朗（'Īrān）。他担心自己死后他们会兄弟阋墙、自相残杀，觉得生前将王权分给他们便能保证天下不致大乱。于是他将罗姆、沙姆和马格里布一带分给赛尔姆，中国分给突赫，伊拉克和印度分给伊尔杰。伊尔杰是王冠和王榻的拥有者。他们的诗人曾这样吟道：

我们的时代曾如日中天，
分王权如切俎上肉一般。
赛尔姆在马格里布为王，
并揽罗姆和沙姆之大权。
强取波斯之后分给伊朗，
中国则由突赫堂兄掌管——
如此结果我们幸福美满。

〔1〕突赫（Ṭūkh），在泰伯里《历代民族与帝王史》等其他阿拉伯古籍中，均作突吉。

§42. 第 15 卷，第 155 页（同上）：

凯胡斯洛命一员大将从紧邻中国的地区发动进攻，并为其调集 3 万兵士。又命一部人马从海宰尔方向、在朱兹鲁兹（Jūdhruz）和取道中国之路（Ṭarīq al-Ṣīn）者之间的一条道路前进。朱兹鲁兹从呼罗珊方向发动进攻，遇到盖伊兰（Qayrān），两军交战，杀得天昏地暗。朱兹鲁兹先是杀死盖伊兰的一个兄弟，接着又在战斗中将盖伊兰杀死。

【译按】

本段内容可参阅第 150 页《历代民族与帝王史》§3。

§43. 第 15 卷，第 192—193 页（关于萨珊王朝诸王的记述）：

科斯鲁艾努希尔旺取得了这一系列胜利后，各地国王都惧怕他，纷纷遣使求和。罗姆国王的使者前来进贡时，看到他的王宫里一个本应笔直对称的地方拐了一个弯儿，便问道：

“这里为什么要拐弯儿呢？”

“是这样的，”在场的人告诉他，“在这个拐弯处旁边住着一个老太太，国王想让她把这住房卖给他，出多少钱都行，老太太不干。国王也不记恨她，就让那房子像你看到的那样留下来了。”

“此弯胜于直啊！”那罗姆人感慨地说。

中国国王修书给他，信的抬头上说：

“中国国王——其居所为明珠珍宝建造的宫殿之王，其宫中有两条河流出浇灌沉香树和樟树之王，其身上香气可散发至两波斯里以外之王，由 1000 个国王的女儿侍奉之王，其辖区内有 1000 头白象之王——致他的兄弟科斯鲁艾努希尔旺。”

中国国王还献给他一大批礼物。

印度国王也修书给他，云：

“印度国王——东方诸王之大王，其宫殿用金子建造、宫门镶嵌宝石珍珠之王——致他的兄弟、波斯国王、王冠与旗帜的主人、科斯鲁艾努希尔旺。”

他的信用金水写在以“卡济”而闻名的一种树的树皮上。同时他还献上大批礼物，其中有：1000 麦那像火漆（al-Sham‘）一样被火烧化并像火漆一样可以鉴封的沉香，杯口一拃宽、嵌满珍珠的红宝石酒杯一只，10 麦那像必思答[1]一样的樟脑，以及奇女一名。只见此女子——

天生好容颜，身高尺七腕，
睫毛垂两腮，眉毛梳成辫，
长发拖地走，亮眼似闪电，
床垫蛇皮做，柔软赛绸缎。

〔1〕必思答，原文为：al-Fustuq，《阿拉伯语汉语词典》译作“必思答”。劳费尔在《中国伊朗编》中说：“在中国文献里，明朝地理中曾出现过这个波斯字，它的译音为苾思檀，据说是撒马尔罕的产物，此树的叶子像山茶的叶子，果实像银杏。”（见劳费尔：《中国伊朗编》，林筠因译，北京：商务印书馆，1964年，第77页）该词的演化过程比较复杂，实际上这种东西在我国就是过去所说的“阿月浑子”和现在人们经常吃的“开心果”。

【译按】

本段文字中关于中国国王的这封信，阿拉伯古籍中有时也写为是致伍麦叶朝第一任哈里发穆阿维叶的，均只有“抬头”，文字大同小异。从这样一个传说中，我们似可得到两点启示：

一是阿拉伯古籍中所说的“送礼”“献礼”一类，发生在国王与国王之间，往往就是中国史籍中经常说的“进贡”之意。阿拉伯史学家笔下中国国王向他们的君主进贡、求和、请降之类的记载，在我们看来都是无根据的传说，不太可信。那么反过来，中国史籍中有关大食人向中国皇帝进贡的记载是否都可信呢？是否都是有根有据的呢？是否都是大食国君亲自派人送来的呢？是否使者带来些礼物献上便算是进贡，便算是俯首称臣了呢？我们古代史学家笔下的某某年间大食人前来送礼多少次的记录，今天用来强调中阿两大民族历史上交往频繁尚可，若用来强调次次都是“进贡”，恐怕也不太可信。

二是阿拉伯古籍中类似情节的传说，大概可以证明当年阿拉伯人对于世界政治势力划分的某种认知，即“五雄并立”（阿拉伯、波斯、罗姆、中国、印度）。而要证明其中一雄坐大时，又往往出现一种模式或套路，即“四王朝贡”。有意思的是，当阿拉伯坐大时，他们笔下的四王一般是波斯、罗姆、中国、印度。而当其他王国坐大时比如本文中的波斯，四王中便不会出现阿拉伯，而是换上一个别的地方。

§44. 第 15 卷，第 241 页（关于亚历山大的军事计谋）：

艾尔赛塔塔利斯（'Arsaṭāṭālīs）给亚历山大大帝回信说：“我明白你信中所说的关于波斯人的事情。杀死他们乃犯天下之大忌，况且即便你杀死他们，这块土地上照样会繁衍出和他们一样的人。巴比伦地区就是如此，那里正在生养出与他们前人一样有头脑、有看法、有本事的人。这样做，他们当然会成为你和你后人的死敌，因为你犯了一个民族的众怒。而把他们编入你的军队，对你和你的属下来说又是极其危险的。但我可以给你出一万全之策，用不着杀他们或怎么样。你可召见他们各个国王的儿子，经过筛选挑出适合为王者，任命他们为各自独立、互不隶属的国家或地区之王，这样他们就不会团结一致、共同行事了，自然也就都要听从于你的号令。”

亚历山大照他说的做了。事情办妥后，他穿越波斯进入印度，经过苦战杀死其国王。然后他进入中国，并在极北之地巡转一遭后踏上前往伊拉克的归程，最终死在半路上的沙赫鲁祖尔[1]，也有人说死在巴比伦的一个村庄。终年 36 岁，也有一些载籍说是 33 岁。

〔1〕沙赫鲁祖尔（Shahruzūr），人们有时也读作希赫里祖尔（Shihrizūr）。古时哈马丹与摩苏尔之间的一个城镇，位于库尔德斯坦奥拉曼（'Awrāmān）山脉西侧，为一片美丽富饶的平原。据说由祖尔·本·戴哈克所建，意思是祖尔之城。

§45. 第15卷，第250—252页（关于亚历山大和中国国王）：

米斯凯威[1]在其著作《各民族之经历》中讲道：

正确的传述是，当亚历山大到达中国后，他的侍卫长深更半夜向他通报说："有中国国王使者在门外求见。"

"让他进来吧。"亚历山大说。

使者进来站在亚历山大面前向他致意，并说：

"吾王希望我单独与你晤谈。"

亚历山大命其他人退下，只留下侍卫长。使者道：

"我此番前来，讲的话只能你一个人听到。"

亚历山大没有反对，命侍卫长搜身，后者未发现来使佩带任何武器，于是退下。亚历山大将宝剑拔出剑鞘，摆在使者面前，并道：

"你就站在原地，说你想说的吧。"

使者见只剩他们二人后，说道：

"我就是中国国王，不是他的使者。我来是想知道你意欲何求。只要我能做到，就是再难办我也一定尽量满足你的要求，以避免你发动战争。"

"你凭什么相信我？"

"我知道你是睿智英明的，你我之间既无敌意又无宿仇。况且你肯定知道，杀死我不会导致中国人将自己的江山拱手送给你，杀死我也不会阻止他们另立新王，同时他们还会把你看作不仁不义之辈。"

亚历山大沉默不语，知道这是位有头脑的国王。过了一会儿，他说：

"我想要的，是你马上交出三年地租，今后岁入的一半归我所有。"

"还有别的吗？"中国国王问。

"没有。"

"我可以答应你。但你该问问我，如果那样做了，我的情况将会如何。"

"会怎么样呢？"亚历山大问。

"我将成为士兵杀死的第一个人，猛兽吃下的第一口食物。"

“那我收你两年的如何？”

“我的情况会稍好一点，宽松一点。”

“我收你一年的吧。”

“这样的话，我的王权虽得以保存，但我的所有享乐将会失去。”

“那我收你一年的三分之一，你的情况将会怎样？”

“如此甚好，六分之一给穷人寒士，其余的分给我的军队和应付王国其他所需。”

“我也只能对你让步到这里了。”亚历山大说。

中国国王向他表示感谢之后，离去。

次日太阳升起之际，中国国王率漫山遍野的人马将亚历山大的军队团团围住。亚历山大的部下本以为会平安无事，现在则因担心发生不测纷纷跨上战马准备迎战。正在这时，只见中国国王头戴王冠、乘坐骑出现在阵前。两军对峙，亚历山大看着中国国王以为他要开战，便冲他喊道：

“难道你出尔反尔不成？”

“不，”中国国王下了坐骑说道，“只是来而不往非礼也。”

“那这么多军队要干什么？”亚历山大问。

“我想让你知道，我之所以顺从你，并不是因为我人马缺乏、国力虚弱，只是因为我看到上天之星正照着你，而不是照着比你更强大、人马更多的人。凡与上天之星作对者必败。我顺从于你其实是为了顺从于它，屈服于你也是为了屈服于它。”中国国王回答说。

“像你这样的君王，是不该蒙受屈辱、不该向别人交纳地租的。”亚历山大说，“这样吧，我免除所有原先我向你要的东西，现在就离开你的国土。”

“你是不会蒙受损失的。”

中国国王说完，派人在他撤军之前送去比原先约定的多一倍的财物。于是亚历山大离开了中国。

〔1〕米斯凯威（Miskawayah），1030 年卒，全名艾哈迈德·本·穆罕默

德·本·米斯凯威，以米斯凯威或伊本·米斯凯威闻名于世。阿拉伯著名思想家和文学家，更精通哲学、医学和化学。在布韦希（al-Buwayhī）王室中颇有势力。本文中提到的其历史名著，全名应为《各民族之经历与不间断之活力》（*Tajārib al-'Umam wa Ta'āqub al-Himam*）。该书在阿拉伯史学著作中占有重要地位。

【译按】

此段内容可参阅第190—192页《历史大全》§5，其与本文内容有一些小的不同，加之此传说与“中国国王”密切相关，故再次译出。

§46.第15卷，第294—300页（关于阿拉伯诸王的记述）：

〔这几页中的内容主要是关于几位古代也门土伯尔的记述，其中多次提到中国，在对其他古籍的翻译中均已涉及，故从略。有关舍米尔进攻中国的内容，可参阅第20页《地名辞典》§25和第25页§33，§25有一段诗，诗中的“中国”在本文中写作“沙什”。有关舍米尔中了中国一大臣之苦肉计的内容，可参阅第58页《漫长的记事》§2。有关舍米尔哄骗撒马尔罕公主、利用“木箱计”破城，以及有关土伯尔比赛谁先攻入中国、在中国设烽火台报信等内容，可参阅第152—153页《历代民族与帝王史》§7。〕

§47.第18卷，第357—358页（关于先知穆罕默德的丰功伟绩）：

诗人沙格拉提希（al-Shaqrāṭīsī）有诗曰：

他让厄运留在沙姆不肯走，
努比亚只剩下被切断的手。
他取走伊拉克筋脉上的肉，
又让波斯除野兽一无所有，

阿比西尼亚只有败军残留。
他让中国从此无人再保佑，
罗姆的箭没有目标可穿透。

【译按】

这是一首非常长的赞美诗中的几句，本书作者自称经过节选，但仍引录135联之多。诗人运用各种修辞手法和语言技巧，以同一韵脚完成作品。而提到中国的前后几句，正好是诗人利用谐音等修辞技巧的精妙之处，每行都出现至少一次，原文读起来很有意思。比如（全部去掉冠词后）沙姆（شام）和厄运（شؤم），伊拉克（عراق）和筋脉（اعراق），阿比西尼亚（حبش）和军队（جيش）等。

在中国（صين）这个词上，诗人利用其具有专用地名和普通形容词的双重属性，对应了与后一属性同出一个词源的“保护、保佑”（صون）。译者在前面的注释和译按中曾谈及阿拉伯语“中国”一词，可以作普通形容词“被保护的”（古代阿拉伯语中偶尔会出现，现代阿拉伯语中已很少见）。由此我们想到，虽然阿拉伯语“中国”的词源人们众说纷纭，但都认为是音译，比如从波斯语或梵语引入说，从“丝”或“瓷”转音说，从“隋”或“秦”转音说，从传说中叫隋尼者沿袭说等。而阿拉伯人一千多年来使用且一经使用便不曾改变过的音译“中国”一词，不论来源何处，在词形上与一个褒义形容词完全相合，不能不说是一个美好的巧合，以致古代阿拉伯文人墨客还能利用其寓意入诗彰显文采。

§48. 第 19 卷，第 272—275 页（关于征服呼罗珊的记述）：

〔有关叶兹戴杰尔德写信向中国国王求援、中国国王与其使者对谈和中国国王复信内容等，可参阅第 154—157 页《历代民族与帝王史》§11—14。〕

§49. 第 21 卷（伊历 77—96 年条下）：

〔本卷第 225 页关于布凯尔被杀的记述，可参阅本书第 158 页《历代民族与帝王史》§15。关于中国国王外甥率突厥人与穆斯林军队作战内容，可参阅第 194 页《历史大全》§10。关于古太白进攻喀什并遣使要求中国国王进贡内容，可参阅第 194—196 页《历史大全》§11。

以上诸段记述与其他古籍中相关记述基本相同，且无任何新的信息和情节，故不复译。另外，如前所述本书作者将他的著作分为五大门类，在记述到以下"阿拉伯伊斯兰历史"时，他从伊历元年起开始以编年体形式叙述发生的各类事件。〕

§50. 第 22 卷，第 61 页（伊历 133 年条下）：

〔本段关于艾布·穆斯林攻打胡泰勒地区内容，可参阅第 163—164 页《历代民族与帝王史》§22。值得注意的是，这一年为公元 751 年，曾发生"怛罗斯之战"，而本书作者编纂如此一部不厌其详的、洋洋 1500 万字的百科全书，参考资料中又肯定有《肇始与历史》和《历史大全》这样的史学名著，居然对这一阿拉伯人颇引以为荣的重要战役只字未提。〕

§51. 第 26 卷，第 52 页（伊历 408 年条下）：

这一年，突厥人从中国〔宋辽时期〕出兵。其原因是此前托干汗得了重病而且一病不起，于是他们便想乘机攻打他的国家。他们调集了 30 余万人马[1]，其中主要是各种血统的突厥人，另外还有当时占有河外地区的中国契丹人。他们从中国〔宋辽时期〕出发，一直打到离巴拉沙衮还有八日路程的地方。

〔1〕人马，原文为：خرکاه (Kharkāh)，语焉不详。译作"帐"，显得人数太多；译作"骑"，又无确凿根据。故译作"人马"。

【译按】

本段内容与史称“喀喇汗高昌战争”有关，可参阅第 201 页《历史大全》§20。

§52. 第 26 卷，第 53 页（同上）：

盖戴尔汗是一位公正贤明、行为正派的人。他曾发动多次战争，其征服之地包括位于中国的“海檀”[2]，那里出了很多学者和杰出人士。

〔1〕海檀（Khatan），为校勘者的标音读法。其他阿拉伯古籍中多为呼檀，写法上存在一些差异，写作 Khutan，al-Khutan（加冠词），Khuttan（加“叠音”）的均有之。所有这些都是阿拉伯人对我国于阗即今新疆和田一带的古称。

§53. 第 26 卷，第 96 页（关于穆斯林战胜印度人的记述）：

一个印度人来到舍哈布丁那里，告诉他渡口的位置。舍哈布丁相信了他，军队渡过河向印度人发动突然袭击，并将他们包围。打先锋的是侯赛因·本·哈尔密勒·古利，后来此人成了赫拉特的统领。他对印度人大开杀戒，直杀得他们晕头转向顾不上守卫其他渡口。这时舍哈布丁率其余将士过了河，高喊伊斯兰口号，将印度人打得落花流水，只有极少数人得以逃生，他们的女王也被杀死。自此舍哈布丁威震印度全境，各地国王皆表顺从。他将德里[1]城赏给他的军奴大将古特布丁·艾伊拜克作封地。德里是他征服的印度诸王国的首善之区（Kursī al-Mamālik）。他派穆罕默德·本·拜赫泰亚尔率兵又攻占了一些以前穆斯林从未到过的地区，一直打到东方接近中国边界的地方。这大概是伊历 583 年的事。

〔1〕德里，在阿拉伯古籍中写作：Dihlī，现在则写作：Dilhī。德里是印度历史悠久的古城。12 世纪穆斯林占领德里后，曾建立以此地为首府的德里苏丹国。

§54. 第 27 卷，第 224—226 页（关于击败契丹部族的战役）：

关于此次战役，伊本·艾西尔在其名为《历史大全》的著作中之记述，与舍哈布丁·本·穆罕默德·蒙希[1]在其伟大的《历史》一书中的记述有所不同。现在我们既提及伊本·艾西尔转录的这方面内容，也提及蒙希转录的关于成吉思汗王朝（al-Dawlah al-Jankizkhāniyyah）的内容。我们之所以在此做出提醒，是为了避免认真的读者不要在发现这种分歧时，以为是本书的疏忽、谬误和混淆。

伊本·艾西尔是这样讲述的：

花剌子模沙在契丹部族做完那些事后——打败契丹一部并俘虏其先锋塔彦库（Ṭāyankūh）后，其中脱逃者纷纷来到他们的国王那里。后者当时尚未参与战争。他们聚集在他的周围。当时有个非常大的部族，早先离开位于中国边境的自己的领地，他们与契丹部族之间素有仇隙，常年交战。当花剌子模沙重创契丹部族的消息传到他们那里后，他们和他们的国王基什利汗（Kishlīkhān）都觉得这正是自己报仇的好时机。

〔1〕舍哈布丁·本·穆罕默德·蒙希（al-Munshī），在译者案头的工具书中未查到其生平简历，有两位叫蒙希的人，生活年代都不符，唯有本书作者在前文中顺带提到他是突尼斯人氏。从本段文字第一自然段可以看出，本书作者对蒙希的《历史》十分看重，甚至超过伊本·艾西尔的《历史大全》，他在关于"花剌子模沙和成吉思汗"这一关键章节中所引录的文字几乎都是出自蒙希的著作。如果今后我们确实查不到蒙希的生平，也看不到其《历史》的原文，那么本书作者的记载将显得异常重要。

§55. 第 27 卷，第 239—240 页（关于花剌子模沙返回河外地区的记述）：

花剌子模沙离开伊拉克返回河外地区，到达撒马尔罕。此时成吉思汗的信使也到了这里，他们是麦哈穆德·花剌子密、阿里·海瓦杰·布哈利、优素福·本·坎卡·艾特拉利。同时他们还携带了许多名贵特产，比如金属雕刻（Naqr al-Ma‘ādin）、“海突”[1]枪杆、麝囊[2]、玉石和一种叫作“太尔盖瓦”（Ṭarqawā）的衣服。这种衣服是用白骆驼绒做的，一件就要卖到50金币以上。信的主旨是希望媾和、交好。来使们对他说：

“大汗向您致意，他要对您说的原话是：‘你的显贵地位和强盛王权，我一清二楚，也知道你在世界大多数地区势力范围之广、统治权力之大。我认为与你媾和有百利而无一弊，你在我心目中就如同我亲近的儿子。想必你也完全清楚，我占据着中国，他们的各大部族皆臣服于我。你是再明白不过的，我的国家不仅有众多的兵将，还有丰富的银矿，但我们需要驼队将其运出。因此，如果你同意为双方商贾开辟一条相互来往的通道，那你将成为功德无量的造福者。’”

花剌子模沙听罢让使者退下，然后在深夜单独召见麦哈穆德·花剌子密，对他说：“你是花剌子模人，应当向着我们，和我们一条心。”他还许诺，如果他如实回答自己提出的问题，将让他享尽荣华富贵。他当场从王座上取下一颗非常名贵的宝石，作为他将遵守诺言的信物，条件是他要做自己安插在成吉思汗身边的眼线。花剌子密或出于贪财或出于恐惧，总之答应了他的条件。于是花剌子模沙问他：

“你说实话，成吉思汗说他统治了中国并占领了图加吉[3]城，这是真的还是在骗人？”

“在这件事上，他所说的千真万确。”使者答道。

“你是知道我统治的王国有多大、统率的军队有多少的，可这个该死的家伙竟然称我为儿子！他到底有多少军队？”

花剌子密见他面有愠色，到了嘴边的劝告又吞了回去，只好顺着他说：

“他的军队岂能与您的相比：您的若是一支马队，他的不过是一个骑兵；您的若是一片夜空，他的不过是一缕黑烟。”

后来，花剌子模沙最终还是答应讲和，情况也就暂时稳定下来。

〔1〕海突，原文为：al-Khatw。所指不详。

〔2〕麝囊（Nawāfij al-Misk），古人显然认为将麝羚或麝鹿的产麝腺囊全部割下，能够证明麝香的原装和保持其味持久纯正，因此其价值比可能掺有杂质甚至掺假的麝香更贵重。《现代汉语词典》对“麝香”的注解为：“雄麝腺囊（在肚脐和生殖器之间）的分泌物，干燥后呈颗粒状或块状，有特殊的香气，有苦味，可以制香料，也可入药。”

〔3〕图加吉（Ṭūghāj），阿拉伯古籍中更多地写作：Ṭamghāj，偶尔也写作：Ṭafghāj。其所指都是曾在中外学术界引起一场争论、一般译作“桃花石”或“唐家子”的那个地方。

§56. 第27卷，第301—302页（关于成吉思汗起事的记述）：

成吉思汗·铁木真[1]是这个王朝的根基，是真正的主事者，也是使其闻名天下的人。这个王朝的其他国王都是他的子孙。他们占领了远近许多国家，降服了从中国到幼发拉底河以及邻近国家、地区、城市、要塞和城堡的酋长和首领。人们对成吉思汗的附名——铁木真，说法不一。有人说他原先是个铁匠，而铁木真在他们的语言中就是铁匠的意思。也有人说他出身的部落名称叫铁木真。

他们是隋尼和巾尼隋尼[2]荒漠里的居民。在他们的语言中，这个国家被叫作“巾尼”（和玛巾尼）[3]，这个词的第一个字母应发“j”和“sh”[4]之间的音。穿越这个国家要走六个月的时间。那里有许多无人能逾越的高山，像城墙一样环绕着它。那里还有许多非常宽阔的淡水河（al-'Anhār al-'Adhbah）。据说中国国王占有一道连成一个整体的城墙，只在有极高的山和很宽的河的地方才断开。古时候中国国王统治的地方划分为六个部分。每一部分都要走一个月时间，每一部分都有一个“汗”（al-Khān）来统领，汗在他们的语言中就是“王”（al-Malik）的意思。这个汗统治居住在这个地区的百姓。这六个汗又归属于一个统一的汗，他是他们最大的王。他的驻地是位于中国大地中心位置的图加吉。他有避暑地和避寒地，夏天有夏天去的地方，冬天有冬天去的地方。……[5]

至于成吉思汗起事和成为国王的原因，据说他在很长一段时间里，与世隔绝地住在深山中独自修行。因为在此之前他曾问一犹太人：

“为什么穆萨、尔撒和穆罕默德被赋予如此崇高的地位，以致人们总是提到他们？”

“因为他们热爱主，而且只信奉这一个主，所以他们被赋予这样的地位。”那犹太人回答。

“如果我也热爱主，只信奉他，他也会给我这样的地位吗？”成吉思汗又问。

“会的。”那人说，“而且我还要告诉你，我们的书中说将有一个属于你们的国家出现。”

于是成吉思汗就丢掉原来打铁或别的什么营生，专心致志开始修行。他离开自己的族人和部落，离群索居于大山之中，吃的都是宗教意义上被允许的东西。他因此名扬四方，于是他部落中的一群人前来看望他。他不和他们讲话，只是示意他们一边击掌一边说：“主啊主啊，赐福我吧！”人们为让他高兴就照他的话做了，而他则随着他们的节拍舞之蹈之。但凡有人来看他，他就这样对待从不更改。尽管如此，他既不信仰某一种宗教，也不遵从某种教义，只是热爱主。就这样，主让他住多长时间他就住了多长时间。这是他的开始。

至于他后来为王，根据舍哈布丁·穆罕默德·蒙希以及其他人的说法是这样的：在统治中国王国的六汗中有一个叫都西汗（Dūshī Khān），而当成吉思汗出现时统管六汗的大汗叫同汗（al-Tūn Khān）。当时正赶上六汗之一都西汗亡故，身后未留一子。他有个妻子是成吉思汗的姑姑，她想立成吉思汗为都西汗的继承人。

〔1〕成吉思汗·铁木真（Jankizkhān al-Tamarjīn），本书作者对于“铁木真”的认识和写法，与和他几乎同时代的伊本·凯西尔有所不

同。后者在第226页《始末录》§14中明确写作“本名叫作铁木真（Tamūjīn）的成吉思汗”。而现在的《蒙吉德》写作更为接近原文发音的：Tīmūjīn。

〔2〕巾尼隋尼（Jīn al-Ṣīn），即为其他阿拉伯古籍中的“隋尼隋尼”。其中“Jīn”的阿拉伯语原文为：جين，本书校勘者在此加注说：“抄本中的字母ج写作چ，这是波斯语字母，发‘تش（吃）’的音，类似拼音中的Ch。”

本书作者或其所引文字的作者，将“中国”写为这样一种形式，实际上是承认阿拉伯语该词乃由波斯语而来。但他笔下的“巾尼隋尼”仍属于一种非常奇怪的表达形式，在阿拉伯古籍中迄今也仅见此一例。人们可能难以理解，他既然知道“巾尼”与“隋尼”之间的渊源，为何不直接写作“巾尼巾尼”或“隋尼隋尼”，而偏偏要交错一下。假如这是古代阿拉伯地区某一历史时期固定的正式的表达，那我们追寻探讨的阿拉伯古籍中的“中国”一词，又要增加一个新的形式了。

〔3〕毫无疑问，此处“巾尼和玛巾尼”（Jīn wa Mā Jīn），与其他阿拉伯古籍中的“隋尼和玛隋尼”是同一概念。此句括号中文字，校勘者加注释说：“抄本A中没有，抄本B和C中有。”如果以后两抄本为准，那么我们应该注意的是与其相连的“这个国家”的表述。这反映出古代阿拉伯人对于中国之范围的一种较为模糊的看法。在他们的古籍中，我们会发现有时“隋尼”指一个地方，有时“玛隋尼”指一个地方，有时“隋尼和玛隋尼”统指一个地方。

〔4〕此处原文为两个阿拉伯语字母的名称，即季姆（al-Jīm）和甚呐（al-Shīn）。

〔5〕此省略号为原文中所有，常例上应是校勘者所加，阿拉伯古代抄本一般无标点。它是否表示这段涉及中国的文字尚未完结，还须看到本书

作者所据原作方可得知。

【译按】

毋庸置疑，本段文字中最为重要的信息，是明确提到中国的“长城”。这在目前辑译过的阿拉伯古籍中是第一次。根据前文，本书作者笔下的这段文字应是摘录自舍哈布丁·本·穆罕默德·蒙希的《历史》，虽然我们尚不了解蒙希的生平和他的这部著作，但我们至少知道了阿拉伯人最迟在13世纪末已经在他们的著作中提到中国的长城。如果蒙希的《历史》是一部失传的著作（其他古代阿拉伯著作家似乎无人提到它），那么本书的记载便更加值得我们重视和珍视。目前笔者还没有找到外国人最早提到长城的记载，但我们知道：与本书作者努威利（1278—1332年）差不多同时代的马可·波罗（1254—1324年）和伊本·白图泰（1304—1377年），在他们各自的《游记》中，都未明确提到长城，更何况蒙希的生年应该是早于他们的。

§57. 第27卷，第306—307页（关于鞑靼人出征伊斯兰国家）：

其起因是成吉思汗当初遣使至素丹穆罕默德处，给他送去礼物，于是双方达成和解，并开通了商人们往来于伊斯兰国家和中国之间的道路。直到后来成吉思汗的几位商人来到乌特拉尔——它是素丹阿拉丁·穆罕默德所辖王国之一，当时该地有一个首领代素丹行使权力，他杀死了那些商人，将他们的钱财攫为己有。

§58. 第27卷，第375页（关于乌兹别克的记述）：

艾兹拜克[1]的使者来到我们的主人、埃及和沙姆之王、纳赛尔素丹[2]门下。他们到达的时间是伊历713年。他们给我们的主人带来一般商业贸易中从未见到过的东西。他在信上说，他向使伊斯兰教的传播遍及中国至极西之国的素丹表示祝贺。他说在他的王国原先有一部族不信奉伊斯兰教，他当国王后让他们在皈依伊斯兰教和战争之间进行选择。他们拒绝信教，选择了战争。他与他们交战，打败了他们，或杀或俘，铲除了他们的根基。

〔1〕艾兹拜克（'Azbak），本书作者说他是成吉思汗建立的王国的第九位国王。按照《现代汉语词典》所附"我国历代纪元表"的顺序，元朝第九位皇帝是铁穆耳（1295年登基，在位三年）。按照文中所记时间换算，约为1313年，当时元朝皇帝为爱育黎拔力八达（1312—1321年在位）。本书作者所说年代和人名可能存在差误。纳忠在《阿拉伯通史》中提及蒙古伊尔汗国的合赞汗于1303年初曾遣使觐见纳赛尔素丹一事（见该书下卷第121—123页，北京：商务印书馆，1999年）。

〔2〕纳赛尔素丹，此处应是指纳赛尔·穆罕默德·本·盖拉温（1293—1340年在位），马穆鲁克王朝著名素丹。曾三落三起（第一次登基时年仅九岁）。他所在时代是马穆鲁克王朝鼎盛时期。

《文牍撰修指南》

Ṣubḥ al-'A'shā fī Ṣinā'ah al-'Inshā

作者与作品简介

艾哈迈德·本·阿里·盖勒盖珊迪（1355—1418年），埃及著名历史学家和文学家。生于埃及的盖勒盖珊戴地区。先在本地学习，后前往亚历山大拜师求学，专攻伊斯兰教教法学。学业有成后，任职于埃及素丹拜尔古格（1382—1399年在位）的公牍局（Dīwān al-'Inshā），为期10年。这是阿拉伯历史上诸多王朝均有设置的、专门负责起草撰写政治外交等方面公文和信函的机构。除本书外，作者流传下来的著作尚有在阿拉伯古籍中具有重要影响的《阿拉伯部落记闻观止》，以及《阿拉伯人谱系观止》《历史上的哈里发》和《亮丽品格中的耀眼星辰》等。

本书是使盖勒盖珊迪（al-Qalqashandī）名垂青史的代表作，书名直译应为"文牍写作中夜盲症患者的清晨"。作者在公牍局任职期间，眼界大开，意识到公文的撰写不仅仅是实践中的摸索，也需要学习研究前人的经验。他是一位有心人，利用担任宫廷文书的便利，将所能见到的公牍局保存的文稿全部通读并精心辑录，经过15年的积累与研究，终于完成了这部巨著。其涉及面之广、门类之细，令人叹为观止。主要包括以下内容：论述文书应该掌握的知识——大到各国文化小到书法、纸张、墨水；自伊斯兰教诞生至作者生活年代各地王国的位置、边界、道里、物产；马穆鲁克王朝时期公文信函范本；各地君主帝王称谓，对外文书开头、结尾格式和官方术语的使用，以及几百封与欧洲、非洲和亚洲国王们的往来信件——此部分被后世学者认为是作者对阿拉伯历史乃至世界历史最大的贡献。全书以谈论邮政史、信鸽、灯塔和预报敌人行动的烽火狼烟结束。

阿拉伯学者一般将此书归于文学类古籍，但毫无疑问这是一部名副其实的百科全书式的著作，更有当代学者称其为"自阿拉伯民族有文字记载以来到作者生活时代，有关文学、历史和社会学的最全的百科全书”。本书首先由欧洲的东方学家摘译其中部分内容公之于世。19世纪初期埃及有关方面正式出版全集，校勘工作长达十余载。它在学术界引起的轰动和重视可想而知。全书14卷，约合中文700万字。

版本 埃及图书总局，1985年，精装16开，15卷本（末卷为索引）。

◎**译文**

§1. 第1卷，第17页：

埃及东面——包括东南和东北方向——的王国和国家有：〔……〕称之为“大汗”的君主手中包括中国在内的一部分地区，以及这个王国以南的巴林地区，还有也门和位于印度海群岛中与中国相接的印度诸王国。

§2. 第1卷，第368页：

关于非阿拉伯人的谱系。

十一：中国〔隋尼〕，其读音人们都知道。一说他们是努哈之子雅非斯之子马古格（Māghūgh）之子隋尼依部族的人。一说他们是雅非斯之子突巴勒（Ṭūbāl）部族的人。

§3. 第2卷，第80页：

关于禁食的飞禽。

其中包括凤凰。这是中国和印度大地上的一种飞禽，其特性是不怕火烧。以至于据说它是在火中下蛋和孵育，并以在火中居留为享受。它的羽毛可用来做手帕，如果脏了可以放入火中，火会把脏东西烧掉，而其本身却丝毫无损。

§4. 第 2 卷，第 103 页：

关于第三类宝石。

巴尔喀什[1]，在伊本·法得勒拉的《各国道里》(*Masālik al-'Abṣār*) 中也叫作"拉勒"。比利努斯说："它被认为是一种红宝石，但宝石的等级偏低，它会因干湿等环境因素出现瑕疵，其他红宝石也一样。巴尔喀什宝石矿在巴尔喀珊(Balakhshān) 附近，波斯人也读作巴宰喀珊。它位于中国的突厥地区。"

〔1〕巴尔喀什 (Balakhsh)，是指在今哈萨克斯坦境内巴尔喀什地区出产的一种红宝石，亦称作红玉、刺子和红尖晶石。

§5. 第 2 卷，第 113 页：

关于第十类宝石。

水晶 (al-Billawr)，出产于不同地区，其中有阿拉伯地区的希贾兹出产的，这是质量最好的。其次为中国出产的。在法兰克也出产一些上等水晶。亚美尼亚有一些水晶矿，那里水晶的颜色偏黄。

§6. 第 2 卷，第 116 页：

关于第十二类宝石。

动物的巴迪扎赫尔[1]，是一种轻脆的石头，最初形成于中国边境地区一种人称赤鹿 (al-'Ayyal) 的动物体内。那里的这种动物吃蛇，它已习惯将蛇作为自己的食物，因此其体内形成这种石头。各地的人对此说法不一，有说形成于这种动物吃蛇时流出泪水的泪道内，开始很小，渐渐变大，然后在它擦痒时便掉落下来；有说形成于它的心脏内，因此它被人捕捉宰杀以将石取出；也有说形成于它的胆囊内。

〔1〕巴迪扎赫尔 (Bādizahr)，《阿拉伯语汉语词典》注释为："牛黄，马宝。"此处作者是专指"鹿黄或鹿宝"，还是误指牛黄，不得而知。

§7. 第 2 卷，第 119—121 页：

关于第一类香料——麝香。

据说这种羚羊生活在中国，特别是吐蕃、突厥、粟特一带。第三等，中国麝香。它之所以级别低，是因为那里海运时间长，它会受到潮湿海风影响而霉腐。最好的中国麝香来自吐蕃和汉府。后者是中国最大的城市，穆斯林商人的船舶在此泊靠，再由此入海驶往波斯海，临近俄波拉时，它的气味会挥发一些。当从船中卸出时，它的气味会变好，因为已经没有海的气味。

第四等，印度麝香。它比中国麝香等级低的原因，如麦斯欧迪所说："它被运到印度后，当地的异教徒将它涂抹在自己的偶像上，并且年复一年地用好的麝香替换，于是偶像看护者便将用过的拿去出售。由于涂抹在偶像上的时间很长，所以香味便差了许多。但是穆罕默德 · 本 · 阿拔斯还是宁可选择印度的而不要中国的，因为海运的距离毕竟近了不少。"

第五等，甘巴尔麝香。它出自中国一带一个叫作甘巴尔（Qanbār）的地方。

〔……〕

第七等，盖萨尔麝香。它出自中国和印度之间一个叫作盖萨尔（al-Qaṣār）的地方。

§8. 第 2 卷，第 128—129 页：

关于第三类香料——沉香。

第七等，散达福尔沉香，它来自中国的散达福尔国。它的等级在散夫沉香之后，也有人说它是散夫沉香中的一种，因此价值也紧排其后。

第八等，中国沉香。来自中国的沉香色泽很好，气味与印度沉香相似，但它燃烧后的香味就不那么好了。每块中国沉香的重量在半磅上下。

第九等，块状沉香。这是中国沉香中一种湿度适中，香味纯正的沉香。

〔作者列举了十八等沉香后说〕有一种来自中国、人们叫作阿特利的沉香。它很硬很轻，外观十分好看，但在火中特别不禁烧。还有一种叫作艾夫利格，也是来自中国。

§9. **第 2 卷，第 191 页：**

在无枝梗植物中，有中国西瓜（al-Biṭīkh al-Ṣīnī）。

§10. **第 2 卷，第 485 页：**

关于古代各民族的书写用具。

中国人在一种他们用干草（al-Ḥashīsh）和青草（al-Kala'）制造的纸上写字，人们从他们那里学到造纸术。印度人在白绸上写字，波斯人在鞣制过的水牛、牛羊和野兽的皮子上写字。他们也在一种叫作鲁哈夫的白石板、铜铁、无叶的枣椰树枝、骆驼和羊的肩胛骨上写字。

§11. **第 4 卷，第 429 页：**

在成吉思汗统治的突兰王国中，有中国及其隋尼隋尼。

【译按】

关于隋尼隋尼，阿拉伯古代著作家所指地区不尽相同，有的指广州，有的指南京；西方学者考证的地点也不统一，有的说广州，有的说扬州；中国研究者和翻译者的看法更为模糊，有音译为“秦阿秦”的，有意译为“小中国的”。鉴于本书作者此处所列举的隋尼隋尼与中国同时出现，所以我们似应将其看作泛指中国南部的称谓。当然这个“南部”所涵盖的，不仅仅是今天中国的南方地区。

§12. **第 4 卷，第 479 页：**

关于中国。

《列国志》（*Taqwīm al-Buldān*）作者艾布·菲达说：“中国西交印度，南临印度海，东濒环海，北接雅朱者和马朱者以及其他一些我们并不了解的地方。”几位《道里邦国志》[1]的作者提到中国很多大小地区与河流，我们无法确定它们的名称，也不了解那里的真实情况，因为没有从那里回来的人，让我们打听那里的情况，所以它对我们来说简直就是一个未知的地方。

撒马尔罕人谢里夫·塔吉丁·哈桑·本·贾拉勒是一位旅行家，游历世界各地，他到过中国，并走遍了那里的每个地方。《各国道里》的作者引录他的话说：“中国有 1000 个城市，其中很多我都去过。整个中国由一个个城镇和一个个村庄的建筑连接起来。这个王国的京城是汗八里。”伊本·赛义德说：“它是位于契丹地区最东部的一个城市，也是契丹人和商人们最津津乐道的城市。其规模之大远远超出人们的想象。”《各国道里》的作者引录谢里夫的话说：“汗八里城分为两城，即新城和老城。新城名叫大都（Daydū），该城由最近的一个名叫大都的国王所建，因此得名。大汗居于该城正中一座规模巨大的宫殿里，这个宫殿叫作库克塔格（Kūk Ṭāq）宫。其蒙古语的意思是绿宫，因为在他们那里库克的意思是宫殿，塔格的意思是绿色。王公大臣的居所在宫殿周围。这是个非常美好的城市，食物繁多，价格低廉。冬天，水会结成像雪一样的冰。人们将冰一直保存到夏天，好用它来使水变凉，就像用雪让水变凉一样。有一条河穿过我们所说的大都。”

那里有多种水果，只是葡萄很少，没有可以用来做糖的橙子、柠檬和橄榄。农作物很多，还有数也数不清的各种驼、马、牛、羊。

此外中国还有很多名城。其中有：

盖拉古姆（Qarāqūm），《列国志》作者说：“这是一个位于突厥地区最东部的城市。其在突厥语中意为黑沙，因为盖拉在他们那里意思是黑色，古姆的意思是沙子。大汗的兵马大多屯聚于此。此地出产名贵布料和各种精致器具，人们堪称能工巧匠。”

汉沙[2]，《列国志》作者说：“听一个我们国家的旅行家说，汉沙是当时中国最大的港口，我国商人到达那里就结束了旅行。谢里夫说，汉沙长一日路程，宽半日路程。城市中间，有一集市贯穿全城。市场都铺有地砖，高达五层，均用木头和钉子建造。城中百姓十分节俭。他们饮井水，常以水牛、鸡、鹅之肉为食。有稻米、香蕉、甘蔗、柠檬和少量石榴，价钱适中。羊和小麦较为少见，马匹仅头面人物才有，骆驼绝对没有——假如城里出现一匹，人们便会大惊小怪。”巴格达人赛德尔丁·阿卜杜·瓦哈布·本·哈达德说他去过汉沙，并描述了该城建筑之宏伟和物产之丰富。《各国道里》作者引录他的话说：“那里的人以蓄养众多婢女姬妾为荣耀，有的商人或其他人一人便有40个妾。”

刺桐，《列国志》作者引录一位可靠的旅行家的话说：“这个城市的名称与阿拉伯语中可以榨油的橄榄一词相同。它是中国的一个港口。”伊本·赛义德说：“这是一个旅行到中国的商人常常挂在嘴头的著名城市，位于一个海湾内，从那里船只可以驶入中国海，海湾出口处有一条河。”《各国道里》作者引录谢里夫的话说：“刺桐城濒临环海，是最后一个有人烟的地方，距离京城有一个月的路程。”

西拉，《列国志》的作者说：“这是中国最东部的一个城市，位于第一区之外偏南方向。”《法典》(*al-Qānūn*) 一书中说：“其长60度，宽5度，位于东方中国的最前端，一如西方海中的永恒群岛。所不同的是，西拉是有人烟的，永恒群岛则没有。”

杰木库特 (Jamkūt)，《列国志》作者说：“这是东方有人烟的最远的一个城市，位于七区中第一区之外偏南方向。它在东方尽头，就像永恒群岛在西方尽头一样。杰木库特东部从无人烟。”《方圆》(*al-'Aṭwāl*) 一书说：“此城位于赤道上，宽度无限。”

此外还有一些书中提到的、方位无法确定的其他城市，其中有：

延州 (Yanjū)，其位置是七区中第二区。《法典》作者提到：“此地大王的称谓一直是塔木加吉[3]。

汉古，《列国志》说：“它是中国的门户。”伊本·赛义德说：“它的位置在哈姆丹河[4]以东。”伊本·胡尔达兹比赫说：“它是最大的港口，有各种水果、蔬菜、小麦、大麦、稻米、葡萄和甘蔗。”

汉久，位于七区第一区的一条河的河畔。《法典》里说它是中国的门户。

苏塞（Sūsah），《列国志》作者说：“这是一座人烟稠密、商人众多的著名城市。出产中国其他任何地方都无法与之相比、无法取而代之的陶器。它位于哈姆丹河东侧。”

〔1〕古代阿拉伯史地学家编写了几十部同类著作，书名都是《道里邦国志》，其中以伊本·胡尔达兹比赫、伊斯太赫里、巴克利和伊本·豪盖里的四部最为著名，也最具权威性。

〔2〕汉沙（al-Khansā’），通指杭州，为“行在”之对音。

〔3〕塔木加吉（Ṭamghāj），又译桃花石和唐家子，多指地名。

〔4〕哈姆丹河（Khamdān），一些中外学者认为指黄河。

§13. 第 5 卷，第 10—11 页：

关于也门的宰比德城。

宰比德是也门的港口，商贾们的落脚之地，自土伯尔时期至今都是一个贸易城市。从希贾兹、信德、印度、中国和阿比西尼亚来往的船只都在此停靠。各国商贾在这里转运、出售、采购各种货物。

§14. 第 5 卷，第 77 页：

伽迈隆（Qāmarūn）山脉是印度和中国之间的屏障。

§15. 第 5 卷，第 81 页：

盖马尔（Qamār）岛出产以该地命名的盖马尔沉香，其等级比占婆的（al-Ṣanfī）要低。岛上的盖马尔城长 66 度，宽 2 度。其东面是中国群岛。

§16. 第 5 卷，第 84 页：

素丹比戴利，有纺织制衣局，织工、裁缝共计 4000 人，用各种布料制作礼服和平时穿的各类衣服，同时也使用从中国、伊拉克和亚历山大运来的布料。

§17. 第 5 卷，第 87—88 页：

关于通往信德和印度的道路。

想从陆路前往信德和印度的人，须穿波斯海到达霍尔木兹，然后转道克尔曼前往信德、印度和中国。想走海路者要从巴士拉的俄波拉出发，经〔……〕到达布林（Bullīn）。想沿海岸线走的人，由此前往巴斯（Bās），经〔……〕到达赛兰迪布。想去中国的人，须在布林调整航向，将赛兰迪布置于自己左方〔即从该岛右侧方向〕前往艾兰凯巴鲁斯岛〔今尼科巴群岛〕。

【译按】

此段文字全部摘录自伊本·胡尔达兹比赫的《道里邦国志》，详见该书第 64—70 页。值得一提的是，书中说："谁想往中国去，就需从布林转弯，经赛兰迪布的左侧至艾兰凯巴鲁斯……"译者根据阿拉伯语原文，理解此处"左侧"应为"右侧"。另一理由是，原文已经明确提到过该岛左侧航线，即那些"想沿海岸线走的人"所走的路线。

§18. 第 5 卷，第 89 页：

关于印度诸王的记载。

舍哈布丁·艾布·穆扎法尔，他在印度占领了之前任何伊斯兰国王未曾占领的大片土地，他将印度首府德里城作为采邑封赏给他的军奴艾比克。后者派兵占领了之前穆斯林未曾到过的印度领土，直至接近中国。

§19. 第 5 卷，第 273 页：

关于埃及东南方向的国家。

〔……〕还有也门、印度和位于第二区之外的南中国[1]。

〔1〕此处古代阿拉伯史地学家提出“南中国”（al-Ṣīn al-Janūbiyyah）的概念，应当是指中国南部。

§20. 第 5 卷，第 420 页：

关于伦拜尔迪亚王国。

其中有朱莱曼国（Jūlamān）。由此前往东方的旅行者，会到达过去大汗的首府盖拉古姆，它位于中国。由此西行者，会到达罗斯〔al-Rūs，今指俄罗斯〕和法兰克。

§21. 第 7 卷，第 292 页：

关于突兰王国。

它所包括的国家和地区不计其数：〔……〕，还有拔汗那、塔拉兹、盖拉古姆，以及向前延伸的中国和隋尼隋尼。现在这些地方都在成吉思汗后裔的手中。

§22. 第 9 卷，第 114 页：

〔此页关于礼物的记录中，提到“中国鹅”和“中国鸭”。〕

§23. 第 13 卷，第 340—341 页：

这一书写形式的保函，是由一位名叫穆罕默德·本·穆卡莱姆的人，在其著作《聪明人的传记》中记存下来的。他是曼苏尔王朝公牍局的一个文书。他是以曼苏尔的名义，为希望前来埃及的中国、印度、信德、也门、伊拉克和罗姆等地的商人，撰写保函的。

〔以下为保函正文中提到中国的内容。〕

凡得到此函的、居住在也门、印度、中国、信德等地的商人，即可准备动身前来埃及。他将看到我们做的比说的更多，他将发现遇到的忠诚善行比这些保证更多，他将来到一个生命财产能够得到充分保障的国度。

【译按】

此处作者辑录的是一封官方保函（al-'Amānāt）的范本，在介绍文字和正文中各提到中国一次。保函中明确写有鼓励外商前来埃及经商旅游的内容。这种保函与当年伊本·白图泰和马可波罗到达中国后，从中国国王处得到的性质相当于保函的信件有所不同。译者在对《了解各地国王的途径》一书辑译的注释中，曾谈及此事，将这种保函揣摩为带有签证性质的"通行证"，并认为这在中阿关系史中可能具有某种重要的象征意义。

《纸叶的果实》

Thamarāt al-'Awrāq

作者与作品简介

伊本·希杰（Ibn Ḥijjah，1366—1433 年），本名艾布·伯克尔·本·阿里·本·阿卜杜拉，号泰基丁（宗教虔信者）。其附名一是哈马维，表示祖籍为今叙利亚境内哈马；一是艾兹拉利，意为“做纽扣的”，因为他青少年时曾以做丝绸衣服和缝制纽扣为业。14—15 世纪阿拉伯最著名的大文豪之一，也是位造诣极深的诗人，以游刃有余于韵文和散文两种文体而著称。一生生活在哈马，曾前往开罗访问，与当地学者切磋，并与国王们建立了联系。此公性情豪爽，道德文章皆为后人称道，但据说在文学创作中时有故弄玄虚的炫才倾向。著述颇丰，主要有关于藻饰修辞的《文学宝库与赏读观止》、关于国王礼俗和王室公函的《写作咖啡》(*Qahwah al-'Inshā'*)、韵文集《哈马城水果中的诱人果实》以及《了解动物、植物和非生物的终极》等。

《纸叶的果实》是一部著名的文选集，其与众不同之处一如作者在前言中所说，他不想让这部集子成为普通百姓人人都能接受的书，而是想以此证明自身坚实的文学功底和自己作为埃及与沙姆诸国公牍局总主持的实力。因此读者会看到该书收录历代文史大家作品的同时，也将编著者本人的创作与研究精华加入其中。全书约合中文 50 万字。

版本 http://www.alwaraq.com，访问时间：2005 年 1 月 10 日。

◎译文

§1. 第 64 页：

我从苏勒旺·穆塔（Sulwān al-Muṭā'）的奇谈中选出的是：

人们说，当萨布尔·本·霍尔木兹（Sābūr bn Hurmuz）决意要微服私访罗姆国时，他的臣属幕僚为防不测，纷纷劝他不要这样做。他用棍子打了他们一顿。据说他总爱提拔一些以前的国王和喜欢娈童的长者当大臣。

萨布尔前往罗姆国，陪同他的是一位两朝元老，不仅是他的大臣，也是他父亲的大臣。此公足智多谋，果断干练，了解各种宗教，掌握各国语言，对各种知识更是烂熟于心。旅途中他寸步不离萨布尔，既不让他走在自己前面，也不让他离自己太远。总之为了萨布尔的安全，他是日夜不离其左右。两人先往沙姆方向走。大臣乔装打扮穿了一身修道士的衣服，一路上讲着当地人的语言。他曾专攻外科医术并做过医生，随身带着中国药膏[1]。这种药膏涂抹于外伤能使创口迅速愈合。在去往罗姆国途中，这位大臣一直为人们治疗外伤，除了别的药每次都用一点点这种药膏，屡见奇效。如果遇到某个患有先天皮肤病症的人，他也如法炮制，而且很快就能治好。虽然这要用去不少药膏，但他同样分文不取。一时间他的名声传遍罗姆国。

〔1〕中国药膏（al-Duhn al-Ṣīnī），其中药膏一词按词典的注解只是油膏或香膏之类，并无“药”的意思。

§2. 第 82 页：

〔本段关于亚历山大与中国国王会见的记述，与第 190—192 页《历史大全》§5 基本相同。从略。〕

《风趣万种》

al-Mustaṭraf fī Kull Fann Mustaẓraf

作者与作品简介

伊布沙依希（al-'Ibshayhī，1388—1446 年），本名穆罕默德·本·艾哈迈德·本·曼苏尔，号舍哈布丁，一说拜哈乌丁，字艾布·法特赫。中世纪埃及著名文学家。生于埃及西部一个叫伊布沙威（'Ibshawyah）的村庄，因此以附名伊布沙依希闻名于世。曾多次前往开罗游历访学。除本书外，其著作尚有两卷本劝诫类作品《花环》《通晓者的晓示与明眼人的眼光》和未完成的《短论写作技巧》等。

《风趣万种》，书名直译应作《每个有趣门类中的趣事》，为作者最知名的著作，属以文学、历史题材为主的文选类作品。全书共分 84 章，每章分若干小节，可谓门类齐全，名目繁多。比如第 39 章，分背叛、变节、偷盗、窃贼、敌意、仇家、嫉妒等；第 57 章，分苦尽甘来、否极泰来、悲穷喜来等。作者既将前人作品中的趣谈、趣事、趣闻尽可能搜罗于一书，又做到了“集，而广于所集；取，而多于所取”，被后人称为“书中之书，文学之库”。此书出版者甚至在前言中说：“其在阿拉伯典籍中的地位，绝不逊色于伊斯法罕尼之《歌诗》、泰伯里之《历代民族与帝王史》和伊本·西那之《医典》。”话虽有夸张之嫌，但此书在阿拉伯古籍中的地位由此可见一斑。全书约合中文 80 万字。

版本 贝鲁特伊赞丁（'Izz al-Dīn）印刷出版机构，1991 年，精装 16 开，1 卷本。

◎**译文**

§1. 第 150 页（第 13 章“谨言”节下）：

人们说：“话语使人成为枷锁下的俘虏，说出任何话都将被话所束缚。”

据说，有四个国王聚在一起说话。波斯国王说：“我没有一次为没说出的话后悔，倒是有很多次为说出的话后悔。”恺撒[1]说：“我应付未说出之语的能力，要比应付说出之语的能力强得多。”中国国王说：“我是未说出之语的主宰，一旦说出它就成为我的主宰。”印度国王说：“奇怪的是，不利的话，人一旦说出必定有害；有利的话，人一旦说出即便无害却也无益。”

〔1〕恺撒（Qayṣar），此处为阿拉伯人对罗马国王（皇帝）的通称，而非特指某一位国王。

【译按】

阿拉伯古籍中有关四个国王谈论“言多必失”的记述，出现次数较多，内容大同小异，其中有些词语和表述不尽相同，哪个国王讲了哪句话也有差别。

§2. 第 432 页（第 47 章“戒指”节下）：

艾布·努瓦斯[1]有两枚戒指，一枚是玛瑙（‘Aqīq）的，上写〔一句诗〕：

主啊，我犯的过错确实很大，
但您的宽恕相比之下更大于它。

另一枚是中国铁[2]的，上写：万物非主，唯有真主。艾布·努瓦斯临死前嘱咐说把戒指上镶嵌的宝石洗干净，等他死后放入他的嘴中。

人们说戒指有四种表示，宝石的表示干渴，绿松石（Fayrūzaj）的表示金钱，玛瑙的表示律法，中国铁的表示戒备——也有人说表示恐惧。

〔1〕艾布·努瓦斯（757—814年），阿拔斯王朝最著名诗人之一。

〔2〕此处提到的中国铁（Ḥadīd Ṣīnī），应非一般概念中的铁，而是一种贵重的金属。

§3. 第466—467页（第51章“财富”节下）：

艾夫代勒[1]在伊历515年斋月被杀，身后留下金币1亿[2]，银币150伊尔代布[3]，锦缎75,000匹，镶嵌各种宝石、价值20万金币的墨盒1个，每把有一金钉、每个金钉价值10万金币的剑鞘10把，玛瑙挂衣架1个，各色上等珠宝满满10箱，女眷服饰500大箱，中国灵猫香（al-Zabādī al-Ṣīnī）和精致水晶100驮，金勺3000把，银勺1万把，金叉1000把，银叉2000把，大小金碗1万个，金锅4口、每口重100磅，镶嵌祖母绿的金杯700个，另有银币1000袋、每袋1万银币，佣人、奴隶、马、骡、骆驼及女人首饰不计其数——只有真主知道多少，金水仙花（Narjisah）3000枝，银水仙花5000枝，马格里布工艺雕刻的金银画各1000幅，金牛（Thawr）300个，银牛4000个，罗姆和安达卢西亚地毯在大厅、仓库和祖母绿宝石宫里比比皆是，黄牛、水牛和羊的收益每年3万金币，仓库中的粮食无法计数。

〔1〕艾夫代勒（al-'Afḍal），阿拉伯历史上叫此名的名人有多位，根据卒年，此处当指法蒂玛王朝宰相艾夫代勒·本·拜德尔·贾马利。著名军事将领。该王朝第八任哈里发穆斯坦赛尔·比拉迫于军队压力，任命其为宰相。1121年被暗杀。

〔2〕1亿，古代阿拉伯人使用的数字中没有“千”以上单位，此处原文为“100千千”（100×1000×1000）。

〔3〕伊尔代布（'Irdabb），《阿拉伯语汉语词典》注解为：“埃及容量单位，等于197.6升。”但按阿拉伯人的另一套换算法——1伊尔代布等

于 24 萨阿（Ṣā‘），1 萨阿等于 4 木德（Mudd），1 木德约等于 18 升（Litre），则 1 伊尔代布约等于 1728 升。

§4. 第 478—479 页（第 54 章“礼物”节下）：

有一次，苏莱曼·本·达乌德在一天之内收到七件礼物，分别是：印度国王的大象，阿拉伯国王的骏马，中国国王的珠宝，罗姆国王的锦缎，海洋国王的珍珠，蚂蚁（al-Naml）国王的蝗虫（Jarādah），蚊子（al-Ba‘ūḍ）国王的小蚂蚁（Dharrah）。[1]

有一年，亚古布·本·莱思·萨法尔给穆阿台米德[2]献上礼物。包括 10 只鹰，其中有一只世所罕见的黑白斑鹰；100 匹马驹，由 10 匹骡子驮着的 20 箱各种中国奇珍异宝，一座带栏杆（Darābazīn）的、可容 15 人做礼拜的银制礼拜间，100 利特勒麝香，100 利特勒印度沉香，外加 400 万银币。

〔1〕此处后三个国王带有虚无传奇色彩，不知所译与相关传说是否吻合。此处按字面直译。

〔2〕穆阿台米德，阿拔斯王朝第十五任哈里发，870—892 年在位。

§5. 第 554 页（第 62 章“动物”节下）：

鸽子的血可医眼睛和角膜外伤，可止鼻血；掺油可疗烧伤。红色鸽子的粪，敷用可解蝎毒；2 迪拉姆[1]掺 3 迪拉姆桂皮，饮用可消结石。

〔1〕此处迪拉姆（Dirham）为重量单位，1 迪拉姆等于 3.12 克。

§6. 第 561 页（同上）：

大鹏[1]，一种硕大的飞禽，中国群岛有这种鸟。

〔1〕大鹏（Rukhkh），是阿拉伯和波斯传说故事中的怪鸟。在《一千零一夜》等作品中不仅出现过，而且演绎出较为著名的故事。

§7. 第 562 页（同上）：

凤凰，中国大地上的一种动物。有关它的最奇怪的事情，是它在火中产蛋和孵育。它的羽毛可用来做手帕，一旦脏了，可以放入火中，火会将脏东西烧掉，而其本身却丝毫无损。

传说有一个人把这样一条手帕用油浸泡之后再放入火中，烧了一个钟头依然不曾烧着。

§8. 第 586 页（第 63 章“奇物”节下）：

接下来是印度和中国。印度人最了解医术、星相学（‘Ilm al-Nujūm）、几何和只有他们才能掌握的奇特工艺。在他们的国家和群岛上，生长沉香、樟树以及所有香料，比如丁香、香茅、肉桂、荜澄茄和肉豆蔻（al-Basbāsah）。

【译按】

本段文字第一句给人感觉作者在谈过印度后，将谈及中国，但他可能忘记继续摘录了，下文中并没有提及中国的内容。

§9. 第 591 页（第 65 章“海洋”节下）：

要知道，暗海〔1〕，太阳和月亮都不能进入；印度海、拉塔基亚海〔2〕、中国海、罗姆海、波斯海都是它的分支〔3〕。所有提到的这些海，其源头都是那个被称作环海的黑色之海〔4〕。至于海宰尔海、花剌子模海〔咸海〕、亚美尼亚海〔5〕、位于铜城〔6〕附近的海以及其他小海，均不与黑色之海相连，因此都没有落潮和涨潮。

〔1〕暗海或黑暗之海（Baḥr al-Ẓululmāt），即指今大西洋。阿拉伯人今天使用的“大西洋”是一外来语，因此他们当中的一些人至今仍愿意使用阿拉伯语“暗海”来表达这一地理概念。阿拉伯古代著作家们有时将暗海和环海用于同一概念，但本书作者将两者明确区别开来，即前

者为后者的一部分。

〔2〕拉塔基亚（al-Lādhiqiyyah），指今叙利亚境内拉塔基亚城一带是毋庸置疑的。但它与海连用，在阿拉伯古籍中很是少见，乃至雅古特在《地名辞典》中都不曾提到过，只是在“拉塔基亚”词条下说该城位于沙姆海海岸。古时阿拉伯人对地中海的称谓较多，雅古特在“马格里布海”条下说：“安达卢西亚海、马格里布海、亚历山大海、沙姆海、君士坦丁海、法兰克海和罗姆海，统统都是一个（海）。”

而本书作者提到的拉塔基亚海，除了指地中海不可能再有其他解释。鉴于作者紧接着提到罗姆海，我们可以认为他是古代阿拉伯著作家中有意识地将地中海分为东西两部分的一位。“今天的地中海是地质史上特提斯海（亦称古地中海）的残留部分。西西里岛与非洲大陆之间有一深仅366米的海岭，把地中海分为东、西两大部分。西地中海有三个主要海盆……东地中海有两个主要海盆……”〔见中国大百科全书出版社《简明不列颠百科全书》编辑部译编：《简明不列颠百科全书》(卷2)，北京：中国大百科全书出版社，第600页〕据此，本段文字中作者使用的“拉塔基亚海”应是指东地中海，而“罗姆海”则是指西地中海。

〔3〕分支，原文为：Khalīj，现通译作“海湾”。

〔4〕此处黑色之海（al-Baḥr al-'Aswad）不是指今黑海，尽管两者的阿拉伯语原文一模一样。阿拉伯古籍中也用环海和绿海表达同一概念，通指当年阿拉伯人认为的环绕整个大陆的海。本段原文的同一页，还提到此海：“据说它之所以叫作黑色之海，是因为它的水眼睛看上去像黑色墨水一样，但如果人取一点放在手中，又会看到它是白色的、清澈的，只不过这需要耐心等一段时间。等这些水流入罗姆海，你会看到它是绿色的，就像铜绿（al-Zinjār，即铜锈）一样。”

至于环海，需要强调的是，环海在古代阿拉伯人笔下，不是“被大陆包围的海”，而是包围大陆的海。古代阿拉伯语中环海的“环”，今天已演变为现代阿拉伯语中的“洋”。在《地名辞典》“巴林”条下，有雅古特所绘“环海”示意图，可供参考。

〔5〕尽管今亚美尼亚境内有一“小海”——塞凡湖，但古代阿拉伯人所指亚美尼亚地域十分广阔，直达黑海岸边。所以此处亚美尼亚海应是指黑海。

〔6〕铜城（Madīnah al-Nuḥās），雅古特在《地名辞典》该词条下说：“它也被称作苏夫尔（al-Ṣufr）城。关于该城有一个由于超乎常理而让人感到不太可信的故事。我只是把我在一些由有头脑的人记录在一些著名书中所看到的东西写出来，对其真实性不负任何责任。无论如何，这是个有名的城市，所以我要提及它。伊本·法基赫说：‘安达卢西亚的奇闻中，有一件关于苏夫尔城的事情。据一些学者说，双角王建了此城，并把自己的宝藏和书藏在里面。城门上刻有符录，任何人在门前都无法站住。他还在门内置放了一块“笑死石”，这是一种能将人吸住的磁铁，人只要看它一眼立刻会大笑不止，继而被吸在石上无法动弹直到死去。这座城在安达卢西亚的一个荒野之中。后来阿卜杜·麦立克·本·麦尔旺（伍麦叶王朝第五任哈里发）得知此事，同时还听说该城附近有一个湖，湖里也藏有大量宝物，于是写信派其驻马格里布首领前去寻宝。’”

根据雅古特的记述，“铜城”基本上是一传说中虚构之地，那么其附近的海或传说中藏宝的湖（阿拉伯语中“湖”本身就是“小海”之意）自然也就无从寻觅。

§10. 第 594 页（同上）：

在诸多海岛中，还有中国岛（Jazīrah al-Ṣīn），据说岛上有 300 多座城市，这还不算其农村和郊区。它有 12 个门，实际上它们是海中的山，每两座山之间皆有通道。通过这些山需要七天时间，船从诸门而出，便驶入淡水水域，然后直抵它想要去的地方。岛上还有很多谷地、树木和河流，非笔墨所能形容。

据说当年亚历山大建完“壁垒”之后就睡觉了。这时突然有一庞然大物从海面跃出，而且越升越高直把天际完全遮蔽。国王身边的人惊恐万状，以为它会将他们统统吞到肚里。亚历山大被惊醒，问道：

“你们怎么啦?”

“您快看看发生什么事了吧!”他们喊。

“怕什么!”他说，“主是不会在一个人命数完结前取走他的性命的。我的敌人都奈何我不得，海里的一个动物又能把我怎样!”

那动物走近国王说：

“国王啊，我乃这海中之兽，这样的壁垒建了毁，毁了建，我已经见过七次了。”说完它便退回海中消失了。

【译按】

此段内容值得重视的是阿拉伯古籍中提到中国群岛（或译作列岛、诸岛）比较多——“岛”字为复数，以单数“岛”与中国连用，目前仅见此一次。“中国岛”给人感觉与“中国群岛”一样，又是一个虚虚实实的地方。古时阿拉伯人没有“半岛”一词，皆以“岛”代之，比如阿拉伯岛、印度岛、安达卢西亚岛等。

“有 300 多座城市”是阿拉伯古籍中提到中国本土时常用的表达，应看作是虚数。

“12 个门”，在其他古籍中一般是指所谓“中国门”所在之处。阿拉伯人笔下的中国门主要在两个位置，一个在海中，一个在陆地。后者在中国以西崇山峻岭之中。但无论哪一个，其表示的意思多十分明显，即此地是一“咽喉”，一旦穿过，便进入中国的地域或海域，至少当年阿拉伯人是这样认为的。

"需要七天时间"穿过这些门，这让人联想到马六甲海峡。

"淡水"，从本文看有可能是一古代阿拉伯人的专用地名，有学者认为指中国海（今南海，古称涨海）。阿拉伯人缘何这样指称（认为中国海的水为淡水）不得而知。这样的说法在他们的古籍中屡见不鲜。一如第 129 页《肇始与历史》§13 中说："在淡水海中是没有珍珠和宝石的，但中国海是个例外，它的水是淡的却出产珍珠。"但雅古特在《地名辞典》苏哈尔条下说："苏哈尔是中国海最大的城市，中国的走廊。"他说的中国海与今南海相距甚远。

"想要去的地方"，当是指中国一带。

亚历山大的"壁垒"，说明作者认为这个故事发生在"中国岛"附近，而传说中亚历山大建造的壁垒（通指雅朱者和马朱者壁垒）是在中国以西，但既然是传说，那么它延伸至海边也就无所谓可不可能。

译者见到"中国岛"这个地名，联想起的是自关注"阿拉伯古籍中的中国"这一题目以来，一直感到困惑不解的一个问题，即阿拉伯人在自己的著作中提到不少与中国有关的岛屿，为何其中没有任何关于中国两大宝岛——台湾岛和海南岛的记述，哪怕是一点点蛛丝马迹？台湾与泉州一衣带水，当年泉州帆樯林立，蕃商云集，来此的大食人难道从未去过或听说过台湾，并带回丁点信息吗？海南岛更是海上丝路必经之地，尽管我国出版的《世界历史地图集》在"丝绸之路图"中航线是沿海岸穿琼州海峡至广州，在"唐代中外交通"图中航线是绕海南岛外侧至广州，但无论哪条航线都要途经该岛。我国学者江青武在《初探海南回族先民的来源及其去向》一文中说：

"唐代，广州、扬州、泉州作为中国的沿海通商口岸城市，随着'海上丝绸之路'的开通，伊斯兰教也最先传入。而海南岛当时是商船的中转点，自然居留了部分阿拉伯人和波斯人。……海南回族老一辈人有这样的传述：'唐朝（651 年间）时，伊斯兰教创始人穆罕默德之甥宛葛斯巴巴，奉穆罕默德之命，率 30 余名阿拉伯传教士到广州进行传教，后来有一部分人到海南岛来传教，海南岛才出现了伊斯兰教。'"（见《回族研究》2003 年第 2 期，第

54—55 页）

面对如此之大、又与阿拉伯人有些渊源的一个海岛，阿拉伯人怎能视而不见、只字不提呢？当然还有一种可能，就是他们曾经有过记述，但使用的地名我们至今无法破解，比如他们笔下古尔岛、萨米亚等几十个看似多少有些古怪的中国地名中也许就有我们要找的地方。

《聚谈拾趣与珍闻掇英》

Nuzhah al-Majālis wa Muntakhab al-Nafā'is

作者与作品简介

萨夫利（al-Ṣafūrī，1489年卒），本名阿卜杜·拉赫曼·本·阿卜杜·赛拉姆。沙斐仪教法学派的历史学家。从书名即可看出这是一部"选粹"性质的作品，之所以受到后世学者注意，主要因为它是阿拉伯古典文学中"莱伽伊格"作品的代表作之一。莱伽伊格（al-Raqā'iq）的基本意思是：细或薄的东西，在文学作品的分类中有点像中国人说的"谐趣"。或许正是因为此书在正统人士眼中不够严肃（当然更主要的原因是其中引录了很多根据不确的"圣训"），所以问世后作者即被剥夺了著名的伍麦叶大清真寺教长的职位。实际上作者辑录的是有关历代贤人君子的传闻故事，只不过与较为奇特、轻松和有趣的素材联系在一起罢了，比如某著名教法学派领袖曾娶过一个长着两张脸四只手的女人一类。作品资料来源几乎涉及诸多前人珍贵名著，而一些不太有名的著作，由于后来多已失传，则更显出作者所采录内容的重要性。全书约合中文100万字。

版本 http://www.alwaraq.com，访问时间：2004年1月10日。

◎译文

§1. 第250页（关于猴子一节中）：

拜伊海基[1]讲述过：

从前有一个人把水掺在奶里出售，赚足钱后漂洋过海外出做生意，走时带了一只猴子。半路上这只猴子将主人的钱袋拖走，里面装的是那人掺水卖奶挣来的钱。猴子爬到船的最高处，然后开始一个一个地扔钱，丢一个金币在海里，丢一个金币在船上。猴子的主人在下面束手无策，眼睁睁地看着自己的钱最后只剩下一半。

关于生物的奇谈中，有记载说在中国海的一个岛上有一种猴子，个头像水牛一般大，通身颜色是白的。

〔1〕拜伊海基（al-Bayhaqī，1066 年卒），本名艾哈迈德·本·侯赛因，字艾布·伯克尔。圣训传述学泰斗级人物，沙斐仪教法学派最知名的教法学家之一。生于科斯鲁杰尔德，在拜伊海格（位于内沙布尔西侧的波斯古代省区）长大成人，逝于内沙布尔。著述极多，主要有《大教律》《小教律》和《名字与性格》等。

《情为何物》

Tazyīn al-'Aswāq fī 'Akhbār al-'Ushāq

作者与作品简介

作者达乌德·安塔基（Dāwud al-'Anṭākī，1600年卒），阿拉伯历史上著名盲人医学家和文学家。生于安塔基亚（位于今土耳其最南端）。少小即能背诵全部《古兰经》，专攻医学，兼及逻辑学、数学和物理学。精通希腊语。后移居开罗并在此成名，最终成为他那个时代的医学界顶尖权威。在去麦加朝觐并居住一年后去世。虽双目失明，但他博闻强识，口才甚佳。凡有人前来就某一学术问题求教，他便出口成章，滔滔不绝，听讲者往往要写一两本笔记，无须整理即成论文。此外他在文学方面同样造诣极深，辞章诗作俱佳。主要著作有：关于医学和哲学的《心灵的记忆》《磨砺理智和矫正心性的快乐旅程》《强身之道的心灵之旅》和《医学千论》等。

《情为何物》原书名直译应作"情人记述中的市场装饰"。此处"情人"指相爱的有情人，没有其他含义。而"市场"也是按现在的定义翻译的，实际上将其理解为"场"或"场地"更为适宜，正如阿拉伯语中"战争的市场"其实就是指"战场"。另外作者在书名中使用"市场"一词还有一层强调"续补"的意思，因为该书的写作是以布尔汗丁·比加伊（1480年卒）的一部著作为蓝本的，书名是《相思地》（*'Aswāq al-'Ashwāq*），直译当作"思念的市场"。顺带一提，《相思地》的写作又是以赛拉吉·加利（1107年卒）的《情人竞技场》为基础的。

《情为何物》不仅是作者的文学代表作，也是阿拉伯典籍"情人记述"专系中最著名的作品之一。可谓青出于蓝而胜于蓝。它记述了历代"情人"尤其是名人中"有情人"的传闻、故事、趣谈和他们为情为爱而吟咏的诗歌，以及与"情"相关的林林总总。既有棒打鸳鸯也有终成眷属，既有薄命红颜也有痴情男子，既有见异思迁也有生死相许……念及此书乃一盲人之手笔，更令人叹之服之。全书12章，约合中文50万字。

版本 http://www.alwaraq.com，访问时间：2004年11月5日。

◎译文

§1. 第148页（第4章中）：

我见过一本书，不知作者是谁，书名是《秘密之趣谈和天命之运行》[1]。我是在59年[2]读的它，但当时并没有在意这些事情。书中说：

有一只乌鸦落在一堵墙上并在那里居住下来。一天，它发现一条蛇占了自己的地方，便去叼来一颗很小的石子，然后朝蛇丢去，那蛇竟当即丧命。乌鸦觉得这小石子太神奇，便自语道："我要是再看见谁就再丢一下。"说完它又叼起了那颗石子。我跟着它，直到看见它把石子丢在一个燕子窝上。结果大燕子被砸死了，留下一窝嗷嗷待哺的小燕子。乌鸦看了很难过，于是从那天起，在很长的时间里每天都带水和食物来喂它们。后来的一天，我在不经意间偶然看到乌鸦带着那群小燕子当中的两只回到它自己的巢，它俩就这样开始和它一起生活。不料又有一天，一只小燕子掉了下来，乌鸦便把它弄上去，小燕子又掉下来，它就把它再弄上去，来来回回十次之多，没过多会儿我看见乌鸦使劲撕扯自己直至死去。于是我爬上墙向它的巢里看去，原来那只小燕子已经死了，另一只极度恐慌地在它身边站了一会儿也死了。看着眼前的情景，我嘴中喃喃着，脑子里却一直琢磨那小石子，直到我想起了各种奇石的特性。

我曾见到在中国内陆（Dākhil al-Ṣīn）有一些深潭中流出的水会凝结成一种石头，把这种石头取走可以纺成像丝（al-Ḥarīr）一样的细线。那里的人们用它织成布做衣服，如果脏了就扔在火里，上面的脏东西便消失了。这种石头在纺成纱之前，如果服用可医治黄疸[3]和结石，还可解其他毒素（al-Sumūm）。它可以杀死各种蛇，哪怕仅仅是看到它。经验老到的医生们[4]会找到燕子的窝，故意用番红花[5]涂抹小燕子（使之成为黄色的）。燕子妈妈见了以为宝宝们得了黄疸病，便去有这种石头的地方把它叼来，然后就被那些医生拿走了。真主啊，人真是什么法子都想得出来。

〔1〕伊斯梅尔帕夏所编《古籍释疑补遗》中提到一本关于逻辑学、叫作《秘密之趣谈》的书，作者为穆罕默德·本·穆罕默德·拉齐（1365年卒）。这可能是作者在文中提到的这本书。阿拉伯人在提到较长书名时经常只提前一部分。

〔2〕此处的“59年”，按作者的生平，只能是伊历959年，距其卒年近50年。如果这段文字（包括前面很多内容）整个都是作者引录他人传述，那么年份就很难查考了。尤其是本书的一大特点，便是删繁就简，包括作者删去各种传说故事的“传述世系”。

〔3〕黄疸（al-Yaraqān），《阿拉伯语汉语词典》注解为：“（植物的）枯萎病，（人的）黄疸病。”患此病的人，皮肤、黏膜和眼球的巩膜会出现发黄症状。

〔4〕医生们，原文为：Ḥukamā’。这是一个多义词，意思包括：睿智者、哲学家和医生，以及帝王身边的谋士等。文中当是指医生。

〔5〕番红花（al-Za‘farān），这是《阿拉伯语汉语词典》的注解。该词典中词条在很多时候是汉语阿拉伯语双解的，其阿拉伯语注解为“一种花为黄色的植物”。《蒙吉德》中也说其花为“偏黄的红色”，并说这种花的效用是“加入羹汤和糖果点心做调料，特殊的一种可将这些东西染成黄色”。《辞海》则说番红花“花淡红紫色”。无论如何，文中应从“黄色”理解。

《文学宝库与语言菁华》

Khizānah al-'Adab wa Lubb Lubāb Lisān al-'Arab

作者与作品简介

阿卜杜·加迪尔·本·欧麦尔·巴格达迪（'Abd al-Qādir bn 'Umar al-Baghdādī，1621—1682年），阿拉伯著名语言学家、史学家、文学家和研究阿拉伯诗歌的学者。生于巴格达，卒于开罗。早年在巴格达拜师求学，酷爱旅行，遂前往大马士革和开罗等阿拉伯文化名城游历访学。其著述大致分为两类，一是语言学和语法学著作，一是对前世语言学家和史学家作品的注释类著作。

本书书名，全译应作《文学宝库与阿拉伯语菁华之菁华》，其阿拉伯语原文如绕口令一般，为阿拉伯古代著作家在书名上讲究修辞技巧和文字技巧的典型。本书是一部大型文选作品，最大的特点是作者将所选作品按阿拉伯语语法术语分类，总计957类（条），大到主语、宾语、状语、分词、数词、虚词，小到只有阿拉伯语中才有的一些特殊语法现象，几乎面面俱到。比如，历史上哪些文学家、诗人、学者作品中的经典段落或句子，将"状语"表现得淋漓尽致、恰到好处，作者便将其收入书中。加上他的精审评述，条分缕析，令人叹为观止。由于书中穿插了大量经过认真考证的诸多诗人和文学家传记，特别是其中有一些其他著作中没有的资料，所以又被后世学者认为是研究历史和文学史的重要参考书目。原书分四大卷，约合中文500万字。

版本 开罗汉吉书店，1997年，第4版，精装16开，13卷本。

◎**译文**

§1. 第 2 卷，第 355 页（“词尾省略”条下）：

穆太奈比到了巴格达后，骑马来到郊区的穆海莱比[1]家。主人让他进去后，他坐在了主人的旁边。后来的人，包括《歌诗》的作者艾布·法拉吉·伊斯法罕尼，坐在了他的前面。人们提到这样一句诗，〔……〕其中一个地名为“朱拉姆”。穆太奈比说：“这个地名应该是‘朱拉布’，这些地方我太熟悉了。肯定是人们在传录过程中搞错了。”艾布·法拉吉反驳了他的看法。这位权威说：“这是希拜威[2]的朋友艾布·哈桑·艾赫法什[3]在自己的书中所吟的诗句，他用的就是‘朱拉姆’，这是正确的。”在座的人对这句话看法不一，遂各自散去。

第二天，穆海莱比等着他为自己吟诗，但他没有那样做，因为他听说穆海莱比冥顽不灵、玩世不恭，专好结交放荡愚昧之辈。穆太奈比是个既尖锐又尖刻、既执着又执拗的人。到了第三天，他们怂恿伊本·哈加吉找碴儿羞辱他。此人竟在凯尔赫的隋尼娅[4]当众拽住他的马笼头不让他走，还用一句诗挖苦他。人们也聚集在他周围起哄。穆太奈比强忍怒火，一声不吭，直到那人把缰绳放开。

〔1〕穆海莱比（al-Muhallabī，963 年卒），人称“宰相穆海莱比”，是阿拉伯历史上最有名的宰相之一，同时也是阿拔斯王朝较有名气的文学家和诗人。其诗作婉约细腻。

〔2〕希拜威（Sibawayhi，约 760—796 年），又译西拜韦、西伯维，阿拉伯历史上最著名的语法学家之一，为巴士拉语言学派主要代表人物。最重要的贡献是撰写出历史上第一部阿拉伯语语法著作——《书》(亦被称作《希拜威之书》），从而奠定了阿拉伯语语法学的基础。

〔3〕艾赫法什（al-’Akhfash），作为普通名词，《阿拉伯语汉语词典》注解为：“昼盲者”；《蒙吉德》注解为：“长着视力极差的小眼睛者。”而

作为“绰号”，则专指阿拉伯历史上三位大语法学家，即大艾赫法什（793 年卒）、中艾赫法什（830 年卒）、小艾赫法什（920 年卒）。后两人的字，都是艾布·哈桑，此处应是指与希拜威关系非同一般的中艾赫法什。

〔4〕本书校勘者在“隋尼娅”后加注释云：“麦伊麦尼说，隋尼娅可能是巴格达早期的一个街区，它与雅古特提到的、位于瓦西特下方的隋尼娅不是一个地方。”

§2. 第 2 卷，第 450—451 页（“特指宾语”条下）：

希拉那个地方是最美好的国度。那里空气清新，气候宜人，土壤肥沃，水质极佳；既没有乡村深处的冷僻，也没有盆地的崎岖不平；周围到处是农庄和花园。那里还有非常大的市场，因为它紧邻来自印度和中国等地海船停泊的港口。

§3. 第 3 卷，第 450 页（“所除名词”条下）：

里亚（al-riyyā）这个词只表示香味，没有别的含义。迪奈沃利〔1〕在《植物书》中说：“丁香〔2〕，最好的来自中国。形容其香味的诗句非常之多。人们说乌姆鲁勒·盖斯犯过一个错误，因为他用丁香的香味去比喻麝香。其实应该用麝香的香味去比喻丁香。”

〔1〕迪奈沃利（al-Dīnawarī，895 年卒），中世纪阿拉伯著名语言学家，动植物学家和代数、算学学家。可参阅第 57 页《漫长的记事》之作者简介。

〔2〕丁香（al-Qaranful），《阿拉伯语汉语词典》对该词的注解除“石竹”外，还有极富诗意的“洛阳花”，同时还表示“丁香树”的意思，而作为词组“诗人的石竹”则表示植物学术语“美洲石竹”。

§4. 第4卷，第490页（“正偏组合”条下）：

乌盖依希尔[1]娶了一个叫拉芭布的堂妹，说好聘礼是4000银币。过后他找族人索要，他们什么也不给他。这时伊本·拉斯白格勒来了，他是个中国商人，也是一个拜火教教徒（Majūsī）。他向他要聘礼，后者如数给了他。于是他吟道：

拜火教徒付我拉芭布聘礼，
舅父和叔伯都难与之相比。
你慷慨大方犹如宽阔海洋，
我已见证你出自良好门第。
但你也是火狱中人的主宰，
如果你与暴虐者沆瀣一气。
你是否知道那法老和哈曼[2]，
及所谓法官全是你的邻居。

那个拜火教徒说：“你真可恶！你向自家族人索要聘礼，他们不给你，你找我要，我给了你，可你却用这样的话来回报我。”他说：“怎么，我让你和帝王将相们平起平坐，而没说你是傻瓜，难道你还不满足？”

〔1〕乌盖依希尔（al-'Uqayshir），属于阿拉伯诗歌史上所谓“跨代诗人”，即生活和创作于贾希利叶时期末和伊斯兰教初创时期的诗人。他虽算不上一流诗人，但他机智幽默且嗜酒如命，多有谐趣之作，所以阿拉伯古代传记和文学著作中也常常提到他。

〔2〕哈曼（Hāmān），古埃及一位法老的宰相，《古兰经》中提及此人名。他曾给法老出主意，让他建一高塔，以便法老能登上去见摩西神（'Ilāh Mūsā）。

【译按】

本段内容的前半部分，曾在第 343 页伊斯法罕尼《歌诗》§4 中出现过。这段文字的重要性，在于阿拉伯古籍中提及中国和中国人的次数不能说少，但具体到阿拉伯人与中国人——特别是在阿拉伯地区生活的中国人——相处或直接打交道的记载却十分少见。文中的这位中国商人显然非常富有。他慷慨解囊，颇有些古道热肠，同时他生活在异族人中，息事宁人恐怕是其处世原则之一。为了不招致周围人等的过分嫉妒，在与己无关的事情上破费些钱财，也很像是中国人所为。至于那位阿拉伯诗人得了便宜还要对"中国商人"讥讽挖苦一番，一是根据史料记载，他虽有些妙句传与后世，但总体上乃一吊儿郎当的诗人，做出有悖常理的事不足为奇；二是从文中反复提及"拜火教徒"看，其中宗教色彩与倾向是显而易见的，如果中国商人是穆斯林，他一定会千恩万谢，反之拿了钱也不说你好——从宗教信仰角度讲这也无可厚非。

§5. 第 7 卷，第 34 页（"时空宾词"条下）：

侯斯利〔1〕说："一位王公送给某人一把剑。那人说：'有点短。'王公道：'那你用步子上去量量。'那人说：'就是中国也比这一步要近啊。'"

类似的（典故），哈立迪亚尼〔2〕两兄弟也说过："据说，有一次穆海莱布〔3〕和儿子一起观赏一把剑。儿子说：'你的剑有点短啊。'父亲说：'对用步子去量它的人来说，就不算短啦。'当时在场的某公说：'这一步可比从东方走到西方还要难啊。'"

据说，有一天哈加吉要穆海莱布把他的剑抽出来看看，看了后他说道："我说艾布·萨德，你的剑可有点短啊。"穆海莱布说："如果它拿在我的手里，就不会短了。"

〔1〕侯斯利（al-Ḥuṣrī，1061 年卒），本名伊卜拉欣·本·阿里·本·泰密姆，字艾布·伊斯哈格。中世纪阿拉伯著名文学家和评论家。主要著作有：《趣闻奇谈聚珍集》《文学之花与精髓之果》《谐的光芒和趣的花

朵》等。

〔2〕哈立迪亚尼（al-Khālidiyāni），意思是“两个哈立迪”。阿拉伯文学史上特指两位兄弟诗人，即哥哥赛义德·本·哈希姆（981 年卒）和弟弟穆罕默德（990 年卒）。因祖籍为摩苏尔附近叫作哈立迪亚的村庄而得名。两人不论谁作了诗都署“哈立迪亚尼”之名，两人还共同创作文学作品和史学作品，因而被传为阿拉伯文坛佳话。

〔3〕穆海莱布（al-Muhallab），702 年卒，全名穆海莱布·本·艾布·苏夫莱，字艾布·萨德。阿拉伯历史上著名军事将领，曾为巴士拉统领，后因作战有功被伍麦叶王朝第五任哈里发阿卜杜·麦立克任命为呼罗珊总督。

索 引

A

B

C

D

E

F

G

H

J

K

L

M

N

O

P

Q

R

S

T

W

X

Y

Z

参考文献

中文参考文献：

1.〔埃及〕艾哈迈德·爱敏：《阿拉伯—伊斯兰文化史》（1—8册），纳忠等译，北京：商务印书馆，1982—2007年。

2.〔法〕安田朴：《中国文化西传欧洲史》，耿昇译，北京：商务印书馆，2000年。

3.〔法〕伯希和：《交广印度两道考》，冯承钧译，北京：中华书局，2003年。

4.〔法〕布尔努瓦：《丝绸之路》，耿昇译，济南：山东画报出版社，2001年。

5.〔德〕卡尔·布罗克尔曼：《伊斯兰教各民族与国家史》，孙硕人等译，北京：商务印书馆，1985年。

6. 蔡德贵主编：《东方著名哲学家评传》（西亚北非卷），济南：山东人民出版社，2000年。

7.〔葡〕曾德昭：《大中国志》，何高济译，上海：上海古籍出版社，1998年。

8. 常任侠：《海上丝路与文化交流》，北京：海洋出版社，1985年。

9. 陈公元：《古代非洲与中国的友好交往》，北京：商务印书馆，1985年。

10. 陈炎：《海上丝绸之路与中外文化交流》，北京：北京大学出版社，1996年。

11. 陈垣撰：《元西域人华化考》，上海：上海古籍出版社，2000 年。

12. 杜环：《经行记笺注》，张一纯笺注，北京：中华书局，2000 年。

13.〔黎巴嫩〕汉纳・法胡里：《阿拉伯文学史》，郅傅浩译，北京：人民文学出版社，1990 年。

14. 范文澜：《中国通史简编》，北京：人民出版社，1965 年。

15.〔法〕费琅编：《阿拉伯波斯突厥人东方文献辑注》（上、下），耿昇、穆根来译，北京：中华书局，2001 年。

16.〔意〕马可・波罗：《马可波罗行纪》，冯承钧译，上海：上海书店出版社，2002 年。

17. 冯承钧译：《西域南海史地考证译丛》（第 1—3 卷），北京：商务印书馆，1995 年。

18. 冯克诚、田晓娜主编：《中国通史全编》，西宁：青海人民出版社，1998 年。

19. 郭应德：《阿拉伯史纲》，北京：中国社会科学出版社，1991 年。

20.〔黎巴嫩〕阿里・海尔布塔里：《天房史话》，李光斌、李沁兰译，北京：世界知识出版社，1987 年。

21. 何芳川、万明：《古代中西文化交流史话》，北京：商务印书馆，1998 年。

22.〔阿拉伯〕伊本・胡尔达兹比赫：《道里邦国志》，宋岘译注，北京：中华书局，2001 年。

23. 江淳、郭应德：《中阿关系史》，北京：经济日报出版社，2001 年版。

24.〔美〕劳费尔：《中国伊朗编》，林筠因译，北京：商务印书馆，2001 年。

25. 李明伟主编：《丝绸之路贸易史》，兰州：甘肃人民出版社，1997 年。

26. 马坚译：《〈古兰经〉译注》，《马坚著译文集》（第 3 卷），北京：商务印书馆，2019 年。

27. 马金鹏译：《伊本·白图泰游记》，银川：宁夏人民出版社，1985 年。

28.〔阿拉伯〕马苏第：《黄金草原》，耿昇译，西宁：青海人民出版社，1998 年。

29. 穆根来、汶江、黄倬汉译：《中国印度见闻录》，北京：中华书局，2001 年。

30. 纳忠：《阿拉伯通史》，北京：商务印书馆，（上）1997 年，（下）1999 年。

31. 南开大学历史系编：《中国和阿拉伯人民的友好关系》，石家庄：河北人民出版社，1958 年。

32. 潘吉星：《中国造纸史话》，济南：山东教育出版社，1991 年。

33.〔日〕三上次男：《陶瓷之路》，胡德芬译，天津：天津人民出版社，1983 年。

34.〔日〕桑原骘藏：《蒲寿庚考》，陈裕菁译，北京：中华书局，1954 年。

35.〔日〕桑原骘藏：《中国阿剌伯海上交通史》，冯攸译，北京：商务印书馆，1934 年。

36. 邵献图等编：《外国地名语源词典》，上海：上海辞书出版社，1983 年。

37. 沈福伟：《中西文化交流史》，上海：上海人民出版社，1987 年。

38. 石云涛：《早期中西交通与交流史稿》，北京：学苑出版社，2004 年。

39. 宋岘：《中国阿拉伯文化交流史话》，北京：中国大百科全书出版社，2000 年。

40.〔阿拉伯〕伊本·图斐利：《哈义·本·叶格赞的故事》，王复、陆孝修译，北京：商务印书馆，1999 年。

41. 王晓甫：《唐、吐蕃、大食政治关系史》，北京：中国人民大学出版社，2009 年。

42. 汶江：《古代中国与亚非地区的海上交通》，成都：四川省社会科学院出版社，1989 年。

43.〔美〕希提:《阿拉伯通史》,马坚译,北京:商务印书馆,1995 年。

44. 向达:《中外交通小史》,北京:商务印书馆,1930 年。

45.〔美〕谢弗:《唐代的外来文明》,吴玉贵译,北京:中国社会科学出版社,1995 年。

46. 张广达:《西域史地丛稿初编》,上海:上海古籍出版社,1995 年。

47.〔法〕张日铭:《唐代中国与大食穆斯林》,姚继德、沙德珍译,银川:宁夏人民出版社,2002 年。

48. 张舜徽主编:《中国史学名著题解》,北京:中国青年出版社,1984 年。

49. 张铁生:《中非交通史初探》,上海:三联书店,1973 年。

50. 张星烺编注:《中西交通史料汇编》(1—4 册),北京:中华书局,2003 年。

51. 张芝联、刘学荣主编:《世界历史地图集》(1—8 册),北京:中国地图出版社,2002 年。

52.〔伊朗〕志费尼:《世界征服者史》(上、下),何高济译,呼和浩特:内蒙古人民出版社,1981 年。

53. 中国大百科全书出版社《简明不列颠百科全书》编辑部译编:《简明不列颠百科全书》,北京:中国大百科全书出版社,1986 年。

54. 中国伊斯兰百科全书编委会编:《中国伊斯兰百科全书》,成都:四川辞书出版社,1994 年。

55. 周一良、吴于廑主编:《世界通史》(1—4 册),北京:人民出版社,1973 年。

56. 朱杰勤、黄邦和主编:《中外关系史辞典》,武汉:湖北人民出版社,1992 年。

阿拉伯文参考文献：

١. ابن الأثير: التاريخ الكامل، دار صادر، ١٩٩٨.
٢. ابن تغري بردي: النجوم الزاهرة في ملوك مصر والقاهرة، دار الكتب العلمية، ١٩٩٢.
٣. ابن تيمية: مجموعة الفتاوى، مكتبة عابكان السعودية، ١٩٩٨.
٤. ابن الجوزي: المنتظم في تاريخ الأمم والملوك، دار الكتب العلمية، ١٩٩٣.
٥. ابن الحمصي: حوادث الزمان ووفيات الشيوخ والأقران، المكتبة العصرية، ١٩٩٩.
٦. ابن الخطيب: الاحاطة في أخبار غرناطة، دار الخانجي للنشر، ١٩٧٥.
٧. ابن خلدون: تاريخ ابن خلدون، دار الكتب العلمية، ١٩٩٢.
٨. ابن خلكان: وفيات الأعيان وأنباء أبناء الزمان، دار صادر، ٢٠٠٠.
٩. ابن العماد الحنبلي: شذرات الذهب في أخبار من ذهب، دار الكتب العلمية، ١٩٩٨.
١٠. ابن كثير: البداية والنهاية، دار لاحياء التراث العربي، ١٩٩٧.
١١. أبو الفرج الاصفهاني: الأغاني، دار الثقافة، ١٩٩٠.
١٢. أحمد بن علي المقريزي: السلوك لمعرفة دول الملوك، مطبعة لجنة التأليف والترجمة والنشر، ١٩٥٦.
١٣. ادورد فنديك: كتاب اكتفاء القنوع بما هو مطبوع، مطبعة التأليف (الهلال)، ١٩٩١.
١٤. اسماعيل باشا: ايضاح المكنون في الذيل على كشف الظنون، دار الكتب العلمية، ١٩٩٢.
١٥. اسماعيل باشا: هدية العارفين، دار الكتب العلمية، ١٩٩٢.
١٦. بدر الدين حي الصيني: العلاقات بين العرب والصين، مكتبة النهضة المصرية، ١٩٥٠.
١٧. البغدادي: تاريخ بغداد أو مدينة السلام، دار الكتب العلمية، ١٩٨٩.
١٨. البكري: معجم ما استعجم من أسماء البلاد والمواضع، دار الكتب العلمية، ١٩٩٨.
١٩. البلاذري: فتوح البلدان، دار المعارف، ١٩٨٧.
٢٠. الجاحظ: البخلاء، المكتبة العصرية، ٢٠٠٣.
٢١. الجاحظ: رسائل الجاحظ، مكتبة الخانجي بالقاهرة، ١٩٧٩.
٢٢. الجبرتي: تاريخ عجائب والآثار في التراجم والأخبار، دار الكتب العلمية، ١٩٩٧.
٢٣. حاجي خليفة: كشف الظنون عن اسامي الكتب والفنون، دار الكتب العلمية، ١٩٩٢.

٢٤. خير الدين الزركلي: الأعلام، دار العلم للملايين، ١٩٩٨.
٢٥. الدينوري: الأخبار الطوال، دار المعارف، ١٩٨٨.
٢٦. الذهبي: العبر في خبر من غبر، دار الكتب العلمية، ١٩٩٧.
٢٧. السمعاني: الأنساب، مؤسسة النشر للكتب الثقافية، ١٩٩٨.
٢٨. شاكر مصطفى: التاريخ العرب والمؤرخون(١-٤)، دار العلم للملايين، ١٩٨٣.
٢٩. الصفدي: الوافي بالوفيات، جمعية المستشرقين الألمانية، ١٩٦٢.
٣٠. الطبري: تاريخ الأمم والملوك، دار النشر للتراث، ١٩٦٧.
٣١. عبد الحليم منتصر: تاريخ العلم ودور العلماء العرب في تقدمه، دار المعارف، ٢٠٠١.
٣٢. عبد الله بن حمد الحقيل: كتب ومؤلفون في الأدب والتاريخ، مكتبة التوبة، ٢٠٠١.
٣٣. عمر الدقاق: مصادر التراث العربي، دار الشرق العربي، ٢٠٠٠.
٣٤. القلقشندي: صبح الأعشى في صناعة الانشاء، الهيئة المصرية العامة للكتاب، ١٩٨٥.
٣٥. كرم حلمى فرحات: العلاقات المصرية الصينية، عين الدراسات والبحوث الانسانية والاجتماعية، ٢٠٠٢.
٣٦. محمد بن أحمد الذهبي: سير أعلام النبهاء، دار النشر للرسالة، ١٩٩٨.
٣٧. محمد بن شاكر الكتبي: فوات الوفيات والذيل عليها، دار صادر، ١٩٩٩.
٣٨. المسعودي: مروج الذهب ومعادن الجوهر، المكتبة العصرية، ١٩٨٨.
٣٩. المقري التلمساني: نفح الطيب في غصن الأندلس الرطيب، دار صادر، ١٩٨٨.
٤٠. النويري: نهاية الأدب في فنون الأرب، المؤسسة المصرية العامة للتأليف والترجمة والطباعة والنشر، ١٩٨٨.
٤١. اليافعي: مرآة الجنان وعبرة اليقظان، دار الكتب العلمية، ١٩٩٧.
٤٢. ياقوت الحموي: معجم البلدان، دار صادر، ١٩٩٥.
٤٣. ياقوت الحموي معجم الأدباء، دار الفكر، ١٩٨٠.
٤٤. البعقوبي: تاريخ اليعقوبي، دار صادر، ١٩٩٢.
٤٥. يوسف اليان سركيس: معجم المطبوعات العربية والمعربة، دار صادر، ١٩٩١.